Metaphern des Umweltmanagements

von

Nicole Hroch

Tectum Verlag
Marburg 2005

Hroch, Nicole:
Metaphern des Umweltmanagements
/ von Nicole Hroch
- Marburg : Tectum Verlag, 2005
Zugl.: Lüneburg, Univ. Diss. 2004
ISBN 978-3-8288-8856-2

© Tectum Verlag

Tectum Verlag
Marburg 2005

Vorwort

Metaphern stellen einen zentralen Bestandteil unserer Sprache dar, die einen wesentlichen Einfluss auf die Wahrnehmung von Sachverhalten ausüben. Die Analyse von Metaphern in der Alltags- und Wissenschaftssprache liefert Hinweise auf die tiefer liegenden Denk- und Handlungsstrukturen. Bislang blieb das Umwelt- und Nachhaltigkeitsmanagement weitgehend unberührt von derartigen Betrachtungen. In der Unternehmenspraxis sind immer wieder grundlegende Schwierigkeiten bei der Akzeptanz und Integration des Umweltmanagements zu beobachten und es stellt sich die Frage, inwieweit diese Probleme auch eine Begründung in der verwendeten Sprache, also in Formulierungen, Beschreibungen von vermeintlichen Sachverhalten usw. finden. Eine Analyse, welche Metaphern im Zusammenhang mit dem Umweltmanagement zum Einsatz kommen und wie dieser Gebrauch auf die Wahrnehmung des Umweltmanagements und schließlich auch auf ein diesbezügliches Handeln zurückwirkt, ist deshalb untersuchenswert.

Die Arbeit geht dieser theoretisch anspruchvollen und bisher kaum behandelten Fragestellung nach und leistet damit einen Beitrag zum normativen und strategischen Management und Umweltmanagement, wobei auch Fragen der Organisation, Führung und innerbetrieblichen Mikropolitik berührt werden. Die theoretische Ausgangsbasis der interdisziplinär angelegten Untersuchung bilden auf der einen Seite die kognitive Metapherntheorie von Lakoff und Johnson (1980) sowie auf der anderen Seite umfangreiche organisationstheoretische Grundlagen. Damit erfolgt eine Orientierung an den neueren Entwicklungen der kognitiven Linguistik, die weniger auf die Betrachtung von Einzelmetaphern als vor allem auf die Betrachtung der wechselseitigen Verweisungszusammenhänge der Metapher fokussiert. Mit der sauber erläutert und begründeten Darstellung der Untersuchungsmethodik wird der Entwicklung einer systematischen und eng am Ausgangsmaterial angelehnten Metaphernanalyse Vorschub geleistet. Die Analyse mündet in der strukturierten Darstellung und Bewertung der unterschiedlichen metaphorischen Modelle für das Umweltmanagement, die mit Zitaten jeweils illustrativ und gut nachvollziehbar dokumentiert wird. Dabei hat die Autorin eine ausgesprochen gelungene Mischung aus wissenschaftlich sauberer qualitativer Analyse und spannender Illustration erarbeitet. Das Werk beschränkt sich nicht nur auf die Betrachtung des Umweltmanagements, sondern geht über diese Analyseebene hinaus und diskutiert im Weiteren die metaphorischen Unterschiede zwischen konventionellem betrieblichem Management und Umweltmanagement sowie die mögliche handlungsleitende Wirkung von Metaphern in Unternehmen. Die zu diesem Zweck spannend ausgeführten Fallstudien zeigen eindrucksvoll, dass Metaphernmodelle deutliche Konsequenzen für die Unternehmensstrategie und den Führungsstil haben, die u.a. durch persönliche Merkmale bestimmt sind.

Die materialreichen Fallbeispiele werden in großer Tiefe und analytischer Schärfe beleuchtet. Durch die klar am Material abgeleitete Rekonstruktion der Metaphernmodelle entsteht in keinem Moment der Eindruck, dass eine Überinterpretation erfolgt, da ein breiter semantischer Kontext gesucht wird. Darüber hinaus ermöglicht diese Vorgehensweise, konkurrierende Metaphern zu identifizieren. Die Analysemethode ist somit nicht nur im Anwendungsbezug zu sehen, sondern stellt auch in der Entwicklung der Metaphernanalysemethodik eine fundierte wissenschaftliche Innovation dar.

Insgesamt liefert die Arbeit einen wichtigen Baustein sowohl für die zukünftige methodische Herangehensweise zur Analyse von Metaphern als auch für die Sprachwahl bei der Kommunikation von betrieblichen Umweltprojekten und avanciert damit zu einer Standardreferenz für die Metaphernforschung in der Betriebswirtschaftslehre. Ein Weg, der dieser Arbeit zu wünschen ist.

Prof. Dr. Stefan Schaltegger
Centre for Sustainability Management (CSM)
Universität Lüneburg

Danksagung

Ich möchte mich an dieser Stelle bei allen bedanken, die mich auf dem Weg zur Erlangung des Doktortitels begleitet haben.

Das Schreiben einer Dissertation ist immer eine Herausforderung, in dessen Verlauf Höhen und Tiefen zu überwinden sind. Manchmal sieht man den Wald vor lauter Bäumen nicht, oder man läuft Gefahr, in die falsche Richtung zu gehen. Dann ist es hilfreich, wenn einem Leute zur Seite stehen, die einem helfen, wieder den richtigen Weg zu finden.

Mein Dank richtet sich vor allem an Prof. Dr. Stefan Schaltegger für die Betreuung, die Unterstützung und die stets konstruktive Kritik sowie an den gesamten Lehrstuhl für die vielen Anregungen und die Mühe und die Bereitschaft, sich mit meinem Dissertationsthema gedanklich auseinander zu setzen. Dabei sei nochmals Oliver Kleiber gedankt, der mir als „Dolmetscher" während der Interviews in der Schweiz zur Seite stand. Im Weiteren möchte ich allen Beteiligten des Metaphernprojektes, insbesondere Dr. Hugo Caviola für den fachlichen Austausch und die Hilfe bei der Auswertung der Interviews danken.

Ich möchte auch die schweizerische Stiftung Mensch–Gesellschaft–Umwelt (MGU) erwähnen, die meine Dissertationsprojekt finanziell unterstützt und damit das Zustandekommen ermöglicht hat.

Weiterhin möchte ich meinem Lebensgefährten Ralf Bösch für seine große Geduld, steten Ermutigungen und Hilfe bei der gestalterischen Umsetzung sowie meinen Freundinnen Carola Benson, Uta Soltau, Beate Beecken und Nathali Jänicke für die zahlreichen Anregungen und Kommentare beim Lesen und ihrer freundschaftlichen Hilfe in allen Phasen der Arbeit danken.

Für Hannah

Inhaltsverzeichnis

Abbildungsverzeichnis

Abkürzungsverzeichnis

DIN ISO 14001	Standard 14001 zum Umweltmanagement der International Organization for Standardization
EMAS	Environmental Management und Audit Scheme
GB	Geschäftsbericht
H	Homepage
I	Interview
P	Produktinformation
UB	Umweltbericht
UMS	Umweltmanagementsystem
UN	Unternehmen

> Ein Bild hielt uns gefangen. Und heraus konnten wir nicht,
> denn es lag in unserer Sprache [...] (Wittgenstein 1984, 300).

1 Einleitung

1.1 Problemstellung und Ziel der Arbeit

Die Metapher wird verstanden als „sprachlicher Ausdruck, bei dem ein Wort, eine Wortgruppe aus seinem eigentümlichen Bedeutungszusammenhang in einen anderen übertragen wird" (Duden 1982, Bd. 5, 488).

Am Anfang war die Metapher. Diese Ansicht vertreten zumindest einige Metaphernforscher, nach denen Metaphern die Grundlage für das menschliche konzeptuelle System und für jegliche Strukturierung von Wahrnehmung bilden (vgl. z.B. Richards 1936; Black 1962; Lakoff & Johnson 1980). Und tatsächlich, wohin man auch schaut, die Metapher ist schon da. Sie ist ein unverzichtbarer Bestandteil unserer Sprache, oder wie es Clancy (1989) poetischer ausdrückt, so unumgänglich und folgenreich wie unser Atmen: „We use metaphor much as we breathe; we cannot avoid its use or its consequences" (ebd., 13). Lange Zeit jedoch hatte man die Metapher in das Reich der Poesie verbannt, denn sie besaß den Ruf, Sachverhalte zu verzerren und nicht wahrheitsgemäß wiederzugeben. Schon Aristoteles,[1] einer der ersten Begründer einer Metapherntheorie, kritisierte die Verwendung der Metapher in Fachsprachen und maß ihr lediglich eine ornamentale Funktion innerhalb der schönen Literatur bei. Fachsprachen hingegen sollten klar bestimmbar, eindeutig und frei von unkontrollierbaren Übertragungen sein (vgl. Gigon 1961, 56f.; Sieveke 1980, 170f.), welche jedoch, wie die obige Definition zeigt, gerade das wesentliche Charakteristikum der Metapher sind.

Diese Zwiespältigkeit steht im Blickpunkt der vorliegenden Dissertation. Der Bann, welcher der Metapher auferlegt wurde, ist aufgehoben und ihr Wert, auch in und für Fachsprachen, ist mittlerweile unumstritten (vgl. Beneke 1988). Ich möchte Sie nun einladen, mich auf eine Erkundungsreise durch die Bilderlandschaften der Fachsprachen zu begleiten, wobei ein besonderes Augenmerk auf die Sprachbilder des Umweltmanagements[2] gerichtet ist.

---

[1] Aristoteles legt seine Theorie zur Metapher vor allem in seinen Werken „Poetik" (Kap. 21-22) und „Rhetorik" (Buch III, Kap. 2-4 und 10-11) dar. Die Literaturhinweise entstammen den jeweiligen deutschen Übersetzungen von Gigon (1961, 54-59) bzw. Sieveke (1980, 169-178 und 189-199).

[2] „Unter Umweltmanagement werden im deutschsprachigen Raum in der Regel alle gezielten betriebswirtschaftlichen Aktivitäten zur Beeinflussung der Umwelteinwirkungen eines Unternehmens, ihrer Standorte und Betriebe, einer Branche, eines Verbandes oder dergleichen verstanden" (Schaltegger 2000, 113).

Die Expedition startete im Jahr 2000 mit einem Forschungsprojekt der schweizerischen Stiftung Mensch–Gesellschaft–Umwelt (MGU) zur Rolle von Metaphern in Fachsprachen. Ein interdisziplinär zusammengesetztes Team wurde
beauftragt, die Wirkungsweise von Metaphern in Fachsprachen zu erforschen.
Zusammengesetzt war das Forschungsteam aus einem Linguisten (Projektleiter), einem Philosophen, einem Biologen, einer Historikerin, einem Historiker
sowie einem Ökonomen und mir als Umweltwissenschaftlerin.

Unterstützt von meinem Doktorvater Prof. Dr. S. Schaltegger, Universität Lüneburg, bestand meine Aufgabe im Team darin, die Metaphern des Umweltmanagements zu erkunden, ein bislang kaum erforschtes Themengebiet. Hinter diesem Interesse stand die Forschungshypothese, dass die Verwendung
von Metaphern eine wichtige Rolle für die Sicht auf das Umweltmanagement
und dessen Ausgestaltung spielt und Probleme bei der Anerkennung und
Umsetzung des Umweltmanagements im Unternehmen in der Sprache begründet liegen.[3] Die Problemstellung dieser Arbeit besteht also darin, dass es
grundlegende Schwierigkeiten bei der Akzeptanz und Integration des Umweltmanagements gibt. Es gilt herauszufinden, welche Bedeutung hierbei der
Metapher zukommt und wie diese bewusst zur Lösung eingesetzt werden
kann. Zur Bearbeitung der Aufgabe wurden folgende Kernfragestellungen
formuliert:

- Welche Metaphern werden im Umweltmanagement verwendet?
- Lassen sich aus der Analyse der Metaphern Hinweise auf die Stellung
  und die Problembereiche des Umweltmanagements im Unternehmen
  ableiten?
- Geht von Metaphern eine handlungsleitende Wirkung auf das
  Unternehmen bzw. das Umweltmanagement aus?
- Welche Folgerungen können aus den Ergebnissen für die Analyse von
  Metaphern und für das Umweltmanagement gezogen werden?

---

[3] Somit geht die Arbeit von einem relativistischen Sprachverständnis aus, nach dem Sprache
und Erfahrung als gestaltende und Bedeutung produzierende Elemente den Zugang zur
Realität beeinflussen (vgl. Detten 2001, 12f. und 78).

Die Basis für die empirischen Untersuchungen bilden Interviews mit Praktikern[4] sowie eine umfangreiche Literaturanalyse zum Umweltmanagement. Dieser Grundbestand wurde in Abhängigkeit von der jeweiligen Fragestellung um weitere Materialien ergänzt.[5] Die Auswahl und die Kombination des Untersuchungsmaterials erlaubt auf der einen Seite die Erfassung und Analyse grundlegender Metaphern in der Fachsprache des Umweltmanagements. Auf der anderen Seite können einzelne Aspekte, beispielsweise die Frage nach der Beziehung des Umweltmanagements zu anderen Unternehmensbereichen oder nach dem handlungsleitenden Charakter von Metaphern, detailliert berücksichtigt und vertieft behandelt werden. Durch die Bearbeitung der oben genannten Fragestellungen in ihrer Abfolge ist eine schrittweise Erkundung der Metaphern des Umweltmanagements als weitgehendes Neuland möglich. Das Ergebnis unserer Expedition und der vorliegenden Arbeit konnte es nicht sein, jeden Gipfel und jedes Tal zu erforschen, sondern vielmehr, einen Einblick in die Welt der Metaphern des Umweltmanagements zu gewinnen und zu vermitteln. Ziel der Arbeit ist es, durch den bewussten Umgang mit Metaphern, die Akzeptanz und die Integration des Umweltmanagements im Unternehmen zu erhöhen.

Ein zentrales Anliegen des gesamten Forschungsteams ist es weiterhin, auf die wichtige Rolle von Metaphern in Fachsprachen hinzuweisen und die Ergebnisse einem breiten Publikum zugänglich zu machen. Unter der Leitung von Dr. Caviola entstand im Laufe der Projektlaufzeit ein Lehrmittel, welches sich im Wesentlichen an Schulen richtet und in dem Metaphern unterschiedlichster Bereiche diskutiert werden (vgl. Caviola 2003a, ders. 2003b).

1.2 Stand der Forschung

Es gibt eine Vielzahl von Untersuchungen, die sich mit der Metapher als Träger kognitiver Strukturen und komplexer Wissensbestände sowie als Repräsentant von Alltagswissen und -theorien (vgl. z.B. Ortony 1993; Gibbs 1994; Taylor & MacLaury 1995; Moser 2000a; ders. 2000b) beschäftigen. Des Weiteren besteht ein beständig wachsendes Interesse an der Analyse von Metaphern sowohl in der Alltagssprache (vgl. Liebert 1992; Baldauf 1997) als auch in den unterschiedlichen Fachsprachen (vgl. z.B. Pörksen 1986; Niederhauser 1995; Schmitt 1995, ders. 2001; Fox-Keller 1998; Kretzenbacher 1998; Detten 2001). Die Wirtschaftssprache ist davon nicht unberührt geblieben und als Folge exis-

---

[4] In der vorliegenden Arbeit wird aus Gründen der besseren Lesbarkeit nur die männliche Form verwendet. Diese Bezeichnung schließt jedoch gleichermaßen männliche wie auch weibliche Personen ein.

[5] Bei den zusätzlich hinzugezogenen Materialien handelt es sich vor allem um Informationsmaterialien über das Unternehmen, wie Unternehmens- bzw. Produktbroschüren, Umweltberichte oder Angaben von der Unternehmenshomepage (vgl. Kap. 6.1).

tiert eine beträchtliche Anzahl von Arbeiten, die sich mit der Rolle der Metapher in den unterschiedlichen Teildisziplinen auseinandersetzen (vgl. z.B. McCloskey 1985; Morgan 1986; Gloor 1987; Clancy 1989; Jäkel 1994; Mirowski 1994; Hundt 1995). Dieses rege Interesse ist nicht weiter erstaunlich, da die Wirtschaftssprache voll von Metaphern ist (vgl. Krcal 2002, 1). Insbesondere als Ausdruck unterschiedlicher Vorstellungen von Organisationen werden Metaphern verwendet, denn sie dienen der Beschreibung abstrakter Sachverhalte und werden häufig dann herangezogen, wenn ein direkter Zugang der deskriptiven Sprache zum Gegenstand nicht möglich ist (vgl. Straub & Seitz 1998, 247). Ungewohnte und abstrakte Organisationsvorstellungen können mit Hilfe von Metaphern fassbar und anschaulich vermittelt werden (vgl. McKenna & Wright 1992).

Im Vergleich dazu lassen sich für das Umweltmanagement kaum Belege für derartige Untersuchungen finden. Einige Ansatzpunkte zeigen sich in den sprachkritischen Überlegungen von Müller-Christ (2001, 4) zum Begriff des „Umweltmanagements" sowie in der Diskussion zur „Industrial Ecology", welche der Frage nachgeht, inwieweit sich Vorstellungen von Ökosystemen auf sozioökonomische Systeme übertragen lassen (vgl. Constanza 1997; Ayres 1988; Ayres & Ayres 2002; Bey 2001; Ehrenfeld 2003). Im Weiteren weist Krcal (2002) in seinem Beitrag über die Rolle von Metaphern in der Betriebswirtschaft auch auf Sprachbilder des Umweltmanagements hin, beispielsweise den „ökologischen Fußabdruck" (ebd., 6). Auch Allen (2001) nimmt in dem Sammelband „Metaphors for Change" Bezug auf einige zentrale Begriffe des Umweltmanagements, wie des „life-cycle thinking" (ebd., 20).[6] Insgesamt handelt es sich bei den genannten Ansätzen jedoch um die Betrachtung vereinzelter Metaphern, wohingegen eine systematische Untersuchung und Analyse der Metaphern des Umweltmanagements auf einer umfangreichen empirischen Basis ausbleibt.

Weiterhin existieren Ansätze zur bildhaften Klassifizierung des Umweltmanagements bzw. ökologischer Aspekte in Unternehmen, die darauf abzielen, unterschiedliche Erscheinungsformen mit Hilfe von Metaphern zu beschreiben. Während Walley und Stubbs (2000) sowie Jørgensen (2000) eine Differenzierung von Unternehmen anhand von Fallstudien vornehmen und dabei auf Metaphern von Morgan (1986, 1993) zurückgreifen, nimmt Elkington (2001) in seinem sehr anschaulich formulierten Buch „The chrysalis economy" eine eigene Systematisierung hinsichtlich ökologischer und sozialer sowie finanzieller Aspekte vor und vergleicht Unternehmen in Abhängigkeit davon mit unterschiedlichen Insektenformen. Auch diesen Arbeiten liegt keine eigenstän-

---

[6] Meiner Auffassung nach handelt es sich allerdings bei den von Allen (2001) angeführten „Metaphors for Change" nicht durchgängig um Metaphern, beispielsweise der Ausdruck „from products to services" (ebd., 76) bzw. „from end-of-pipe to integration (ebd., 81), da diesen Formulierungen das charakteristische Übertragungselement einer Metapher von einem Sinnbereich in einen anderen fehlt.

dige Metaphernanalyse zugrunde, sondern sie klassifizieren Unternehmen anhand ökologischer bzw. nachhaltigkeitsbezogener Kriterien in unterschiedliche bildhafte Erscheinungsformen. Eine umfangreiche Analyse der Metaphern im umweltmanagementbezogenen Sprachgebrauch sowie die Untersuchung, in welchem Maß von Metaphern eine handlungsleitende Wirkung für das Umweltmanagement und das Unternehmen ausgeht, wurde meines Wissens nach in dieser Form noch in keiner Arbeit aufgegriffen. Die vorliegende Dissertation stellt damit in Bezug auf die Analysetiefe der Metaphern des Umweltmanagements sowie auf die unterschiedlichen Betrachtungs- und Analyseebenen ein Novum in der Herangehensweise dar.

1.3 Aufbau und Ablauf der Arbeit

Die Dissertation gliedert sich in sieben Kapitel. Die folgende Erläuterung des Aufbaus der Arbeit dient sozusagen als Kurzbeschreibung der gewählten Expeditionsroute, indem die einzelnen thematischen Schwerpunkte und Fragestellungen sowie die jeweilige Herangehensweise dargelegt werden. Daran schließt sich eine zusammenfassende Inhaltsübersicht (Abb. 1) an, die den Verlauf der Arbeit graphisch veranschaulicht.

1. Kapitel: **Einleitung**

Im ersten Kapitel werden neben einer allgemeinen Einführung in das Thema, die Zielsetzung, der bisherige Forschungsstand sowie der Aufbau der vorliegenden Dissertation dargelegt.

2. Kapitel: **Geschichte der Metaphernforschung**

Zu Beginn des zweiten Kapitels werden die unterschiedlichen Metapherntheorien und Forschungsansätze von der Antike bis zum 20. Jahrhundert aufgezeigt. Der Fokus in diesem Kapitel liegt auf der kognitiven Metapherntheorie, insbesondere auf der Veröffentlichung von Lakoff und Johnson „Metaphors we live by" von 1980 als grundlegendes Metaphernverständnis dieser Arbeit. Demzufolge ist das konzeptuelle menschliche Denken und in dessen Folge auch dessen Handeln metaphorisch strukturiert. Das Kapitel geht im Weiteren auf die an diesem Ansatz geübten Kritik sowie dessen Weiterentwicklung ein. Abschließend werden verschiedene Möglichkeiten und Kriterien zur Differenzierung sowie die unterschiedlichen Funktionen von Metaphern in der Wissenschaft vorgestellt.

3. Kapitel: Die Rolle von Metaphern in der Betriebswirtschaftslehre

Das dritte Kapitel ist der Rolle der Metapher in der Betriebswirtschaftslehre als grundlegender Rahmen für das Umweltmanagement gewidmet. Das Kapitel fokussiert dabei auf verschiedene, auf Metaphern basierende, Organisationsperspektiven. Analog zum vorangegangenen Kapitel stehen auch hier herausragende Arbeiten im Zentrum der Betrachtungen. Zum einen wird auf die Veröffentlichung von Gareth Morgan „Images of Organization" aus dem Jahre 1986 eingegangen. Darin entwirft er mit Hilfe von Metaphern unterschiedliche Vorstellungen von Organisationen. Zum anderen wird die Arbeit von John Clancy (1989) gewürdigt, welcher in „The Invisible Powers: The Language of Business" den metaphorischen Sprachgebrauch von Unternehmern analysiert. Auch in diesem Kapitel wird auf die an den Arbeiten geübte Kritik eingegangen sowie die Analyseansätze der beiden Autoren beurteilt. Das Kapitel schließt mit der Betrachtung zentraler Wirtschaftsmetaphern in unterschiedlichen Epochen sowie des wirklichkeitsstrukturierenden Einflusses von Metaphern in Unternehmen.

4. Kapitel: Metaphern des Umweltmanagements – eine Bestandsaufnahme

Die Kapitel vier bis sechs bilden mit den empirischen Untersuchungen – der Analyse der Metaphern des Umweltmanagements in Hinblick auf unterschiedliche Fragestellungen - das Kernstück der Arbeit. Zu Beginn wird auf das den Analysen zugrunde gelegte Untersuchungsmaterial und -design eingegangen. Zentrale Stellung innerhalb des vierten Kapitels nimmt neben der Diskussion einiger wichtiger Begriffe im Umweltmanagement die Darstellung der grundlegenden Metaphern ein. Dabei wird zum einen darauf eingegangen, welche Themenbereiche des Umweltmanagements durch die entsprechende Metapher strukturiert werden sowie zum anderen aufgezeigt, welche Folgerungen sich aus der jeweiligen metaphorischen Sichtweise für das Umweltmanagement ergeben. Diese Ergebnisse bilden die Grundlage für die weiterführenden Analysen der nachfolgenden Kapitel.

5. Kapitel: Stellung des Umweltmanagements im Unternehmen

Im fünften Kapitel wird als anschließender Untersuchungsschritt der Frage nachgegangen, inwiefern sich aus der Analyse der Metaphern Hinweise auf eine problematische Stellung und Beziehung des Umweltmanagements gegenüber anderen Unternehmensbereichen und –zielen ableiten lassen. Zur Bearbeitung dieser Frage werden drei unterschiedliche Herangehensweisen gewählt, welche Ansatzpunkte zur Identifizierung von Problembereichen für das Umweltmanagement liefern sollen. Den Ansätzen liegt die Annahme zugrunde, dass eine unterschiedliche metapherngeleitete Sichtweise für das Umweltmanagement und für das Unternehmen auf divergierende „Denkwelten" schließen lässt, die zu einer mit Schwierigkeiten behafteten Stellung des Umweltmanagements im Unternehmen führen kann. Für die Analyse erfolgt zum einen eine Gegenüberstellung der Metaphern des Umweltmanagements mit den Untersuchungsergebnissen zur Metaphorik in der wirtschaftsbezogenen Sprache, beispielsweise den von Clancy (1989) identifizierten unternehmerischen Metaphern. Zum anderen werden die im dritten Kapitel behandelten Organisationsvorstellungen von Morgan (1986) auf das Umweltmanagement übertragen und sowohl Gemeinsamkeiten als auch Unterschiede im Vergleich zu der Einschätzung des Unternehmens herausgearbeitet. Schließlich wird das Untersuchungsmaterial dahingehend analysiert, mit Hilfe welcher Metaphern die Beziehung des Umweltmanagements zu anderen Bereichen und Zielen des Unternehmens beschrieben wird und welche Aussagen damit für die Sichtweise auf das Umweltmanagement verbunden sind.

6. Kapitel: Handlungsleitung von Metaphern in Unternehmen

Das sechste Kapitel beschäftigt sich mit der Fragestellung, inwieweit sich für die postulierte handlungsleitende Wirkung von Metaphern in Unternehmen (vgl. Morgan 1986; Clancy 1989; Krcal 2002) Anzeichen im Unternehmensalltag finden lassen. Anhand von zwei Fallstudien werden die Metaphern für das Unternehmen und das Umweltmanagement analysiert sowie Hinweise auf die Gestaltung des unternehmerischen Alltags herausgearbeitet. Aufbauend auf diesen Ergebnissen und den spezifischen Kennzeichen der beiden vorgestellten Fälle werden im Weiteren Einflussfaktoren für die mögliche handlungsleitende und gestalterische Wirkung von Metaphern im unternehmerischen Alltag abgeleitet.

7. Kapitel: Zusammenfassung und Folgerungen

Im letzten Kapitel werden zum einen die Arbeit zusammengefasst und zum anderen aus den gewonnen Ergebnissen der verschiedenen Untersuchungsebenen und -perspektiven sowohl Folgerungen für die Analyse von Metaphern als auch für das Umweltmanagement gezogen. Dabei wird u.a. darauf eingegangen, unter welchen Bedingungen und für welche Fragestellungen die Analyse von Metaphern zu aussagekräftigen Ergebnissen führen kann. Ebenso werden die Folgerungen für das Umweltmanagement, die sich aus der Analyse der Metaphern ergeben, aufgezeigt sowie im Weiteren dargelegt, wie mit Hilfe von Metaphern die Voraussetzungen für eine verstärkte Integration des Umweltmanagements im Unternehmen geschaffen werden können. Abschließend wird zu einer kritischen Metaphernreflexion und zu einem kreativen Umgang mit Metaphern in der eigenen Fachsprache angeregt.

Inhaltsübersicht

	Charakter
Kap. 1 Einleitung 1.1 Problemstellung und Ziel der Arbeit 1.2 Stand der Forschung 1.3 Aufbau und Ablauf der Arbeit	Einführung
Kap. 2 Geschichte der Metaphernforschung 2.1 Von der Antike ..... 2.2 ... über das 19. Jahrhundert ... 2.3 ... zu den Metapherntheorien des 20. Jahrhunderts 2.4 Kognitive Metapherntheorie 2.5 Typologie der Metapher 2.6 Funktionen der Metapher in der Wissenschaft	Theoretischer Rahmen
Kap. 3 Die Rolle von Metaphern in der BWL 3.1 Metaphern in Organisationen 3.2 Beurteilung 3.3 Epochenmetaphorik 3.4 Metaphern als Handlungsrahmen	
Kap. 4 Metaphern des Umweltmanagements 4.1 Darstellung des Untersuchungsmaterials 4.2 Untersuchungsdesign 4.3 Ergebnisse 4.4 Interpretation und Zusammenfassung der Ergebnisse	Bestands-aufnahme
Kap. 5 Stellung des Umweltmanagements im Unternehmen 5.1 Gegenüberstellung metaphorischer Konzepte 5.2 Einschätzung anhand vorgegebener Bilder 5.3 Beziehung des Umweltmanagements zu anderen Unternehmensbereichen und -zielen 5.4 Zusammenfassung	Detail-analyse
Kap. 6 Handlungsleitung von Metaphern in Unternehmen 6.1 Untersuchungsdesign 6.2 Einzelfallanalyse I: Arztpraxis Dr. Schmitt 6.3 Einzelfallanalyse II: Bauunternehmen Herr Maier 6.4 Zusammenfassung und Einflussfaktoren für die Handlungsleitung von Metaphern	
Kap. 7 Zusammenfassung und Folgerungen 7.1 Zusammenfassung der Arbeit 7.2 Folgerungen für die Analyse von Metaphern 7.3 Folgerungen für das Umweltmanagement	Folgerungen

Abb. 1: Inhaltsübersicht

Language is the fundamental mode of operation of our being-in-the-world and an all embracing form of the constitution of the world (Gadamer 1976, 3).

2 Geschichte der Metaphernforschung

Seitdem über Sprache nachgedacht wird, rückt die Metapher immer wieder ins Licht der Betrachtungen. Einige Wissenschaftler sehen in der Metapher sogar das Wesen der Sprache (vgl. Kurz 1988, 7), wie auch Carlyle:

> Man untersuche die Sprache; was bleibt, wenn man einige primitive Elemente des natürlichen Klangs ausnimmt, was bleibt dann außer Metaphern noch übrig: Metaphern; die als solche erkennbar oder nicht mehr erkennbar sind; die noch fließen und blühen oder schon erstarrt und farblos sind? Wenn jene primitiven Hüllen den knöchernen Bestand in der Fleisch-Gewand-Sprache bilden, dann sind Metaphern ihre Muskulatur und ihr lebendes Hautgewebe (Carlyle zit. n. Brown 1927, 41).

Metaphern bilden einen wesentlichen Bestandteil unserer Sprache. Doch was genau ist eine Metapher? Obwohl sich seit fast zweieinhalbtausend Jahren Vertreter unterschiedlichster wissenschaftlicher Disziplinen mit dem Phänomen der Metapher beschäftigen, besteht bis heute keine einheitliche Definition und Theorie der Metapher, welche die genaue Entstehung und Wirkungsweise der Metapher eindeutig erklären kann (vgl. Black 1954/1983[7], 59f.; Köller 1975, 1; Davidson1986, 363).[8] Eine Schwierigkeit der Metaphernforschung liegt sicherlich darin begründet, dass es kaum möglich ist, über den Untersuchungsgegenstand der Metapher zu reden bzw. zu schreiben, ohne ihn selbst zu verwenden. Die Aussagen folgender Metaphernforscher zeugen davon:

> That metaphor is the omnipresent principle of language can be shown by mere observation. We cannot get through three sentences of ordinary fluid discourse without it (Richards 1964, 50).

> Il n'y a pas de lieu non métaphorique d'où l'on pourrait considérer la métaphore, ainsi que toutes les autres figures, comme un jeu déployé devant le regard (Ricoeur 1975, 25).

Da bis heute keine allgemeingültige Metapherndefinition existiert, ist es notwendig, zumindest eine vorläufige Arbeitsdefinition zu geben. Etymologisch

---

[7] Bei derartig gekennzeichneten Quellenangaben, bei denen zwei, durch einen Schrägstrich getrennte Jahreszahlen, genannt werden, wird aus einer Ausgabe zitiert, die nicht dem ersten Erscheinungsjahr entspricht. Dennoch soll auf die Jahresangabe der Erstausgabe nicht verzichtet werden, da für die Darstellung der Metapherntheorie die chronologische Betrachtung der Entwicklung der unterschiedlichen Ansätze von Interesse ist.

[8] Lieb (1964) konnte bis zum Jahre 1963 allein 125 unterschiedliche Metapherndefinition nachweisen und es ist davon auszugehen, dass die Anzahl mittlerweile noch weiter angestiegen ist.

entstammt der Begriff der Metapher dem Griechischen (*metaphorá*) und bedeutet „das Weg- und Anderswohinübertragen" (Pfeifer 1997, 866). In Anlehnung
an Brown (1976, 170) und Smith (1981, 11) wird in der vorliegenden Arbeit die
Metapher verstanden als die sprachliche Bezeichnung und die Betrachtung eines Gegenstandes oder Sachverhaltes durch einen anderen.[9]

Das Metaphernverständnis hat sich im Laufe der Zeit stark verändert. Nachfolgend wird, als theoretische Grundlage und für das weitere Verständnis der
Arbeit, die geschichtliche Entwicklung des Metaphernbegriffs von der Geburts-
stunde in der Antike bis ins 20. Jahrhundert nachgezeichnet. Während über
die älteren theoretischen Ansätze nur ein kurzer Überblick gegeben wird, erfolgt für die kognitive Metapherntheorie von Lakoff und Johnson (1980) eine
ausführlichere Betrachtung, da sie den theoretischen Rahmen und „die empirisch am besten belegte und theoretisch am weitesten ausgearbeitete Metapherntheorie der Kognitiven Linguistik" (Moser 2000a, 34) darstellt. Damit
erfolgt eine parallele Betrachtung von einerseits der historischen Entwicklung
der Metaphernforschung und andererseits der kognitiven Metapherntheorie
sowie im Weiteren von unterschiedlichen Möglichkeiten zur Typologisierung
der Metapher sowie der Rolle der Metapher in der Wissenschaft. Abbildung 2
schafft einen Überblick über die nachfolgenden Ausführungen dieses Kapitels.

<table>
<tr><td colspan="2">**Ansätze der Metaphernforschung**</td></tr>
<tr><td>Historische Entwicklung</td><td>Ausgewählte Betrachtung</td></tr>
<tr><td>Von der Antike ...
(Substitutions- & Vergleichstheorie)</td><td>Kognitive Metapherntheorie
(konzeptuelles Denken und Handeln ist metaphorisch)</td></tr>
<tr><td>... über das 19. Jahrhundert ...
*(kaum wissenschaftliche Weiter-
entwicklung)*</td><td>Typologie der Metapher
*(Funktionalität, Erscheinungsebene &
Usualität)*</td></tr>
<tr><td>... zu den Metapherntheorie des 20.
Jahrhunderts
*(Interaktionstheorie & bildfeldtheoretischer
Ansatz)*</td><td>Funktionen der Metapher in der
Wissenschaft
*(rhetorisch, pädagogisch-didaktisch,
erkenntnisfördernd & theorienkonstitutiv)*</td></tr>
</table>

Abb. 2: Ansätze der Metaphernforschung

---

[9] Zur Festlegung, welche sprachlichen Ausdrücke in die Auswertung des Analysematerials
einbezogen werden vgl. Kap. 4.2.2.2.

2.1 Von der Antike ...

Als Begründer der ersten Metapherntheorien ist Aristoteles anzusehen, der die Metapher wie folgt definiert:

> Metapher ist eine Übertragung eines fremden Nomens, entweder von der Gattung auf die Art oder von der Art auf die Gattung oder von einer Art auf eine andere oder gemäß der Analogie (Aristoteles „Poetik", Kap. 21: 1457^b zit. n. Gigon 1961, 54).

Die Definition von Aristoteles spiegelt die antike Sprachauffassung von einem topologischen Sprachmodell wider, nach dem Wörter als Repräsentanten für einen außersprachlichen Gegenstand stehen und für jedes Wort genau ein bestimmter Ort angegeben werden kann, dem es zugehörig ist. Die Metapher ist demnach eine Ortsveränderung eines Wortes, an den es nicht gehört.[10] Damit stehen Metaphern unter dem Vorzeichen des Deplazierten und Überflüssigen. Noch deutlicher wird dies von Aristoteles in der späteren „Rhetorik" nach der Lehre vom „eigentlichen Wort (verbum proprium)" (Aristoteles „Rhetorik", Buch III, Kap. 2: 1404^b zit. n. Sieveke 1980, 170) formuliert. Demzufolge gibt es „zu jedem metaphorischen Ausdruck auch einen zwar vielleicht weniger ‚schönen', in jedem Falle jedoch ‚richtigen', weil eigentlichen Ausdruck" (Beneke 1988, 197). Nach dem antiken Verständnis ist die Metapher als rhetorisch-stilistischer Schmuck auf ornamentale und suggestive Funktionen begrenzt (vgl. Derwer 1996, 6). Für wissenschaftliche Beschreibungen hingegen wird sie als untauglich verurteilt, da sie durch ihre charakteristische „uneigentliche" Bedeutung die sprachliche Ordnung stört und die Wahrheit verschleiert (vgl. Pielenz 1993, 60f.). Aufgabe der Sprache in der Wissenschaft soll jedoch sein, die Dinge wahrhaftig zu beschreiben und nicht durch Metaphern verzerrt wiederzugeben.[11] Aristoteles verbannt die Metapher in seinen Schriften folglich in die Bereiche der Poetik und der Rhetorik (vgl. Gloor 1987, 4).[12]

Aus den antiken Metapherndefinitionen lassen sich als traditionelle Metapherntheorien die Substitutions- sowie die Vergleichstheorie ableiten, die im Folgen den vorgestellt werden. Beide sind zu den konstruktivistischen Theorien zu

---

[10] Ob unter dem von Aristoteles genannten Begriff des Nomens lediglich Substantive oder auch Verben zu verstehen sind, bleibt unklar. Es wird jedoch deutlich, dass die Metapher keine Erscheinung des Sprachsystems (langue), sondern der Sprachhandlung (parole) ist (vgl. Kurz 1976, 10). Nach Ferdinand de Saussure (1931) bezeichnet die „langue" das sprachliche System einer Sprachgemeinschaft, während die „parole" die Realisierung der menschlichen Sprache repräsentiert (vgl. Volmert 1995, 15).

[11] Der ikonoklastische Versuch (Ikonoklasmus: Abschaffung und Zerstörung von Heiligenbildern im 8. - 9. Jahrhundert, der v.a. von der byzantinischen Kirche ausging) einer metaphernfreien Sprache hat sich als nicht durchführbar erwiesen (vgl. Kurz 1988, 13).

[12] Für eine Diskussion von Aristoteles Definition vgl. Ricoeur (1991, 13-55).

zählen, da sie einen „Zusammenhang zwischen Kognition und Metapher leugnen" (Pielenz 1993, 59).[13]

2.1.1 Substitutionstheorie

Nach der Vorstellung der Substitutionstheorie wird ein metaphorischer Ausdruck anstelle eines äquivalenten wörtlichen Ausdrucks gebraucht. Die Metapher wird wie folgt definiert:

> Eine Metapher der Gestalt 'A ist B' präsentiert eine Substitution der vom Sprecher wörtlich intendierten Äußerung 'A ist C' (Pielenz 1993, 62).

Die Substitutionstheorie setzt ein normatives lexikalisches System mit einer stabilen Zuordnung von Wörtern und Dingen voraus (vgl. Kurz 1976, 14). Dabei ersetzt die Metapher den „eigentlichen Ausdruck", sie wird für diese Stelle nur ausgeliehen (vgl. Ricoeur 1991).[14] Durch die Übertragung erscheint die Metapher an einer lexikalischen Stelle, an die sie ursprünglich nicht gehört. Die Aufgabe des Hörers bzw. des Lesers besteht nun darin, die Metapher wieder zu dekodieren,[15] indem er wieder den „eigentlichen" Ausdruck anstelle des „uneigentlichen" eingesetzt (vgl. Drewer 1996, 8). Black (1954/1983, 63ff.) führt zwei Gründe an, warum dieses metaphorische Rätselraten der wörtlichen Sprache vorgezogen wird: zum einen aus lexikalischem Mangel (Katachrese) und zum anderen als oratorischer Schmuck, da die gewählte Metapher prägnanter oder kürzer als die eigentliche Bezeichnung ist.[16]

2.1.2 Vergleichstheorie

Als weitere traditionelle Metapherntheorie gilt die Vergleichstheorie. Die Funktion der Metapher besteht hiernach lediglich in der Feststellung von Ähnlichkeiten. Die Metapher kann wie folgt definiert werden:

> Eine Metapher der Gestalt 'A ist B' präsentiert eine Umformung einer vom Sprecher wörtlich intendierten Äußerung 'A ist *wie* B' via Analogie oder Ähnlichkeit (Pielenz 1993, 61; Hervorh. im Original).[17]

---

[13] Beide Theorien könnten auch als nicht-kognitiv bezeichnet werden, wobei in der Bezeichnung als nicht-konstruktivistisch besser der „Aspekt der aktiven Gestaltung i.e. der produktiven Erkenntnisfunktion der Metapher zum Ausdruck" (Pielenz 1993, 59) kommt.

[14] Zur Auffassung der Metapher als Abweichung vgl. Ricoeur (1991, 82-94).

[15] Zum Kommunikationsmodell zwischen Sender und Empfänger zur Übermittlung von Nachrichten und Informationen durch Kodieren und Dekodieren vgl. Shannon & Weaver (1949); Hall (1980; 1993); Luhmann (1996).

[16] Nach Meier (1963, 9) gehen diese beiden Motive bereits auf Cicero zurück. Dessen Schüler Quintilian fügt als drittes Motiv für die Bildung von Metaphern die Tabufunktion hinzu, bei der die Metapher ein anstößiges Wort verdrängt.

[17] Die Definition von Pielenz (1993) erfolgt in Anlehnung an die Argumentationstheorie von Toulmin (1958).

Wie die Definition zeigt, wird die Metapher gemäß dieser Theorie als ein um
den Partikel „wie" verkürzter Vergleich betrachtet und ähnelt damit einem
„elliptical *simile*" (Black 1954/1983, 66; Hervorh. im Original). Der Definition
nach handelt es sich bei der Metapher um ein rein sprachliches Phänomen, mit
dem Ähnlichkeiten beschrieben werden (vgl. Kurz 1976, 69).[18] Die Vorstellung
von der Metapher als verkürzter Vergleich geht auf den römischen Rhetoriker
Quintilian zurück (vgl. Rahn 1975). Seine Formel „In totum autem metaphora
brevior est similitudo" (Quintilian zit. n. Lieb 1983, 349) illustriert er an der
häufig zitierten Metapher „Richard ist ein Löwe", welche in der Vergleichs-
form „Richard ist wie ein Löwe" lauten würde. Nach der Auffassung der Substitutionstheorie wiederum steht die genannte Beispielmetapher anstelle des
wörtlichen Äquivalents „Richard ist mutig und stark" (vgl. Pielenz 1993, 61f.).

Nach Black (1962, 35) ist die Vergleichstheorie ein Sonderfall der Substitutionstheorie: „It will be noticed that a 'comparison view' is a special case of a
'substitution view'. For it holds that the metaphorical statement might be re-
placed by an equivalent literal comparison", während Johnson (1981, 24) das
Verhältnis der Theorien genau umgekehrt betrachtet. Letztlich beruhen beide
Theorien auf der Annahme, dass Metaphern paraphrasierbar sind und keinen
eigenen begriffskonstitutiven Wert besitzen (vgl. Kurz 1988, 7f.; Drewer 1996,
8).[19] Sowohl die Substitutions- als auch die Vergleichstheorie verbleiben auf
der wortsemantischen Ebene, während Text- und Situationsmetaphorik nicht
berücksichtigt werden (vgl. Kurz 1988, 11). Erst im 20. Jahrhundert wurde diese Sichtweise zugunsten einer umfassenderen Betrachtung aufgegeben und
der gesamte Kontext der Metapher als semantische Einheit berücksichtigt.

2.2 ... über das 19. Jahrhundert...

Bis ins 19. Jahrhundert bleibt es erstaunlich ruhig um die Metapher. Die meisten Arbeiten dieser Zeit greifen auf traditionelle Theorien und Ansichten zurück, beispielsweise Hobbes (1651/1960, 30), welcher in Metaphern „ignes

[18] Davidson (1986) bezweifelt die Beschreibung als elliptischen Vergleich. Demzufolge würde ausdrücklich zum Ausdruck kommen, in welchem Merkmal die Ähnlichkeit besteht,
denn „die Ellipse ist eine Form der Abkürzung, nicht der Paraphrase oder der gewunde-
nen Rede" (ebd., 356). Auf welches Merkmal sich die Ähnlichkeit bezieht, darüber treffen
jedoch weder der Vergleich noch die Metapher eine Aussage.
[19] Beide Theorien prägten jedoch noch lange Zeit die Vorstellung von der Metapher. Als
spätere Vertreter der Vergleichstheorie sind beispielsweise Hugh Blair, Georg Wilhelm
Friedrich Hegel sowie Joseph Vendryès, welcher die Metapher als „une comparaison en
raccourci" (Vendryès zit. n. Mooij 1976, 29) bezeichnet, zu nennen (vgl. Drewer 1996, 7).

fatui", Irrlichter, sieht (vgl. Mooij 1976; Johnson 1981, 9ff.; Debatin 1997). Ein Grund ist sicherlich darin zu sehen, dass sich die Metapher in der Antike den Ruf erworben hatte, Sachverhalte zu verfälschen. Dieser bleibt bis über das Mittelalter hinaus bis ins 19. Jahrhundert erhalten. Die Skepsis betraf insbesondere die Wissenschaftssprache, welche vor irreführenden Verhüllungen durch die Metapher bewahrt werden sollte. So fordert beispielsweise der englische Philosoph Locke:

> [...] that all the art of rhetoric, besides order and clearness, all the artificial and figurative application of words eloquence hath invented, are for nothing else but to insinuate wrong ideas, move the passions, and thereby mislead the judgment, and so indeed are perfect cheats, and therefore [...] they are certainly, in all discourses that pretend to inform or instruct, wholly to be avoided (Locke 1686/1959 bk. 3, chap. 10, zit. nach Pielenz 1993, 60).

Zu den wenigen Ausnahmen ist sicherlich Wilhelm von Humboldt zu zählen, der sich von der antiken Auffassung vom „eigentlichen" und „uneigentlichen" Sprachgebrauch löst. Humboldt (1836/1974), der in der Sprache die zentrale Determinante des Denkens zur Übermittlung einer bestimmten Weltsicht sieht (vgl. Drewer 1996, 9f.; Fill 1996, 44), erkennt als einer der ersten den begriffskonstitutiven Wert der Metapher, indem er erklärt, dass die Metapher in der „Synthesis etwas schafft, das in keinem der verbundenen Teile für sich liegt" (Humboldt zit. n. Flitner & Giel 1963, 472). Weiterhin beschreibt er, wie Metaphern im Laufe der Zeit verblassen, bis sie kaum mehr als solche empfunden werden. Dieser Gedanke der Abnutzung von Metaphern findet sich sowohl bei Jean Paul, der behauptet die Sprache sei „in Rücksicht geistiger Beziehungen ein Wörterbuch erblasster Metaphern" (Jean Paul zit. n. Gamm 1992, 76), als auch bei Friedrich Nietzsche (1873/1919) wieder. Für diesen steckt zum einen in allen Begriffen eine Restmetaphorik, zum anderen sieht er in der Metapher die Grundlage für Wahrnehmung und Erkenntnis (vgl. Drewer 1996, 11). Dementsprechend lautet seine Definition von Wahrheit:

> Ein bewegliches Heer von Metaphern, Metonymien, Anthropomorphismen, kurz eine Summe von menschlichen Relationen, die poetisch und rhetorisch gesteigert, übertragen, geschmückt wurden und die nach langem Gebrauch einem Volke fest, kanonisch und verbindlich dünken (Nietzsche (1873/1919, zit. n. Gamm 1992, 77).

Obwohl diese Ansätze bereits auf die erkenntnisfördernde Funktion der Metapher verweisen, finden sie in ihrer Zeit kaum Echo (vgl. Fill 1996, 44). Erst in der zweiten Hälfte des 20. Jahrhunderts wird die antike Lesart der Metapher als rein sprachliche Erscheinung zugunsten der Auffassung aufgegeben, dass Metaphern unentbehrliche Denk- und Erkenntnisinstrumente des Menschen darstellen (vgl. Drewer 1996, 10f.)

2.3 … zu den Metapherntheorien des 20. Jahrhunderts

Nachdem das Interesse an der Metapher bis ins 19. Jahrhundert zunächst abgeebbt war, kam es im 20. Jahrhundert zu einer wahren Flut an Metapherntheorien und -veröffentlichungen. Die erneute Beschäftigung mit der Metapher ist im Zusammenhang mit dem Aufkommen der Semantik und Pragmatik als Teildisziplinen der Sprachwissenschaft zu sehen (vgl. Drewer 1996, 12). In dessen Folge rückt die Pragmatik als nicht zu unterschätzender Faktor für die Erklärung der Entstehung und der Wirkungsweise von der Metapher in den Vordergrund, während sie bislang als rein semantisches Phänomen aufgefasst wurde.[20] Als wichtigste Theorien dieser Zeit sind die Interaktionstheorie, die Bildfeldtheorie sowie die kognitive Metapherntheorie zu sehen. Diese Ansätze werden im Folgenden vorgestellt, wobei der kognitive Ansatz als theoretische Grundlage der vorliegenden Arbeit in einem gesonderten Kapitel behandelt und diskutiert wird.

2.3.1 Interaktionstheorie

Die Interaktionstheorie ist im Gegensatz zu den bisher beschriebenen traditionellen Theorien durch die gänzlich veränderte Vorstellung von der konstruktiven, wirklichkeitsstrukturierenden Wirkungsweise der Metapher gekennzeichnet. Für Petrie (1979) kann auf diese Weise der Erwerb von neuem Wissen durch die Metapher erklärt werden. Dies ist aus der Sichtweise der antiken Metapherntheorien nicht möglich, da dort lediglich bereits vorhandene Strukturen gegenübergestellt werden (vgl. Hundt 1995, 93). Mit diesem neuen Verständnis rückt auch die begriffskonstitutive Funktion der Metapher in den Vordergrund. In Umkehrung der antiken Metaphernbewertung wird die Metapher aufgrund ihres dynamischen Charakters als „Handlungsspiel"[21] verstanden, das nicht oder nur mit großem Bedeutungsverlust ersetzt werden kann. (vgl. Detten 2001, 52 und 78; Drewer 1996, 15).

Als Begründer der Interaktionstheorie ist Ivor Armstrong Richards anzusehen. Häufig wird dieser Verdienst Max Black zuerkannt, da dieser der erste war, der seine Theorie „interaction view of metaphor" (Black 1962, 38) nannte.[22]

---

[20] Die Dichotomie zwischen Semantik und Pragmatik sollte nicht zu streng interpretiert werden (vgl. Lakoff 1989, 126), denn Metaphern sind semantisch-pragmatische Erscheinungen. Auch Johnson (1987, 57) betrachtet eine strikte Teilung als nicht haltbar: „(T)he rigid separation of semantics (meaning) from pragmatic (use) cannot be sustained, if we are to understand how meaning works".

[21] Die Metapher als sprachliches Handlungsspiel erinnert bewusst an Wittgensteins (1984, 241) Begriff vom „Sprachspiel", welcher das Wesen und die Funktionsweise von Sprache beschreibt (vgl. Detten 2001, 52).

[22] Es ist jedoch Blacks Verdienst, die Ausführungen Richards zur Interaktionstheorie deutlich verbessert zu haben. Zu einer ausführlichen Kritik sowie den unterschiedlichen Einflüssen u.a. von Bühler (1934), Wegener (1979) und Mauthner (1901) auf die Interaktionstheorie vgl. Nieraad (1977) sowie Hülzer (1987).

Doch bereits in den 30er Jahren wendet sich Richards von der Ähnlichkeits-
relation der traditionellen Metapherntheorien ab und fordert 1936 in seinem
Aufsatz „The Philosophy of Rhetoric" auf, die kreative, begriffskonstitutive
Funktion der Metapher zu erkennen. Er bezeichnet die Metapher als „interaction between co-present thoughts" (Richards 1964, 51), welche mehr ist als
„grace or ornament or added power of language" (ebd., 49). Seiner Ansicht
nach basiert die begriffskonstitutive Funktion der Metapher auf der Wechselwirkung zweier Sinnbereiche (vgl. Nieraad 1977, 53). Während bislang die
Metapher als rein sprachliches Phänomen galt, differenziert Richards (1964)
den Metaphernprozess in zwei Ebenen: die der Sprache und die des Denkens.
Demnach sind Metaphern auf der Sprachebene die Folge von metaphorischen
Denkprozessen, wie auch in seiner Metapherndefinition deutlich wird:

> [...] a borrowing between and intercourse of thoughts, a transaction between con-
> texts. Thought is metaphoric, and proceeds by comparison, and the metaphors of
> language derive therefrom (Richards 1964, 51).

Black greift viele Gedanken von Richards wieder auf.[23] So löst auch er sich von
der Vorstellung von objektiv vorgegebenen Ähnlichkeiten und geht stattdessen von einer wechselseitigen Wirkung der Metapher aus, wie im folgenden
Zitat deutlich wird: „It would be more illuminating in some cases to say that
the metaphor creates the similarity than to say it formulates some similarity
antecedently existing" (Black 1962, 37). Die in der Interaktionstheorie propa-
gierte Wechselwirkung und Wirklichkeitsstrukturierung der Metapher illustriert Black anhand der Beispielmetapher „Man is a wolf". Zum Verständnis
dieser Metapher ist kein Spezialwissen über Wölfe nötig, es reichen allgemeine
Annahmen aus, die nach Black (1962, 40) ein „system of associated common-
places" bilden.[24] Welche Merkmale als prototypisch gelten und projiziert werden, hängt vor allem vom kulturellen Kontext ab (vgl. Black 1954/1983, 72;

---

[23] Häufig wird Blacks (1954/1983, 58) Unterscheidung in „fokus" und „frame" mit Richards
   (1936/1983, 36) „tenor" und „vehicle" gleichgesetzt. Black trifft diese Differenzierung jedoch auf einer linguistischen Ebene, indem er als „focus" den metaphorischen Ausdruck
   und als „frame" den Kontext „in dem jenes Wort vorkommt" (Black 1954/1983, 58) bezeichnet, während Richards Unterteilung auf eine konzeptuelle Ebene abzielt (vgl. Hülzer 1987,
   164), welche eher Blacks (1962, 39) Gegensatzpaar vom „principal subject" und „subsidiary subject" gleichkommt. Das „subsidiary subject" entspricht dabei als bildspendendes
   Element dem „vehicle", welches die Sicht auf das „principal subject" bzw. den „tenor"
   filtert. (vgl. Pielenz 1993, 69). Zur Diskussion der Unterschiede zwischen Richards und
   Black vgl. Kittay (1987).
[24] Die Auswahl der Inhaltselemente erinnert an die Doppelfiltertheorie von Bühler (1934).
   Seiner Ansicht nach werden Wortinhalte so zusammengefügt, dass sich die Begriffssphä-
   ren der Metapher wie bei einem Doppelgitter gegenseitig abdecken. Dadurch werden nur
   solche Inhalte übertragen, die zueinander passen. Pielenz (1993, 101; Hervorh. im Original) betont, dass diese angenommenen Eigenschaften keine Klasse wohldefinierter Elemente bilden, sondern eher als *fuzzy set* mit prototypischen Aussagen" aufzufassen sind.

ders. 1977/1983, 392f.). Dies werden im vorliegenden Fall eher die vom Wolf
angenommenen charakterlichen Eigenschaften sein und weniger das Fell des
Wolfes (vgl. Detten 2001, 53). Umgekehrt wirkt die Übertragung auch auf den
Wolf zurück und lässt ihn in einem anderen Licht erscheinen.[25] Da nur gewisse Eigenschaften übertragen werden, geht von der Metapher eine Filterwir-
kung aus. Black (1962, 41) beschreibt den Filtereffekt durch das System der
assoziierten Gemeinplätze anhand der Beispielmetapher folgendermaßen:
„The wolf-metaphor suppresses some details, emphasizes others – in short,
organize our view of man".

Die Interaktionstheorie ist von zentraler Bedeutung in der Geschichte der Metapherntheorie, da sie ein grundlegend verändertes Verständnis von der Metapher bewirkt. Statt bestehende Ähnlichkeiten lediglich abzubilden, schafft sie
neue Ähnlichkeiten und Beziehungen.[26] Mit der Interaktionstheorie wird der
Grundstein für spätere Theorien gelegt. Viele Ideen von Lakoff und Johnson
(1980) haben bereits hier ihren Ursprung, beispielsweise Richards (1964) Differenzierung des Metaphernprozesses in Sprach- und Denkebene sowie Blacks
(1977) Unterteilung in „metaphortheme" und „statements", welche von Lakoff
und Johnson (1980, 7) als „metaphorical concepts" und „metaphorical expressions" wieder aufgenommen werden. Auch die Funktion des „Highlighting
und Hiding" (ebd., 10) der Metapher klingt bereits in Blacks (1962) Filterwir-
kung der Metapher an (vgl. Drewer 1996, 17).

2.3.2 Bildfeldtheoretischer Ansatz

Obwohl Weinrichs (1963; 1976) Vorstellungen von der Metapher mit der Interaktionstheorie vereinbar sind, setzt er in seinem bildfeldtheoretischen Ansatz
einen anderen Schwerpunkt.[27] Weinrich fokussiert vor allem auf die Kontext-
abhängigkeit der Metapher. Seiner Ansicht nach kann eine Metapher nicht

---

[25] Davidson (1986) leugnet die Wechselwirkung zwischen zwei Vorstellungen. Er ist der Ansicht, dass „Metaphern eben das bedeuten, was die betreffenden Wörter in ihrer buchstäb-
lichen Interpretation bedeuten und sonst nichts" (ebd., 343). Die Annahme einer weiteren
Bedeutung, eines speziellen kognitiven Gehaltes ist seiner Ansicht nach ein Irrtum. Für die
Metapher sind eher andere Vermittlungsinstanzen anzusetzen.
[26] Nach Black (1977/1983, 387f.) bringen metaphorische Aussagen eine Regelverletzung mit
sich. „Regeln für die ‚kreative' Verletzung von Regeln" (ebd., 387) gibt es seiner Ansicht
nach jedoch nicht. Von daher kann es auch kein Lexikon der Metaphern geben, obwohl er
einräumt, dass ein Thesaurus durchaus denkbar wäre.
[27] Mit der Definition der Metapher als „ein Wort in einem Kontext, durch den es so deter-
miniert wird, daß es etwas anderes meint, als es bedeutet" (Weinrich 1976, 311) scheint
Weinrich zur antiken Auffassung von eigentlicher und uneigentlicher Bedeutung zurück
zu kehren (vgl. Schöffel 1987, 53; Drewer 1996, 18f.). Für Kügler (1984, 35ff.) bestehen darüber hinaus Widersprüche innerhalb der Metapherndefinition in den unterschiedlichen
Arbeiten Weinrichs.

ohne Ihren Kontext betrachtet werden (vgl. Schöffel 1987, 52). Der Versuch,
die Metapher aus ihrem sprachlichen Kontext zu isolieren, zerstört sie: „Im
Maße, wie das Einzelwort in der Sprache keine isolierte Existenz hat, gehört
auch die Einzelmetapher in den Zusammenhang ihres Bildfeldes" (Weinrich
1976; 283).

Das Interesse von Weinrich gilt weniger der Einzelmetapher als vielmehr der
Zuordnung von Metaphern zu Bildfeldern.[28] Als Bildfeld definiert Weinrich
(1958, 515) die „Kopplung zweier Sinnbezirke", welches einen überindividuellen Rahmen und Raum für mögliche Metaphern darstellt. Mit dem Bildfeld-
begriff nimmt er den Gedanken der Wortfelder aus den 30er Jahren wieder auf
und entwirft analog zu Triers (1934) Bezeichnung „bildspendendes Feld" den
Ausdruck „bildempfangendes Feld" (Weinrich 1976, 284).[29] Wie die Wortfelder, so gehören auch die Bildfelder als „objektive, virtuelle Sozialgebilde der
Sprache" (ebd., 283) zum Sprachsystem. Mit der Auffassung, dass Bildfelder
wie „Denkmodelle" (ebd., 291) wirken, betont er die wirklichkeitsstrukturie-
rende Funktion der Metapher. Kennzeichen von Metaphern ist demnach, dass
sie „Analogien erst stiften, [...] Korrespondenzen erst schaffen und somit de-
miurgische Werkzeuge sind" (ebd., 309). Die Bildfeldtheorie weist damit Ähnlichkeiten zum kognitiven Metaphernansatz auf. Weinrich entwickelt seinen
Ansatz jedoch nicht mehr weiter, sondern widmet sich später der Theorie poetischer Einzelmetaphern (vgl. Liebert 1992, 87; Baldauf 1997, 292).

2.4 Kognitive Metapherntheorie

Im Folgenden wird die kognitive Metapherntheorie als grundlegendes Metaphernverständnis dieser Arbeit näher betrachtet. Nach der Vorstellung dieses
Ansatzes, welcher maßgeblich von Lakoff und Johnson (1980) beeinflusst wurde, erfolgt eine Gegenüberstellung von Metapher und Modell. Im Weiteren
wird die spezifische Sichtweise, welche durch die Metapher hervorgerufen
wird, sowie der Einfluss von eigenen Erfahrungen für deren Bildung dargestellt. Abschließend wird der Ansatz kritisch beurteilt und auf weiterführende
Ansätze von Lakoff und Johnson eingegangen.

.

---

[28] Weinrichs (1976) Unterteilung in Bildfeld und Einzelmetapher orientiert sich an Saussures
(1931) Differenzierung in „langue" und „parole" (vgl. Fußnote 10). Während die Bildfelder
auf der Ebene des Sprachsystems („langue") angesiedelt sind, vollzieht sich deren Realisierung als Sprachhandlung („parole") in Form von Einzelmetaphern (vgl. Schöffel 1987,
55; Drewer 1996, 18).

[29] Zur Diskussion der Wortfelder, an der auch Porzig und Ipsen beteiligt waren, vgl. Trier
(1934).

2.4.1 Vorstellung des Ansatzes

Während Weinrich (1976, 319f.) von einer so genannten Konterdetermination zum Erkennen und Verstehen von Metaphern ausgeht, d.h. dem Enttäuschen der Hörererwartung und damit implizit von einem Überraschungseffekt der Metapher,[30] konzentrieren sich Lakoff und Johnson (1980) auf die alltäglichen, unbewusst verwendeten und häufig nicht einmal wahrgenommenen Metaphern. In ihrer interdisziplinären Veröffentlichung „Metaphors we live by" beschreiben der Linguist George Lakoff und der Sprachphilosoph Mark Johnson die Metapher als Träger kognitiver und emotionaler Strukturen (vgl. Liebert 1992, 28ff.). Die Autoren verfolgen das Ziel, eine allgemeine Bedeutungstheorie der Metapher zu formulieren (vgl. Pielenz 1993, 65), indem sie zeigen, dass es sich bei der Metapher weniger um eine sprachliche Besonderheit, als vielmehr um ein allgegenwärtiges und unverzichtbares Element unserer Sprache handelt.

Die kognitive Metapherntheorie basiert, als Teil der kognitiven Semantiktheorie,[31] auf der These, dass das gesamte konzeptuelle menschliche Denken und in dessen Folge auch das Handeln metaphorisch strukturiert ist. Lakoff und Johnson (1980) stellen heraus, dass die meisten Metaphern eher unauffällig sind und sie, meist ohne dass wir es bemerken, unser Handeln bestimmen. Der Metapher kommt damit eine Indikatorfunktion zu. Die Autoren formulieren dies folgendermaßen:

> We have found […], that metaphor is pervasive in every day life, not just in language but in thought and action. Our ordinary conceptual system, in terms of which we both think and act, is fundamentally metaphorical in nature. The concepts that govern our thoughts are not just matters of the intellect. They also govern our everyday functioning, down to the most mundane details. Our concepts structure what we perceive, how we get around in the world, and how we relate to other people (Lakoff & Johnson 1980, 3).

Gemäß ihren Ausführungen gehen Lakoff und Johnson davon aus, dass Sprache und Denken homolog strukturiert sind, Sprache also die unbewussten Strukturen unseres Denkens widerspiegelt.[32] Die Analyse der Sprache, ins-

---

[30] Der Überraschungseffekt liegt vielen Metapherndefinitionen zugrunde. So spricht beispielsweise Richards (1936/1983, 48) von einer „allgemeinen Verwirrung und Anspannung" der Metapher (vgl. Drewer 1996, 19).

[31] Die kognitive Semantik kann in diesem Zusammenhang als der „Versuch einer psychologisch möglichst realistischen Erklärung von Bedeutungsphänomenen" (Hundt 1995, 8) verstanden werden.

[32] Allgemein fühlen sich Lakoff und Johnson (1980) jedoch eher einer dualistischen Einheitsthese verbunden, die von einer gegenseitigen Beeinflussung von Sprache und Denken ausgeht (vgl. Gipper 1987).

besondere von Metaphern, kann demzufolge als Schlüssel zum konzeptuellen System gelten. Zeigen sich metaphorische Strukturen in der Sprache, so kann daraus auf eine metaphorische Strukturierung des Denkens geschlossen werden (vgl. Lakoff & Johnson 1980, 3).

2.4.2 Modell und Metapher

Metaphern weisen Ähnlichkeiten zu Modellen auf, welche als verkürzte Abbildungen eines Originals angesehen werden können. Heinen (1992, 19) definiert ein Modell als einen künstlich geschaffenen Gegenstand, „der in vereinfachter Weise die wesentlichsten Merkmale eines Ausschnitts der Wirklichkeit wiedergibt". Erst durch die Komplexitätsreduktion gegenüber dem Original erhält das Modell seine Erkenntnisfunktion, die sonst verborgen bliebe (vgl. Köller 1974, 17f.). Nach Stachowiak (1973, 155ff.) werden einige Merkmale des Originals durch die Vereinfachung „präteriert" (übergangen), auf der anderen Seite verfügt das Modell über weiterführende „abundante" (überschüssige) Merkmale, die nicht aus dem Original ableitbar sind, aber den Informationsgehalt des Modells vergrößern (vgl. Otto 2002, 134f.).

Stachowiak (1980, 41; Hervorh. im Original) vertritt zudem die Ansicht, „daß alle Erkenntnis *Erkenntnis in Modellen und/oder durch Modelle* ist, daß sich jede menschliche Weltbegegnung *im Medium des Modells* vollzieht". Diese Auffassung, dass sich Erkenntnis in Modellen vollzieht und der Mensch nur über Modelle seine Umwelt wahrnehmen und begreifen kann (vgl. Stachowiak 1973, 56ff.), weist starke Parallelen zur kognitiven Metapherntheorie von Lakoff und Johnson (1980) und der darin enthaltenen Position des Erfahrungsrealismus (vgl. Kap. 2.4.5) auf. Nach Auffassung der beiden Autoren fungieren Metaphern als kognitive Modelle, d.h. als allgemeine Rahmen, in denen Wissen repräsentiert ist (vgl. Jakob 1991, 50; Pielenz 1993, 108; Hundt 1995, 78; Baldauf 1997, 16).[33] In Anlehnung an Kant (1783, §§ 57ff.; 1792, § 59) und Vaihinger (1928) stellen Metaphern und Modelle eine „als-ob"-Prädikation dar. Wie Modelle, so heben auch Metaphern gewisse Eigenschaften eines Objektes hervor, während andere verdeckt bleiben.

Metapher und Modell unterscheiden sich dahingehend, dass zum einen Metaphern gegenüber Modellen zunächst unausgeführt bleiben und einen geringfügigeren Exaktheitsanspruch erheben (vgl. Black 1962, 239; Debatin 1996, 85f.). Zum anderen wirken Metaphern zwar als Modelle, diese sind aber nicht

---

[33] In der Arbeit werden die Termini mentales Modell und kognitives Modell, welche beide auf eine kognitive Wissensrepräsentation hinweisen (vgl. Hundt 1995, 81), synonym verwendet. Von den mentalen Modellen, die „eine Wissensverknüpfung zwischen verschiedenen Wissensbereichen" (Jakob 1991, 46) herstellen, sind technische Modelle abzugrenzen, die ein „reduziertes ‚inneres' Abbild einer äußeren Realität darstellen" (ebd., 44), beispielsweise die Vorstellung einer Dampfmaschine. Zur Systematisierung von Modelltypen vgl. Stachowiak (1973).

zwangsläufig auch Metaphern.[34] Anhand der Metapher kann auf ein dahinter-
liegendes „implikatives Modell" (Blumberg 1998, 20) geschlossen werden (vgl.
Detten 2001, 57). Black (1977) zieht zur Beschreibung der Beziehung zwischen
Metapher und Modell das Bild von einem Eisberg heran, wonach die Metapher
als die „sichtbare Spitze eines untergetauchten Modells" (ebd., 396) erscheint.

Der Ausdruck der Metapher ist insofern zweideutig, indem er zum einen auf
das metaphorische Modell sowie zum anderen „auf die ausdrucksseitigen Re-
alisierungen des metaphorischen Modells" (Hundt 1995, 97) verweist. Lakoff
und Johnson (1980, 6) unterscheiden in Bezug auf die Ausgestaltung der Metapher zwischen der Sprach- und der konzeptuellen Ebene. Letztere bezeichnen sie, gemäß dem Gedanken der Übertragung von Konzepten, als metaphorisches Konzept oder Metaphernkonzept.[35] Demnach werden Metaphern zur
Konzeptualisierung eines Gegenstandsbereichs herangezogen. In ihrer Arbeit
verweisen sie beispielsweise darauf, „that we in part conceptualize arguments
in terms of battle" (Lakoff & Johnson 1980, 7). In ihren Veröffentlichungen heben sie die Metaphernkonzepte zur besseren Unterscheidung zu den metaphorischen Aussagen auf der sprachlichen Ebene graphisch durch Kapitälchen
(z.B. ARGUMENT IS WAR) hervor (vgl. Lakoff & Johnson 1980; Lakoff 1993). Dieser Kennzeichnung der metaphorischen Konzepte wird, wie in den meisten
Arbeiten zur Analyse von Metaphern (vgl. z.B. Jakob 1991; Baldauf 1997;
Cameron & Low 1999), auch in der vorliegenden Arbeit gefolgt. Anstelle der
Bezeichnung des Metaphernkonzeptes wird jedoch der Begriff des Metaphernmodells vorgezogen, um die Nähe zum Modell zu verdeutlichen (vgl. z.B.
Hundt 1995; Dobrovol'skij 1997; Schmitt 1997). Zur begrifflichen Abgrenzung
werden die Ausführungen des Metaphernmodells durch einzelne sprachliche
Instanzen, welche Lakoff und Johnson (1980, 7) „metaphorical expressions"
nennen, als metaphorische Äußerungen oder Lexemmetaphern bezeichnet
(vgl. Liebert 1992, 5).[36] Zur Kennzeichnung der Lexemmetaphern im Analysematerial, auf denen innerhalb der angeführten Beispielzitate das Hauptaugenmerk liegt, werden diese *kursiv* markiert (vgl. z.B. Lakoff & Johnson
1980; Baldauf 1997; Dobrovol'skij 1997; Jäkel 1997, Detten 2001). Abbildung 3
gibt die in der Arbeit verwendeten Begriffe, ihre Bedeutung und ihre Kennzeichnung wieder.

---

[34] Nach Ansicht von Black (1962, 239) basieren Metaphern auf einem System von assoziierten
Gemeinplätzen (vgl. Kap 2.3.1), während Modelle auf das komplexe Wissen einer wissenschaftlichen Theorie angewiesen sind (vgl. Schöffel 1987, 166).

[35] Barsalou (1992, 31; Hervorh. im Original) definiert ein Konzept wie folgt: „By *concept* I
mean the descriptive information that people represent, cognitively or a category, includ-
ing definitional information, prototypical information, functionally important information,
and probably other types of information as well".

[36] Liebert (1990, 11f.) versteht unter Lexem „ein bilaterales Sprachzeichen, bestehend aus
Ausdrucks- und Inhaltsseite 'Bedeutung'". Die Metapher auf der lexikalischen Ebene entspricht der „token"-Ebene von Black (vgl. Kap. 2.5.2).

Metapher		
Ebene	**Konzeptuelle Ebene**	**Sprachliche Ebene**
Begriff	Metaphernmodell	Lexemmetapher
Bedeutung	Übertragung einer modellhaften Vorstellung vom Herkunfts- auf den Zielbereich	Sprachliche Instanz des Metaphernmodells
Beispiel/ Kennzeichnung	DAS UMWELTMANAGEMENT IST EIN BAUWERK	„Das Umweltmanagement ist bei uns ein *Eckpfeiler*"

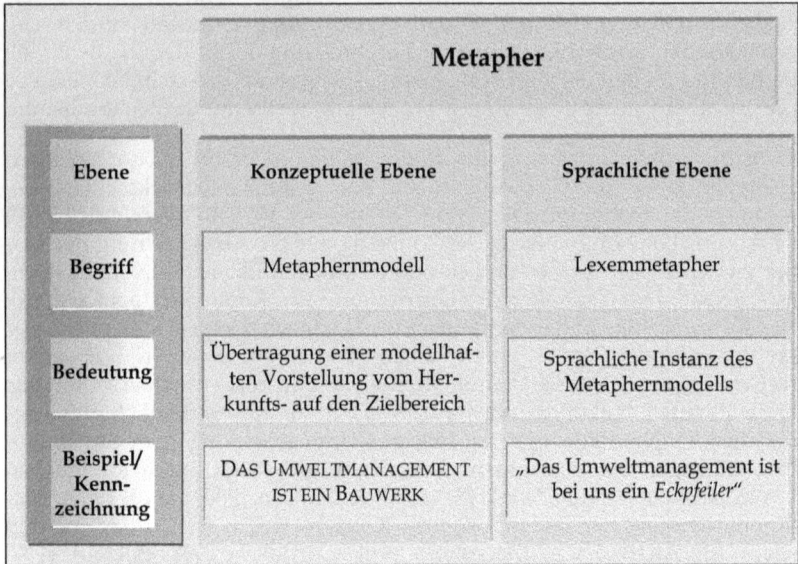

Abb. 3: Konzeptuelle und sprachliche Ebene der Metapher

2.4.3 Source Domain und Target Domain

Als Beispiel führen Lakoff und Johnson (1980, 4) das Metaphernmodell ARGUMENT IS WAR an. Ein Metaphernmodell entsteht durch ein „mapping between two conceptual domains" (Lakoff & Turner 1989, 4), wobei Vorstellungen des Herkunftsbereichs (source domain) auf den Zielbereich (target domain) (vgl. Lakoff & Turner 1989, 52f.) projiziert werden. Gemäß dem Beispiel werden stereotype Eigenschaften des Krieges auf den Bereich der Diskussion übertragen. Diese metaphergeleitete Übertragung beeinflusst nicht nur, in welcher Form über Diskussionen gesprochen wird, sondern auch das Handeln: „It is in this sense that the ARGUMENT IS WAR metaphor is one that we live by in this culture; it structures the actions we perform in arguing" (Lakoff & Johnson 1980, 4). Wird eine Diskussion als Krieg begriffen, dann wird, in dem Wunsch nach Kohärenz zwischen Denken und Handeln, auch das Handeln danach ausgerichtet (vgl. Lakoff & Johnson 1980, 220). Auf diese Weise verstärkt sich die Kraft der Metapher und ihre Akzeptanz, bis sie nicht mehr hinterfragt wird und als Selbstverständlichkeit gilt. In diesem Kreislauf wirken Metaphern selbstbestätigend und werden zu „self-fulfilling prohecies" (Lakoff & Johnson 1980, 156). Analog zum Sprechen, so vollzieht sich auch das Handeln meist unreflektiert. Das Metaphernmodell ARGUMENT IS WAR ist so tief in unserem Denken verankert, dass zum Teil keine gleichwertigen Ausdrücke mehr verfügbar sind. Als „literal expressions structured by metaphorical concepts" (Lakoff & Johnson 1980, 51) wirken die Lexemmetaphern „sich verteidigen" oder „den Gesprächspartner angreifen" als völlig sachgemäß. Insbesondere lexikalisierte Metaphern, d.h. Metaphern, die ins Wörterbuch übernommen wurden und deren Bedeutung formalisiert wurde, werden kaum mehr wahrgenommen. Gerade diese Metaphern sind jedoch für Lakoff und Johson (1980) von besonderem Interesse.

2.4.4 Highlighting und Hiding

Insbesondere durch die selbstbestätigende Wirkung plädieren die Autoren für einen kritischen Umgang mit Metaphern. Mit ihrem Gebrauch werden nur gewisse Aspekte betont und hervorgehoben, während andere Aspekte, die nicht im Herkunftsbereich der Metapher enthalten sind, unterdrückt und verborgen bleiben. Lakoff und Johnson (1980, 10) bezeichnen dies als „Highlighting and Hiding"-Funktion der Metapher. An gleicher Stelle führen sie aus: „In allowing us to focus on one aspect of a concept […] a metaphorical concept can keep us from focussing on other aspects of the concept that are inconsistent with that metaphor"(ebd., 10). So werden mit dem Metaphernmodell ARGUMENT IS WAR ausschließlich die kriegerischen Aspekte einer Diskussion betont. Der Austausch unterschiedlicher Ideen sowie die Möglichkeit für eine kooperative und beiderseitig gewinnbringende Zusammenarbeit der Diskussionspartner bleiben hingegen verdeckt. Diese verdeckten Aspekte des Zielbereichs werden auch als „blinde Flecken" eines Metaphernmodells bezeichnet. Indem nur einige Eigenschaften des Sachverhalts betont und andere unterdrückt werden, organisiert die Metapher unsere Sichtweise auf den Gegenstand und wirkt somit wirklichkeitsstrukturierend (vgl. Drewer 1996, 25f.). Zudem besteht die Gefahr, falsche Schlüsse zu ziehen, indem Relationen aus dem Herkunftsbereich übertragen werden, die für den Zielbereich ungültig sind (vgl. Dutke 1994, 21). Um diese eingeschränkte Perspektive zu vermeiden und der Gesamtheit der Sachverhalts gerecht zu werden, empfehlen Lakoff und Johnson (1980, 221) die Verwendung unterschiedlicher Metaphernmodelle, um jeweils andere Aspekte beleuchten können.

Weiterhin raten sie, sich immer des transitorischen Charakters der Metapher bewusst zu sein. Gerät dieser aus dem Blickfeld, kommt es zu einer Verselbständigung und implizite Denk- und Handlungsmuster werden als selbstverständlich hingenommen. Metaphern gleichen „dann ,Zauberbesen', die für ganz bestimmte Zwecke geschaffen wurden, derer man sich dann aber nicht mehr […] entledigen kann " (Köller 1975, 286). So warnen Lakoff und Johnson (1980) explizit vor der suggestiven Kraft der Metapher. Ihrer Ansicht nach können insbesondere „people in power" (ebd., 157) durch den bewussten Einsatz von Metaphern das Denken und Handeln einer Sprachgemeinschaft manipulieren, indem sie ein subjektives Bild von der Situation entwerfen und verbreiten (vgl. Schön 1993, 150ff.). Die verheerenden Folgen zeigen sich am Beispiel der Entfachlichung der „Survival of the Fittest"-Metapher.[37] Die Projektion des Auslesegedankens schwacher Individuen in der Natur auf gesellschaftliche Verhältnisse wurde zur Rechfertigung der nationalsozialistischen Verbrechen herangezogen (vgl. Beneke 1988).[38]

2.4.5 Erfahrung und Erfahrungsgestalten

Eine wesentliche Rolle in den Arbeiten von Lakoff und Johnson spielt der menschliche Erfahrungshintergrund. Dieser Gedanke wird nicht nur in der gemeinsamen Arbeit „Metaphors we live by" aus dem Jahre 1980, sondern vor allem in den Veröffentlichungen „Women, Fire and Dangerous Things" von Lakoff (1987) sowie „The Body in the Mind" von Johnson (1987) als Theorie des Erfahrungsrealismus ausgeführt (vgl. Kap. 2.4.6).[39] Denken vollzieht sich demnach gestalthaft und wird, im Gegensatz zum objektivistischen Kognitions- und Bedeutungsverständnis, nicht als Spiegelung der Realität, sondern als Orientierung des Menschen in seiner Umwelt verstanden.[40] Gemäß der

---

[37] Diese meist Darwin zugeschriebene Phrase stammt ursprünglich von Spencer (1973), welcher auf das Gedankengut von Darwin zurückgreift und es auf menschliche Gesellschaften anwendet (vgl. Aiken 1956, 162; Scott 1986, 166).

[38] In diesem Zusammenhang ist auch die Übertragung der Hygiene-Metapher auf die Juden im Nationalsozialismus als warnendes Beispiel zu sehen (vgl. Weindling 1999; Sarasin 2001).

[39] Sie selbst bezeichnen ihre Position als „experiental realism" oder „experientalism" (Lakoff & Johnson 1980; Lakoff 1987; Johnson 1987). Ihrer Ansicht nach stellt die eigene erfahrungsbezogene Theorie den Mittelweg zwischen Objektivismus und Subjektivismus dar, da die Metapher „unites reason and imagination" (Lakoff & Johnson 1980, 193). Im Gegensatz zu objektivistischen Theorien basieren Ähnlichkeiten zwischen Vorstellungen (z.B. Zeit, Geld, Liebe, Krieg etc.) nicht auf gemeinsamen, inhärenten Eigenschaften, sondern sind das Ergebnis konzeptueller Metaphorik und damit interaktioneller Natur (vgl. Lakoff & Johnson 1980, 215). Da die Erfahrungen und die Existenz des Menschen nicht unabhängig von der realen Welt stattfinden können, sprechen sie von „Realismus". In Anlehnung an Kleiber (1993) wird in dieser Arbeit die Übersetzung „Erfahrungsrealismus" verwendet (vgl. Baldauf 1997, 61).

[40] Anstoß zu dieser Position gab die revidierte Prototypentheorie von Rosch (vgl. Baldauf 1997, 60). Anfänglich wurde in der Prototypentheorie von Rosch (1978) von typischen Vertretern einer Kategorie ausgegangen. So ist beispielsweise in der Kategorie Vogel die Instanz Spatz ein typischerer Vertreter als der Strauss (vgl. Aitchison 1994, 54). Später verlagerte sich in der revidierten Fassung die Definition auf die als typisch angenommen Eigenschaften, also am Beispiel des Vogels auf Merkmale wie Federn, Schnabel oder die Fähigkeit zu fliegen. Diese können für die Kategorie unterschiedlich relevant sein. Zentral für die Zugehörigkeit zu einer Kategorie ist nach der revidierten Theorie, dass sich die Instanzen zumindest ein Merkmal teilen müssen. Dieser Ansatz greift damit die Vorstellung der Familienähnlichkeiten im Sinne von Wittgenstein (1953) auf. Zur Prototypentheorie vgl. Kleiber (1993, 38ff.).

Metapherndefinition von Lakoff und Johnson (1980, 5) wird eine Sache durch eine andere verstanden: "The essence of metaphor is understanding and ex-periencing one kind of thing in terms of another", wobei ein Konzept auf ein anderes übertragen wird. Diese Konzepte, verstanden als Begriffe oder Vor-stellungen, bilden „gestalthafte, strukturierte Ganzheiten" (Baldauf 1997, 64), die aus physischer oder kultureller Erfahrung resultieren. Weiterhin postuliert Lakoff (1987), dass sich jeder Begriff auf die Erfahrungen des Menschen zu-rückführen lässt (vgl. Liebert 1992, 58f.). Der Erfahrungsbegriff wird dabei jedoch sehr weit gefasst, und zwar ist er:

> [...] not taken in the narrow sense of the things that have ‚happened to happen' to a single individual. Experience is instead construed in the broad sense: the totality of human experience and everything that plays a role in it – the nature of our bodies, our genetically inherited capacities, our modes of physical functioning in the world, our social organization, etc. (Lakoff 1987, 266).

Nach dem erfahrungsbezogenen Ansatz werden komplexe oder abstrakte Er-fahrungsräume häufig durch den Rückgriff auf eigene Erfahrungsmuster aus einem vertrauten Lebensbereich strukturiert. Zwar sind alle Erfahrungen des Menschen gleichermaßen relevant, doch finden sie nicht alle in gleicher Weise ihren Ausdruck in Metaphern. Generell vertreten Lakoff und Johnson (1980, 59) die Ansicht, dass eine abstrakte, komplexe Erfahrung durch eine konkre-tere Erfahrung strukturiert wird. Insbesondere diese Vorstellung vom Rück-griff auf bewährte Erfahrungsmuster bei den Metaphern wurde stark kritisiert, wie im folgenden Kapitel dargestellt wird.

2.4.6 Beurteilung und Weiterentwicklung

Auch wenn die von Lakoff und Johnson (1980) vertretene Theorie als Meilen-stein für die Metaphernforschung zu betrachten ist (vgl. Lawler 1983, 201) und es wohl kaum eine Arbeit über Metaphern gibt, die nicht auf sie eingehen, ist ihre Theorie bzw. der Neuheitsanspruch ihrer Thesen nicht unumstritten. In Bezug auf die Neuartigkeit übt Hülzer (1987, 219) Kritik und verweist auf die Gemeinsamkeiten des Ansatzes mit denen von Mauthner (1901), Wegener (1979) und Lambert (vgl. Ungeheuer 1980; ders. 1985). Ihrer Ansicht nach ist der Ansatz von Lakoff und Johnson weniger eine revolutionäre Neuerung, als vielmehr eine „Fundgrube für Theorieelemente älterer Autoren" (Hülzer 1987, 245). Auch Liebert (1992, 94ff.) sieht Parallelen zwischen einerseits dem kogni-tiven und anderseits dem onomasiologischen[41] sowie dem bildfeldtheoreti-schen Ansatz, die bis in die Terminologie hinein reicht. Er gesteht den beiden Autoren jedoch zu, „das Rad noch einmal erfunden haben" (Liebert 1992, 94) und „den alten Gedanken der Metaphernfelder für die moderne, sozialwissen-

---

[41] Die Onomasiologie untersucht, wie Dinge, Wesen und Geschehnisse sprachlich bezeichnet werden. Sie wird auch Bezeichnungslehre genannt. (vgl. Duden 1982, Bd. 5, 541).

schaftlich und kognitiv orientierte Linguistik plausibel und handhabbar gemacht haben" (ebd., 95), indem sie den Betrachtungsrahmen erweitern und
die konzeptuelle Ebene in ihre Überlegungen mit einbeziehen und darstellen
(vgl. Detten 2001, 54).

Neben der Infragestellung des Neuheitsanspruches wurde insbesondere der
Rückgriff auf die eigenen Erfahrungsmuster zur Strukturierung abstrakter
und neuer Erfahrungen beanstandet. So übt beispielsweise Holland (1982, 292)
Kritik am genannten Hauptbeispiel ARGUMENT IS WAR. Die von Lakoff und
Johnson (1980) postulierte Strukturierung anhand der Erfahrungsnähe erscheint
in diesem Fall unwahrscheinlich, da den meisten Menschen eine Diskussions-
situation geläufiger sein sollte als die eines Krieges (vgl. auch Baldauf 1997, 17
und 236-244). In die gleiche Richtung zielt auch die Kritik von Butters (1981):

> How can we have learned to conceive of an everyday occurrence, ARGUMENT, in
> terms of something so remote from our everyday experience? How can the concept
> WAR act as defining aspect of the purported cognitive equation? (Butters 1981, 110;
> Hervorh. im Original).

Holland (1982) und Butters (1981) stellen anhand dieses Beispiels in Frage,
dass die zur Strukturierung genutzte Erfahrung notwendigerweise „physischer"
sein muss als der Zielbereich.[42] Lakoff und Johnson (1982) reagieren auf diese
Kritik, indem sie einräumen, dass als Herkunftsbereich einer Metapher neben
direkten, körperlichen Erfahrungen auch indirekte Erfahrungen stehen können.
Diese indirekten Erfahrungen macht das Individuum nicht unbedingt selbst,
sondern es übernimmt die kollektiven Auffassungen und tradierten kulturellen Erfahrungen über Erzählungen oder Medien seiner eignen Kultur. Derartige Metaphern, die auf nicht selbst gemachten Erfahrungen begründet sind,
bezeichnen sie als „indirectly based metaphors" (Johnson & Lakoff 1982, 5).

In Hinblick auf die Weiterentwicklungen der kognitiven Metapherntheorie,
sind die beiden bereits genannten Werke „The Body in the Mind" von Johnson
(1987) sowie „Women, Fire and Dangerous Things" von Lakoff (1987) anzu-
führen, in denen sie ihre Position des Erfahrungsrealismus darlegen. Beide
Autoren gehen davon aus, dass der Mensch zur Orientierung in seiner Umwelt auf Basiskonzepte, d.h. „auf einfache, schematisch strukturierte Modelle"
(Hundt 1995, 11) zurückgreift, die metaphorisch übertragen werden können.
Die sprachphilosophisch ausgerichtete Arbeit von Johnson „The Body in the
Mind" aus dem Jahre 1987 geht von der Vorstellung aus, dass körpergebunde-
ne Erfahrungen und Abläufe die Bedeutung von Sprache und Dingen beein-

---

[42] In der Diskussion der Metapherfelder der 30er Jahre spricht sich Trier (1934) dafür aus, für
die Auswahl des Herkunftsbereiches eher vom „Erfolg beim Verstehen anderer Bereiche"
(Liebert 1992, 85) als von dessen Konkretheit auszugehen.

flussen. Zur Darlegung dieser Vorstellung führt er den Begriff des „Bildschemas" (image schemas) ein, worunter einfache und abstrakte, schematische Abbildungen von Strukturen zu verstehen sind, die als fundamentale Orientierungsprinzipien wirken (vgl. Dutke 1994, 24).[43]

> Schemata are structures of an activity by which we organize our experience in ways that we can comprehend. They are primary means by which we construct or constitute order and are not mere passive receptacles into which experience is poured (Johnson 1987, 29f.).

Beispielhaft führt Johnson (1987) das Weg-, das Behälter-, das Zyklus-, das Skalen- sowie das Gleichgewicht-Schema an. So wird das Weg-Schema für jegliche Art von Fortbewegung zugrunde gelegt. Es besteht aus den Elementen Ausgangspunkt A, Zielpunkt Z und einem Richtungs- oder Zeitvektor, wie in Abbildung 4 dargestellt.

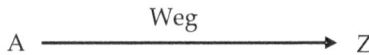

Abb. 4: Weg-Schema (Quelle: Johnson 1987, 28)

Eine weiteres einfaches, schematisches Modell ist das Behälter-Schema, welches das Verständnis von innen und außen bedingt und auf Erfahrungen im Raum (z.B. Haus, Zimmer) und mit Behältnissen (z.B. Topf, Kiste) zurückgeht (Abb. 5).

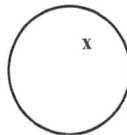

Abb. 5: Behälter-Schema (Quelle: Johnson 1987, 23)

Für zyklische Abläufe arbeitet Johnson zwei Bildschemata heraus, mit denen menschliche Erfahrungen wie Tag und Nacht, Geburt und Tod oder auch die jahreszeitlichen Veränderungen strukturiert werden. Abbildung 6 vermittelt einen Eindruck von diesen beiden Bildschemata.

---

[43] Dutke (1994, 26) weist darauf hin, dass Schemata auf unterschiedlichen Abstraktionsebenen liegen und hierarchisch verschachtelt sein können. Die Änderung eines hierarchisch niedrigen Schemata bedingt dabei nicht unbedingt auch eine Umstrukturierung seiner übergeordneten Struktur.

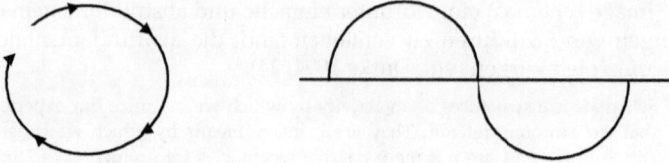

Abb. 6: Zyklus-Schema (Quelle: Johnson 1987, 120)

Mit dem Skalen-Schema hingegen werden alltägliche Erfahrungen mit quanti-
fizierbaren Substanzen, welche sich anhäufen können, strukturiert, beispielsweise aufgehäufter Sand oder gestapelte Kisten. Dieses Schema impliziert
dabei gleichzeitig eine nach oben gerichtete Bewegung, wie in Abbildung 7
deutlich wird.

Abb. 7: Skalen-Schema (Quelle: Johnson 1987, 121)

Weiterhin stellt Johnson das Gleichgewichts-Schema vor, welches für alle Arten von Gleichgewichtserfahrungen, Stabilität oder Symmetrie herangezogen
wird (Abb. 8).

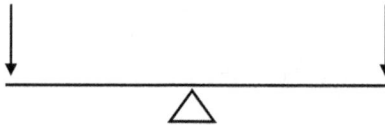

Abb. 8: Gleichgewichts-Schema (Quelle: Johnson 1987, 86)

Bildschemata können nicht nur für alltägliche Erfahrungen und Abläufe, sondern auch für neue Erfahrungen und abstrakte Sachverhalte angewendet werden. Dies geschieht häufig mittels metaphorischer Übertragung (vgl. Liebert
1992, 35ff.; Baldauf 1997, 66). Parallel zu Johnson veröffentlicht Lakoff (1987)
seine Arbeit „Women, Fire and Dangerous Things", in der er die Idee der Bildschemata von Johnson (1987) aufgreift und daraus die Theorie der „Idealized

Cognitive Models" (ICM) entwickelt.[44] Bei diesen, auf Bildschemata basierenden Idealisierten Kognitiven Modellen handelt es sich um kategoriale Strukturen, die auf physischen und sozialen Erfahrungen basieren und ein gestalthaf-
tes Hintergrundwissen als Grundeinheit des menschlichen Denkens schaffen.
Als idealisiert werden sie bezeichnet, da sie vereinfachte Modelle darstellen,
die von Metaphern Gebrauch machen und Stereotype enthalten können.[45] Für
die Bildung von Metaphern werden prototypische Vorstellungen des Herkunftsbereiches und Bildschemata sowie daraus resultierende Idealisierte
Kognitive Modelle auf den Zielbereich übertragen.[46] Die Arbeit von Lakoff
(1987) bietet wichtige Ansatzpunkte für die kognitive Semantik, insgesamt
handelt es sich jedoch nicht um eine ausgereifte Theorie, da vor allem der
Begriff der „Idealisierten Kognitiven Modelle" zu vage bleibt (vgl. Liebert
1992, 52ff.; Baldauf 1997, 71ff.).

Den Revisionen der kognitiven Metapherntheorie durch die beiden Autoren
selbst hat sich inzwischen eine Vielzahl an Untersuchungen angeschlossen.[47]
Vor allem im angelsächsischen Raum zeigt sich ein Perspektivenwechsel von
der rein linguistischen Betrachtung hin zu den kognitiven Wissenschaften. Mit
einiger Verzögerung ist auch im deutschsprachigen Raum (vgl. z.B. Liebert
1992; ders. 1997; Frieling 1996; Baldauf 1997; Jäkel 1997) eine ähnliche Entwicklung zu beobachten (vgl. Moser 2000a, 4). Inhaltlich haben sich als Forschungs-
richtungen vor allem sprachliche, psychologische und soziale Untersuchungen
entwickelt. Steen (1991) stellt dazu fest:

> The linguistic dimension is mainly concerned with the formal expression of meta-
> phor; the psychological dimension pertains to the mental structures and processes
> needed to produce and understand metaphors; and the social dimension relates to
> their interactive force of metaphor in communication (Steen 1991, 84).

Bevor die Ergebnisse der vorliegenden Arbeit zur Rolle der Metapher im Umweltmanagement präsentiert werden, wird, soweit dies nicht bereits im Zusammenhang mit dem geschichtlichen Überblick geschehen ist, auf die unterschiedlichen Möglichkeiten zur Typologisierung der Metapher sowie, als
Überleitung auf das Folgekapitel, auf die vielfältigen Funktionen der Metapher in der Wissenschaft eingegangen.

---

[44] Die Theorie der Idealisierten Kognitiven Modelle wurde von Langackers (1987) Vorstellung des „kognitiven Bereichs", Fillmores (1975; 1982) „frame"-Begriff sowie dem des
„espaces mentaux" von Fauconniers (1984) beeinflusst (vgl. Baldauf 1997, 71).

[45] Neben dem metaphorischen ICM unterscheidet Lakoff (1987) das propositionale, das meto-
nymische, das symbolische sowie in Anlehnung an Johnson (1987) das bildschematische
ICM (vgl. Baldauf 1997, 73).

[46] Die prototypischen Vorstellungen bilden die Attribute des Metaphernmodells (vgl. Hundt
1995, 78f.)

[47] Einen Überblick geben beispielsweise Paprotté (1985); Ortony (1993); Gibbs (1994); Moser
(2000b).

2.5 Typologie der Metapher

Burkhardt (1987, 61; Hervorh. im Original) stellt fest, dass es „nicht *die* Metapher gibt, sondern unterschiedliche Metapherntypen": Metaphern lassen sich, in Abhängigkeit von der zugrunde gelegten Metapherndefinition und dem sprachlich betrachtetem Aspekt, in verschiedener Hinsicht differenzieren (vgl. Hönigsperger 1994, 93ff.) Eine Möglichkeit besteht beispielsweise in Bezug auf syntaktische Gesichtspunkte, d.h. ob es sich bei der Wortart der verwendeten Metapher um eine Substantiv-, Adjektiv- oder Verbmetapher handelt. Weiterhin ist eine Unterscheidung in verblasste, originelle, kühne[48] oder absolute[49] Metaphern möglich. Am häufigsten ist neben der von Lakoff und Johnson (1980) vorgenommenen funktional orientierten Unterteilung eine Differenzierung der Metapher hinsichtlich der Sprachebene sowie der Gebräuchlichkeit. Diese drei Klassifizierungsmöglichkeiten werden im Folgenden vorgestellt.

2.5.1 Funktionale Klassifizierung

In ihrer Arbeit unterscheiden Lakoff und Johnson (1980) drei Metapherntypen:

Ontologische Metaphern: Mit Hilfe dieser Metaphern werden immaterielle oder kaum abgrenzbare Dinge als Objekte oder Substanzen konzeptualisiert. Beispiel: MIND IS A MACHINE (ebd., 27).

Strukturmetaphern: Bei diesen Metaphern wird ein Zielbereich durch einen Herkunftsbereich strukturiert und in dessen Begrifflichkeit beschrieben. Beispiel: ARGUMENT IS WAR (ebd., 7).[50]

Orientierungsmetaphern: Diese Metaphern basieren vorwiegend auf einer räumlichen Orientierung und organisieren ganze Systeme von Konzepten. Beispiel: HAPPY IS UP – SAD IS DOWN (ebd., 15).[51]

---

[48] „Kühn" werden solche Metaphern genannt, die besonders unerwartet und einfallsreich sind (vgl. Kurz 1976, 91). Zur ausführlichen Behandlung des Phänomens der „kühnen" Metapher vgl. Weinrich (1976).

[49] Nach Ansicht von Blumberg (1960, 9ff.) handelt es sich bei „absoluten" Metaphern um Grundstrukturen des Denkens, die sich nicht in begriffliche Systeme auflösen lassen, da sie sich auf hoch komplexe Zusammenhänge beziehen, wie die Grundbegriffe für Wahrheit und Erkenntnis (vgl. Kurz 1976, 95; Köller 1995, 267f.).

[50] Nach Ansicht von Lakoff und Johnson (1980, 61) bieten vor allem Strukturmetaphern die Möglichkeit zur Analyse, da sie detailliertere Implikationen aufweisen als beispielsweise Orientierungsmetaphern.

[51] Für Lakoff und Johnson (1980, 15) ist der Ausdruck „Ich fühle mich niedergedrückt" auf die physische Grundlage zurückzuführen, dass eine gebeugte Körperhaltung typischerweise mit einer gedrückten Stimmung einhergeht. Der genannten Lexemmetapher liegt das Metaphernmodell HAPPY IS UP – SAD IS DOWN zugrunde. Insgesamt identifizieren Lakoff und Johnson (1980) sechs Orientierungsmodelle, die aus körperlicher oder physikalischer Erfahrung resultieren: Up-Down; In-Out; Front-Back; On-Off; Deep-Shallow; Central-Peripheral (vgl. Jakob 1991, 37).

Lakoff und Johnson (1980) versuchen, Metaphern aus einer pragmatischen Sichtweise heraus zu typisieren (vgl. Detten 2001, 58). Allerdings ist diese Unterteilung problematisch und wird dahingehend kritisiert, dass Phänomen und Funktion der Metapher vermischt werden und sich die „orientational metaphors" nicht klar von den „structural metaphors" abgrenzen (vgl. Bamberg 1983, 46; Liebert 1992, 31; Baldauf 1997, 82f.). Diese Abgrenzung wird zudem dadurch erschwert, dass nach Auffassung von Lakoff und Johnson (1980, 219) jede Strukturmetapher über eine Reihe kohärenter ontologischer Metaphern verfügt.

2.5.2 Klassifizierung nach der Erscheinungsebene

Weiterhin können Metaphern hinsichtlich ihrer Erscheinungsebene unterteilt werden. Nach der terminologisch aus der Statistik übernommenen Type-Token-Relation wird dabei die einzelne sprachliche Äußerung als „token" bezeichnet, die Klasse der ihr zugrunde liegenden abstrakten Einheit als „type". Diese Klassifizierung ist vergleichbar mit Lakoff und Johnsons (1980) Unterteilung in „metaphorical concept" und „metaphorical expression" (vgl. Lawler 1983, 203), bzw. mit der hier vorgenommen Unterteilung in Metaphernmodell und Lexemmetapher.[52] Lakoff & Turner (1989, 55) vertreten die Ansicht: „Metaphors differ along many parameters. [...] One of them is binary: conceptual versus linguistic. We have to distinguish metaphorical thought from the language that expresses this thought". Die metaphorischen Äußerungen als „tokens" sind folglich sprachliche Aktualisierungen eines dahinter stehenden abstrakten „types", des metaphorischen Modells (vgl. Abb. 9).[53]

2.5.3 Klassifizierung nach der Usualität

Sehr häufig wird eine Einteilung der Metapher nach der Gebräuchlichkeit bzw. Usualität vorgenommen (vgl. Detten 2001, 59f.). Gegenübergestellt wird dabei tote versus lebendige Metaphorik. Tote Metaphern, die unter anderem auch als konventionell, erstarrt oder „Cliché-Metaphern" (Pielenz 1993, 72; Hervorh. im Original) bezeichnet werden, sind in der Alltagssprache geläufig und in der Regel kaum mehr als Metaphern erkennbar. Tote Metaphern „become

---

[52] In seiner späteren Arbeit unterscheidet Johnson (1987) zwischen „image schemata" und „metaphors". Er geht dabei von einer Angebundenheit der lexikalisierten Metaphern mit ihrem jeweiligen Bildschema aus.

[53] Liebert (1992, 5ff.) unterscheidet weiterhin zwischen der Konzept- und der Bereichsmetapher, wobei letztere mit der type-Ebene übereinstimmt (vgl. Detten 2001, 58). Nach Ansicht von Pielenz (1993, 95f.) entspricht diese Unterteilung in Konzept- und Bereichsmetapher der Subkategorisierung von Lakoff und Johnson (1980).

so familiar and so habitual that we have ceased to become aware of their meta-phorical nature and use them as literal terms" (Tsoukas 1991, 568). Lebendigen Metaphern, auch kreative oder ad-hoc bzw. Metaphern in vivo genannt, ge-lingt hingegen ein Überraschungseffekt, indem sie eine neue Sichtweise auf-zeigen. Lebendige Metaphern „require both a context and a certain creativity to interpret adequately" (Fraser 1993, 330). Diese dichotome Unterteilung in tote und lebendige Metaphern spiegelt den Grad der Lexikalisierung wieder. Allerdings besteht für diese Einteilung keine starre Grenze. Sie sollte vielmehr als Kontinuum aufgefasst werden, auf dem sich die Metaphern bewegen (vgl. Pielenz 1993, 110f.). Ehemals neue, als überraschend empfundene Metaphern nutzen sich ab und werden im Laufe der Zeit zu konventionellen, toten Me-taphern.

Insbesondere hinsichtlich des Aspekts der Usualität weichen Lakoff und Johnson (1980) von den meisten anderen Ansätzen ab, indem sie ihre Auf-merksamkeit vor allem auf die konventionellen Metaphern richten, während sich fast alle anderen Theorien in erster Linie auf solche Metaphern konzen-trieren, bei denen „der Widerspruch der wörtlichen Bedeutung [...] spürbar" (Henle 1958, 92) ist und die in einem „konterdeterminierenden Kontext" (Weinrich 1976, 320) stehen. Für Lakoff und Johnson (1980) sind hingegen gerade die unbewusst verwendeten und verstandenen Metaphern von Inte-resse. Als „tot" werden von ihnen lediglich solche Metaphern bezeichnet, die isoliert und nicht systembildend sind, beispielsweise der metaphorische Aus-druck „the foot of the Mountain" (Lakoff & Johnson 1980, 55). Ihrer Ansicht nach sind diese isolierten Metaphern bedeutungslos und damit auch eine Klassifizierung in tote (im Sinne von lexikalisierte) und lebendige Metaphern. Nur in Bezug auf sprachgeschichtliche Untersuchungen ist eine solche Unter-teilung relevant (vgl. Jakob 1991; Baldauf 1997, 86).[54]

Pielenz (1993) nimmt zusätzlich eine Unterscheidung hinsichtlich der Erschei-nungsebene vor. Für ihn ist der Begriff der Metapher durch „eine leicht zu übersehende Doppeldeutigkeit gekennzeichnet: Einerseits bezieht er sich auf die im sprachlichen Ausdruck verwirklichte Erscheinung. Andererseits meint er den einer jeden metaphorischen Äußerung vorausliegenden Typus" (ebd., 112). Demzufolge differenziert er zum einen zwischen alten und neuen Meta-phernmodellen sowie zum anderen zwischen lebendigen und toten metapho-rischen Aussagen. Lakoff und Johnson (1980, 52) unterscheiden in diesem Zusammenhang zwischen „a [sic!] ‚used' part [...] and an ‚unused' part" des Metaphernmodells. Der unbenutzte Teil bietet die Möglichkeiten für neue Me-taphern. So ist beispielsweise das Metaphernmodell LIEBE IST EIN KOOPERA-TIVES KUNSTWERK neuer als THEORIEN SIND GEBÄUDE. Dennoch ist die folgende

---

[54] Beispielsweise führt Hundt (1991) eine Untersuchung zur historischen Veränderung der mentalen Modelle in der Techniksprache durch.

sprachliche Realisierung des letztgenannten Metaphernmodells als tendenziell lebendig und kreativ einzustufen: „His theory has thousands of little rooms and long, winding corridors" (Lakoff & Johnson 1980, 53). Auch Weinrich (1958) unterscheidet zwischen neuen Metaphern in alten Bildfeldern und gänzlich neuen Bildfeldern. Schöpferisch ist einer Ansicht nach „nur die Stiftung eines neuen Bildfeldes. Und das geschieht sehr selten" (ebd., 288). Abbildung 9 veranschaulicht die unterschiedlichen Ebenen der Terminologie sowohl in Hinblick auf die Usualität der Metapher als auch auf die type-token-Ebene.

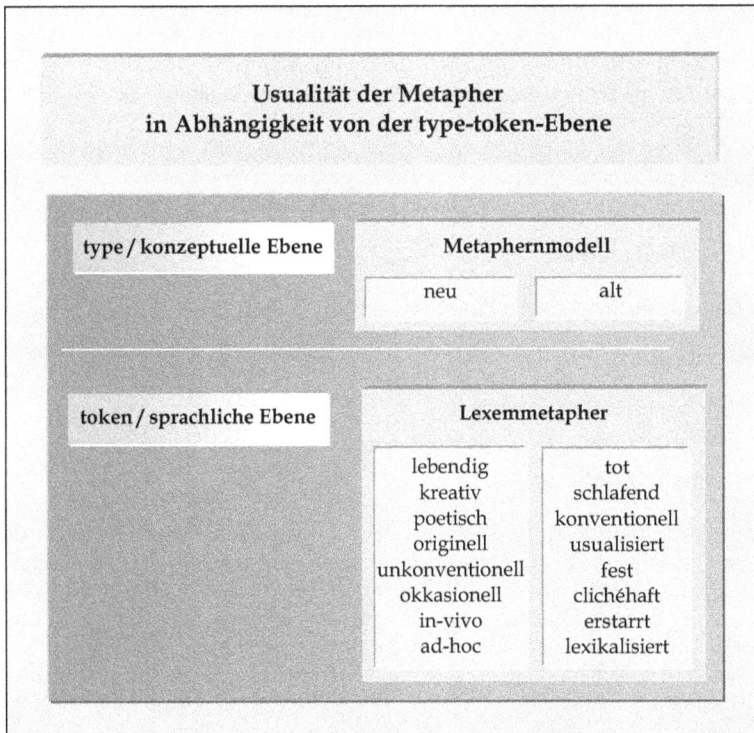

Usualität der Metapher in Abhängigkeit von der type-token-Ebene		
type / konzeptuelle Ebene	**Metaphernmodell**	
	neu	alt
token / sprachliche Ebene	**Lexemmetapher**	
	lebendig kreativ poetisch originell unkonventionell okkasionell in-vivo ad-hoc	tot schlafend konventionell usualisiert fest clichéhaft erstarrt lexikalisiert

Abb. 9: Usualität der Metapher in Abhängigkeit von der type/token Ebene (Quelle: Pielenz 1993, 113; verändert)

2.6 Funktionen der Metapher in der Wissenschaft

Der postulierte Widerspruch von Wissenschaft und Metapher ist Gegenstand zahlreicher Untersuchungen.[55] Mittlerweile ist die anfängliche Zurückweisung der Metapher einer Akzeptanz und Anerkennung ihrer Rolle, auch in der Wissenschaft, gewichen. Für Gloor (1987, 62) gilt: „Metaphern legitimieren deshalb ihren Gebrauch in der Wissenschaft nicht durch ihre Verifizierbarkeit, sondern vielmehr durch ihre Nützlichkeit". Diese gewandelte Einstellung resultiert sicherlich auch aus einem veränderten Wahrheitsverständnis. Nach Ansicht des Nobelpreisträgers Max Born hat der Mensch keinen Zugang zu den Fakten der Realität. Er fordert, „daß Ideen wie absolute Richtigkeit, absolute Genauigkeit, endgültige Wahrheit usw. Hirngespinste sind, die in keiner Wissenschaft zugelassen werden sollten" (Born zit. n. Vester 1982, 463). Das neue Verständnis entkräftet die lang gehegte Kritik gegen die vermeintlich störende Wirkung der Metapher und öffnet die Perspektive auf die Rolle der Metapher in der Wissenschaft. Auf folgende vier Funktionen der Metapher in der Wissenschaft wird anschließend eingegangen:

- rhetorische Funktion

- pädagogisch-didaktische Funktion

- erkenntnisfördernde Funktion

- theorienkonstitutive Funktion

2.6.1 Rhetorische Funktion

Neben einer ornamentalen Funktion erfüllt die Metapher entsprechend ihrer rhetorischen Tradition in der Wissenschaft eine „argumentative Gebrauchsfunktion" (Detten 2001, 62). Mit Hilfe der Metapher können wissenschaftliche Texte anschaulich und lebendig gestaltet werden. Weiterhin wirkt sie durch ihre illustrierende Wirkung in der Argumentation persuasiv und bestätigend (vgl. Detten 2001, 62). Somit ist es möglich, wissenschaftliche Argumentationslinien überzeugend zu gestalten. Pielenz (1993, 170f.) vertritt folgende Ansicht: „der kreative Einsatz der angebotenen Schlußpräsuppositionen stellt die einleuchtende Kohärenz der Argumentation her".

---

[55] Zur Stellung der Metapher in der Wissenschaft vgl. z.B. Hesse (1966); Boyd (1979); Gerhart und Russel (1984), MacCormac (1985); Brünner (1987); Burkhardt (1987); Debatin (1990); Niederhauser (1995).

2.6.2 Pädagogisch-didaktische Funktion

Weiterhin erfüllen Metaphern in der Wissensvermittlung eine pädagogisch-didaktische Funktion. Metaphern lassen einen Gegenstand im Lichte eines anderen erscheinen. Damit sind sie geradezu dazu prädestiniert, etwas Unbekanntes mit Hilfe von etwas Bekanntem zu präsentieren und damit dem Gegenstand mehr Anschaulichkeit zu verleihen. Auf diese Weisen können komplexe und wissenschaftliche Sachverhalte vereinfacht dargestellt und verstanden werden (vgl. Jakob 1991, 55; Klammer 1994, 31f.; Cortazzi & Jin 1999, 149). Darüber hinaus wirken Metaphern durch ihre Farbigkeit und Lebendigkeit motivierend (vgl. Petrie & Oshlag 1993, 602). Mayer (1930) stellt in Untersuchungen mit Schülern und Studenten fest, dass Metaphern den Lernprozess deutlich vereinfachen und fördern. Testpersonen, denen mit Hilfe von Metaphern ein Sachverhalt vermittelt wurde, behielten eine größere Menge an Informationen. Zudem waren sie eher in der Lage, das Erlernte bei der Lösung von neuen Problemen anzuwenden, als solche Personen, die lediglich quantitative, formelhafte Erklärungen für ein Phänomen erhielten. Auch für Ortony (1975, 51) sind Metaphern „necessary and not just nice" und fungieren als kraftvolle erzieherische Hilfsmittel. Petrie und Oshlag (1993) gehen sogar noch einen Schritt weiter. Für sie sind Metaphern essenziell für das Lernen. Sie sprechen der Metapher einen erkenntnistheoretischen Charakter zu, da ihrer Ansicht nach die Metapher „one of the central ways of leaping the epistemological chasm between old knowledge and radically new knowledge" (ebd., 583) ist.

2.6.3 Erkenntnisfördernde Funktion

Mit der Loslösung von der aristotelischen Auffassung der Metapher als rhetorischer Schmuck sowie als semantische Anomalie, rückt die Funktion der Metapher als Mittel für neue, ungewohnte Sichtweisen stärker ins Blickfeld.[56] Durch metaphorische Beschreibungen ist es möglich, neue Phänomene mit Hilfe bekannter Begriffe zu beschreiben (vgl. Kieser 2000, 167) bzw. bekannte Gegenstände aus einer gänzlich anderen Perspektive wahrzunehmen und dadurch neue Eigenschaften zu erkennen (vgl. Detten 2001, 62f.). Metaphern erfüllen somit eine Innovationsfunktion (vgl. Schildknecht 1996, 46) und fungieren als Hilfsmittel zu neuen Erkenntnissen (vgl. Kurz 1976, 73).

---

[56] Obwohl die Metapherndefinition von Aristoteles nur die semantische Ebene berücksichtigt, erkennt er dennoch den Wert der Metapher zur Erkenntnisförderung an, indem er sagt: „Auf leichte Weise nämlich zu Wissen zu gelangen, ist für alle von Natur aus angenehm; es sind aber die Worte, die etwas bezeichnen. Folglich sind die Worte, die uns Wissen verschaffen, am angenehmsten. [...] Die Metapher aber versetzt uns am ehesten in diesen Zustand, [...] " (Aristoteles „Rhetorik", Buch III, Kap. 10: 1410b zit. n. Sieveke 1980, 190).

Während Klamer und Leonard (1994, 32; Hervorh. im Original) vorschlagen „to call these thought-propelling metaphors *heuristic metaphors*",[57] bezeichnet sie Schön (1993, 142) als „generative metaphor [...] in the sense, that it generated new perceptions, explanations and inventions".

2.6.4 Theorienkonstitutive Funktion

In der Wissenschaft werden oftmals zu erforschende Vorgänge oder Zusammenhänge in der Begrifflichkeit von Metaphern beschrieben und erklärt. Derartigen Metaphern, welche als „Denkmodell" (Weinrich 1976, 291) bzw. „Erklärungsmodell" (Bühl 1984, 145) wirken und die den Kern eines Modells bzw. einer Theorie darstellen, kommt eine theorienkonstitutive Funktion zu (vgl. Debatin 1996, 87).[58] Den Begriff der theorienkonstitutiven Metapher prägte Boyd (1979), welcher der Metapher sowohl eine katachrestische als auch konstitutive Funktion in Bezug auf die Beschreibung von wissenschaftlichen Theorien zuspricht. Theorienkonstitutive Metaphern sind im Sinne von Pepper (1948, 84) „root metaphors", d.h. fundamentale Bilder von der Wissenschaft oder von einem Teilgebiet, die einem Erklärungsmodell zugrunde liegen.[59] Dieser Ansatz der Wurzelmetapher erklärt auch, warum sich unterschiedliche Positionen in der Wissenschaft unversöhnlich gegenüber stehen, da die verschiedenen Perspektiven unvereinbare, sich widersprechende Vorstellungen beinhalten (vgl. Gloor 1987, 85ff. und 99; Kieser 2000, 169).

Metaphern dienen der Abstraktion und sind wichtiger Bestandteil der Theorienbildung „because they operate at a high level of generality, reveal the generic properties of a variety of phenomena and can thus be used to explain phenomena across widely different domains" (Tsoukas 1993, 338). Theorienkonstitutive Metaphern wirken auf der einen Seite schöpferisch, auf der anderen Seite geben sie allerdings auch die Richtung für Forschungs- und Lösungsansätze vor und können damit in einem größeren Rahmen das Weltbild dieser Wissenschaft bestimmen. Diese Gefahr besteht insbesondere dann, wenn die „als-ob"-Perspektive des Modells (vgl. Kap. 2.4.2) in den Hinter-

---

[57] Neben dem Gewinnen neuer Erkenntnisse beschäftigt sich die Heuristik mit den Verfahren zur Problemlösung (vgl. Mittelstraß 1984, 99f.).

[58] Häufig wird die theorienkonstitutive Funktion der Metapher selbst in metaphorische Formulierungen gekleidet. So beschreibt beispielsweise Debatin (1996) Metaphern in Anlehnung an Shibles (1974) als „Hypothesengeneratoren" (Debatin 1996, 87); Pörksen (1994, 152) als „ein Suchgerät, um in einem unbekannten Gelände per Analogie etwas zu finden" sowie als ein „Instrument selektiver Wahrnehmung" (ebd., 143).

[59] Pepper (1948) postuliert in seinem Buch „World Hypotheses" den Formalismus, den Mechanismus, den Kontextualismus und den Organizismus als die vier grundlegenden Hypothesen über die Welt.

grund rückt und die Metapher wörtlich genommen wird und sich zu einem Mythos wandelt (vgl. MacCormac 1976).[60] Nach Brown (1976) sind alle wissenschaftlichen Theorien Metaphern. Seiner Ansicht nach verlieren Metaphern ihre Lebendigkeit in dem Maße, wie sie angenommen werden: „Metaphors lose vivacity as they gain veracity" (ebd., 185). Trotz dieser Einschränkungen ist nicht zu bestreiten, dass theorienkonstitutive Metaphern viel zur Entwicklung der Wissenschaft beigetragen haben. Mooij (1976, 15) ist der Überzeugung, dass „within these limitations they perform a stimulating function and it is hardly conceivable that the science could have develop entirely without them".

Theorienkonstitutive Metaphern sind nicht statisch, sondern verändern sich im Laufe der Zeit. In dem Bemühen, mit einer theoriekonstitutiven Metapher vollständig den Zielbereich in der Begrifflichkeit des Herkunftsbereiches erklären zu wollen, ergeben sich zwangsläufig Widersprüche, die dazu führen können, dass eine Metapher verworfen wird. Beispielsweise setzte sich die Newtonsche Theorie als adäquatere Erklärung in der Wissenschaft durch: „Newtonian ‚theory' came through rhetorical interaction to seem a more adequate description of reality" (Weimer 1977, 23). Ein verändertes Erklärungsmodell trifft anfangs häufig auf Unverständnis und heftige Zurückweisung, da jede neue Metapher gleichzeitig ein Angriff auf die gewohnte Sichtweise ist und bisherige Denkkategorien zerstört. In seiner Arbeit über die Struktur von wissenschaftlichen Revolutionen konstatiert Kuhn (1967) die Nähe der Metapher zum Paradigmenbegriff:[61]

> Metaphor plays an essential role in establishing links between scientific language and the world. Those links are not, however, given once and for all. Theory change, in particular, is accompanied by a change in some of the relevant metaphors and in the corresponding part of the network of similarities through with terms attach to nature (Kuhn 1993, 539).

---

[60] In der Medizin prägt die Kriegsmetapher die Auffassung von Bakterien als fremde Eindringlinge und in dessen Folge auch deren sprichwörtliche Bekämpfung. Andere Behandlungsmöglichkeiten, wie in der chinesischen Medizin, werden dadurch verdeckt (vgl. Caviola 2003a, 113ff.). Luhmann (1981) geht sogar soweit, die Metapher als Erkenntnisbremse zu sehen. Seiner Ansicht nach stellen Metaphern lediglich Provisorien dar, die sich einer weiteren Analyse entziehen und damit zu Fehlinterpretationen führen können. Auch Schön (1993, 143f.) warnt davor, auf der Grundlage der Metaphern Problemlösungsstrategien zu entwerfen. Mitroff und Featheringham (1974, 383) sprechen vom „Fehler der dritten Art", wenn eine Situation auf der Grundlage von einem Modell falsch interpretiert und letztendes nicht das tatsächliche Problem gelöst wird.

[61] Gloor (1987, 81) weist darauf hin, dass „der Wortgebrauch von Begriffen wie Paradigma, Theorie etc. sehr uneinheitlich ist". Ihrer Ansicht nach verwendet Kuhn (1967) den Paradigmenbegriff unterschiedlich; im Sinne von Grundannahmen einer einzelnen Theorie bis hin zur umfassenden Weltanschauung (vgl. Gloor 1987, 85).

Aber nicht nur für die Wissenschaftstheorien, sondern auch für die Entwicklung einzelner Fach- und Wissenschaftsbereiche spielt die Metapher eine bedeutende Rolle (vgl. Schöffel 1987, 165ff.). Nach Ansicht von Debatin (1990;
1996) ist die Metapher konstitutiv, da jede Theorie und wissenschaftliche Erklärung auf Metaphern bzw. metaphorischen Prozessen beruht. Für ihn gilt:

> Wissenschaftstheorie muß deshalb immer auch Metapherntheorie sein, die die
> Möglichkeiten und Grenzen der Metapher in der Wissenschaft zu untersuchen hat
> (Debatin 1996, 89f.).

Die Wissenschaft sollte von daher bemüht sein, sich nicht nur auf eine Metapher zu verlassen, sondern immer nach weiteren Metaphern und Analogien
zu suchen.

> Vielfalt bedeutet auch, die Flüsse, Rhythmen und Ströme in
> Organisationen zu begreifen – ein schwieriges Unterfangen,
> […]. Flüsse zu begreifen heißt oft, sich tief in Metaphern zu
> vergraben, da diese dicht, aussagekräftig, beredt, lebendig
> […] sind (Weick 1995, 96).

3 Die Rolle von Metaphern in der Betriebswirtschaftslehre

Das dritte Kapitel beschäftigt sich mit der Rolle der Metapher in der Betriebswirtschaftslehre als Handlungsrahmen für das Umweltmanagement.[62] Dabei
werden insbesondere unterschiedliche auf Metaphern basierende Organisationsperspektiven berücksichtigt, da davon ausgegangen wird, dass diese einen entscheidenden Einfluss auf deren Ausgestaltung ausüben. Analog zur
Vorgehensweise im vorherigen Kapitel stehen auch in diesem Kapitel herausragende Veröffentlichungen im Mittelpunkt der Betrachtung. Diese beschäftigen sich ausdrücklich mit Metaphern in Organisationen und repräsentieren
das dieser Arbeit zugrunde liegende Verständnis von der Bedeutung der Metapher in Organisationen. Weiterhin werden die in den Arbeiten dargestellten
Vorgehensweisen und Vorstellungen im Rahmen der eigenen empirischen
Untersuchung aufgegriffen und überprüft. Neben der Darlegung der unterschiedlichen metaphorischen Sichtweisen auf Organisationen und deren
kritischen Beurteilung, wird ferner auf vergangene und aktuelle Wirtschaftsmetaphorik eingegangen. Abschließend wird erörtert, in welcher Form Metaphern ein realitätskonstituierender Einfluss auf den Unternehmensalltag
zukommt. Diese Gedanken bilden die Grundlage für die Überprüfung der
handlungsleitenden Wirkung von Metaphern im sechsten Kapitel der Arbeit.

Im Vergleich zu anderen Fachsprachen stellt die Analyse der Metaphern in
Bezug auf die Wirtschaft ein noch vergleichbares junges Gebiet dar (vgl. Gloor
1987, 80). Mittlerweile gibt es jedoch eine ganze Reihe von Untersuchungen
zur Wirtschaftsmetaphorik (vgl. z.B. Hebel 1969; Pytelka 1971; Sachs 1972;
Wolff 1976; Ghiczy 1988; Schmitt 1988; Musloff 1991; Jäkel 1992; ders. 1997).[63]
Diese recht späte Beschäftigung mit der Metapher mag darin begründet liegen, dass gerade in den Wirtschaftswissenschaften für die eigene Fachspra-

---

[62] Im Rahmen der Ausführungen wird zwangsläufig auch die Metaphorik in den Wirtschaftswissenschaften als übergeordneter Bereich der Betriebswirtschaftslehre berührt. Da in Hinblick auf die Zielsetzung jedoch eine Eingrenzung des Betrachtungsbereichs nötig war,
werden weiterführende Aspekte und Bereiche nicht vertieft berücksichtigt und behandelt.

[63] Einen historischen Überblick über die Untersuchungen zur Analyse der Wirtschaftssprache sowie deren Schwerpunkte liefert Hundt (1995, 13-49).

che so etwas wie „Betriebsblindheit" herrscht. McCloskey (1985) beschreibt diesen Zustand folgendermaßen:[64]

> Noneconomists find it easier to see the metaphors than do economists, habituated as the economists are by daily use to the idea that of course production comes from a "function" and that of course business moves in "cycles". Certain of the metaphors are perfectly self-conscious [...] (McCloskey 1985, 74).

Diese Art von "Betriebsblindheit" gilt auch für andere Fachsprachen. Allerdings bestehen gerade in den Wirtschaftswissenschaften Schwierigkeiten mit dem Erkennen und dem Anerkennen von Metaphern, denn wo Genauigkeit, Objektivität bzw. logisch-rationale Überprüfbarkeit als Standards gelten, dort erscheint die zweideutige und damit in vielen Augen ungenaue Metapher fehl am Platz zu sein (vgl. Klamer & Leonard 1994, 20; Lagueux 1999, 2f.).

Bei näherer Betrachtung der Wirtschaftssprache lässt sich jedoch ein wahres „Metapherngestöber" (Burkhardt 1987, 62) ausmachen, bekannte Beispiele sind der „schwarze Freitag" als Beginn einer weltweiten „Wirtschaftsdepression" oder das „Haus Europa". Auch in der betriebswirtschaftlichen Forschung zeigen sich zahlreiche Metaphern in den unterschiedlichsten Fachdisziplinen. So ist zum Beispiel im Marketing von „virtuellen Marktplätzen" oder „Arenen" die Rede; die Marktforschung verwendet Verfahren wie das „Snowball sampling", und die Führungstheorie bedient sich der „Maslowschen Bedürfnispyramide" (vgl. Krcal 2002, 4f.).[65] Innerhalb der Betriebswirtschaftslehre scheint die Organisationslehre ein besonders geeigneter Nährboden für das Aufkommen von Metaphern zu sein. Døving (1996, 186) ist der Ansicht, dass „Organizations science, possibly more than any other scientific discipline and quite contrary to the empiricists' wishes, abounds with metaphors". Organisationen werden beispielsweise als „Zelt- oder Palastorganisationen" (Hedberg et. al. 1976),[66] Mülltonnen (Cohen et. al. 1972) oder „Marktplätze" (Georgiou 1973) beschrieben (vgl. Weick 1995, 72; Oswick & Grant 1996b, 217).[67]

Die Betrachtung von Metaphern spielt vor allem bei den konstruktivistischen Ansätzen der Organisationstheorie (vgl. Kieser 2001, 287ff.), in denen Sprache und Symbolen eine große Bedeutung zugemessen wird, eine wichtige Rolle (vgl. z.B. Morgan 1980; ders. 1983; Pinder & Bourgeois 1982; Bolman & Deal 1984; ders. 1991; Reed 1990; Tsoukas 1990; ders. 1993). In einer der ersten Ar-

---

[64] Nach McCloskey (1985, 74ff.) basiert in den Wirtschaftswissenschaften jedes Modell auf metaphorischen Vorstellungen. Metaphern stellen seiner Ansicht nach vortheoretische Modelle dar.

[65] Vgl. zur Diskussion der Rolle von Metaphern in der betriebswirtschaftlichen Forschung Krcal (2002).

[66] Die Forderung, Organisationen als Zelte zu betrachten, geht mit der Vorstellung einher, dass sich Zelte schnell auf- und abbauen lassen und sich schlecht von der Umwelt abschirmen lassen. Diese Vorstellung wird durch das Kontrastbild des Palastes noch verstärkt (vgl. Kieser 2001, 309).

[67] Eine Übersicht an Metaphern für Organisationen liefert z.B. Neuberger (1991, 243-246).

beiten diesbezüglicher Art betreibt Kroeber-Riel (1969) konstruktive Sprachkritik an den betriebswirtschaftlichen Sprachen (vgl. Hundt 1995, 42f.). Seiner
Ansicht nach ist es mit diesem Ansatz möglich, „einigen Beziehungen zwischen dem betriebswirtschaftlichen Denken [...] und den betriebswirtschaftlichen Sprachen nachzugehen" (Kroeber-Riel 1969, 190). Weiterhin stellt er
fest, „daß die Sprachkritik sachliche Erkenntnisse der Betriebswirtschaftslehre
unmittelbar in Frage stellt: die erkannten Gegenstände sind immer nur über
ihre sprachlichen Fassungen zugänglich und werden von diesen her erschlos-
sen" (ebd., 194). Aktuellere Arbeiten zur Bedeutung von Sprache in Organisationen diskutieren vor allem die Frage, ob der Metapher ein positiver oder negativer Status zugerechnet werden soll (vgl. Grant & Oswick 1996, 1). Während
sie auf der einen Seite einladen „to see the world anew" (Barrett & Cooperrider
1990, 222), wird ihnen auf der anderen Seite ein unpräziser Charakter und damit Unfähigkeit zur wissenschaftlichen Untersuchung vorgeworfen (vgl. Beer
1981; Pinder & Bourgois 1982; Bourgois & Pinder 1983). Zudem werden Metaphern dahingehen kritisiert, dass sie ein „false consciousness" (Tinker 1986,
378) schaffen, welches Organisationen von einer kritischen sozialorientierten
Analyse abhält.

In der Organisationsforschung besteht ein weites Spektrum an metaphernbasierten Analysen.[68] Beispielsweise wurde die Bedeutung der Metapher im Zusammenhang mit dem organisationalen Wandel untersucht (vgl. z.B. Lundberg
1990; Marshak 1993). Die Ergebnisse zeigen, dass „metaphors that may be controlling how an organizational situation is perceived and understood becomes
a primary instrument of organizational change" (Marshak 1996, 151). Auch bei
der Diagnose und Lösung organisationaler Probleme spielen Metaphern eine
zentrale Rolle (vgl. z.B. Srivastva & Barrett 1988; Sackmann 1989; Barrett &
Cooperrider 1990; Warner-Burke 1992; Oswick & Grant 1996a). Wie Hampden-
Turner (1990) bei seiner Untersuchung des Metapherngebrauchs von Managern
zeigt, wirken Metaphern als „mental chart" (Clegg & Gray 1996, 81) bei der
Beschreibung von organisationalen Problemen.

3.1 Metaphern in Organisationen

Wie die Beispiele zeigen, stellen Metaphern ein zentrales Instrument für die
Analyse von Organisationen dar, denn „Metaphern bezeichnen oft den in-
nersten Kern eines Gegenstandes" (Weick 1995, 73). Vor allem zwei Autoren
haben sich in ihren Werken ganz der Bedeutung von Metaphern in Organisationen verschrieben. Diese sollen nachfolgend vorgestellt werden. Dies ist
zum einen Gareth Morgan (1986), von dessen Buch „Images of Organization"

---

[68] Dunford und Palmer (1996) nennen in ihrem Beitrag „Metaphors in Popular Management
Discourse" einige Untersuchungen zur Rolle der Metapher in den unterschiedlichen Bereichen der Betriebswirtschaftslehre.

gesagt wird, es „rewrites the history of recent organization theory" (Schön 1993 zit. n. Grant & Oswick 1996, 11). Für Morgan (1986, 12; Hervorh. im Original) stellen Metaphern „a *way of thinking* and a *way of seeing*" dar und liefern einen Rahmen für organisationales Handeln. Seiner Ansicht nach basieren Theorien und Erklärungsansätze für Organisationen auf Metaphern: „many of our ta-ken-for-granted ideas about organizations are metaphorical, even though we may not recognize them as such" (ebd., 13). In seinem Buch greift er unter-schiedliche bildhafte Perspektiven für Organisationen auf und beschreibt de-ren Ausgestaltung in Abhängigkeit davon. Wie Morgan, so beschäftigt sich auch John J. Clancy (1989) in seinem Buch „The Invisible Powers: The Lan-guage of Business" eingehend mit Metaphern. Er untersucht anhand von Re-den, Autobiographien und anderem veröffentlichten Material den metapho-rischen Sprachgebrauch von Unternehmern, beispielsweise von Frederik Taylor und Henry Ford, und kommt zu dem Ergebnis, dass sich in den verwendeten Metaphern gesellschaftliche Aspekte sowie persönliche Vorstellungen wider-spiegeln, die sich auf das unternehmerische Handeln auswirken (vgl. Clancy 1989, 28f.).

Der Vergleich der Arbeiten zeigt, dass beide Autoren die gleiche Auffassung von Metaphern verbindet. Für sie verbirgt sich hinter deren Gebrauch eine be-stimmte Denk- und Sichtweise, die auf das Verständnis von der Welt schlie-ßen lässt. Mit dem Gebrauch einer Metapher geht ihrer Ansicht nach „this kind of one-sided insight" (Morgan 1986, 13) einher, wodurch gewisse Eigen-schaften, die im Gleichklang mit dem Herkunftsbereich stehen, betont werden, während andere in den Hintergrund treten. Damit greifen sie auf das kogni-tive Metaphernverständnis von Lakoff und Johnson (1980) zurück (vgl. Kap. 2.4) und wenden es auf Organisationen an. Die genannten Arbeiten spielen jedoch nicht nur als theoretische Grundlage, sondern auch für die empirische Untersuchung eine wichtige Rolle. Zum einen weist das Untersuchungsma-terial sowie die Vorgehensweise von Clancy (1989) Parallelen zur vorliegen-den Arbeit auf, indem das zugrunde liegende gesprochene oder niederge-schriebene Material zum Umweltmanagement einer Metaphernanalyse un-terzogen wird. Zum anderen werden die von Morgan (1986) gewählten meta-phorischen Perspektiven im Rahmen der Interviews aufgegriffen und deren Übertragbarkeit auf das Umweltmanagement überprüft (vgl. Kap. 5.2).

Trotz der Gemeinsamkeiten unterscheiden sich beide Arbeiten hinsichtlich ih-rer Vorgehensweise. Während Clancys (1989) Arbeit auf einer umfassenden empirischen Analyse des metaphorischen Sprachgebrauchs von Unternehmern basiert, verwendet Morgan (1986) zwar auch biografisches Material einzelner Unternehmer zur Veranschaulichung, stellt seine Arbeit aber eher in einen übergeordneten Rahmen. Interessanterweise ergibt ein Vergleich der Meta-phern, dass sich einige der in den Arbeiten genannten Bilder ähneln. Abbil-dung 10 zeigt eine Übersicht der von den Autoren angeführten Metaphern.

Metapher	Gareth Morgan (1986)	John J. Clancy (1989)
Maschine	X	X
Organismus	X	X
Gehirn	X	
Kultur	X	X[69]
Politisches System	X	X[69]
Physisches Gefängnis	X	
Fluss und Wandel	X	
Machtinstrument	X	
Gesellschaft		X
Reise		X
Spiel		X
Krieg		X

Abb. 10: Metaphernvergleich von Morgan (1986) und Clancy (1989)

Die Abbildung zeigt Übereinstimmungen bei der Maschinen- und Organismusmetapher, die von beiden Autoren aufgegriffen wird. Weiterhin sind Überschneidungen zur Kultur- und Politikmetapher erkennbar, die Clancy unter der Gesellschaftsmetapher zusammenfasst, dort jedoch jeweils in einem Unterkapitel behandelt.[69] Für die weiteren von Morgan angeführten Metaphern wird von Clancy kein Beleg im unternehmerischen Sprachgebrauch angeführt. Umgekehrt liegen die Reise-, die Spiel- und die Kriegsmetapher, die Clancy aus dem Sprachgebrauch der Unternehmer herausarbeitet, außerhalb der Analyseperspektive von Morgan.

Im Folgenden wird auf die unterschiedlichen bildhaften Perspektiven eingegangen. Einige Metaphern repräsentieren eher konventionelle Vorstellungen von Organisationen. Dies gilt vor allem für die Maschinen- und die Organismusmetapher,[70] welche die wohl am häufigsten diskutierten Organisationsvorstellungen darstellen und die Management- und Organisationstheorien lange Zeit beeinflusst haben (vgl. Morgan 1983; ders. 1986; Scott 1986; Grant &

[69] Die von Clancy (1989, 117-164) beschriebene Gesellschaftsmetapher beinhaltet sowohl ein ausführliches Unterkapitel zur Kultur als auch zur Politik. Von daher wird diese hier nicht in einem eigenen Kapitel behandelt, sondern die jeweiligen Aspekte unter der metaphorischen Perspektive der „Kultur" (Morgan 1986, 111-140) sowie des „Politischen Systems" (ebd., 141-198) betrachtet.

[70] Die Maschinen- und Organismusperspektive wurde nicht nur in Bezug auf Organisationen kontrastiert. Im 18. Jahrhundert fungierte der Begriff des „Organismus" im deutschen Kulturbereich als Gegenbegriff zum „Mechanismus" (vgl. Walter-Busch 1996, 5).

Oswick 1996).[71] Andere Metaphern erscheinen eher ungewohnt und vermitteln unübliche und neue Sichtweisen auf Organisationen. Neben der Vorstellung der Metaphern und den damit einhergehenden Implikationen sowie „blinden Flecken", die der Metapher inne wohnen, wird zudem darauf eingegangen, inwieweit die jeweilige Sichtweise kritisch zu beurteilen ist.

3.1.1 Maschine

Sowohl Clancy (1989, 77-89) als auch Morgan (1986, 19-38) nehmen in ihre Galerie die Maschinenmetapher als eine der frühesten und einflussreichsten Vorstellungen für wirtschaftliches Handeln auf. Für Pepper (1948, 242) stellt sie eine der Wurzelmetaphern des menschlichen Denkens dar, welche auch in vielen anderen Fachsprachen sowie in der Alltagssprache weit verbreitet ist.[72] Ausprägungen dieser Metapher zeigen sich schon früh im Sprachgebrauch von Unternehmern. Beispielsweise fordert Josiah Wedgwood, einer der ersten Industrialisten: „make such machines of men as cannot err" (Wedgwood ca. 1170 zit. n. Burton 1976, 31). Ihre Hochphase erlebt die Maschinenmetapher jedoch, einhergehend mit der industriellen Revolution, im 19. Jahrhundert. Der Einsatz von neuer Maschinentechnik machte neue Organisationsformen notwendig, um den veränderten Bedingungen gerecht zu werden. In Anlehnung an die neue Technologie wurden die Abläufe innerhalb der Organisation wie bei einer Uhr genauestens geplant, „bei der ein Rad ins andere eingreift und die zuletzt dem Eigenthümer [sic!] aufzeigt, was die Glocke geschlagen" (Bourcart 1874, 16). Organisationen werden dementsprechend als rationale Systeme verstanden. Für Goulder (1959, 405) impliziert „das rationale Modell ein ‚mechanisches' Modell, und zwar insofern, als es die Organisation als ein Gefüge von manipulierbaren Einzelteilen ansieht, die jeweils für sich und unabhängig voneinander zugunsten einer Steigerung der Effizienz des Ganzen modifizierbar sind".

Die Maschinensichtweise blieb auch für die Organisationstheorie nicht ohne Folgen. Als Urväter einer mechanistisch orientierten Managementtheorie werden Frederik W. Taylor „who pioneered what is now known as scientific management" (Morgan 1986, 29) sowie Henri Fayol, F. W. Mooney und Lyndall Urwick als Vertreter der klassischen Managementtheorie angesehen. Ihre Arbeiten zielen zum einen auf die Optimierung von Abläufen (vgl. Taylor 1911)

---

[71] Nach Ansicht von Shrivastava und Mitroff (1983) haben Metaphern einen Einfluss auf die Theoriebildung, da sie häufig den Kern eines Paradigmas bilden: „Paradigms refer to the basic metaphorical assumptions about the nature of science and society, which undergird all organizational theories" (ebd., 163).

[72] Nach Pepper (1972, 186) können unterschiedliche Arten von Maschinen spezifiziert werden, wie beispielsweise eine Uhr oder ein Dynamo. Beide Arten basieren jedoch auf der gleichen mechanistischen Vorstellung.

sowie zum anderen auf die Rationalisierung von Organisationen durch festgelegte Abläufe und Strukturen ab (vgl. Fayol 1949).[73]

Auch heute stellt die Maschinenmetapher ein kraftvolles und wirksames Bild
für Organisationen dar, welches vielfach seine Anwendung findet und in Begriffen wie dem „Reengeneering" weiterlebt (vgl. Kieser 2000, 176). Die wohl
kraftvollste implizite Vorstellung der Maschinenmetapher ist die Vorhersehbarkeit und Kontrolle von Abläufen. Nach Ansicht von Peters und Waterman
(1982, 29) ist die Maschinenmetapher jedoch „right enough to be dangerously
wrong" und mit dieser Perspektive gehen eine Reihe negativer Aspekte einher.
Ein „blinder Fleck" der Maschinenmetapher ist sicherlich die Ausblendung
menschlicher Faktoren. Mit der Idee, einen Gleichklang zwischen Mensch und
Maschine herzustellen, wird die menschliche Arbeit den Maschinenvorgängen
angepasst, und die Arbeiter zu Maschinenteilen bzw. –zubehör degradiert, die
ausgetauscht werden, sobald sie ihre Funktion nicht erfüllen. Pepper (1981, 67)
bringt dies folgendermaßen zum Ausdruck: „The workers and workplace be-
came extensions of […] machines, supervised by managers acting as machine
operators". Für Initiative und Innovation, die außerhalb dieser Abläufe liegen,
bleibt kein Raum. Dadurch gehen der Organisation Chancen der Persönlich-
keitsentwicklung und kreativer Beiträge der Mitarbeiter verloren (vgl. Argyris
1957; McGregor 1960). Scott (1986) zieht folgendes Fazit über die mechanistische Sicht:

> Sie lehren uns viel über Pläne und Programme und Prämissen, über Rollen und Re-
> geln und Reglements: über das konkrete Verhalten von Organisationsmitgliedern
> sagen sie so gut wie nichts. Ihre Implikation dabei ist: Ist die Planung gut, und sind
> die Entscheidungen vernünftig, dann läuft die Implementation von alleine (Scott
> 1986, 118).

3.1.2 Organismus

Wie die Maschinenmetapher, so stellt auch die Organismusmetapher eine der
grundlegenden Modelle der Sprache und des Denkens dar. Pepper (1949, 120)
sieht in der Belebtheit der Dinge eine der Wurzelmetaphern, welche das menschliche Bewusstsein kennzeichnen. Derartige Vorstellungen sind so stark in unserem allgemeinen Denken verankert, dass wir sie kaum noch als metaphorisches
Konstrukt wahrnehmen. Von daher ist es nicht erstaunlich, dass sich auch im
unternehmerischen Sprachgebrauch zahlreiche Belege finden lassen, die auf
typische Charakteristika von Organismen wie Wachstum, Krankheit, Überleben etc. hinweisen. Alfred Sloan (1965) von General Motors, eine der Haupt-
figuren der 20er und 30er Jahre in den USA, nutzte die Organismusmetapher

---

[73] Zur Analyse der Abläufe schlug Taylor die Durchführung von Zeit-Bewegungsstudien vor.
Seine Ideen legte er 1912 vor dem „Special House Committee to Investigate the Taylor und
Other Systems of Shop Management" dar (vgl. Scott 1986, 101). Weiterhin plädierte er in
„The Principles of Scientific Management" (1911) dafür, die Arbeitsleistung der Arbeiter in
Pferdestärken zu messen (vgl. Bea & Göbel 2002, 56).

vor allem, um das Wachstum von Organisationen hervorzuheben: „An organization must grow – growth, or the striving for it, is essential to the health of an organization. [...] Deliberately to stop growing is to suffocate" (Sloan 1965 zit. n. Clancy 1989, 94). Lee Iacocca (1986) hingegen verwendet die Organismusmetapher hauptsächlich in Bezug auf pathologische Aspekte, wie einige Beispiele der autobiografischen Beschreibung seiner Arbeit bei Chrysler zeigen, in denen von „bleeding", „cancer", „survival" etc. (Iacocca 1986, 180 und 196) die Rede ist. Auch die heutigen Begriffe wie „Körperschaft", „Organträger" oder „Mehrmütterorganschaft" (Herzig 2003, 6ff. und 22) zeugen von dieser Metapher (vgl. Böckenförde & Dohrn-van Rossum 1978).

Aufgrund der bei der mechanistischen Sicht festgestellten Schwächen rückt die Organismusmetapher stärker ins Bewusstsein der Organisationstheorie und es werden verstärkt die menschlichen Bedürfnisse innerhalb einer Organisation sowie die Komplexität von Organisationen in Bezug zu ihrer Umwelt, betont (vgl. Scott 1986, 119ff.).[74] Die Veränderung von einer mechanistisch orientierten hin zu einer mehr den Mensch betonenden Sichtweise wurde vor allem in den 20er und 30er Jahren durch die Hawthorne-Studie[75] ausgelöst, welche deutlich machte, dass mit der Berücksichtigung der Bedürfnisse der Arbeiter, ein effektiveres Arbeiten möglich ist. Diese Ergebnisse der Hawthorne-Studie bildeten den Ausgangspunkt für die Human-Relations-Bewegung und die Veränderung in Richtung zu Mensch-gerechteren-Organisationsformen und -strukturen (vgl. Comelli 1985).[76]

Auf der Vorstellung von Organisationen als lebendiger Organismus basieren unterschiedliche Organisationsansätze. Zentrales Element vieler Arbeiten ist das Verständnis von Organisationen als offene Systeme.[77] Buckley (1967) definiert offene Systeme folgendermaßen: „Daß ein System offen ist, bedeutet, daß es nicht nur mit seiner Umwelt in Austausch tritt, sondern daß dieser Austausch als ein wesentlicher Faktor die Lebensfähigkeit des Systems mit-

---

[74] Scott (1986) unterscheidet in seinem Buch „Grundlagen der Organisationstheorie" drei Formen von Organisationen: rationale, natürliche und offene Systeme, die seiner Ansicht nach aus unterschiedlichen Definitionen und Auffassungen resultieren. In dieser Betrachtungsweise zeigen sich Parallelen zu Morgan (1986), wobei dieser die Auffassung von natürlichen und offenen Systemen weitestgehend im Organismusbild zusammenfasst.

[75] Die Studie erhielt ihren Namen aufgrund ihrer Durchführung in der Hawthorne-Filiale der Western Electric Company in Chicago. Sie wurde von Roethlisberger und Dickson (1939) detailliert beschrieben sowie von Mayo (1945) maßgeblich interpretiert.

[76] In ihren Arbeiten zeigen die Organisationspsychologen Argyris (1957), Herzberg et. al. (1959) und McGregor (1960), dass durch die Modifizierung von bürokratischen Strukturen ein motivierendes Arbeitsumfeld geschaffen werden kann.

[77] Diese Denkrichtung untermauert den „Systemansatz", der hauptsächlich auf die Arbeit des theoretischen Biologen Ludwig von Bertalanffy (1956) zurückgeht. Der in den 50er und 60er Jahren entwickelte Systemansatz geht davon aus, dass Organisationen wie Organismen gegenüber ihrer Umwelt offen sind und diese für ihr eigenes Fortbestehen berücksichtigen müssen (vgl. Scott 1986, 149ff.).

begründet" (Buckley 1967 zit. n. Scott 1986, 149). Die Organisation selbst wird demnach nicht als ein Instrument zur Erreichung festgelegter Ziele sondern als ein selbst erhaltendes System verstanden, das sowohl inneren Anforderungen entsprechen als sich auch einer wandelnden Umwelt anpassen muss (vgl. Selznick 1948).[78] Als Organisationsansätze, die auf der Organismusmetapher basieren, führt Morgan (1986) unter anderem die Kontingenztheorie (Burns & Stalker 1961; Lawrence & Lorsch 1967),[79] den populationsökologischen (Hannan & Freeman 1977; Aldrich 1979) sowie den organisationsökologischen (Trist 1976) Ansatz an.[80]

Eine wesentliche Stärke der Organismusmetapher als Analyseperspektive liegt sicherlich in der vermehrten Beachtung von Komplexität. Weiterhin legt die Organismusmetapher die Berücksichtigung und Befriedigung der Bedürfnisse der Organisation nahe. Organisationales Handeln gleicht damit der Suche nach den besten „Weidegründen", als denjenigen Standorten, an denen die wirtschaftliche Entwicklung am optimalsten ist. Doch das Organismusmodell hat auch seine „blinden Flecken". Beispielsweise stößt es bei der Betrachtung von gravierenden Veränderungen von Organisationen an seine Grenzen und wandelt sich zu einem deterministischen Bild (vgl. Tinker 1986, 375). So können sich Organismen zwar ihrem Umfeld anpassen, doch wie Clancy (1989, 103) es ausdrückt: „fish don't fly". Zu den wohl zentralen Implikationen der Organismusmetapher gehört das Wachstum, wie bereits im Zitat von Alfred Sloan von General Motors deutlich wurde. Mit diesem in der Wirtschaftswelt geradezu magischen Begriff ist vor allem die Vorstellung von Vollbeschäftigung, Wohlstand und Sicherheit verbunden (vgl. Caviola 2000a, 65f.). Obwohl biologische Bilder als „root metaphor" (Perren 1996, 227) für die Entwicklung von Unternehmen gelten können, stimmen sie doch selten mit der Realität überein. Insbesondere kleine Unternehmen wachsen kaum, was jedoch durch die Organismusmetapher nahe gelegt wird. Finke (2003, 4) sieht sie gar als eine „schlechte Metapher", da seiner Ansicht nach mit der Überbetonung des Wachstumsaspekts „katastrophale Auswirkungen" (ebd., 5) einhergehen. Auch Kroeber-Riel (1969, 102-118) und MacKechnie & Donnelly-Cox (1996, 51)

---

[78] Während die vorgestellten offenen Systemansätze auf einer ökologischen Ebene operieren, setzt Weick (1979, 215) auf der sozialpsychologischen Ebene an und betrachtet die Beziehung der einzelnen Organisationsmitglieder zueinander. Seiner Ansicht nach können Organisationen nur dann überleben, wenn sie ein Gleichgewicht zwischen Stabilität und Flexibilität sicherstellen können.

[79] Demnach entsprechen diejenigen Organisationen den Umwelterfordernissen am besten, deren inneren Wesenszüge zur Adaption der Anforderungen geeignet sind. Die Idee der Kontingenztheorie wurde explizit zuerst von Lawrence und Lorsch (1967) in „Organization and Environment" dargelegt, in der sie die Ergebnisse einer Studie mit Unternehmen in unterschiedlichen Umfeldbedingungen vorstellen (vgl. Burell & Morgan 1979, 164). Darin plädieren sie, große Unternehmen gesamthaft als System zu betrachten und zu analysieren (vgl. MacKechnie & Donnelly-Cox 1996, 40, Burell & Morgan 1967, 6).

[80] Einige Vorstellungen greifen auf Darwins Evolutionstheorie zurück.

warnen davor, aus der Gleichsetzung von Organismus und Organisation, unzulässige Schlüsse zu ziehen. [81] So ist beispielsweise das Organismusmodell verfehlt, wenn Organisationen als funktionale Einheiten begriffen werden. Der Idee des Organismus folgend, würde die gesamte Organisation zusammenbrechen, wenn ein „Organ" ausfällt. Dies ist in der Regel nicht der Fall. Auch die Ausgliederung von Organisationsbereichen, beispielsweise beim Outsourcing, ist mit dieser Sichtweise nicht vereinbar.

3.1.3 Kultur

Wie eingangs erläutert, werden im Rahmen der Kulturmetapher neben den Ausführungen von Morgan (1986, 111-140) auch Aspekte der von Clancy (1989, 117-164) beschriebenen Gesellschaftsmetapher betrachtet, wonach Organisationen als Minigesellschaften verstanden werden können. Für Organisationen gelten prinzipiell zwei Auffassungen von Kultur. Zum einen als instrumentelle Sichtweise - „eine Organisation hat Kultur" - sowie zum anderen als institutionelle Betrachtung - „eine Organisation ist Kultur". Während die erste Sichtweise vor allem auf Handlungsempfehlungen für Manager abzielt, wird die institutionelle Betrachtung, meist bei der Betrachtung von Organisationen als Forschungsprojekt eingesetzt (vgl. Kahle 2001, 5). Was aber ist unter Kultur zu verstehen?[82] Eine allgemeine Definition für Kultur liefern Kroeber und Kluckhohn (1952):

> Kultur besteht aus (expliziten und impliziten) Mustern von und für Verhaltensweisen, die – über Symbole erworben und weitergegeben – die charakteristische Errungenschaft menschlicher Gruppen, einschließlich ihrer Verkörperung in Artefakten darstellen; der wesentlichste Kern von Kultur besteht aus traditionalen (d.h. geschichtlich hergeleiteten und ausgewählten) Ideen und insbesondere den mit ihnen verbundenen Werten (Kroeber & Kluckhohn 1952 zit. n. Neuberger & Kompa 1987, 17).

Nach dem Soziologen Garfinkel (1967) entsprechen unsere alltäglichen Handlungen gesellschaftlichen Normen und Werten. Doch diese Regeln sind vage und so bleibt ein Verhaltensspielraum, in dem sich Kultur entwickeln kann. Karl Weick (1969) bezeichnet die Inszenierung von Realität innerhalb dieses Verhaltensrahmens als „Verwirklichung" und hebt damit die aktive Rolle bei der Realitätskonstruktion hervor. Die Sicht von Kultur als Inszenierung ver-

---

[81] Nach Kieser (2001) gibt es keine per se guten oder schlechten Metaphern. Seiner Ansicht nach besteht „keine Möglichkeit, durch empirische Forschung herauszufinden, welches die ‚richtige Metapher' oder die ‚wahre Theorie' ist. Denn jede Theorie-Metapher produziert ganz spezifische Fragestellungen und Daten, die nur im Rahmen der jeweiligen Theorie auf sinnvolle Weise interpretiert werden können" (ebd., 317).

[82] Der Kulturbegriff, stammt ursprünglich aus dem Agrarbereich und meint die Pflege von land- und forstwirtschaftlichen Anlagen (vgl. Pfeifer 1997, 742). Tylor (1871) definiert Kultur Mitte des 19. Jahrhunderts als „jene komplexe Ganzheit, die Kenntnisse, Glaubensüberzeugungen, Künste, Sitte, Recht, Gewohnheiten und jede andere Art von Fähigkeiten und Dauerbetätigungen einschließt, die ein Mensch als Mitglied einer Gesellschaft erwirbt" (Tylor 1871 zit. n. Neuberger & Kompa 1987, 23).

deutlicht, dass auch Organisationen kulturelle Phänomene sind, deren Wirklichkeit sozial konstruiert wird.[83] Organisationale Wirklichkeit existiert zum
einen in den Köpfen der Organisationsmitglieder, zum anderen aber auch in
ganz konkreten und alltäglichen Regelungen, wie der Organisationsstruktur,
Vorgaben und festgeschriebene Arbeitsabläufe. Neuberger und Kompa (1987)
haben in ihrer Arbeit „Kult um die Unternehmenskultur" folgende Anzeichen
für Unternehmenskultur herausgearbeitet (Abb. 11).

Worin zeigt sich Unternehmenskultur?

1. Unternehmensorganisation
   a) Aufbauorganisation: Hierarchische Struktur, Formalisierungs- und Standardi-
      sierungsgrad, praktizierte Organisationsprinzipien
   b) Ablauforganisation: Eingesetzte „Systeme" wie beispielsweise der Information,
      Anwesenheitskontrolle, Aus- und Weiterbildung etc.
2. Unternehmenspolitik: Grundsätze und Strategien z.B. im Bereich Marketing, Per-
   sonal etc. sowie Verhalten gegenüber öffentlicher Hand, Umwelt, Lieferanten,
   Kunden etc.
3. Tatsächliches Verhalten und aktuelle Erfolgsmaße (in den unter 2. genannten Aspekten) wie beispielsweise aus dem Bereich „Personalpolitik": Welche Kriterien
   werden tatsächlich bei der Anwerbung, Auswahl, Beförderung, Kündigung,
   Schulung, Anerkennung etc. benutzt?
4. Praktizierter Führungsstil und Betriebsklima: Ausmaß an Offenheit, Reglemen-
   tierungen, Mitbeteiligung, Fairness, Feedback, Motivation, Zufriedenheit etc.
5. Handlungsstrukturen: (soweit nicht unter 1b): Traditionen, Bräuche, Sitten, Riten
   und Zeremonien
6. Verbales Verhalten: Geschichten, Slogans, Jargon, Sprachregelungen, Witze, Tabus,
   Anekdoten
7. Corporate Identity (äußeres Erscheinungsbild): Einheitliche Linie der Außendarstellung des Unternehmens, zum Beispiel Gebäude, Logo, Briefköpfe, Produkt-
   design, System der Statussymbole und materiellen Auszeichnungen

---

Abb. 11: Anzeichen der Unternehmenskultur (Quelle: Neuberger & Kompa 1987, 46; leicht
        verändert)

---

[83] In der Gegenüberstellung der japanischen und der amerikanischen Unternehmenskultur
macht Morgan (1986, 112ff.) deutlich, wie Unternehmenskultur durch die sie umgebende
Gesellschaft beeinflusst wird. Umgekehrt beeinflussen Organisationen auch die Gesellschaft. Nach Ansicht Presthus (1978) leben wir in einer Organisationsgesellschaft, denn auf
der ganzen Welt prägen vor allem große Organisationen Teile unseres alltäglichen Lebens
prägen. Der tägliche Ablauf und teilweise sogar der Lebensort werden durch den Arbeitsplatz bestimmt. Auch Durkheim (1934) vertritt die Auffassung, dass Organisationen Einfluss auf die Gesellschaft ausüben. Er beobachtete eine Veränderung der Gesellschaftsord-
nung von gemeinsamen Idealen und Werten hin zu fragmentierten Überzeugungen in
Analogie zu den neuen Beschäftigungsstrukturen und schlägt vor, eher von einer Kultur
der industriellen Gesellschaft als von der Industriegesellschaft zu sprechen.

Die einzelnen Elemente der Unternehmenskultur dienen der Integration der Organisationsmitglieder. Nach Selznick (1957, 151) kommt vor allem Mythen und Geschichten, wie vorzugsweise über die Unternehmensgründung, sowie auch Symbolen eine integrative Funktion zu. Peters und Waterman (1982, 75) sowie O'Toole (1986) stellen gemeinsam geteilte Ansichten in einer Unternehmenskultur als eine wichtige Voraussetzung für herausragendes Management dar: „For any social organization to function [...] it is necessary for all its members to share a world view" (O'Toole 1986, 61).

Mit dem Kulturansatz werden vor allem die vorherrschenden Wertvorstellungen und Überzeugungen, Normen und Rituale herausgestellt, welche die Organisation prägen. Es wird deutlich, dass auch rational erscheinenden Organisationsaspekten Symbolcharakter zukommt (vgl. Martin 1982; Pondy et al. 1983). Entgegen der anhaltenden Begeisterung, eine Änderung in der Unternehmenskultur herbeizuführen oder als „normative glue" (Morgan 1986, 135) zu verwenden, lässt sich Kultur jedoch nicht einfach verändern oder gar als Top-Down-Ansatz initiieren. Ein Wandel in der Unternehmenskultur muss sich langsam aus dem sozialen Miteinander entwickeln (vgl. Langer 1942, 160). Ansätze zur Änderung der Organisationskultur müssen letztlich darauf abzielen „Kognitionen der Organisationsmitglieder zu verändern" (Kieser 2001, 306; Hervorh. im Original). Zudem steht einer einheitlichen Kultur häufig die Existenz von Subkulturen entgegen (vgl. Smircich 1983a; 1983b). Statt eines einheitlichen Bildes ist von daher die Vorstellung von einem Mosaik realistischer.

3.1.4 Politik

Eine weitere mögliche Sichtweise auf Organisationen stellt die Politikmetapher dar. Politik und Macht sind immanente Bestandteile von gesellschaftlichen Vorgängen. Morgan (1986, 141-198) und Clancy (1989, 141ff.)[84] greifen in diesem Zusammenhang auf die Vorstellungen von Aristoteles zurück, welcher in der Politik ein Mittel für die Gesellschaft zu Verhandlung und Schlichtung von divergierenden Interessen sowie die Möglichkeit zur zwangsfreien sozialen Ordnung und zum Machtausgleich sieht. Auch organisationales Handeln kann als ein System von konfliktären Interessen betrachtet werden. So stellt Selznick (1957) bei seiner Analyse von Organisationen starke Ähnlichkeiten zu Gesellschaften in Bezug auf die unterschiedlichen Rollen und Interessen, die geteilten Werte, die Partizipation und Kommunikation sowie die Abhängigkeiten fest. Hinweise auf eine Verankerung dieser Vorstellung im Gedankengut von Unternehmern finden sich beispielsweise bei Lee Iacocca (1986, 103), der die Ford Motor Company als eine absolute Monarchie, und Ford selbst als „king" bezeichnet.

---

[84] Clancy (1989) geht im Rahmen der Gesellschaftsmetapher unter anderem auf interessenspolitische Aspekte ein, die in dieses Kapitel mit einfließen.

Nach Pfeffer (1981, 32) verlangen die verschiedenen Perspektiven in einem Unternehmen nach politischen Methoden. Aufgabe des Managers ist es, diese unterschiedlichen Interessen zu erkennen und zu analysieren, um Wege zu deren Ausgleich zu finden. Eine Möglichkeit für den Umgang mit vielfältigen Interessen- und Machtverhältnissen stellt der pluralistische Ansatz dar, welcher in idealisierter Weise liberale Demokratien beschreibt.[85] Diese Vorstellung basiert auf dem aristotelischen Ideal von Politik. Der pluralistische Idee folgend wird die Existenz divergierender Interessen anerkannt und ein ausgewogenes Machtverhältnis angestrebt. Dennoch wird versucht, ein gesundes Maß an unterschiedlichen Interessen aufrecht zu erhalten, da aus Konflikten neue Ideen und positive Effekte erwachsen können.

Insgesamt hilft die Sichtweise der Politikmetapher, den Blick auf konkurrierende Interessen, Konflikte und Machtstrukturen zu lenken.[86] Mit der Übertragung der Gesellschaftsmetapher auf die Organisation kommt dem Management die Rolle eines Staatsmannes zu, der Entscheidungen für die Organisation trifft und sie nach außen hin repräsentiert. Weiterhin entzaubert die Politikmetapher das Ideal von Rationalität in Organisationen. Durch die Vielfalt an Interessen existiert, in Abhängigkeit davon, wessen Ziele im Vordergrund stehen, auch eine Vielfalt von Rationalitäten. Nach Weick (1995) ist Rationalität abhängig von der Sichtweise des Betrachters. Seiner Ansicht nach besitzen Organisationen „zu jedem Zeitpunkt mehrere verschiedene und widersprüchliche Rationalitäten" (ebd., 38). Organisationen sind demnach eher lose verbundene Teile, die nach maximaler Autonomie streben. Eine Gefahr der politikorientierten Sichtweise liegt darin, über das Erkennen unterschiedlicher Interessen hinaus, überall politisches Verhalten zu vermuten. Statt der konstruktiven Nutzung für eine soziale Ordnung rücken Wege zur Durchsetzung individueller Interessen in den Vordergrund, was die Möglichkeit für ehrliche Kooperation und Zusammenarbeit in den Hintergrund drängt.

---

[85] Die pluralistische Idee von Politik steht zum einen im Kontrast zur zentralistischen Sicht. Diese begreift die Gesellschaft als eine Einheit und die Interessen des Individuums sind identisch mit denen der Gesellschaft. Zum anderen wird sie dem radikalen Ansatz gegenübergestellt, bei welchem die Gesellschaft grundsätzlich aus unterschiedlichen Klasseninteressen besteht, und diese von tiefgreifenden sozialen Spannungen geprägt ist. In Bezug auf Organisationen sind alle drei Auffassungen vertreten (vgl. Morgan 1986, 185ff.).

[86] Max Weber (1947) betrachtet die Legitimität offizieller Autorität als wesentliches Element der Machtausübung und unterscheidet drei Typen gesellschaftlicher Herrschaft. Erstens die charismatische Herrschaft, bei der ein Führer aufgrund seiner persönlichen Qualitäten Macht ausübt. Zum zweiten die traditionelle Herrschaft, in der der Herrschaftsanspruch aus der Achtung vor der Tradition und der Vergangenheit entspringt und schließlich die rational-legale Herrschaftsform, welche sich aus Gesetzen, Verordnungen und festgelegten Abläufen legitimiert (vgl. Mouzelis 1979, 16ff.).

3.1.5 Gehirn

Als weitere Analyseperspektive präsentiert Morgan (1986, 77-109) die Vorstellung von Organisationen als Gehirn, womit besonders die Aspekte der Informationsverarbeitung, der Intelligenz und des Lernens erhellt werden. Valera et. al. (1991, 87) ist der Ansicht, dass einhergehend mit den Entwicklungen in den Kognitionswissenschaften „the brain has once more become the main source of metaphors and ideas".

Wie bereits bei der Maschinenmetapher deutlich wurde, unterliegt der Metapherngebrauch einem Wandel, der parallel zu den historischen und technischen Umfeldveränderungen verläuft. Wurden mit der industriellen Revolution die Arbeitsvorgänge an die maschinellen Abläufe angepasst, so ist es nicht weiter verwunderlich, dass auch die Entwicklungen in der Neurophysiologie auf der einen und die Einführung von Computern und Mikroprozessoren auf der anderen Seite starke Veränderungen in den Organisationen bzw. den Organisationsformen sowie in den Sichtweisen hervorgerufen haben. Mit diesen Veränderungen geht die Betrachtung von Organisationen als Gehirn einher. Ein Charakteristikum vom Gehirn sind die zahlreichen Verknüpfungen von Nervenzellen. Weiterhin gilt das Gehirn als Sitz der Intelligenz und bietet von daher den idealen Ausgangspunkt für organisationales Lernen und die kritische Beurteilung von Handlungsweisen in der Organisation.

Die Sichtweise auf Organisationen als Gehirn wird auch von anderen Autoren eingenommen. Beispielsweise sieht Beer (1981) eine Analogie zwischen Unternehmen und dem menschlichen Zentralnervensystem, wobei er vor allem die Prinzipien der Lebensfähigkeit und der Rekursion betont. Nach Ansicht von Broekstra (1996, 53) ist insbesondere die Vorstellung vom dreieinigen Gehirn nach MacLean (1990) eine geeignete Metapher für modere Organisationen.[87] Für Jantsch (1973) schließlich stellt die Gehirnmetapher neben der Maschinen- und Organismusmetapher eine dritte mögliche Organisationsperspektive dar. Die Unterschiede zwischen der paradigmatischen Sichtweise, den zugrunde liegenden Metaphern, dem daraus resultierenden Systemdenken sowie den Unternehmensformen werden in Abbildung 12 zusammengefasst.

---

[87] MacLean (1990) zeigt, dass das menschliche Gehirn aus drei evolutionsgeschichtlich verschieden alten Bereichen besteht. Erst im Zusammenwirken des instinktiv-gefühlsmäßigen Stammhirns, des impuls-emotionalen Zwischenhirns und des kühl-rationalen Großhirns zum „drei-einigen Gehirn" ("Triune Brain") entsteht menschliches Verhalten (vgl. Broekstra 1996, 66f.).

Paradigm	System Thinking	Metaphor	Order Through	Organization Form
Mechanistic	Closed	Machine	Force	Functional
Organistic (Equilibrium)	Open	Organism (Information-processing)	Fit	Divisional and Business Unit
Evolutionary (nonequil self-organ.)	Complex (Knowledge creating)	Brain	Fluctation	Network

Abb. 12: Unterschiedliche Sichtweisen für Unternehmen (Quelle: Jantsch 1973, 58; leicht verändert)

Als mögliche Interpretationen für die Auffassung von Organisationen als Gehirn beschreibt Morgan Organisationen als informationsverarbeitendes sowie als holografisches[88] System. Die erstgenannte Sichtweise zielt vor allem auf die Informationsverarbeitungskapazität als Voraussetzungen für organisationales Lernen ab, wobei auf die Grundsätze der Kybernetik zurückgegriffen wird.[89] Bedingung für eine mögliche Reaktion auf Umfeldveränderungen und Selbstregulation ist demnach die Fähigkeit zum Feedback. Für Organisationen bedeutet dies, dass sie die Voraussetzung haben müssen, bedeutende Aspekte der Umwelt zu erfassen und diese in Relation zu bestehenden Normen zu setzen, um Korrekturmaßnahmen einzuleiten. Dabei kann zwischen dem Anpassungslernen (single-loop-learning) und dem Veränderungslernen (double-loop-learning) unterschieden werden. Der differenziertere zweite Ansatz reflektiert die Handlungsmuster, die Zielsetzungen und den institutionellen Bezugsrahmen mit dem Ziel, den Handlungsspielraum für die Organisation durch Alternativen zu erweitern (vgl. Argyris 1974; ders. 1978).[90] Mit der zweiten Interpretation als holografisches System wird insbesondere die Ausgestaltung von Organisationen als Netzwerk betont, welches sowohl in der Lage ist, spezialisiert zu agieren, als auch Strukturen und Funktionen zu reorganisieren.

---

[88] Dennis Gabor erfand 1948 die Holografie. Sie liefert eine photografische Aufzeichnung (Hologramm) von optischen Wellenfeldern und gestattet es, räumliche Objektdarstellungen in voller 3-dimensionaler Gestalt zu speichern und wiederzugeben (vgl. Beitz 1995, W7). Mit Hilfe der einzelnen Teile einer holografischen Platte kann das Gesamtbild rekonstruiert werden (vgl. Morgan 1986, 95f.).

[89] Norbert Wiener (1948), der dieser Wissenschaft ihren Namen verlieh, sah im griechischen Begriff *kybernetes* ein ausdrucksstarkes Bild für diesen interdisziplinären Ansatz, welcher sich mit selbstregulierenden Systemen beschäftigt. Kybernetes bedeutet u.a. Steuermann (vgl. Pfeifer 1997, 754), womit die Kybernetik in ihrer Begriffsbildung auf einer Metapher beruht.

[90] Morgan (1986) geht auf die dritte Stufe des Lernens (Deutero-learning) nicht ein. Auf dieser Stufe wird Wissen über die eigene Lernfähigkeit entwickelt. Die Techniken des Wissenserwerbs werden hierbei erweitert, um Lerninhalte in Handlungs- und Problemlösungsprozesse umzusetzen (vgl. Argyris & Schön 1974; ders. 1978).

Die zahlreichen Verknüpfungen ermöglichen eine hohe Flexibilität und Kreativität innerhalb der Organisation (vgl. Stünzner 2000, 988ff.). Dies erfordert jedoch von den Organisationen viel Offenheit und Selbstkritik.

3.1.6 Psychisches Gefängnis

Morgan (1986, 199-231) bezieht sich mit einer weiteren Organisationsmetapher auf das psychische Gefängnis als einen Ort, an dem die Handelnden in ihren eigenen Vorstellungen, Ängsten und Vorurteilen gefangen sind. Mit diesem Bild rücken psychodynamische und ideologische Dimensionen von Unternehmensverhalten in den Blickpunkt der Organisationsanalyse. Gedanklichen Ausgangspunkt bildet das Höhlengleichnis von Plato,[91] nach dem die in der Höhle angeketteten Menschen die durch das Feuer entstehenden Schatten von Menschen und Gegenständen außerhalb der Höhle für die Wirklichkeit halten. Diese verzerrte Sicht wird jedoch nicht der viel komplexeren Realität gerecht.

Auch in Organisationen können bestimmte Vorstellungen existieren, die eine eigene Kraft ausüben und die den Blick auf die umfassende Wirklichkeit verstellen. Mögliche Veränderungen werden durch eingeschliffene, zwanghafte Denkweisen verhindert. Auslöser für ein derartiges Verhalten in Organisationen können beispielsweise unterdrückte Sexualität,[92] Todesangst[93] oder konkurrierende innere Vorstellungen[94] sein (vgl. auch Neuberger & Kompa 1987, 227f.). Denhardt (1981) beschäftigt sich mit unterdrückten irrationalen Elementen einer Organisation intensiv in seinem Buch „The Shadow of Organization". Gelingt es, diese Schattenseite zu erkennen, können damit neue Potentiale an Kreativität und Innovation aktiviert werden. Auch Delahanty und Gemill (1982) betonen die starke Energie, welche im Unterbewusstsein von Organisationen ruht. Als Herausforderung für die Organisation gilt, diese Energie freizusetzen. Auch wenn Morgan (1986, 202) selbst einräumt, dass das Bild des physischen Gefängnisses „a little too dramatic" ist, so können die spezifischen Vorgehensweisen einer Organisation als Spiegel für das Unterbewusstsein gedeutet werden. Ziel ist es, diese verborgenen Strukturen anzuerkennen, um das ihnen innewohnende Potenzial zu aktivieren. Eine Schwäche dieser Perspektive ist aber, jegliches Verhalten als psychisch motiviert zu interpretieren.

---

[91] Plato beschreibt dieses Gleichnis in „Politeia" (Buch 7, Abschnitt 106f.) (vgl. dazu die deutsche Übersetzung von Schleiermacher 1907).

[92] Für Freud (1953) entsteht das Unterbewusste aus der Verdrängung von Wünschen und Bedürfnissen. Um in einer Gesellschaft toleriert zu werden, müssen bestimmte Bedürfnisse abgeschwächt und kontrolliert werden. Dabei spielt vor allem die unterdrückte Sexualität eine zentrale Rolle.

[93] Nach Becker (1973) kann die Gründung einer Organisation oder von organisationalen Strukturen als Wunsch aufgefasst werden, durch symbolische Handlung etwas zu schaffen, was die eigene Person überdauert.

[94] Vgl. zu dieser Auffassung von Organisationen die Archetypentheorie von Jung (1971).

3.1.7 Fluss und Wandel

Die radikalste Metapher, mit der Morgan (1986, 233-272) den Aspekt der Veränderung in den Vordergrund stellt, ist das Bild von Organisationen im Fluss und Wandel. Eingeläutet wird diese Perspektive mit Heraklits Betrachtung, dass es möglich ist, in denselben Fluss zu steigen und auch wieder nicht (vgl. Wheelwright 1959). Obwohl durch das Fließen des Wassers eine ständige Bewegung stattfindet, hat das äußere Erscheinungsbild des Flusses eine stabile Form.

Ausgangspunkt für die Überlegung, wie Organisationen nach diesem Bild gestaltet werden können, ist die Theorie der Autopoiesis von Maturana und Varela (1980). Demnach sind alle Systeme geschlossene, auf sich selbst bezogene Interaktionssysteme. Mit Hilfe der charakteristischen Kennzeichen der Autonomie, der Zirkularität und der Rekursivität sind sie zur Aufrechterhaltung und Erneuerung ihrer selbst fähig. Das Umfeld wird nach dieser Vorstellung nicht als unabhängiges Außen definiert, sondern als Teilsystem, das zum Interaktionsbereich der Organisation gehört. Auf dieser Grundlage stellt Morgan (1986) drei Denkmodelle zur Diskussion:

- Zum einen die Vorstellung von Organisationen als sich selbst produzierende Systeme. Ziel ist hierbei, eine rekursive Geschlossenheit mit ihrem Umfeld zu erreichen.

- Weiterhin wird für das Management komplexer Systeme auf die Vorstellung von Rückkopplungsschleifen zurückgegriffen. Dieser Ansatz regt dazu an, lineares Denken zugunsten von Denken in Beziehungsnetzwerken aufzugeben, um die Wechselwirkungen zwischen Systemen zu erkennen und zu verstehen. Dabei spielt organisationales Lernen eine wichtige Rolle.

- Das dritte Modell beschäftigt sich mit der Logik der dialektischen Veränderung, wonach Systeme gleichzeitig ihr Gegenteil enthalten.[95] Zentral ist dabei das Erkennen der grundlegenden Kräfte, die auf die Gesellschaft und die Organisation einwirken.

Ziel aller drei genannten Modelle ist die aktive Gestaltung dieses Wandels, entweder durch die Organisation des Umfeldes, durch den Einfluss auf zentrale Subsysteme oder durch die Umdeutung von Gegensätzen. Um die Veränderung lenken und die im System gebundene Energie nutzen zu können, ist

---

[95] Marx (1867) wendet in „Das Kapital" den dialektischen Gedanken auf ökonomische und soziale Gegensätze einer Gesellschaft an. Er formuliert die „Gesetze der Entwicklungen", wonach eine Abfolge von gesellschaftlichen Veränderungen besteht, die sich als Konsequenz und Gegenform aus der vorherigen Stufe ergeben. Engels greift in „Dialektik der Natur" (1873-1882) den dialektischen Ansatz von Marx auf und interpretiert ihn.

es notwendig, die systemimmanente Logik zu begreifen. Wichtige Anforderung an Organisationen ist die Fähigkeit zur Veränderung und Selbstreflexion.

3.1.8 Machtinstrument

Mit der von Morgan (1986, 273-319) letztgenannten metaphorischen Vorstellung des Machtinstruments betont er den starken Einfluss, den Organisationen auf ihr direktes und indirektes Umfeld ausüben. Er zeigt auf, wie vor allem große Organisationen ihre Mitarbeiter, die Region und die Weltwirtschaft für ihre Ziele (aus-)nutzen. Der frühere britische Premierminister Edward Heath hat diese Seite von Organisationen einmal als das „ugly face" (Heath zit. n. Morgan 1986, 274) bezeichnet. Die Kombination von Leistung und Ausbeutung von Arbeitnehmern ist aus der Sicht einiger Organisationstheoretiker schon immer ein Wesensmerkmal von Organisationen gewesen (vgl. Childe 1946; Wittfogel 1957; Sahlins 1972; Kautsky 1982). Entgegen der Vorstellung von einer rationalen Organisation, deren Ziele vielen zugute kommen, werden in diesem Bilde die egoistischen Ziele einiger weniger betont.[96]

Der ausbeuterische Charakter von Organisationen wird nach Morgan beispielsweise in der Form ersichtlich, wie Organisationen das Arbeitsplatzangebot strukturieren, mit Gefahren am Arbeitsplatz umgehen und durch ihre Struktur sozialen und psychischen Stress fördern. Marx nennt in seinem mehrbändigen Werk „Das Kapital" (1976, Bd. 1) einige Beispiele, wie Mitarbeiter ausgebeutet werden. Seiner Ansicht verhält sich die kapitalistische Organisation „wie ein Vampir […] die lebendige Arbeiterschaft aussaugend" (Marx zit. n. Morgan 1997, 425). Häufig bildet das Thema der Gesundheit und Sicherheit den Dreh- und Angelpunkt organisationaler Probleme (vgl. z.B. Ashford 1976; Tataryn 1979; Nelkin 1984). Zur Steigerung der Produktivität und der Wettbewerbsfähigkeit geraten gesundheitliche Gesichtspunkte der Arbeitnehmer leicht ins Hintertreffen (vgl. Cooper 1980).[97] Weiterhin wird bei dieser Sichtweise der Blick auf die Rolle von Großkonzernen gelenkt. Nach Ansicht von Hayter (1981) tragen die Großkonzerne dazu bei, die Kluft zwischen arm und reich zu vergrößern, und sind an „the creation of world poverty" (Hayter 1981 zit. n. Morgan 1986, 310) beteiligt. Mit der Machtmetapher wird deutlich, dass Macht ein unbestrittener Bestandteil von Organisationen ist. Sie hilft zu erken-

---

[96] Morgan (1986, 15) sieht die Machtmetapher in Ergänzung zur Politikmetapher, wobei im Zusammenhang mit der Machtmetapher vor allem die Perspektive der ausgebeuteten Gruppen eingenommen wird.

[97] Nach Lakoff und Johnson kann die Ausbeutung von Arbeitskräften als die Folge des Metaphernmodells LABOR IS A RESOURCE (Lakoff & Johnson 1980, 236) angesehen werden, nachdem es rational ist, die Kosten für benötigte Ressourcen möglichst gering zu halten. Auch die Abwanderung von Unternehmen in Billiglohnländer steht in Einklang mit diesem genannten Metaphernmodell.

nen, wo Ausbeutung systemimmanent ist. Kritisch zu sehen ist diese Perspektive dahingehend, dass sie teilweise zu deterministisch erscheint und eine mögliche Sicht auf Organisationen ohne derartige ausbeuterische Auswirkungen verdeckt wird.

3.1.9 Reise

In der Weltliteratur stellt die Reise ein gängiges Motiv für die Suche nach Läuterung und Erkenntnis dar, bekannte Beisiele sind die Odyssee von Homer sowie Gullivers Reisen. Nach den Ergebnissen von Clancy (1989, 35-44) hält die Reisemetapher Einzug in den Sprachgebrauch von Unternehmern seit dem frühen zwanzigsten Jahrhundert und wird zu einer der beliebtesten und vielfältigsten Metaphern für wirtschaftliches Handeln. Insbesondere Seereisen erfreuen sich einer großen Beliebtheit. Alfred Sloan, der 1923 Vorsitzender von General Motors wurde, verwendete im Zusammenhang mit der Weltwirtschaftskrise folgende Reisemetapher: „Before it was realized what was happening, this great ship of ours was in the midst of a terrific storm" (Sloan zit. n. Douglas 1954, 146). Alternativ kann die Reise auch in der Luft oder zu Land erfolgen. C. M. Chester (1936), der Vorsitzende von General Foods, beschreibt die Überwindung des Höhepunkts der Weltwirtschaftskrise folgendermaßen: „The road rapidly has been getting wider, straighter, smoother and brighter than ever" (Chester 1936 zit. n. Clancy 1989, 38).

Eine Reise, insbesondere eine Seereise, birgt ein hohes Maß an Unvorsehbarkeit und Risiko in sich.[98] Blumenberg beschreibt dieses Risikoempfinden folgendermaßen: „Unter den elementaren Realitäten, mit denen der Mensch zu tun hat, ist ihm die des Meeres [...] die am wenigsten geheure." (Blumenberg 1979, 9). Diese Implikationen lassen sich insofern auch auf Organisationen übertragen, als dass auch wirtschaftliches Handeln mit Risiken verbunden und nicht im Voraus prognostizierbar ist. Weiterhin unterstützt die Reisemetapher die Idee von Führung. Während der Unternehmer die Rolle des Kapitäns einnimmt, welche mit uneingeschränkter Autorität einhergeht, bilden die Mitarbeiter die Crew, die zu absolutem Gehorsam verpflichtet ist (vgl. Meichsner 1983, 1). Andererseits ist der Kapitän auf seine Crew angewiesen. Besonders in Krisenzeiten wird gerne daran erinnert, dass alle „im gleichen Boot sitzen". Nicht im Übertragungsbereich der Reisemetapher hingegen liegt der Aspekt des Wachstums. Eine Erweiterung ist lediglich in Form von mehreren Fahrzeugen als Fahrzeugflotte denkbar, ein eigentliches Wachstum jedoch nicht. Zudem kann die Reisemetapher leicht den Anschein von ungerichtetem Handeln erwecken.

---

[98] Baldauf (1997, 210f.) weist im Zusammenhang mit dem Metaphernmodell RISIKOREICHE HANDLUNG ORGANISIERTER EINHEITEN IST SCHIFFAHRT auf diesen Aspekt hin.

3.1.10 Spiel

Als weiteres Sprachbild arbeitet Clancy (1989, 45-62) die Spielmetapher heraus. Diese erhält ihren Aufschwung zu Zeiten der amerikanischen Vormachtstellung, in der sie bevorzugt von Wirtschaftsgrößen aufgegriffen wurde. So zeugt beispielsweise das Zitat des Stahlmagnaten Andrew Carnie (1835-1919) von dieser Einstellung: „Business is the greatest game in the world" (Carnegie zit. n. Winkler 1931, 95). Auch Iacocca (1986, 195), als Repräsentant für die moderne amerikanische Wirtschaft bekundet seine spielerische Faszination folgendermaßen: „[...] staggering from the first punch – the second almost knocked us out".[99]

Am häufigsten wird mit der Spielmetapher der Aspekt des Gewinnens bzw. des Vergleichs mit anderen Teilnehmern betont. Ein weiteres Kennzeichen des Spiels sind festgelegte Regeln, nach denen das Spiel abläuft. Auch für wirtschaftliches Handeln bestehen bestimmte Grundsätze, an die sich Unternehmen zu halten haben, wie beispielsweise Gesetze oder Wirtschaftsvereinbarungen. Wie die Reisemetapher, so geht auch die Spielmetapher mit einer gewissen Unvorsehbarkeit und Risiko einher. Der Spielausgang ist nicht bekannt, sondern abhängig vom Verhalten der Spielpartner und einer Portion Glück. Weiterhin ist aus der Spielmetapher die Notwendigkeit von Zusammenarbeit ableitbar. Bei Teamspielen kann eine Mannschaft nur dann gewinnen, wenn sie gut aufeinander abgestimmt ist. Auch das Erfordernis von Führung ist mit Hilfe der Spielmetapher vermittelbar. Ein Team wird von einem Coach oder einem Mannschaftsführer geleitet, welcher das Team motiviert und dem die Spieler vertrauen. Diese Rolle wird vor allem auf die Unternehmensführung übertragen.

Als gefährlichen Aspekt für Unternehmen sieht Clancy, dass mit der Spielmetapher unternehmerisches Handeln als kurzweiliger Zeitvertreib angesehen wird. Carse (1986) unterscheidet in seinem Buch „Finite and Infinite Games" endliche und unendliche Spielarten. Während erstere auf ein Gewinnen ausgerichtet sind und mit dem Sieg das Spiel beendet ist, werden letztere mit dem Ziel des Aufrechterhaltens des Spielens durchgeführt. Ziel ist es weiterhin, möglichst viele Personen in das Spiel einzubeziehen. Nach Clancy (1989, 57f.) entsprechen nicht-endliche Spiele eher dem unternehmerischen Handeln. Bislang werden jedoch fast ausschließlich Metaphern für endliche Spiele verwendet, welche in Bezug auf den Aspekt des Gewinnens Ähnlichkeiten mit der Kriegsmetapher aufweisen.[100]

---

[99] Clancy (1989) behandelt unter der Spielmetapher gleichzeitig auch die Sportmetapher. Parallelen zwischen Sport und Spiel sieht auch Baldauf (1997, 188f.), da beide Tätigkeiten auf einen Sieg ausgerichtet sind.

[100] Baldauf (1997, 186) kennzeichnet das Spiel als „eine milde Form des Gegeneinanders".

3.1.11 Krieg

Die Bilderreihe schließt mit der von Clancy (1989, 63-76) identifizierten Kriegs-metapher.[101] Diese stellt nicht nur in Bezug auf die Wirtschaft, sondern auch im allgemeinen Sprachgebrauch eines der häufigsten mentalen Modelle dar.[102] Einige sehen in dem gewaltsamen Bild den Spiegel für das Wesen aller Dinge. Beispielsweise stammt von Heraklit die Aussage: „All things come to pass in accordance with conflict. War is father of all and king of all" (Heraklit zit. n. Kahn 1974, 67). Auch Nietzsche (1966, 47) lässt seinen Zarathustra proklamie-ren: „War and courage have done more great things than mother-love". Die Glorifizierung des Krieges vollzog sich auf allen gesellschaftlichen Ebenen. So ist es nicht weiter erstaunlich, dass die Kriegesmetapher, von der Weick (1995, 75) behauptet, dass sie „die Geschäftswelt beherrscht", auch Einzug in den Sprachgebrauch der Unternehmer hielt. Schon im Jahr 1772 beschrieb Josiah Wedgwood seine Geschäfte als eine Serie von Kämpfen und Schlachten und auch heute zeugen viele Aussagen und Begriffe wie die „hart umkämpften Märkte" oder die „Unternehmensstrategie" von dieser Analogie.

Die Kriegsmetapher enthält zahlreiche Implikationen, die sich auf Organisa-tionen übertragen lassen. Neben der Zielgerichtetheit stellen auch die Notwen-digkeit von Disziplin, Mut und Fähigkeiten als Attribute der Kriegsmetapher wünschenswerte Aspekte in Organisationen dar. Der bedeutendste Gesichts-punkt der Übertragung ist wohl der Strategiegedanke, welcher direkt aus der Kriegsvorstellung abgeleitet ist. Weiterhin verlangt die Kriegsmetapher nach einem kenntnisreichen Führer. Die positiven Aspekte dieser Rolle sind die Notwendigkeit von Kompetenz, moralischer Stärke und der Fähigkeit zu mo-tivieren und zu führen. Trotz dieser genannten positiven Aspekte stellt sich jedoch die Frage, ob eine derartige Übertragung für wirtschaftliches Handeln angemessen ist. Ein Krieg stellt eine Ausnahmesituation dar, in der die meis-ten Regeln außer Kraft gesetzt sind. Manager können in diesem Bild zu rück-sichtslosen Kriegsführern mutieren, die ihre Mitarbeiter wie „Kanonenfutter" einem unbedingten Sieg opfern. Ein weiterer „blinder Fleck" der Kriegsmeta-pher ist, dass Kriege meist mit einer weitgehenden Zerstörung verbunden sind. Unternehmertum hingegen ist zumeist eine friedliche Aktivität, die Wert-schöpfung kreiert. Zudem wird mit dieser Vorstellung der Blick auf eine ko-operative Zusammenarbeit mit anderen Marktteilnehmern in den Hintergrund gedrängt. Für Weick (1995, 76f.) ist die Kriegsmetapher eine „schlechte Wahl, weil sie den Leuten nur eine sehr begrenzte Anzahl von Möglichkeiten zur Lösung von Problemen und von Arten, sich zu organisieren, in Erwägung zu ziehen erlaubt" und sich als „ideale *self-fulfilling-prophecy*" (ebd., 75; Hervorh. im Original) offenbart.

---

[101] Erstaunlicherweise geht Morgan (1986) nicht auf die Kriegsmetapher als eines der häu-figsten Sprachbilder unserer Sprache ein. Ansätze sind allerdings in der Politik- sowie in der Machtmetapher zu erkennen.

[102] Die Kriegsmetapher ist eines der zentralsten Sprachbilder in der Bakteriologie. Zu diesem Ergebnis kommt das zweite Teilprojekt innerhalb der Forschungsgruppe zur Metaphorik in Fachsprachen (vgl. Sarasin 2001).

3.2 Beurteilung

Analog zum vorangegangenen Kapitel zur Metapherntheorie werden auch an dieser Stelle die Arbeiten von Morgan (1986) und Clancy (1989) kritisch kommentiert. Insbesondere die Veröffentlichung von Morgan hat neben einer breiten Zustimmung auch Widerspruch hervorgerufen. Vergleichbar mit Lakoff und Johnson (1980) kann auch hier stellenweise Kritik am Neuheitsanspruch geübt werden. Bei der Gegenüberstellung mit der Arbeit „Modern Approaches to Understanding and Managing Organizations" von Bolman und Deal (1984) zeigen sich starke strukturelle und inhaltliche Übereinstimmungen zwischen einerseits dem dort dargelegten „structural", „human resource", „political" und „symbolic approach" und andererseits der von Morgan vorgestellten Maschinen-, Organismus-, Politik- und Kulturmetapher.

Ein weiterer Kritikpunkt betrifft die unterschiedlichen Ebenen, auf denen Morgan arbeitet. Für Mangham (1996) stellen manche von Morgan vorgestellte Metaphern, wie der Maschine und des Organismus, Basis- oder Wurzelmetaphern im Sinne von Pepper (1948) dar, während andere Sichtweisen, wie die des Gehirns oder des physischen Gefängnisses, noch nicht den Status von „cognitive indispensability" (Mangham 1996, 29), dem Kennzeichen von Basismetaphern, erreicht haben. Die Anzahl von Basismetaphern ist begrenzt (vgl. Døving 1996, 186; Mangham 1996, 22), und lediglich diese erreichen eine uneingeschränkte Anwendung auf die Organisationswissenschaften.[103] Von daher sind viele der von Morgan genannten Metaphern nur eingeschränkt für eine Hinterfragung und Neukonzeptualisierung von Organisationen geeignet. Nach Mangham (1996, 31) handelt es sich bei vielen Metaphern von Morgan um „a ‚one-shot' image". Diese Kritik trifft jedoch für viele Metaphern der Organisationstheorie zu. Hinsichtlich der Tragweite der Metaphern sind starke Unterschiede zu erkennen; von umfassenden Wurzelmetaphern bis hin zu lediglich vereinzelt auftretenden metaphorischen Umschreibungen. Als Beispiele führt Mangham (1983, 1987) die Theatermetapher sowie die der politischen Arena an. Sie betonen, ähnlich der Kulturmetapher, soziale Aspekte. Im Gegensatz dazu bleiben sie jedoch vage, da sie nicht im vorherrschenden Alltags- und Wissenschaftsverständnis verankert sind (vgl. Neuberger & Kompa 1987, 22).[104]

---

[103] Nach Lakoff (1987; 1993) sind zwar viele Metaphernmodelle möglich, es existieren jedoch nur wenige Basismetaphern. Seiner Ansicht nach werden neue Metaphern aus alten generiert, während Morgan (1986) die Auffassung vertritt, dass neue Metaphern auch spontan entstehen können (vgl. Mangham 1996, 32).

[104] In diese Richtung werden viele metaphernbasierte Vorstellungen für Organisationen kritisiert. De Mott (1986) geht sogar soweit, viele bildhafte Vorstellungen von Organisationen als reine Dummheit zu kritisieren. Nach Kieser 2001, 307) handelt es sich bei den bildhaften Umschreibungen vielfach um „Deutungsmuster", die ihre Stärke aus ihrer Unbestimmtheit gewinnen. Wichtiger als konkrete Beschreibungen scheint der Name des Ansatzes zu sein (vgl. Kieser 1996). Damit wird die Metapher zum bloßen Etikett.

Morgan (1996) entgegnet der ihm insbesondere von Mangham (1996) entgegengebrachten Kritik, dass dieser seine Arbeit nicht als Gesamtheit betrachtet, sondern „snatched and highlighted the ‚juicy' parts of my work that suit his purposes and presented them completely out of context" (Morgan 1996, 237). Er bescheinigt seinen Kritikern vielmehr eine konservative, rückwärts gerichtete Haltung, da sie nicht berücksichtigen, dass auch die heutigen konventionellen Metaphern ehemals ungewöhnlich und kreativ waren. Mit seiner Arbeit sollte vor allem der befreienden Wirkung der unterschiedlichen metaphorischen Sichtweisen auf Organisationen Rechnung getragen werden. Für Morgan (1996) stellen die von ihm genannten Metaphern die Möglichkeit dar, mit eingefahrenen Vorstellungen zu brechen. Sie sollen Hilfestellung für die aktuelle Praxis liefern, in welcher die Metapher „in an appropriate context [...] can generate enormous insight" (ebd., 238). Jede Perspektive trägt einen Teil dazu bei, das Phänomen „Organisation" besser zu verstehen und zu erklären (vgl. Bea & Göbel 2002, 37). Auch Bolman und Deal (1984) plädieren für eine „multi-paradigmatische Organisationswissenschaft" (Schreyögg 1998, 89), d.h. den gleichzeitigen Gebrauch mehrerer Perspektiven: „Only when managers look at organizations through the four are they likely to appreciate the depth and complexity of organizational life" (Bolman & Deal 1984, 6).[105]

In diesem Kontext sind auch die Unterschiede zwischen den Arbeiten der beiden vorgestellten Autoren zu sehen. Während Clancy (1989) vom metaphorischen Sprachgebrauch von Unternehmern ausgeht und es sich demzufolge bei den von ihm genannten Metaphern durchweg um kognitive Modelle handelt, die im Denken der Unternehmer verankert sind, sind die von Morgan (1986) genannten Metaphern als Ansätze zu sehen, mit denen, wie durch eine andere Brille, organisationale Wirklichkeit betrachtet werden kann, wodurch manche Metaphern willkürlich gewählt erscheinen (vgl. Otto 2002, 209).[106]

---

[105] Vor der eingeschränkten Sichtweise einer einzelnen Perspektive warnen auch Shrivastava und Schneider (1984, 806). Für Gloor (1987) ist das Verfolgen einer einzelnen Sichtweise vor allem deshalb kritisch zu sehen, da die betriebswirtschaftlichen Ansätze in den seltensten Fällen explizit formuliert werden und „von den Wissenschaftlern selbst schlicht ‚vergessen' werden und das Analogiemodell für die Realität an und für sich gehalten wird" (ebd., 103). Dies ist umso bedenklicher, als dass den in den Analyseperspektiven wirkenden Metaphern nicht nur eine deskriptive, sondern darüber hinaus auch eine selbstbestätigende Funktion (vgl. Kap. 2.4.4) zukommt (vgl. Chia 1996).

[106] In dieser Hinsicht sind auch die gewählten Bilder von Elkington (2001) zu beurteilen. In seinem Buch „The chrysalis economy" teilt er Unternehmen bezüglich sozialer, ökologischer und finanzieller Werte in Schmetterlinge, Bienen, Raupen und Heuschrecken ein. Diese unterschiedlichen Insektenformen sind ebenso, wie manche Bilder von Morgan (1986), als Möglichkeit einer Klassifizierung von Unternehmen hinsichtlich der genannten Werte zu sehen und stellen keine verankerten gedanklichen Modelle dar. Da die Arbeit vor allem auf die im menschlichen Denken verankerten Modelle für das Umweltmanagement abzielt, soll auf die Arbeit von Elkington nicht weiter eingegangen werden.

Zusammenfassend lässt sich sagen, dass die Ausführungen von Clancy (1989) eine Innensicht aus der Organisation heraus repräsentieren, während die Arbeit von Morgan (1986) eine Außenperspektive darstellt, mit der er versucht, Organisationsansätze und Erscheinungen in Organisationen bildhaft zu erfassen und zu beschreiben. Gemäß der Gegenüberstellung der vorgestellten Metaphern von Morgan und Clancy (vgl. Abb. 10) können beide Perspektiven miteinander einhergehen. Beispielsweise verwendete Frederik Taylor (1856-1915) nach den Ergebnissen von Clancy häufig Maschinenmetaphern. Gleichzeitig ist er als Begründer des wissenschaftlichen Managements anzusehen, welches das Ziel verfolgt, die Abläufe innerhalb der Organisation wie bei einer Maschine zu planen und zu steuern. Für die Analyse von organisatorischen Abläufe und Strukturen können beide Herangehensweisen hilfreich sein, je nachdem, auf welchen organisatorischen Aspekt die Analyse ausgerichtet ist.

3.3 Epochenmetaphorik

Bei seiner Analyse des metaphorischen Sprachgebrauchs von 43 Unternehmern im Zeitraum von 1170 bis 1989 stellt Clancy (1989, 29ff.) eine Veränderung des Metapherngebrauchs in unterschiedlichen epochale Phasen fest. Dabei zeigen sich Vorlieben in Abhängigkeit von der jeweiligen Zeit, wie in Abbildung 13 deutlich wird.[107]

Zeitabschnitt	Reise	Maschine	Organismus	Krieg	Spiel	Gesellschaft
1770 – 1905	0	40	10	30	20	10
1905 – 1941	64	45	36	0	18	18
1941 – 1975	57	0	43	14	57	71
1975 – 1989	50	6	50	38	25	13

Abb. 13: Auftreten von Metaphern in unterschiedlichen epochalen Phasen (Quelle: Clancy 1989, 32; leicht verändert)

---

[107] Die Gesamtnennungen übersteigen 100%, da die Unternehmer mehrere Metaphern verwendeten.

Einige Metaphern stehen im offensichtlichen Zusammenhang mit den wirtschaftlichen und gesellschaftlichen Vorgängen, wie das Aufkommen der Maschinenmetapher und ihr Höhepunkt während der Industrialisierung mit dem Aufbau der großen Wirtschaftsimperien. Auch die Verwendung der Kriegsmetapher, welche bis ins später 19. Jahrhundert ihre Blütezeit erlebte, ist im Kontext mit den gesellschaftlichen Ereignissen zu sehen. Um die Zeit des zweiten Weltkrieges verblasste die Kriegsanalogie allerdings erkennbar. Bis zu den 70er Jahren konnte Clancy kaum einen Beleg im unternehmerischen Sprachgebrauch finden. Später wird die Kriegsmetapher jedoch wieder populärer, wie Donaldson und Lorsch (1983, 22) mit der Aussage eines Unternehmers belegen: „This business is war games. We don't mind losing the battle, but we hate to lose the war".

Wie aber ist die Dominanz anderer Metaphern zu erklären, wie der Reisemetapher im 20. Jahrhundert? Warum setzte sie nicht schon früher ein? Eine Begründung könnte sein, dass sich mit dem aufkommenden Tourismus die Sichtweise auf das Reisen als zielgerichtetes Handeln veränderte und damit die Reisetätigkeit als ein adäquates Bild für wirtschaftliches Handeln wurde. Ein Blick auf die Maschinenmetapher lässt erkennen, dass diese ihren Höhepunkt zur Zeit der industriellen Revolution erreicht, in der Nachkriegszeit jedoch gegenüber der Organismusmetapher deutlich an Bedeutung verliert. Diese Entwicklung könnte in der zunehmenden Emanzipation der Arbeiterschaft begründet liegen, was auch für das verstärkte Aufkommen der Gesellschaftsmetapher in der Wirtschaftssprache spricht.

In der aktuelleren Wirtschaftssprache zeigen sich, neben den „klassischen" Basismetaphern der Maschine und des Organismus, zunehmend Computer-, Gehirn- und Netzmetaphern. Hervorgehoben werden damit vor allem die Aspekte der gegenseitigen Verbindung und der Informationsverarbeitung. Das Aufkommen dieser Metaphern ist sicherlich durch den starken Einfluss der elektronischen Informationsverarbeitungstechnologie im (unternehmerischen) Alltag begründet.[108] Sowohl maschinelle als auch die Intelligenz betonende sowie menschliche Eigenschaften können damit zum Ausdruck gebracht werden (vgl. Caviola 2003a, 105). Insbesondere die Computer- und Gehirnmetaphorik kann als Zwischenform von Maschinen- und Organismusmodell angesehen werden (vgl. Haken et al. 1993, 3; Rosen 1993, 91). Neben den soeben angeführten Metaphern ist weiterhin eine Vorliebe für Metaphern des Raumes erkennbar: Unternehmen agieren in „Marktnischen" und „Marktbe-

---

[108] Eine Veränderung der Metaphern zeigt sich auch in anderen Wissenschaften. Beispielsweise ist in der Psychologie bei der Konzeptualisierung mentaler Phänomene ein Wandel von der Behälter- hin zur System- und Computer-Metapher feststellbar. Diese Veränderungen können als Paradigmenwechsel im Sinne Kuhns (1967) gedeutet werden (vgl. Baldauf 1997, 280f.).

reichen" und versuchen, „Marktlücken" zu erkennen. In diesen räumlich-abstrakten Metaphern kommt die Endlichkeit und Knappheit des Raumes für wirtschaftliches Handeln zum Ausdruck. Zur Erweiterung der Handlungsmöglichkeiten tendieren immer mehr Unternehmen zu einem globalen wirtschaftlichen Engagement. Die neuen Kommunikationstechnologien unterstützen Unternehmen dabei, die Beschränkungen des physischen Raumes aufzuheben (vgl. Würtele 1996).

Im Zusammenhang mit dem Einfluss der neuen Informationstechnologien steht nicht nur die Verwendung, sondern auch der Wechsel und die Intensität der Metaphorik. So zeigt die Analyse unterschiedlicher Literaturdatenbanken, dass die Phasen einzelner Organisationsbilder und -vorstellungen kürzer werden, dafür aber in ihrer Beliebtheit stärker ausgeprägt sind.[109] Kieser (1996, 22f.) vergleicht diese Schwankungen mit den Modeerscheinungen in der Bekleidungsindustrie und kommt zu dem Schluss, dass häufig alte Ideen nach einer gewissen Zeit wieder aufgegriffen werden (vgl. Eccles 1992; Drucker 1977).

3.4 Metaphern als Handlungsrahmen

Nach Clancy (1989) spiegeln sich in den verwendeten Metaphern der Unternehmer gesellschaftliche Aspekte sowie persönliche Vorstellungen wider. Sowohl er als auch Morgan (1986) gehen davon aus, dass Metaphern als Handlungsrahmen dienen und sich die Verwendung von Metaphern in der betrieblichen Realität niederschlägt, wie die folgenden Zitate der beiden Autoren zeigen:

> Images and metaphors are not only interpretive constructs or ways of seeing; they also provide frameworks for action (Morgan 1986, 343).

> My principal assumption, based on the idea that metaphor shapes thought, is that the metaphorical usage of business leaders is both a reflection and a prime determinant of their intellectual framework and, hence, their action (Clancy 1989, 28f.).

Krcal (2002, 8) vertritt die Ansicht, dass der Gebrauch von Metaphern auf die „Gestaltung betrieblicher Situationen" zielt. Er nennt unterschiedliche wirklichkeitsschaffende Dimensionen, in denen Metaphern wirksam sind und welche eine neue „Ordnung in Wahrnehmung, Denken und Handeln" (ebd., 9) schaffen. Abbildung 14 gibt diese Dimensionen wieder.

---

[109] Mit Hilfe der Literaturdatenbanken BLISS und FITT (integriert in WISO) wurde untersucht, zu welchem Zeitpunkt und mit welcher Häufigkeit Themen wie Qualitätszirkel, Lean Production, Business Process Reengineering, Unternehmenskultur etc. zwischen 1982 und 1994 auftreten (vgl. Kieser 1996, 22f.).

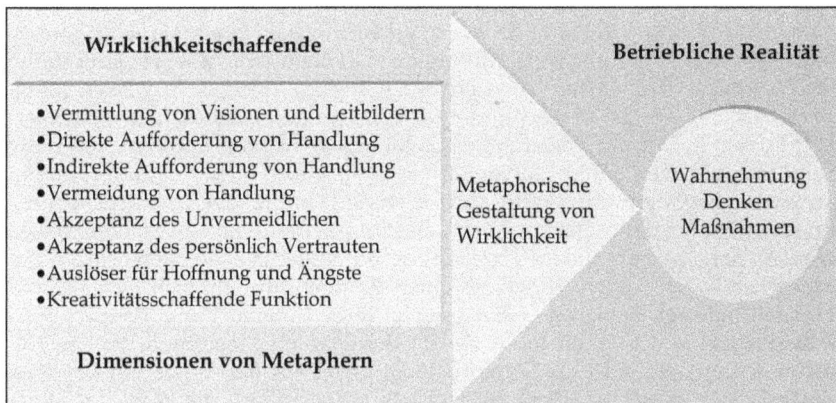

Abb. 14: Wirklichkeitsschaffende Dimensionen von Metaphern (Quelle: Krcal 2002, 9; leicht verändert)

Metaphern können eine realitätskonstruierende Wirkung in Form von Visionen und Leitbildern ausüben, da sie für Unternehmen eine wichtige Orientierungsfunktion besitzen. Visionen und Leitbilder dienen der Festlegung und Ausrichtung von Strategien und bestimmen die Normen- und Wertebasis für unternehmerisches Handeln (vgl. Matje 1996). Hinterhuber (1992) vergleicht die Rolle von Visionen mit der eines Polarsterns, der nicht das Ziel einer Reise darstellt, aber wichtiger Orientierungspunkt für die Bestimmung des Weges ist. Die auf einem hohen Abstraktionsniveau formulierte Unternehmensvision wird durch Leitbilder konkretisiert (vgl. Bea & Haas 1996) welche als „formierte Rahmenkonzepte" (Kirsch & Knyphausen 1988, 490) eine wesentliche Grundlage für die Ableitung von Strategien und Maßnahmen des Unternehmens sowie für die Ausgestaltung der Beziehungen zu den Anspruchsgruppen bilden. Nach Ulrich und Fluri (1992) besteht die grundlegende Aufgabe von Leitbildern in der Schaffung von **„Klarheit über die impliziten Wertvorstellungen** des tatsächlichen eigenen Handelns" (ebd., 54; Hervorh. im Original). Metaphern werden häufig zur Beschreibung von Visionen und Leitbildern herangezogen. Dabei wird ihre Funktion zunutze gemacht, dass sie abstrakte Sachverhalte beschreiben, bei denen ein direkter Zugang der deskriptiven Sprache zum Gegenstand bzw. eine direkte Referenz nicht möglich ist (vgl. Straub & Seitz 1998). Visionen und Leitbilder können somit als Ausdruck einer abstrakten (zukünftigen) Unternehmensvorstellung verstanden werden, die mit Hilfe von Metaphern fassbar und bildhaft vermittelt werden kann.[110]

---

[110] Die Unterscheidung zwischen Visionen und Leitbildern ist nach Ansicht von Matje (1996, 6f.) weniger eine wesensmäßige als eine graduelle.

Neben der Wirkung in Leitbildern und Visionen gehen von Metaphern direkte oder indirekte Handlungsaufforderungen aus, die durch sie selbst oder deren Implikationen transportiert werden. Nach Pielenz (1993, 105) wirken Metaphern als ein „Bündel von Schlussregeln", da sie den Blick auf einen Sachverhalt kodieren. Mit der Annahme einer Metapher werden implizit auch diese Schlussregeln anerkannt.[111] Metaphern können jedoch nicht nur zum Handeln auffordern, sondern umgekehrt auch gewisse Handlungen unterdrücken, die im toten Winkel der Metapher liegen. Bestimmte Denk- und Verhaltensweisen werden nahe gelegt, andere abgewiesen, die außerhalb der Perspektive der Metapher liegen. Damit bilden sie einen Rahmen, in dem sich Denken und Handeln bewegt. Sapienza (1985) zeigt in ihrer Untersuchung, dass die Entscheidungen von Topmanagern an die dominanten Metaphern der Organisation angepasst sind (vgl. Dunford & Palmer 1995, 97). Weiterhin kommen Boland und Greenberg (1988) zu dem Schluss, dass sich die Wahl der Metapher entscheidend auf die Problemsetzung und -findung auswirkt. In einem Experiment wurden zwei studentische Gruppen beauftragt, jeweils für ein Unternehmen die Denkhaltung, mögliche Probleme und Lösungsansätze herauszuarbeiten. Während für die eine Gruppe der Gründer das Unternehmen (A) als „a forest, lots of plants and animals all living together" (Boland & Greenberg 1988, 22) versteht, folgt das andere Unternehmen (B) einer mechanistischen Vorstellung als „lots of different machines, all working together" (ebd., 22). „The results were dramatic" (ebd., 30), was sich sowohl hinsichtlich der Problemdefinition als auch der vorgeschlagenen Lösungen zeigte. Während die erste Gruppe (A) vor allem auf die Unternehmensumwelt, Wachstum und dezentrale Strukturen fokussiert, sind es bei der zweiten Gruppe (B) hauptsächlich interne zentralisierte Prozesse und Kontrollen (vgl. Kieser 2000, 178).

Im Weiteren werden nach Krcal (2002, 9) Metaphern zum Aufgreifen einer Vorstellung verwendet, welche eine unausweichliche Zukunft darstellt oder vertraut erscheint. Zudem wirken Metaphern als Auslöser von Hoffnungen und Ängsten, beispielsweise des „sozialen Kahlschlags" im Unternehmen. Schließlich geht von Metaphern eine kreative Funktion aus, indem sie neue und ungewohnte Perspektiven eröffnen können. Der Frage, inwiefern von Metaphern eine handlungsleitende Wirkung auf das Unternehmen und das Umweltmanagement ausgeht und inwieweit sie sich im betrieblichen Alltag widerspiegeln, wird im sechsten Kapitel der Arbeit erneut aufgegriffen und anhand einer empirischen Untersuchung nachgegangen.

---

[111] Hierzu muss allerdings angemerkt werden, dass insbesondere die kognitive Metapherntheorie davon ausgeht, dass die meisten Metaphern völlig unbewusst verwendet werden und damit nicht von einem bewussten Akzeptieren dieser Implikationen ausgegangen werden kann. Gerade dies macht die Reflexion von Metaphern notwendig.

> Umweltmanagement ist seit über zwanzig Jahren in der
> Betriebswirtschaftslehre ein feststehender Begriff. Dennoch
> gibt es wohl kaum einen Begriff, der ähnlich assoziativ und
> nicht analytisch korrekt seinen Bezugspunkt wiedergibt
> (Müller-Christ 2001, 4).

4 Metaphern des Umweltmanagements – eine Bestandsaufnahme

Die Analyse der Metaphern ist auch für das Umweltmanagement von Interesse, da sie Hinweise auf unsere Vorstellungen von der Umwelt und vom
Umweltmanagement sowie auf die Stellung des Umweltmanagements im
Unternehmen und eventuelle Problembereiche liefern kann. Folgende Fragen
stehen in diesem Kapitel im Zentrum der Analyse:

- Welche Metaphern werden zur Strukturierung der einzelnen
  Themenbereiche des Umweltmanagements herangezogen?
- Welche Aspekte werden dabei hervorgehoben bzw. treten in
  den Hintergrund?
- Welches Bild wird durch die Metapher vom Umweltmanagement
  bzw. vom beschriebenen Sachverhalt in dessen Zusammenhang
  gezeichnet?
- Welche Folgerungen ergeben sich daraus für die Ausgestaltung des
  Umweltmanagements im Unternehmen?

Ziel ist es, die „kollektiv verfügbaren Metaphern" (Pielenz 1993, 99) des Umweltmanagements zu identifizieren. Die herausgearbeiteten Metaphernmodelle werden dabei als ideelle Leitvorstellung verstanden (vgl. Detten 2001,
89), die Einfluss auf die Ausgestaltung des Umweltmanagements ausüben.

Das vierte Kapitel ist der Ausgangspunkt für den empirischen Teil dieser Arbeit. Zu Beginn werden das Untersuchungsmaterial sowie das Untersuchungs-
design vorgestellt. Der Schwerpunkt dieses Kapitels liegt auf der Darlegung
der herausgearbeiteten Metaphern des Umweltmanagements und den damit
einhergehenden Implikationen. Diese Ergebnisse bilden die Grundlage für die
weiteren Untersuchungen der nachfolgenden Kapitel. In Hinblick auf die Fo-
kussierung auf die grundlegenden Metaphern des Umweltmanagements, sowie dadurch, dass die Darstellung aller vorgefundenen Metaphern innerhalb
des Datenmaterials in der notwendigen Ausführlichkeit den Rahmen dieser
Arbeit sprengen würde, konzentriert sich das vierte Kapitel auf diejenigen
Metaphern, die in mehreren Themenbereichen zum Umweltmanagement verwendet werden und dort eine bedeutende Stellung einnehmen. Das Kapitel
schließt mit einem Überblick über die vorgestellten Metaphern.

4.1 Darstellung des Untersuchungsmaterials

Das empirische Untersuchungsmaterial zur Analyse der Metaphern des Umweltmanagements ist in zwei Ebenen angelegt: Die Basis der Analyse bildet die Befragung von Umweltverantwortlichen in Unternehmen.[112] Diese wird durch das Hinzuziehen von Grundlagenwerken des Umweltmanagements gestützt und ergänzt. Während die Interviews stärker auf die Praxis fokussieren, repräsentiert die Literatur eher den theorieorientierten Teil der Analyse.[113]

4.1.1 Interviews mit Umweltverantwortlichen

Für die Interviews wurden Unternehmen ausgewählt, die nach den Umweltmanagementnormen DIN ISO 14001 und/oder EMAS[114] zertifiziert sind. Bei diesen Unternehmen konnte davon ausgegangen werden, dass sie sowohl über ein implementiertes Umweltmanagementsystem als auch über eine organisatorisch festgelegte Position eines Umweltverantwortlichen verfügen, welcher im Rahmen der empirischen Analyse befragt werden sollte. Insgesamt umfasst das praxisorientierte Datenmaterial 7 Interviews mit Umweltverantwortlichen in Deutschland sowie 31 Unternehmen aus der Schweiz unterschiedlicher Größe und Branchen-zugehörigkeit.[115] In Hinblick auf die Datenerfassung und die gewählte qualitative Analysemethode, deren Ziel vor allem das „verbale Erfassen von Informationen" (Hugl 1995, 48) ist und welche meist mit einer

---

[112] Als Umweltverantwortlicher wird in dieser Arbeit diejenige Person bezeichnet, die im Unternehmen maßgeblich für die Ausgestaltung des Umweltmanagements verantwortlich ist, unabhängig von der teilweise sehr divergierenden Benennung dieser Position im Unternehmen.

[113] Die Auswahl des empirischen Materials orientiert sich an der Typologie von Bolten (1991, 75f.) zur Wirtschaftssprache, welcher zwischen den Ebenen der Theorie-, Berufs- und fachbezogene Umgangssprache unterscheidet. Während die Theoriesprache vor allem Monographien, Lehrbücher etc. umfasst, zählen zur Berufssprache beispielsweise Geschäftsberichte, Verträge, Zeitschriftenartikel sowie Besprechungen. Die fachbezogene Umgangssprache hingegen beinhaltet neben Verkaufsverhandlungen auch Werbespots und Prospekte, die sich unter anderem an die Konsumenten richten (vgl. Hundt 1995, 52). Das dargelegte Untersuchungsmaterial ist vor allem der ersten und zweiten Ebene zuzurechnen. Im 6. Kapitel werden als zusätzliche Informationen auch Materialien hinzugezogen, die der dritten Ebene zugeordnet werden können.

[114] Der Begriff EMAS wird in der Arbeit „als Abkürzung des englischen Titels ‚Environmental Management and Audit Scheme', in Deutschland auch häufig als Umwelt-Audit-VO oder Öko-Audit-VO bezeichnet" (Wruk 2000, 135) verwendet (s. Abkürzungsverzeichnis).

[115] Die Mehrheit der Interviews wurde in der Schweiz durchgeführt, da sowohl die MGU als Projektgeber als auch die meisten Projektpartner in der Schweiz ansässig sind. Um die Eigenheiten der Sprache zu erhalten, wurden in der Schweiz die Interviews in Schweizerdeutsch geführt.

großen Datenmenge einhergeht, erscheint die Stichprobengröße von insgesamt 38 Interviews als angemessen.[116]

Die Interviews wurden anhand eines halb-strukturierten Fragebogens mit größtenteils offenen Fragen durchgeführt. Diese Interviewform ist dadurch gekennzeichnet, dass im Leitfaden zwar die Themenschwerpunkte festgelegt sind, die Abfolge und die Gewichtung der Fragen jedoch flexibel ist. Die Verwendung von offenen Fragen erschwert zwar durch die weite Streuung der Antworten die Auswertung, eignet sich aber sehr gut für die Erfassung von Sprachformen und insbesondere von Metaphern als komplexe kognitive Gebilde. Während bei offenen Fragen der Befragte die Informationen selbst „in Worte kleiden" muss, schließt er sich bei geschlossenen Fragen den bereits vorgegebenen Antwortmöglichkeiten an. Da es im Forschungsprojekt gerade um das Verfassen von eigenen Metaphern ging, konnte es nicht das Ziel der Untersuchung sein, die Vorstellungen in ein vorgegebenes Raster zu zwängen (vgl. Holm 1986; Opp de Hipt 1987, 109). Die halb-strukturierte Vorgehensweise ist im Hinblick auf das Ziel der Untersuchung – das Erfassen von Metaphern zu verschiedenen Aspekten des Umweltmanagements – ideal, da hier dem „Erzählen-lassen" und dem Redefluss des Interviewpartners genügend Raum gegeben werden kann (vgl. Bock 1992, 94), mit dem Ergebnis, dass möglichst viele Metaphern vom Interviewpartner selbst genannt werden. Auf der anderen Seite ermöglicht diese Vorgehensweise gegenüber dem Tiefeninterview durch die Festlegung der Fragen die systematische Erfassung der unterschiedlichen Themenbereiche zum Umweltmanagement. Die Vorgabe durch die Fragestellung ist insbesondere für die spätere Zuordnung der metaphorischen Aussagen zu den Auswertungseinheiten (vgl. Kap. 4.2.2.1) wichtig.

Innerhalb der Befragung besitzt der Interviewer die Möglichkeit, die einzelnen Fragen in ihrer Reihenfolge an die Redesituation anzupassen, nachzufragen oder zu paraphrasieren (vgl. Hugl 1995, 79). Wenn eine ihm wichtig erscheinende Metapher genannt wurde, kann er den Interviewpartner anregen, diese Metapher detaillierter auszuführen. Trotz der Freiheit bei der Reihenfolge der Fragen darf der Interviewer den Wortlaut nicht zu stark verändern (vgl. Molinari 1971, 59; Holm 1986, 131), um die Interviewpartner nicht durch uneinheitliche Formulierungen zu beeinflussen. Um die „Fremdbestimmtheit"[117] möglichst gering zu halten, sollte die Frageformulierung möglichst kurz sein

---

[116] Während es bei schriftlichen Befragungen eher möglich ist, die Grundgesamtheit zu erfassen, werden mündliche Interviews meist lediglich an Stichproben durchgeführt (vgl. Holm 1986, 137).

[117] Als „Fremdbestimmtheit" wird das Maß bezeichnet, in dem eine Frage Fremddimensionen aufweist. Jedes Wort spricht bestimmte Dimensionen im Befragten an. Je länger die Frage ist, desto größer ist der Reizwert der Frage und damit die Fremdbestimmtheit. Weiterhin wird davon ausgegangen, dass sich der Befragte in seinem Verhalten an den Interviewer anpasst und zu einem reaktiven Antwortverhalten neigt, je mehr Bedingungen im Interview dafür gegeben werden (vgl. Holm 1986, 80; Scholl 1993).

und keine Worte enthalten, die einen vermutlich hohen „Reizwert" aufweisen (vgl. Holm 1986, 80). Für die Erfassung und Analyse von Metaphern bedeutet dies, dass möglichst keine Metaphern in der Fragestellung selbst enthalten sein sollten, da diese häufig vom Gesprächspartner aufgegriffen oder auch bewusst abgelehnt werden (vgl. Liebert 1997, 186). Metaphern sollten also in der Fragestellung so weit wie möglich vermieden werden, es sei denn, dass absichtlich eine bestimmte Metapher oder Gegenmetapher provoziert werden soll.

Die Interviews wurden, sofern der Gesprächspartner seine Zustimmung gegeben hat, auf Tonband aufgezeichnet und später transkribiert. Die Transkription erfüllt eine Brückenfunktion zwischen dem Interview und der Auswertung (vgl. Hugl 1995, 87). Für eine verbesserte Lesbarkeit wurde der Tonbandtext ins Schriftdeutsche übertragen,[118] wobei die sprachlichen Eigenheiten des Schweizerdeutschen in Grammatik und Ausdrucksform weiterhin Berücksichtigung gefunden haben. Aus zeitlich-ökonomischen Gründen wurde das Material selektiv transkribiert (vgl. Mühlfeld et al. 1981, 335f.). Das Transkript enthält die metaphorische Formulierung, mitsamt des Text-Kontextes (vgl. Kap. 4.2.2.2).

4.1.2 Literatur zum Umweltmanagement

Das innerhalb der Interviews gewonnene Datenmaterial wird gestützt durch theoretisch ausgerichtete Grundlagentexte zum Umweltmanagement. Ziel dieser Erweiterung des Datenmaterials ist, die Untersuchung auf eine breitere empirische Basis zu stellen sowie einen Vergleich zwischen der Praxis und der Literatur zu ermöglichen. Wenn Unterschiede in der Verwendung der Metaphern in der Praxis und der Literatur erkennbar sind, ist zu prüfen, worin diese begründet liegen können. Sind hingegen keine Unterschiede erkennbar, ist auf der einen Seite denkbar, dass die Personen, die sich im Unternehmen mit dem Umweltmanagement beschäftigen, ihr theoretisches Wissen aus der Lite-

---

[118] Diese „literarische Umschrift" (Selting & Auer 1998, 197) ist durch eine sprachliche Bereinigung des Satzbaus und ein Ausbessern von grammatikalischen Fehlern gekennzeichnet (vgl. Fuchs 1984, 271). „Dabei entstehende Ungenauigkeiten hinsichtlich der Trennung phonetischer und orthographischer Kriterien werden wegen der leichteren Lesbarkeit des Transkripts im Vergleich zur einer phonetischen Umschrift in Kauf genommen" (Selting & Auer 1998, 197). Daneben ist die Methode der reinen Niederschrift, wie es vom Aufnahmemedium gehört wird, denkbar. Diese Transkripte besitzen jedoch nur einen sehr eingeschränkten Textfluss. Weiterhin ist die Anwendung des Internationalen Phonetischen Alphabets (IPA) möglich, welches über verschiedene Sonderzeichen verfügt. Allerdings sind derartige Transkripte nur schwer lesbar, da sie in Dialektform geschrieben und um viele Sonderzeichen des Phonetischen Alphabets ergänzt sind (vgl. Ehlich & Switalla 1976; Hugl 1995, 96f.).

ratur beziehen und die darin verwendeten Metaphern adaptieren.[119] Grundsätzlich ist auch der umgekehrte Weg denkbar, dass sich in der Praxis des Umweltmanagements eine Sprache herausgebildet hat, die bei der schriftlichen Niederlegung der praktischen Erkenntnisse in der Umweltmanagementliteratur übernommen wurde. Welchen Weg die Übertragung genommen hat, kann im Rahmen dieser Untersuchung nicht eindeutig beantwortet werden, sondern lediglich, ob und welche Unterschiede zwischen Praxis und Literatur bestehen.

Wie bereits erwähnt, wurde für das theoretisch orientierte Datenmaterial Grundlagenliteratur des Umweltmanagements ausgewählt, da davon ausgegangen wurde, dass diese Texte eine weite Verbreitung, sowohl in der Wissenschaft als auch innerhalb der Unternehmen, gefunden haben. Dabei handelt es sich zunächst einmal um die Normen der DIN ISO 14001 und EMAS als gesetzliche Grundlage für die Implementierung eines Umweltmanagementsystems sowie weiterhin um Textausschnitte aus der Basisliteratur, sowohl aus den Anfängen des Umweltmanagements in den 90er Jahren als auch um aktuellere Literatur der letzten Jahre. Dieses zeitliche Spektrum von 1991 – 2001 erlaubt zudem die Analyse eines möglichen sprachlichen Wandels innerhalb der Literatur. Die Auswahl der Textausschnitte orientiert sich an den inhaltlichen Themenbereichen der Interviews, die gleichzeitig die Auswertungseinheiten der empirischen Untersuchung (vgl. Kap. 4.2.2.1) darstellen. Insgesamt wurden über 1000 Seiten aus neun Literaturquellen ausgewertet.[120]

4.2 Untersuchungsdesign

Sowohl das Datenmaterial aus den Interviews als auch die Literaturquellen wurden mit Hilfe der Metaphernanalyse nach Schmitt (1995, 1997) ausgewertet. Damit wurde einem qualitativ orientierten Ansatz der Vorzug gegeben, da dieser gegenüber quantitativ orientierten Methoden einen stärkeren interpretativen Charakter besitzt (vgl. Strauss & Corbin 1996, 5) und die in die Untersuchung einbezogenen Personen mit ihren subjektiven und gesellschaftsbedingten Werten und Verhaltensweisen stärker im Mittelpunkt der Analyse stehen. (vgl. Alemann & Tönnesmann 1995, 56). Kritikpunkte an den quantitativen Methoden der Sozialwissenschaften werden vor allem dahingehend

---

[119] Dunford und Palmer (1996) gehen in ihrer Arbeit „Metaphors in Popular Management Discourse" der Frage nach, ob die Sprache von Managern das Produkt von dem ist, was sie gelesen haben oder ihre eigene Wahl darstellt (vgl. Grant & Oswick 1996, 13).
[120] Zur Liste der für die Literaturanalyse herangezogenen Texte vgl. Anhang B.

geäußert, dass bei der Analyse die Vorgänge isoliert betrachtet werden (vgl. Lamnek 1995, 14). Kracauer (1952) bezeichnet die quantitativen Methoden als „atomistic" (zit. n. Friedrichs 1980, 318). Weiterhin wird beanstandet, dass bei der quantitativen Forschung durch vorab formulierte Hypothesen und standardisierte Erhebungsmethoden nur solche Informationen aus dem Forschungsfeld aufgegriffen werden, die das methodische Filtersystem vorgibt. Die befragte Person muss sich an das vom Forscher entworfene, vorgefertigte Schema anpassen und darauf reagieren (vgl. Lamnek 1989; ders. 1995, 22; Hugl 1994, 48). Lamnek (1995, 21) bezeichnet dies als „symbolische Vorstrukturiertheit des soziologischen Gegenstandsbereiches". Verfechter des qualitativen Ansatzes argumentieren, dass die Erfassungsmethoden der quantitativen Forschung dem Analysegegenstand, d.h. dem sozialen Individuum, nicht gerecht und die soziale Vielfältigkeit nur eingeschränkt erfasst und reduziert dargestellt werden kann (vgl. Lamnek 1995, 4 und 14). Einer der bekanntesten Begründer der qualitativen Inhaltsanalyse, Paul F. Lazarsfeld (1980), bekundet seine Zweifel gegenüber quantitativ orientierten Methoden folgendermaßen: „Wir konnten uns nicht damit begnügen, Verhaltenseinheiten einfach zu ‚zählen'; unser Ehrgeiz war es, komplexe Erlebniswelten empirisch zu erfassen." (Lazarsfeld et al. 1980 zit. n. Flick et al. 1991, 3).

Im Vergleich zur quantitativen Forschung versucht die qualitativ-empirische Sozialforschung die Komplexität realer Probleme zu berücksichtigen und diese nicht zu zerteilen und unabhängig voneinander zu analysieren (vgl. Froschauer & Lueger 1998, 15). Qualitative Forschung orientiert sich am Prinzip der Offenheit[121] und interessiert sich primär für das „wie" der Zusammenhänge und deren innere Struktur (vgl. Lamnek 1995, 4). Nach Auffassung von Opp de Hipt (1987, 115) ist insbesondere bei der Untersuchung von Denkbildern, „die auf dem Zusammentreffen verschiedener Assoziationskomplexe beruhen", ein quantitativ ausgerichtetes Verfahren, bei dem Textteile voneinander isoliert werden, nicht angemessen. Von daher erscheint ein qualitativ ausgerichteter Forschungsansatz eher dazu geeignet, Metaphern und ihre tiefer liegenden Implikationen zu erfassen und zu analysieren.

Trotz der aufgezeigten Unterschiede der Forschungsansätze sollte man diese Trennung nicht als starres Abgrenzungskriterium sehen. Nach Flick et al. (1991, 4) bilden quantitative und qualitative Forschung keine Gegensätze,

---

[121] Das Prinzip der Offenheit bezieht sich sowohl auf die Untersuchungsperson und -situation als auch auf die anzuwendende Methode. Weitere Prinzipien der qualitativen Forschung sind die Betrachtung von Forschung als Kommunikation, die Prozesshaftigkeit und die Reflexivität sowie der explikative Charakter der Forschung (vgl. Lamnek 1995, 21-29).

sondern lassen sich forschungsstrategisch auf einem Kontinuum abbilden. Es ist durchaus eine Vermischung von qualitativen und quantitativen Ansätzen möglich (vgl. Mayring 1997, 42; Low 1999, 58) und es lassen sich beide nutzbringend im gleichen Forschungsprojekt anwenden (vgl. Strauss & Corbin 1996, 4). Auch Opp de Hipt (1987, 115ff.) plädiert bei der Analyse von Denkbildern nicht für ein absolutes Zurückweisen jeglicher quantitativer Ansätze, sondern betont, dass quantitative Methoden durchaus Bestandteil qualitativer Forschung sein können. In Übereinstimmung mit dieser Auffassung enthält die vorliegende Auswertung zur Metaphorik im umweltmanagementbezogenen Sprachgebrauch auch quantitative Schritte, wie die Häufigkeitsbetrachtung der jeweiligen Metaphern innerhalb der verschiedenen Themenbereiche des Umweltmanagements.

4.2.1 Metaphernanalyse

Ziel der Metaphernanalyse ist es, die einzelnen metaphorischen Äußerungen gesamthaften Modellen zuzuordnen. Die Analyse von Metaphern in qualitativen Untersuchungen ist nicht neu. Insbesondere die Psychotherapieforschung (vgl. z.B. Kleist 1987; Efran et. al. 1990; Lankton 1991; Buchholz 1993; ders. 1996) nutzt diesen Ansatz, um beispielsweise den Metapherngebrauch von Patienten oder die Veränderungen von Metaphern im Therapieprozess zu untersuchen (vgl. Schumacher 1997; Moser 2000b). Während jedoch literarische und ältere psychoanalytische Untersuchungen (vgl. Jaeggi & Faas 1993) vor allem auffällige Metaphern für die Interpretation von Interviews auswerten,[122] sind es im Sinne von Lakoff und Johnson (1980) vor allem die literalisierten bildhaften Ausdrücke, die kollektiv verankert sind und denen eine Rolle als kognitive Modelle zukommt (vgl. Carveth 1993, 20; Schmitt 1997, 60). Diese alltägliche Metaphorik ist jedoch nicht auf Anhieb erkennbar und häufig geht die Auswertung nicht über augenfällige metaphorische Ausdrücke hinaus, wie folgendes Zitat zeigt:

> The study of idiomaticity, for example, failed to acknowledge the metaphorical roots of many idioms, because scholars tended to examine only a few of these conventional phrases, such as **kick the bucket**. As researchers began to examine idioms more broadly, and sought greater generalisations in their linguistic analyses, they found that many idioms were indeed partly analysable and motivated by enduring conceptual metaphors (Gibbs 1999, 30; Hervorh. im Original).

---

[122] Schmitt (2003) sieht die Tendenz, sich vor allem auf die auffälligen Metaphern zu konzentrieren, auch bei Straub und Seitz (1998) in ihrer historisch-psychologischen Analyse über den Zusammenschluss von Staaten.

Um auf die Muster des Denkens, der Sprache und des Handelns schließen zu können, ist auch die systematische Analyse der unauffälligen metaphorischen Ausdrücke notwendig (vgl. Schmitt 2003). Mit der Überführung konventioneller Metaphorik auf das abstraktere Niveau der Metaphernmodelle „kann sie vermittels einer ‚in-vivo-Fusion' dem Bereich der sterilen Clichés entrissen werden" (Pielenz 1993, 110).

4.2.2 Analyseablauf

Die Vorgehensweise zur Analyse der Metaphern des Umweltmanagements orientiert sich an dem von Schmitt (1997) vorgeschlagenen Ablaufschema zur Metaphernanalyse, welches die Analyseschritte: „a) Zielbereich definieren [...] b) Unsystematische Sammlung der Hintergrundmetaphern [...] c) Systematische Analyse eines Kollektivs" (ebd., 73) umfasst. Diese dreistufige Abfolge wird durch eine abschließende Interpretation der Ergebnisse als zusätzlichen Analyseschritt ergänzt. Terminologisch orientiert sich das Ablaufschema an den Begrifflichkeiten, die Detten (2001, 87-91) in seiner Arbeit verwendet. Abbildung 15 gibt den Ablauf der Analyse wieder.

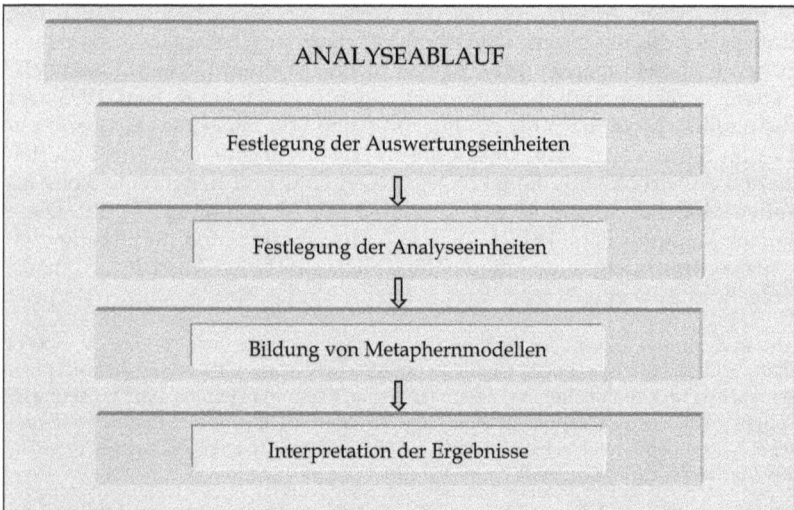

Abb. 15: Ablaufschema der Metaphernanalyse

4.2.2.1 Festlegung der Auswertungseinheiten

Die Festlegung der Auswertungseinheiten ergibt sich durch die inhaltliche Strukturierung des Datenmaterials. Die Zuordnung orientiert sich dabei an den einzelnen Themengebieten des Fragebogens (s. Anhang A). Dieser Schritt ist nötig, um bei dem vielfältigen Aspekten des Umweltmanagements nicht in einem „Meer an Metaphern zu versinken" und aussagekräftige Metaphernmodelle bilden zu können. Ohne eine Zergliederung des Gesamtmaterials in einzelne Themenbereiche blieben die Metaphern bezugslos. Diese Vorgehensweise ermöglicht zudem die systematische Zuordnung zwischen Inhalt und Metapher (vgl. Moser 2000a, 69).[123] Auf diese Weise wird deutlich, mit Hilfe welcher Herkunftsbereiche die unterschiedlichen Aspekte des Umweltmanagements strukturiert werden. Beispielsweise zeigt sich, dass die Bauwerkvorstellung innerhalb der Auswertungseinheit „Implementierung eines Umweltmanagementsystems" einen der häufigsten Herkunftsbereiche darstellt. Als Auswertungseinheiten wurden folgende Themenbereiche festgelegt:

- Umweltschutz im Unternehmen
- Motivation zum Umweltmanagement
- Implementierung eines Umweltmanagementsystems
- Organisation des Umweltmanagements
- Umsetzung des Umweltmanagements
- Rolle des Umweltmanagements
- Rolle des Umweltverantwortlichen
- Rolle der Unternehmensführung und der Mitarbeiter
- Beziehung zu anderen Managementsystemen
- Beziehung zu anderen Unternehmensbereichen und –zielen

4.2.2.2 Festlegung der Analyseeinheiten

Als Analyseeinheiten sollen die metaphorischen Ausdrücke bzw. Lexemmetaphern (vgl. Kap. 2.4.2) mit ihrem Kontext gelten. Da sowohl der Begriff der Metapher als auch die Definition des Kontextes erklärungsbedürftig sind, wird nachfolgend eine kurze Erläuterung für die Festlegung und Vorgehensweise gegeben. Zum einen ist die Abgrenzung der Metapher zu anderen Sprachfiguren zu klären. Weinrich (1976) empfiehlt, alle Arten des sprachlichen Bildes

---

[123] Moser (2000a) führt neben der Analyse der Metaphern auch eine inhaltliche Analyse durch. Dabei werden die in den Interviews gewonnen Aussagen „entsprechend den Leitfadenfragen inhaltlichen Kategorien zugeordnet" (ebd., 69). Auch Schmitt (1995) setzt neben der Metaphernanalyse zum Vergleich die Inhaltsanalyse nach Mayring (1983; 1989) ein. Seiner Ansicht nach werden durch die Methodentriangulation sowohl Gemeinsamkeiten als auch Divergenzen erkennbar. Vgl. weiterhin zu dieser Vorgehensweise die Ausführungen von Dobrovol´skij (1997, 155-164) in Bezug auf unterschiedliche Aspekte innerhalb der Aids-Diskussion.

von der Alltagsmetapher bis zum poetischen Symbol mit einzubeziehen. Auch Schmitt (1995) und Schumacher (1997, 169) verzichten in ihren Arbeiten auf „eine explizite Abgrenzung von Metaphern und anderen ,Figuren'". In Anlehnung an diese Auffassung werden bei der vorliegenden Untersuchung als Analyseeinheiten alle Formulierungen herangezogen, die „in einem strengen Sinn mehr nur als eine wörtliche Bedeutung haben" (Schmitt 1997, 76). Diese Weitung des Metaphernbegriffs führt zu einer breiteren Datenbasis und erlaubt eine deutlichere Klassifizierung der Metaphermodelle (vgl. Schmitt 1997).

Zum anderen ist zwischen formaler und semantischer Analyseeinheit zu unterscheiden. Als formale Analyseeinheit kann ein Satz oder ein Abschnitt gelten, während auf semantischer Ebene der Text als Sinneinheit verstanden wird. Als Analyseeinheit gilt demnach diejenige Textpassage, in der zum selben Gegenstand etwas ausgesagt wird. Da eine eindeutige formale Zuordnung der Interviews in Einzelsätze bei einem transkribierten Interview nur schwer möglich ist, wurde als Analyseeinheit derjenige Abschnitt gewählt, der den metaphorischen Ausdruck inklusive seines Kontextes enthält. Da der gleiche Begriff bzw. die gleiche Metapher je nach Kontext unterschiedliche Bedeutung erlangen kann, stellt sich die Frage nach der hinreichenden Größe des Kontextes. Nach Weinrich (1963, 312) ist für Metaphern „ der ganze Kontext [...] zu berücksichtigen, und zwar ein Kontext, der nicht zu knapp bemessen ist. Ein Lendenschurz an Kontext genügt nicht. Daher sind Metaphern schwer zitierfähig". Castoriadis (1984, 576) geht sogar noch einen Schritt weiter und vertritt die Ansicht, „der sprachliche Kontext eines Satzes in der Gesamtheit der Sprache, in der er gesprochen wurde, und sein außersprachlicher Kontext wäre das gesamte Universum". Für die praktische Anwendung gilt hingegen die Annahme, dass auch die Analyse von „fragments of language in artificial experimental situations" (Jörg 1983, 256) gute Ergebnisse liefert. Von daher wird der Kontext auf ein überschaubares Maß beschränkt (vgl. Schumacher 1997, 164) und lediglich der für das inhaltliche Verständnis und der Interpretation der Metapher notwendige Kontext in die Auswertung einbezogen.

4.2.2.3 Bildung von Metaphernmodellen

Den zentralen Schritt des Analyseablaufs bildet die Überführung der identifizierten Lexemmetaphern in übergeordnete Metaphernmodelle. Dieser Schritt entspricht nach der Klassifizierung der kognitiven Metapherntheorie der Zuordnung der einzelnen „metaphorical expressions" bzw. Metaphern der „token"-Ebene zu den „metaphorical concepts" bzw. der abstrakten „type"-Ebene. Mit dieser Zuordnung wird das Raster für die untersuchten Elemente festgelegt. Zudem verleiht dieser Schritt der Analyse Transparenz, indem er anderen ermöglicht, die Vorgehensweise nachzuvollziehen und damit die Inter-

subjektivität erhöht (vgl. Mayring 1997, 45). Im vorliegenden Fall wurde einem offenen Verfahren der Vorzug gegeben, welches im Laufe der Auswertung in mehreren Durchgängen modifiziert wurde (vgl. Detten 2001, 90). Nach
Gläser und Laudel (1999) ermöglicht der Verzicht auf ein geschlossenes Kategoriensystem die notwendige Offenheit für unerwartete Informationen. Auch
wenn eine Standardisierung mit vorab festgelegten Kategorien für die Ver-
gleichbarkeit von Metaphernanalysen von Vorteil sein könnte, wird dies aufgrund der unterschiedlichen Analysegebiete und spezifischen Forschungsziele
als nicht sinnvoll erachtet (vgl. Lisch & Kriz 1878, 72).[124] Insbesondere in Bezug auf die vorliegende Fragestellung, in der die grundlegenden Metaphern
des Umweltmanagements als bislang kaum untersuchtes Gebiet identifiziert
werden sollen, würde durch vorab festgelegte Kategorien die Perspektive im
Vorfeld unnötig eingeengt.

Die Zuordnung der extrahierten Lexemmetaphern aus dem Untersuchungs-
material zu den Metaphernmodellen verfolgt das Ziel, zu den tiefer liegenden
Grundstrukturen in der Fachsprache des Umweltmanagements zu gelangen.
Der konkrete Ablauf gestaltet sich folgendermaßen: Nach der inhaltlichen
Zuordnung der Interview- und Textpassagen zu den Auswertungseinheiten
(= Themenbereiche des Umweltmanagements) werden diese in ihre Analyseeinheiten (= Lexemmetapher inkl. Kontext) aufgebrochen. Diese Phase dient
der Identifikation der metaphorischen Ausdrücke im Datenmaterial in Abhängigkeit vom jeweiligen Themenbereich des Umweltmanagements. Schmitt
(1997, 76) spricht dabei von einer „dekonstruierenden Zergliederung der Texte
in ihre metaphorischen Bestandteile". Das Ergebnis ist eine ungeordnete Liste
der Lexemmetaphern zur jeweiligen Auswertungseinheit. In einer weiteren
Phase werden diese metaphorischen Ausdrücke schrittweise, nach Maßgabe
ihres Herkunftsbereichs, zu übergeordneten Metaphernmodellen zusammengefasst (vgl. Schmitt 1997, 77).[125] Die Metaphernmodelle sollten möglichst viele
Lexemmetaphern in Bezug auf ihren Sinngehalt zusammenfassen können, also
prägnant und kohärent sein (vgl. Wiedemann 1986, 154).[126] Durch diesen re-
konstruierenden Prozess gelangt man zu den Metaphernmodellen für das
Umweltmanagement. Die einzelnen Auswertungseinheiten bilden durch die

---

[124] Denkbar wäre beispielsweise, die Bilder, die Morgan (1986) zur Beschreibung von Organisationen wählt, als vorgegebene Kategorien heranzuziehen. Die Geeignetheit dieser
bildhaften Beschreibungen für das Umweltmanagement bzw. für das Unternehmen wurde im Rahmen der Interviews abgefragt (vgl. Kap. 5.2).

[125] Als Orientierungshilfe wurden für die einzelnen Metaphernmodelle typische Ankerbei-
spiele festgelegt.

[126] Da einige Metaphernmodelle lediglich vereinzelt auftraten, wurde für diese eine Kategorie „Sonstiges" bzw. „Vereinzeltes" eingeführt (vgl. Schmitt 1995, 117; Bock 1997, 84;
Detten 2001, 90).

inhaltliche Gliederung die Unterkategorien für die Metaphernmodelle des gesamten Untersuchungsbereichs. Um ein Beispiel zur Vorgehensweise zu geben: Die Bauwerkmetapher stellt eines der zentralen Sprachbilder des Umweltmanagements dar. Innerhalb der Auswertungseinheit „Implementierung des Umweltmanagements" wurden die metaphorischen Ausdrücke „wir haben das Umweltmanagement *aufgebaut*", „das Umweltmanagement ist ein *Eckpfeiler* des Unternehmens" sowie „Umweltmanagementsystem heißt daher, möglichst fertige *Bausteine* anbieten zu können" dem Herkunftsbereich des Bauwerks zugeordnet, welches auf das metaphorische Modell DIE IMPLEMENTIERUNG EINES UMWELTMANAGEMENTS IST EIN BAUWERK/EIN TEIL EINES BAUWERKES als Unterkategorie der Bauwerkmetapher verweist.

Schmitt (1997) merkt zur Bildung der Metaphernmodelle an, dass diese nicht unbedingt auf einem einheitlichen Niveau liegen. Manche sind detaillierter ausgeführt als andere, d.h. sie enthalten viele unterschiedliche metaphorische Sprachwendungen, die dem Herkunftsbereich entlehnt sind, während bei anderen nur wenige Merkmale vom Herkunfts- auf den Zielbereich übertragen werden. Weiterhin können Metaphernmodelle ineinander verschachtelt sein bzw. ein Modell eine Subkategorie eines anderen darstellen.[127] Zudem können Lexemmetaphern zugleich mehreren Herkunftsbereichen angehören.[128] Seiner Ansicht nach kann von daher die „hermeneutische Ordnungsarbeit" (Schmitt 1997, 78) nie abgeschlossen und endgültig sein.

4.2.2.4 Interpretation der Ergebnisse

Neben der reinen Identifizierung der Metaphernmodelle geht es im letzten Schritt des Analyseablaufes darum, diese in formaler und funktionaler Weise zu beschreiben. Dies geschieht zunächst in Bezug auf den Metapherntyp und der Gebräuchlichkeit der Metapher (vgl. Kap. 2.5.3). Weiterhin ist zu klären, ob Unterschiede in der Metaphernverwendung zwischen Literatur und Praxis festgestellt werden können.[129] Zudem werden die Metaphern hinsichtlich ihrer Ausgestaltung beurteilt. In funktionaler Hinsicht wird auf den Fokus der vorgestellten Metaphernmodelle sowie der sich daraus ergebenden Aussage für das Umweltmanagement eingegangen.

---

[127] Nach Baldauf (1997, 208-211) kann beispielsweise die Fahrzeugmetaphorik als Variante des metaphorischen Wegmodells angesehen werden.

[128] Als Beispiel führt Schmitt (1997, 78) die Lexemmetapher „auf die schiefe Bahn geraten" an, wobei sowohl die Wegmetapher als auch das metaphorische Skalen-Schema genutzt wird.

[129] Beurteilt werden soll dabei nicht, in welcher Literaturquelle oder von welchem Interviewpartner die meisten Metaphern verwendet werden, sondern vielmehr, ob unterschiedliche Metaphern in Literatur und Praxis zum Einsatz kommen. Die individuelle Metaphorik einzelner Interviewpartner wird im Zusammenhang mit der Handlungsleitung von Metaphern (vgl. Kap. 6) untersucht.

4.2.3 Gütekriterien

Bei den Gütekriterien sind vor allem die Reliabilität (Zuverlässigkeit) und die Validität (Gültigkeit) zu nennen. Diese Kriterien sind bei der Analyse von Metaphern zentral, da letztendlich die Wahl der Metaphernmodelle von der Intuition des Forschers und seinen Präferenzen abhängt (vgl. Dobrovol´skij 1997, 176). Da für qualitative Analysen aufgrund der meist geringen Stichprobe ein Re-, Parallel- oder Konsistenztest[130] nur selten sinnvoll angewendet werden kann, wird üblicherweise die Analyse von mehreren Personen durchgeführt und die Ergebnisse anschließend verglichen (vgl. Friedrichs 1973, 109f.). Generell ist das Hinzuziehen fachfremder Personen zu empfehlen, da ansonsten die Gefahr besteht, dass der Forscher nur solche Metaphern erkennt, für die er im Rahmen seiner Tätigkeit eine gewisse Sensibilität entwickelt hat (vgl. Low 1999, 49f.) bzw. aus „Betriebsblindheit" Metaphern des eigenen Forschungsbereiches nicht mehr wahrnimmt. Im Rahmen der vorliegenden Arbeit wurde die Identifizierung der Lexemmetaphern und deren Zuordnung zu Metaphernmodellen parallel von einem Linguisten[131] durchgeführt und diese anschließend verglichen (Inter-Coder-Reliability). Zudem wurden die Ergebnisse im Rahmen des Projektteams diskutiert. Durch den Vergleich der Ergebnisse und der Interpretationen wurde eine kumulative Validität[132] hergestellt (vgl. Bortz & Döring 1995, 310; Lissmann 1997, 111f.).

Bei der Analyse von Metaphern muss versucht werden, die verschiedenen Gütekriterien in Einklang zu bringen. Das Kategoriensystem ist umso valider, desto detaillierter es angelegt ist. Auf der anderen Seite beeinflusst die Anzahl maßgeblich die Praktikabilität der Untersuchung. Streng genommen kann jede sprachliche Wendung als ein spezifisches Bild aufgefasst werden, bei dem eine

---

[130] Während der Re-Test mit einer zweiten Stichprobe das Ergebnis mit demselben Analyseinstrument überprüft, wird beim Parallel-Test dieselbe Stichprobe mit einem anderen Instrument untersucht. Der Konsistenztest schließlich teilt die Stichprobe in zwei gleiche Teile und untersucht diese mit unterschiedlichen Instrumenten hinsichtlich der Frage, ob die Ergebnisse übereinstimmen (vgl. Diekmann 2000, 217f.).

[131] Der Projektleiter Dr. Caviola ist Doktor der Linguistik und als Deutschlehrer an einem Gymnasium tätig.

[132] Für die Überprüfung der internen Validität ist neben der kumulativen Validität, die durch eine Konsensbildung „zwischen dem Interpreten und den am Projekt beteiligten Kollegen oder außenstehenden Experten" (Lissmann 1997, 112) gekennzeichnet ist, weiterhin die kommunikative Validität, bei der der Interpret nochmals Kontakt mit dem Beforschten aufnimmt und ihm seine Interpretation vorlegt, sowie die argumentative Validität möglich, die sich auf die Konsensbildung zwischen dem Interpret und den Lesern der Interpretation bezieht. Die externe Validität bezieht sich vor allem auf die Repräsentativität der Stichprobe, d.h. die Auswahl des Untersuchungsmaterials (vgl. Lamnek 1988, 166f.; Lissmann 1997, 111f.).

geringfügige Veränderung in der Wortwahl ein neues Phänomen darstellt. Dies führt im Endeffekt dazu, dass jede Kategorie nur eine oder genau identische sprachliche Wendung enthält, was schließlich zu einer endlosen Liste von Aussagen führt. Bei einer solchen Vorgehensweise ist die Bildung von übergeordneten Metaphernmodellen unmöglich, und die Untersuchung bleibt ohne Aussage. Dieser Zwiespalt führt zu einem Kompromiss zwischen einerseits dem Wunsch nach Differenziertheit (Validität und Relevanz) und andererseits der Notwendigkeit zur Vergröberung aus technisch-praktischen Gründen mit dem Ziel der Reliabilität (vgl. Lisch & Kriz 1978, 71; Opp de Hipt 1987, 132). In der vorliegenden Untersuchung wurde durch die schrittweise Zusammenfassung der metaphorischen Aussagen zu den Metaphernmodellen versucht, die spezifische Aussage der Metapher so lange wie möglich zu erhalten. Zudem erleichtert diese Vorgehensweise die Nachvollziehbarkeit der Modellbildung.

Nach der Darstellung des empirischen Materials und des Untersuchungsdesigns werden nachfolgend die Ergebnisse der empirischen Analysen präsentiert und diskutiert. Diese bilden das Kernstück der Arbeit. Während in diesem Kapitel die Metaphernmodelle des gesamten Datenmaterials im Vordergrund stehen, sind es in den beiden darauf folgenden Kapiteln weiterführende Analysen zur Beziehung des Umweltmanagements zu anderen Unternehmensbereichen und -zielen sowie zur handlungsleitenden Wirkung von Metaphern im Unternehmen.

4.3 Ergebnisse

Als Auftakt der Ergebnisdarlegung werden die Begriffe des Umweltschutzes und des Umweltmanagements unter metaphernanalytischen Gesichtspunkten betrachtet. Diese Ausführungen sind der weiteren Vorstellung der Metaphernmodelle vorgeschaltet, da sich die beiden grundlegenden Begriffe nicht auf einen einzelnen Themenbereich beschränken lassen, sondern sich über alle Auswertungseinheiten der Untersuchung hinweg spannen. Mit dieser einleitenden Diskussion wird die Absicht verfolgt, beispielhaft aufzuzeigen, welches Bild durch die jeweilige Metapher von der Umwelt bzw. vom Umweltmanagement gezeichnet wird, worin die Vorzüge dieser metaphorischen Beschreibungen liegen und welche Lücken bzw. blinden Flecken diese Übertragung in sich birgt.

Daran schließt sich die Darstellung der grundlegenden Metaphern des Umweltmanagements an. Es handelt sich hierbei um diejenigen Metaphern, die zum einen gehäuft in mehreren Auswertungseinheiten des Umweltmanagements auftreten sowie zum anderen durch unterschiedliche Lexemmetaphern ausgeführt werden.[133] Folgende metaphorische Sichtweisen für das Umweltmanagement, die im Analysematerial identifiziert werden konnten, werden vorgestellt:

• Das Umweltmanagement ist ein Bauwerk

• Das Umweltmanagement ist eine Maschine

• Das Umweltmanagement ist ein Organismus

• Das Umweltmanagement ist ein Netz

• Das Umweltmanagement ist ein Weg

Im Anschluss an die Vorstellung dieser Metaphern wird exkursartig auf die Kombination verschiedener Metaphern im umweltmanagementbezogenen Sprachgebrauch eingegangen. Die Ergebnisdarstellung erfolgt nach einem gleich verlaufenden Schema. Nach der Vorstellung der jeweiligen Metapher werden die einzelnen Auswertungseinheiten behandelt, in denen die Metapher herausgearbeitet wurde und welche die Unterkategorien der identifizierten Metaphernmodelle darstellen. Diese Ausführungen werden anhand von einigen besonders markanten Beispielen veranschaulicht, um einen Eindruck von der verwendeten Metaphorik zu geben (vgl. Lisch & Kriz 1978, 82f.).[134]

Mit jeder Metapher tritt ein anderer Aspekt für das Umweltmanagement in den Vordergrund (vgl. Baldauf 1997, 80). Das Ziel der Ausführungen ist, im Sinne eines reflexiven Metaphernumgangs, die metaphorischen Ausdrücke zur „Ergründung ihrer möglichen Bedeutungen und Bezüge" (Debatin 1996, 96) wieder zu beleben. Dazu wird sowohl auf die „Highlighting-", als auch auf die „Hiding-Funktion" (vgl. Kap. 2.4.4) sowie weiterhin auf die Schwächen der Metaphern eingegangen. Indem sowohl die hervorgehobenen Aspekte als auch die Grenzen der metaphorischen Übertragung dargestellt werden, schließen sich die Ausführungen an die Arbeiten von Morgan (1986) und Clancy (1989) an, wobei der Schwerpunkt stärker auf der Analyse des metaphorischen Sprachgebrauchs im Sinne von Clancy liegt.

---

[133] Auch wenn die Häufigkeit des Auftretens nicht als alleiniges Kriterium gelten kann, so gibt sie doch einen Hinweis auf die Bedeutsamkeit der Metapher in der jeweiligen Auswertungseinheit (vgl. Detten 2001, 90f.).

[134] Die Zitate aus dem Interviewmaterial wurden aus Gründen der Anonymität verschlüsselt. Sie sind zum einen mit dem Kürzel „UN" und einer Zahlenangabe für das betreffende Unternehmen sowie zum anderen mit der Nummer der entsprechenden Frage aus dem Fragebogen (s. Anhang A) gekennzeichnet. Die in der Arbeit verwendeten Kürzel sind im Abkürzungsverzeichnis zusammengestellt.

4.3.1 Metaphern im Umweltdiskurs

4.3.1.1 Umweltschutz – Umweltlast: Der Patient Umwelt

Einleitend soll auf einen Begriff eingegangen werden, der untrennbar mit der gesamten Umweltproblematik verbunden ist: der Umweltschutz. Wenn wir über dieses Thema reden, was sagt das dahinter stehende Metaphernmodell über unsere Auffassung und Sichtweise auf die Umwelt aus und welche Aufforderungen sind implizit damit verbunden? Nimmt man ein Buch oder einen Bericht zur Umweltthematik zur Hand, so gewinnt man leicht den Eindruck, die Krankenakte eines Patienten vor sich zu haben. Dort ist beispielsweise von „Ecosystem Health" (Constanza 1997, 75) und vom „Ozonkiller"-FCKW (Meffert & Kirchgeorg 1998, 3) oder gar vom „Selbstmord des blauen Planeten" (Baldauf 1997, 195) die Rede. Auch die folgenden Beispiele aus dem Analysematerial zeugen davon:

- Die *Selbstheilungskräfte* können jeweils nur begrenzte Mengen an Emissionen verarbeiten, so dass es zu erheblichen Störungen der Funktionsfähigkeit der vorhandenen Ökosysteme kommt (Müller-Christ 2001, 6).

- Den Menschen, die im Arbeitsprozeß stehen, muß ein ‚wirklicher' Zugang zu dem vorhandenen Wissen verschafft werden. Auch wenn es für sie erschütternd ist, tiefere Erkenntnis zu gewinnen, darf ihnen keiner die Hoffnung nehmen, Einfluß auf die *Gesundung* des erkennbar *kranken Planeten Erde* zu haben (Winter 1998, 59).

- Trotz der Berücksichtung von Alternativ-Szenarien über neue Verkehrssysteme wird bis zur Jahrtausendwende ein drohender *Verkehrsinfarkt* kaum auszuschließen sein (Meffert & Kirchgeorg 1998, 4).

- Jeder Mensch hat einen gesunden Menschenverstand und jeder weiß, dass wir unsere Umwelt nachhaltig *pflegen* müssen (UN 6, 20).

Die Beispiele zeigen, dass viele Begriffe und Formulierungen innerhalb der Umweltdiskussion ein Bild von unserer Umwelt zeichnen, das auf dem Metaphernmodell DIE UMWELT IST EIN KRANKER ORGANISMUS beruht. Insgesamt bezeichnet der Umweltbegriff einen globalen und abstrakten Sachverhalt. Nach Nisbet (1969, 240) werden insbesondere solche Sachverhalte, die nur schwer fassbar sind, metaphorisch umschrieben: „The larger, the more general, abstract, and distant in experience the object of our interest, the greater the utility of the metaphor". Eine vielfach verwendete Vorgehensweise, um Abstrakta zu beleben und bildhaft greifbar zu machen, ist nach Lakoff und Johnson (1980, 33f.) die Personifikation.[135] Die Selbsterfahrung der eigenen Person ist so unmittelbar und elementar, dass sie häufig zur Konzeptualisierung herangezogen wird. Dies ist insofern nicht erstaunlich, da es wohl

---

[135] Nach Lakoff und Johnson (1980) ist die Personifikation der ontologischen Metaphorik zuzuordnen (vgl. Kap. 2.5.1), bei der einem Abstraktum die Struktur eines Objektes verliehen wird, wie der Inflation im folgenden Satz: „Inflation *has robbed* me of my savings" (Lakoff & Johnson 1980, 33; Hervorh. im Original).

kaum einen anderen Bereich gibt, der dem Menschen so nah und bekannt ist, wie er selbst. Lakoff und Turner (1989) sind folgender Ansicht:

> As human beings, we can best understand other things in our own terms. Personification permits us to use our knowledge about ourselves to maximal effect, to use insights about ourselves to help us comprehend such things as forces of nature, common events, abstract concepts, and inanimate objects (Lakoff & Turner 1989 zit. n. Baldauf 1997, 192).

Das Metaphernmodell DIE UMWELT IST EIN KRANKER ORGANISMUS kann somit als eine Art der Personifikation betrachtet werden, die aus einer unmittelbaren, physisch negativ belegten Erfahrung des Menschen resultiert. Die Erfahrung von Krankheit wird dabei auf die Umwelt projiziert. Nach Ansicht von Baldauf (1997, 206ff.) wird die Krankheitsmetaphorik häufig auf Missstände und Probleme übertragen, die als unangenehm, einschränkend oder kritisch empfunden werden.[136] In diesem Zusammenhang ist auch das Begriffspaar „Umweltbelastung – Umweltentlastung" zu begreifen. Das zur metaphorischen Attribuisierung genutzte Gegensatzpaar „schwer – leicht" entspringt der menschlichen Erfahrung, dass das Tragen von Lasten beschwerlich ist bzw. das Ablegen einer solchen Last als befreiend und erleichternd empfunden wird. Aus der Erfahrung, dass Probleme den Menschen wie ein Gewicht belasten, werden gravierende oder problematische Sachverhalte mit dem Attribut schwer versehen (vgl. Baldauf 1997, 113). Die Attribute schwer und leicht rufen damit in den Begriffen Umweltbelastung bzw. Umweltentlastung eine negative bzw. positive Wertung in Bezug auf die Umweltsituation hervor, die aus der gedanklichen Übertragung menschlicher Erfahrungen auf den als kritisch empfundenen Zustand der Umwelt resultiert.

Welche Perspektive und Vorstellungen von der Umwelt sind mit dem Metaphernmodell DIE UMWELT IST EIN KRANKER ORGANISMUS verbunden? Durch die Konzeptualisierung der Umwelt als Organismus werden der Umwelt neben der Belebung allgemeine Beschaffenheitsmerkmale und Befindlichkeiten zugesprochen, beispielsweise der schlechte gesundheitliche Zustand. Insbesondere die Krankheitsmetaphorik zielt auf die Hilfs- und Pflegebedürftigkeit der Umwelt ab, die eine „umweltfreundliche" und schonende Haltung gegenüber der Umwelt erfordert. Nach Ansicht von Baldauf (1997, 195f.) erleichtert die Personifikation zwar auf der einen Seite die Auseinandersetzung mit einem abstrakten Gegenstand, so dass dieser fassbar und einschätzbar wird. Auf der anderen Seite geht damit aber eine Loslösung vom Menschen als Problemverursacher einher und durch die Verselbständigung des Sachverhaltes rückt dessen Verantwortung in den Hintergrund. Mit der Strukturierung

---

[136] Die Konzeptualisierung abstrakter, problembehafteter Sachverhalte als Krankheiten ist auch in Bezug auf gesellschaftliche Probleme beobachtbar, welche metaphorisch als Epidemien oder Seuchen beschrieben werden (vgl. Demandt 1978; Sontag 1978; ders. 1989).

der Umwelt als kranken Organismus wird der Blick vom verursachenden Einfluss des Menschen auf die Rolle eines Krankenpflegers gelenkt.

Neben der Übertragung von Befindlichkeitsmerkmalen impliziert die Organismusmetapher das Vorhandensein von Zellen und Organen, welche unterschiedliche Funktionen zur Aufrechterhaltung des Organismus erfüllen. Wie im erstgenannten Beispiel aus dem analysierten Material deutlich wird, erscheinen beispielsweise die Ökosysteme der Erde im Lichte der Organismusmetapher als solche Organe. Ein Vorteil der Organismusmetapher besteht darin, die globalen Zusammenhänge der Umweltprobleme zu veranschaulichen. In einem Organismus stehen die einzelnen Organe in einer engen Verbindung zueinander. Fällt ein Organ z.b. durch Verletzung oder Krankheit aus, dann hat dies meist Auswirkungen auf den gesamten Organismus. Dieser Zusammenhang lässt sich sehr gut auf die Umwelt übertragen. Die Abholzung des Regenwaldes als „grüne Lunge" wirkt sich negativ auf das Klima und auf Dauer auf die gesamte Überlebensfähigkeit der Erde aus. Aus der Übertragung des Organismusmodells ergeben sich allerdings auch „blinde Flecken" (vgl. Kap. 2.4.4). So sind beispielsweise die Fähigkeit zum Wachstum und zur Fortpflanzung zentrale Kennzeichen eines Organismus. Diese Aspekte liegen zumindest in Bezug auf die Erde als umfassendes Verständnis von unserer Umwelt im toten Winkel der Übertragung, d.h. dass diese Aspekte nicht auf den Zielbereich übertragen werden können.

4.3.1.2 Umweltmanagement – Wir haben die Umwelt in der Hand

Der zweite zentrale Begriff, der im Zusammenhang mit der vorliegenden Thematik vorgestellt werden soll, ist das „Umweltmanagement". Dieser ist, metaphorisch gesprochen, heutzutage in aller Munde. Bei dem Begriff handelt es sich um ein Kompositum, welches sich aus dem Grundwort „Management" und dem Wortteil „Umwelt" zusammensetzt. „Management" lässt sich etymologisch aus dem Italienischen *„maneggiare"* mit der Bedeutung: „handhaben", „lenken", „bewerkstelligen" ableiten, welches auf das lateinische Stammwort *„manus"* zurückgeht. Während sich dieses Handhaben ursprünglich auf das Trainieren von Pferden, das Führen von Waffen und Werkzeugen sowie auf das Lenken von Schiffen bezog, erlangte Mitte des 20. Jahrhunderts eine Ableitung des Verbs eine Bedeutungserweiterung im Sinne von „Methodik des Vorgehens, Leitens, bes. in Großunternehmen der Wirtschaft" (Pfeifer 1997, 831).

Das Grundwort „Management" findet im betriebswirtschaftlichen Kontext in vielfältiger Kombination seine Anwendung, beispielsweise im Qualitätsmanagement, welches das Ziel verfolgt, auf die Qualität der Produkte Einfluss zu nehmen und diese zu kontrollieren (vgl. Pfeifer 2001, 46). Doch während der Subjekt-Objekt-Zusammenhang beim Qualitätsmanagement noch seine Richtigkeit hat, führt die Verknüpfung mit dem Wortteil „Umwelt" zu einer Umkehrung des Zusammenhangs, aus dem die Bedeutung folgt, dass die Umwelt (vom Unternehmen) gelenkt werden soll (vgl. Müller-Christ 2001, 4). Passender, wenn auch weniger prägnant, wäre von daher beispielsweise die Bezeichnung „umweltorientiertes" oder „ökologieorientiertes Unternehmensmanagement". Nimmt man den Begriff Umweltmanagement jedoch beim Wort, dann ist damit eine bestimmte Aussage über das Verhältnis von Mensch und Umwelt verbunden.[137] Mit der Managementmetapher wird die Umwelt zum Gegenstand von Führung und Planbarkeit, „die die Menschheit zu einer gottähnlichen ‚Lenkerin' der Natur erhebt" (Caviola 2003b, 8).

Die Beispiele zeigen, welche weitreichende Wirkung der Gebrauch von Metaphern auf die Sichtweise der Umwelt besitzt. Weiterhin verdeutlichen sie sowohl den Reiz und die Ausdrucksstärke, die vom Gebrauch von Metaphern ausgehen, als auch die Gefahr der Verzerrung oder gar der falschen Darstellung von Sachverhalten. Die grundlegenden Metaphern des Umweltmanagements und ihre Verwendung in den einzelnen Auswertungseinheiten werden im Anschluss an diese einleitende Diskussion vorgestellt.

4.3.2 Das Umweltmanagement ist ein Bauwerk

Eines der häufigsten Sprachbilder des Umweltmanagements ist die Bauwerkmetapher. Kern dieser Metapher ist die aus unserer alltäglichen Erfahrung resultierende Vorstellung von einem Gebäude als einer Gesamtheit, die sich aus einzelnen Bestandteilen, wie Fundament, Wände, Türen, Fenster, Dach etc., zusammenfügt. In der Regel werden die genaue Art des Bauwerkes und deren innere Ausgestaltung sprachlich nicht spezifiziert. Die Ausführungen verbleiben meist auf einer allgemeinen, äußeren Ebene. Schöffel (1987) stellt dazu fest:

> Entscheidend ist, daß das Gebäude für die Einbildungskraft ein durch Addition gleichartiger Teile wachsendes Gebilde darstellt, welches auf einer Unterlage ruht. Die Gebäudemetaphorik, wie ich sie verfolgt habe, kennt keine Zimmer, Schornsteine, Dachfenster: sie kennt nur ein Bauprinzip – ‚Baustein' – und ein Problem der Statik – ‚das Fundament' (Schöffel 1987, 82).

---

[137] Der Begriff des Umweltmanagements kann weiterhin als Ausdruck eines objektivistisch orientierten Metaphernmodells SCIENCE PROVIDES CONTROL OVER NATURE (Lakoff & Johnson 1980, 229) verstanden werden, welchem die Vorstellung zugrunde liegt, die Natur beherrschen zu wollen.

Bei der Untersuchung des metaphorischen Sprachgebrauchs im Umweltmanagement wird der Eindruck vermittelt, als sei das Umweltmanagement etwas, bei dem man mit Mörtel und Steinen ans Handwerk geht. Da wird auf verschiedenen „Ebenen" „gebaut" und „aufgestellt", bis alles „unter einem Dach" steht. Die gut ausgeführte Metapher findet sich sowohl in den Auswertungseinheiten zur Einführung und Organisation des Umweltmanagementsystems als auch in Bezug auf die Rolle der Unternehmensführung, Mitarbeiter und Kunden bis zur Beziehung des Umweltmanagementsystems zu anderen Managementsystemen wieder. Auf die Verwendung der Bauwerkmetapher in den einzelnen Auswertungseinheiten wird im Folgenden eingegangen.

4.3.2.1 Implementierung eines Umweltmanagementsystems

In der Literatur stellt die Einführung eines Umweltmanagementsystems ein intensiv und ausführlich bearbeitetes Themengebiet dar. Neben der mittlerweile novellierten EMAS-Verordnung und der Normenreihe DIN ISO 14001ff. existieren zahlreiche Ausführungen mit teilweise praxisorientierten Hinweisen zur Umsetzung zu diesem Thema. Die genannten Regelwerke finden in der betrieblichen Praxis ihre Anwendung. Immer mehr Unternehmen entschließen sich, ein Umweltmanagementsystem zu implementieren, auch wenn die Steigerungsrate tendenziell eher rückläufig ist. In Bezug auf die an den Interviews beteiligten Unternehmen, verfügen alle Unternehmen über ein zertifiziertes Umweltmanagementsystem nach DIN ISO 14001 und/oder EMAS (vgl. Kap. 4.1.1).

Die Bauwerkmetapher kann als das zentrale Sprachbild zur Beschreibung der Implementierung eines Umweltmanagementsystems im Unternehmen angesehen werden. Schon die gängige Formulierung „Aufbau eines Umweltmanagementsystems" verweist auf die Verwendung der Bauwerkmetapher im umweltmanagementbezogenen Sprachgebrauch. Neben der stark konventionalisierten Lexemmetapher des „Aufbaus" wird das Metaphernmodell im Analysematerial detailliert ausgeführt, wie die folgenden Beispiele zeigen:

- Das [Umweltmanagementsystem, d. Verf.] habe ich dann 1996 bzw. 1997 langsam *aufgebaut*, bis das jetzt *steht* (UN 21, 8).
- Umweltmanagementsystem heißt daher, möglichst fertige *Bausteine* anbieten zu können, deren Übernahme für die einzelnen Unternehmen ohne große Umstellung zu bewältigen sind (Müller-Christ 2001, 197).

4.3.2.2 Rolle des Umweltmanagements

Während der Interviews wurden die Gesprächspartner unter anderem danach befragt, wie sie die Rolle des Umweltmanagements im Unternehmen beschreiben würden. Von Seiten der Interviewpartner wird das Umweltmanagement häufig als Bestandteil eines Bauwerkes konzeptualisiert, wie das folgende Beispiel zeigt:

- Das Umweltmanagement ist ein *Eckpfeiler*, der nicht mehr wegzudenken ist. Er muss *gestützt* sein und immer weiter *aufgebaut* werden (UN 2, 33).

Neben der zentralen Stellung, die dem Umweltmanagement durch die Rollenzuweisung zugeschrieben wird, zeigt sich bei dieser Formulierung weiterhin, dass nicht nur das Umweltmanagement, sondern das gesamte Unternehmen als Bauwerk betrachtet wird. Diese Erweiterung der Sichtweise auf das Unternehmen ist auch in der folgenden Auswertungseinheit zu erkennen.

4.3.2.3 Organisation des Umweltmanagements

Wie bei der Beschreibung der Implementierung eines Umweltmanagementsystems, so stellt die Bauwerkmetapher auch bei der Organisation des Umweltmanagements das am häufigsten verwendete Sprachbild dar. Vergleichbar mit der vorherigen Auswertungseinheit, beziehen sich die Ausführungen sowohl auf das Umweltmanagement als auch auf das gesamte Unternehmen. Inhaltlich wird in dieser Auswertungseinheit die Eingliederung des Umweltmanagements in die hierarchische Organisationsstruktur des Unternehmens beschrieben, welche bezeichnenderweise als Aufbauorganisation betitelt wird.[138] Folgende Zitate geben einen Eindruck von dem Metaphernmodell DIE ORGANISATION DES UMWELTMANAGEMENTS IST EIN BAUWERK:

- Umweltmanagement ist bei uns auf allen *Stufen* [...] Unsere Struktur ist relativ kompliziert. Es gibt unternehmensweite Weisungen, die werden vom Gruppenleiter unterschrieben [...] und auf der nächsten *Stufe* rausgegeben (UN 17, 14).
- Man sieht hier [Organigramm, d. Verf.] die verschiedenen *Ebenen*, wie das *aufgebaut* ist. Die Umsetzung in der *Ausführungsebene*, die operativen Teams und die Führungs- und Entscheidungsträger als oberste Instanz (UN 28, 15).

Neben den sprachlichen Formulierungen wird die Organisation des Umweltmanagements in der Literatur vielfach in Form einer Pyramide bildhaft veranschaulicht.[139] Diese graphische Darstellung der Umweltmanagementstruktur in Form eines Gebäudes mit unterschiedlichen Ebenen passt gut zur Bauwerkmetaphorik, wie in Abbildung 16 deutlich wird.

---

[138] Viele Begriffe, die im Rahmen des Umweltmanagements verwendet werden, sind auch in der allgemeinen Managementliteratur zu finden. Zum Vergleich der Metaphern im Sprachgebrauch des Umweltmanagements zur (Betriebs-)Wirtschaftsprache vgl. Kap. 5.1.
[139] Skizzen und Schemata sind nach Pörksen (1997, 136) „Krücken des Auffassens. Sie zielen auf die Bauart, machen eine Struktur und Lagebeziehung kenntlich, helfen einen Plan zu erkennen".

Unternehmensleitung
1. Definition persönl. Zuständigkeiten
2. Einrichtung einer Stabsstelle Umweltschutz
   (nach Bedarf)

Mittleres Management
3. Klärung der Verantwortlichkeit auf
   Bereichs- und Abteilungsleiterebene
4. Einrichtung eines Steuerungsausschusses
   (2-3 mal jährlich)
5. Einrichtung einer bereichsübergreifenden
   Arbeitsgruppe „Umwelt" (nach Bedarf)

Operative Ebene
6. Projektgruppen zu Schwerpunkten
   (nach Bedarf)
7. Bereichsspezifische Umweltzirkel

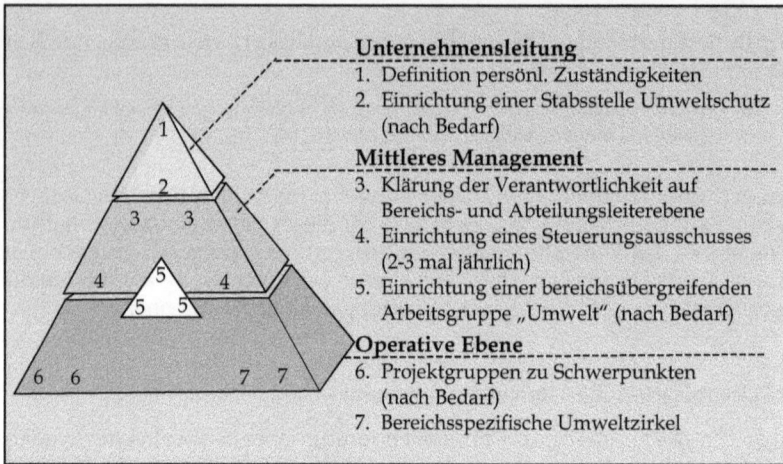

Abb. 16: Pyramidenförmige Darstellung der Organisationsstruktur (Quelle: Hopfenbeck et. al. 1995, 123; leicht verändert)

Sowohl in den angeführten Zitaten als auch in der Abbildung offenbart sich ein weiterer Bedeutungsaspekt, der häufig im Zusammenhang mit der Bauwerkmetapher auftritt. In vielen Beschreibungen zur organisatorischen Eingliederung des Umweltmanagements zeigt sich eine Metapher, die durch eine räumliche oben-unten-Orientierung gekennzeichnet ist. Diese polare Ausrichtung gehört nach Lakoff und Johnson (1980, 14) zu den Orientierungsmetaphern und resultiert aus der menschlichen Erfahrung im Raum.[140] In Bezug auf die Themen Kontrolle und Macht ist in unserem Kulturkreis daran meist das Metaphernmodell HAVING CONTROL OR FORCE IS UP; BEING SUBJECT TO CONTROL OR FORCE IS DOWN (Lakoff & Johnson 1980, 15) gekoppelt, welches auf dem Skalen-Schema (vgl. Kap. 2.4.6) basiert. In Verbindung mit der bildhaften Beschreibung des Unternehmens als Bauwerk resultiert daraus die Aussage, dass die Machthabenden eines Unternehmens in den obersten Ebenen anzutreffen sind.[141] Das Verhältnis, dass sich an der Spitze des Unternehmens nur wenige Personen befinden, während auf der operativen Ebene,

---

[140] Nach Lakoff und Johnson (1980, 61) treten insbesondere Orientierungsmetaphern in Verbindung mit anderen Metaphern auf, da ihr Strukturierungsgrad auf den Zielbereich nicht so stark ausgeprägt ist (vgl. Kap. 2.5.1).

[141] Diese metaphorische Beschreibung der Unternehmensorganisation als Bauwerk mit unterschiedlichen Ebenen folgt weitgehend der erfahrbaren Realität. Bei den meisten Unternehmen sind, schon aus praktischen Gründen, die Produktionsstätten mit den so genannten „blue collar"-Tätigkeiten ebenerdig, während in den oberen Etagen die „white-collar"-, die verwaltenden Tätigkeiten sowie die Entscheidungsträger angesiedelt sind.

der Basis des Unternehmens, viele Mitarbeiter tätig sind, wird durch die pyramidenförmige Darstellung gut veranschaulicht. Im übertragenden Sinn wird
demzufolge der Stellenwert und die Machtbefugnisse, die dem Umweltmanagement im Unternehmen zugemessen werden, durch seine Stellung in der
Aufbauorganisation symbolisiert. Die nachfolgenden Zitate vermitteln einen
Eindruck davon:

- Die Umweltpolitik des Unternehmens wird auf der *höchsten Managementebene* festgelegt und in regelmäßigen Zeitabständen insbesondere im Lichte von Umweltbetriebs-
  prüfungen überprüft und gegebenenfalls angepaßt (EG-Öko-Audit-VO 1993, Anhang I A).
- Ich bin ein Mitglied der Geschäftsführung, damit weiß man, wie *hoch* das Umweltmanagement bei uns angesiedelt ist (UN 35, 1).

Verknüpft mit dieser oben-unten-Orientierung ist es im Lichte der Bauwerkmetapher erstrebenswert, wenn sich das Umweltmanagement möglichst weit
oben in der Unternehmenshierarchie befindet. Auf der Ebene der Unternehmensführung werden die Entscheidungen gefällt, die sowohl für das gesamte
Unternehmen als auch für das Umweltmanagement richtungsweisend sind.
Hier werden für das Umweltmanagement die entscheidenden strategischen
Schritte festgelegt, beispielsweise die Umweltpolitik, sowie entschieden, welche Umweltmaßnahmen durchgeführt werden.[142] Die Ausführungen legen
nahe, dass vor allem die Unternehmensführung einen großen Einfluss auf das
Umweltmanagement ausübt. Im Untersuchungsmaterial wird auf deren zentrale Rolle mehrfach hingewiesen. Die folgende Auswertungseinheit zeigt,
dass die Bauwerkmetapher für die Rollenbeschreibung der Unternehmensführung als auch der Mitarbeiter und Kunden verwendet wird. Die Betrachtung verlagert sich damit von den eher strukturellen Gegebenheiten auf die
Beziehung des Umweltmanagements zu seinem Umfeld.

4.3.2.4 Rolle der Unternehmensführung, Mitarbeiter und Kunden

Die Haltung der Unternehmensführung gegenüber dem Umweltmanagement
beeinflusst maßgeblich die Motivation zur Umsetzung und den Erfolg der
Umweltmaßnahmen im Unternehmen. Bei der Frage nach der Rolle der Unternehmensführung für das Umweltmanagement wurde eine Lexemmetapher
identifiziert, die gut in die Bauwerkmetaphorik passt. Sowohl in den Interviews als auch in der Literatur wird der Unternehmensführung häufig eine

---

[142] Inhaltlich haben die Befragungen in der Praxis ergeben, dass in den meisten Fällen der
Umweltverantwortliche in einer Stabsposition tätig ist, die meist direkt der Geschäftsführung unterstellt ist. Damit nehmen die Umweltverantwortlichen eine gewisse Zwi-
schenposition ein: Der Umweltverantwortliche ist zwar in der Unternehmensstruktur
recht hoch angesiedelt. Diese Position wird jedoch dadurch abgeschwächt, indem diese
Stabsstellen meist nur eine Beratungsfunktion erfüllen, nicht aber weisungsbefugt sind.

Stützfunktion für das Umweltmanagement zugesprochen, wie die folgenden Zitate beispielhaft zeigen:

- Das Umweltmanagement *steht und fällt* mit dem Engagement der Führung (UN 25, 11).
- So richtig der beliebte Slogan ‚Umweltschutz ist Chefsache' ist, da das Engagement der Geschäftsleiter einen unabdingbaren Antreiber und *Unterstützer* darstellt, so muß der Umweltgedanke letztlich in allen Ebenen und in allen Abteilungen gelebt werden (Hopfenbeck et.al. 1995, 126).

Wie im letztgenannten Zitat bereits anklingt, spielen neben der Unternehmensführung die Mitarbeiter und die Kunden eine wichtige Rolle für die erfolgreiche Umsetzung des Umweltmanagements, indem sie eine ähnliche stützende Funktion wie die Unternehmensführung übernehmen. Die nachstehenden Zitate verdeutlichen dies:

- Wir haben seit […] ein Umweltmanagementsystem. Die Mitarbeiter haben das *unterstützt*, vor allem eine Person hat mich dabei *unterstützt* (UN 16, 12).
- Das [Umweltmanagement, d. Verf.] wird auch vom Kunden *abgestützt*, die Kunden sind das Wichtigste (UN 35, 21).

Die Beispiele zeigen, dass sowohl der Unternehmensführung als auch den Mitarbeitern und den Kunden eine zentrale Rolle zugesprochen wird, ohne die eine Implementierung und Umsetzung des Umweltmanagements im Unternehmen nicht möglich wäre und das Umweltmanagement, verstanden als Bauwerk, zusammenstürzen würde. In welcher Art die Beziehung des Umweltmanagements zu seinem Umfeld beschrieben wird, ist Thema der nachfolgenden Ausführungen.

4.3.2.5 Beziehung zu anderen Managementsystemen

Neben den genannten Gruppen können zum Umfeld des Umweltmanagements die weiteren Managementsysteme in einem Unternehmen gezählt werden. Dabei sind insbesondere das Qualitätsmanagement sowie das Arbeitssicherheitsmanagement zu nennen. Die Ergebnisse zeigen, dass zur Beschreibung der Beziehung des Umweltmanagementsystems zu diesen anderen Managementsystemen auf die Bauwerkmetapher zurückgegriffen wird. Dabei wird das Bild eines gemeinsamen Gebäudes gezeichnet, wie die folgenden Zitate zeigen:

- Das Umweltmanagement haben wir nicht extra *aufgebaut*, wir haben ein Qualitätsmanagementsystem gehabt. […] gerade [das Umweltmanagementsystem, d. Verf.] mit *eingebaut*, und darum bin ich hier gelandet, […] weil ich das Qualitätsmanagementsystem schon *aufgebaut* habe (UN 7, 28).
- Das Umweltmanagementsystem wurde *aufgebaut*, Arbeitssicherheit ist gerade beim *Aufbau*. Wir haben die Sozialverantwortung mit rein genommen, als drittes Standbein, *wie drei Säulen* nebeneinander, alles *unter einem Dach* (UN 28, 34).

Insbesondere im letzten Zitat kommt das Bild eines gemeinsamen Gebäudes deutlich zum Ausdruck, welches auf das Metaphernmodell DIE BEZIEHUNG ZU ANDEREN MANAGEMENTSYSTEMEN IST EIN BAUWERK verweist. Das Bild eines Gebäudes ist auch in vielen Abbildungen zur Nachhaltigen Entwicklung anzutreffen. Dabei werden die Dimensionen Ökonomie, Ökologie und Soziales als drei Säulen dargestellt, die durch ein gemeinsames Dach verbunden sind. Die Ähnlichkeit resultiert daraus, dass häufig die genannten drei Managementsysteme (Qualität, Umwelt und Arbeitssicherheit) mit den drei Nachhaltigkeitsdimensionen gleichgesetzt werden.

4.3.2.5 Fazit und Folgerungen für das Umweltmanagement

Die Bauwerkmetapher stellt für das Umweltmanagement eines der zentralen Sprachbilder dar. Sowohl bei der Beschreibung der Implementierung und der Organisation des Umweltmanagements als auch in der Rollenbeschreibung der Unternehmensführung, Mitarbeiter und Kunden sowie in der Beziehung zu angrenzenden Managementsystemen wird die Bauwerkmetaphorik verwendet. Zudem ist sie vereinzelt auch bei weiteren Themen des Umweltmanagements zu finden, wenn beispielsweise bei der Einschätzung von Umwelteinwirkungen von „Mengengerüst" (Meffert & Kirchgeorg 1998, 70) die Rede ist. Neben dem übergreifenden Charakter über mehrere Auswertungseinheiten ist die Bauwerkmetapher dadurch gekennzeichnet, dass nicht nur das Umweltmanagement, sondern im Weiteren das gesamte Unternehmen in das Bild mit einbezogen wird.

Mit Hilfe der Bauwerkmetapher werden vor allem die Organisation und die Struktur des Umweltmanagements konzeptualisiert. Mit dieser Perspektive werden für das Umweltmanagement vor allem die langfristige Schaffung von stabilen und sichtbaren Strukturen im Unternehmen mit einer klaren Hierarchie hervorgehoben. Dies äußert sich beispielsweise im Organigramm. Damit erhält das Umweltmanagement im Unternehmen einen fest definierten Stellenwert. Weiterhin wird mit Hilfe der Bauwerkmetaphorik die Beziehung des Umweltmanagements zu seinem Umfeld spezifiziert. Der Unternehmensführung und den Mitarbeitern wird die Rolle von tragenden Säulen zugesprochen. Dies unterstreicht die wichtige Rolle dieser Gruppen für den Erfolg des Umweltmanagements. Auf der anderen Seite wird dem Umweltmanagement die Funktion eines „Eckpfeilers" (UN 2, 33) beigemessen, ohne den das Unternehmen als Gesamtbauwerk zusammenbrechen würde. Die Beziehung des Umweltmanagements zu seinem Umfeld wird demzufolge als architektonische

Einheit strukturiert, wie sich sowohl aus der Rollenbeschreibung des Umweltmanagements als auch aus der Schilderung der anderen Managementsysteme
ablesen lässt.[143]

Die Bauwerkmetapher hebt für das Umweltmanagement Langfristigkeit, Stabilität sowie Integration in das Unternehmen hervor. Die Bauwerkperspektive
birgt jedoch auch „blinde Flecken" bzw. Schwächen in sich. Als eine Schwäche
der Bauwerkmetapher ist sicherlich die Starrheit und Inflexibilität zu sehen.
Dies gilt beispielsweise für die Struktur der Umweltmanagementsysteme nach
den Normen DIN ISO 14001 und EMAS. Die einzelnen Kapitel der Regelwerke,
die sich u.a. mit dem Aufstellen der Umweltpolitik, des -programms oder des
–managementsystems beschäftigen, erscheinen im Lichte der Bauwerkmetapher wie die im angeführten Zitat beschriebenen Bausteine. Die Bauwerkperspektive lässt die Einführung eines Umweltmanagementsystems in das Unternehmen wie ein Vorgehen nach einem Bauplan erscheinen. Stein auf Stein, d.h.
Kapitel für Kapitel, wird das Umweltmanagementsystem aufgebaut bzw. als
Anbau an das Qualitätsmanagementsystem gestaltet. Welche Bausteine noch
fehlen bzw. eingefügt werden müssen, schildert die Norm DIN ISO 14001 im
Anhang B, in welchem die Kapitel des Qualitätsmanagements nach der ISO
9001 denen des Umweltmanagements gegenübergestellt werden. Dementsprechend müssen nur noch kleinere Veränderungen und „Anbauten" gemacht,
nicht aber das gesamte Bauwerk verändert werden. In der Bauwerkperspektive sind Umbauten im Sinne von starken Veränderungen i.d.R. nur mit einem
hohen Aufwand möglich. Zudem dürfen sie die Gesetze der Statik nicht verletzen, damit das Gebäude nicht in sich zusammenfällt. Diese Starrheit und Inflexibilität bilden sicherlich die Grenzen der Bauwerkmetapher für das Umweltmanagement. Gesichtspunkte und Maßnahmen, die im Bauplan nicht vorgesehen sind, werden nicht berücksichtigt. Diese Schwäche zeigt sich stellenweise auch in der Praxis in Bezug auf die Regelwerke DIN ISO 14001 und
EMAS. Umweltaspekte, die dort nicht explizit geregelt werden, geraten leicht
aus dem Blickfeld und werden von den Unternehmen häufig nicht berücksichtigt.[144] Abbildung 17 fasst die Aspekte, die durch die Bauwerkmetapher für
das Umweltmanagement betont bzw. verdeckt werden, zusammen.

---

[143] Nach Ansicht von Baldauf (1997, 198) wird mit Hilfe der Bauwerkmetaphorik eine kon-
frontative Wirkung gemildert und zu einer Konfliktvermeidung beigetragen. Die Bauwerkmetapher ist im politischen Diskurs eine der dominierenden Metaphern (z.B. Haus
Europa), welche die frühere dipolare Beschreibung des Kalten Krieges ablöst (vgl. Schäffner
1993; 1995). Einen historischen Überblick über die Verwendung der Bauwerkmetapher
gibt Demandt (1978, 277ff.).

[144] Eigene Untersuchungen zur Berücksichtigung aktueller Fragestellungen in Unternehmen,
welche nach EMAS zertifiziert sind, haben ergeben, dass neben den in der Verordnung
festgelegten Aspekten kaum weitere aktuelle umweltpolitische Gesichtspunkte beachtet
werden (vgl. Hroch & Schaltegger 1999, ders. 2001).

Umweltmanagement ist ein Bauwerk	
Highlighting-Aspekte	• Stabilität und Langfristigkeit • Schaffung von sichtbaren Strukturen im Unternehmen
Hiding-Aspekte / Schwächen	• Inflexibilität • Starrer Aufbau des Umweltmanagements

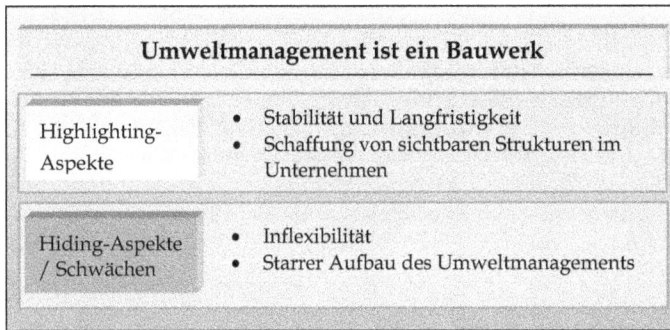

Abb. 17: Highlighting-/Hiding-Aspekte bzw. Schwächen der Bauwerkmetapher

4.3.3 Das Umweltmanagement ist eine Maschine

Im Weiteren wurde die Maschinenmetapher aus dem Material herausgearbeitet. Eine Maschine lässt sich als ein von Menschen erschaffener „technischer Apparat zu Übertragung von Kraft und zur Ausführung von Arbeitsgängen" (Pfeifer 1997, 844) definieren. Kennzeichen von Maschinen sind vor allem die automatisierten Abläufe. Die Maschinenmetapher basiert auf der Vorstellung von einer Gesamteinheit, die sich aus unterschiedlichen Einzelteilen zusammensetzt, wobei jedes dieser Teile eine genau definierte Funktion erfüllt. Wie bereits in Kapitel 3.3.1 erwähnt, stellt die mechanistische Sichtweise eine der zentralen Wurzelmetaphern (vgl. Pepper 1948, 242) des menschlichen Denkens dar und ist insbesondere in Bezug auf Unternehmen und Unternehmensabläufe eines der ältesten und gebräuchlichsten Sprachbilder. Auch in Bezug auf das Umweltmanagement ist die Maschinenmetaphorik in ausgeprägter Form auszumachen. Inwiefern sie in den Auswertungseinheiten strukturierend wirkt wird nachfolgend vorgestellt.

4.3.3.1 Motivation zum Umweltmanagement

Die Auswertungseinheit „Motivation zum Umweltmanagement" geht der Frage nach, aus welchen Gründen sich Unternehmen mit dem Thema Umweltmanagement beschäftigen. Erst aus der Motivation heraus, sich der Umweltthematik anzunehmen, ergeben sich die weiteren Aspekte, wie die Organisation des Umweltmanagements. Die Motivation zum Umweltmanagement stellt somit meist für die Unternehmen den ersten Kontakt und den Einstieg in dieses Thema dar. Generell ist unter Motivation der Drang zu einer bestimmten Handlung zu verstehen. Der Anreiz, sich mit dem Umweltmanagement auseinander zu setzen, kann sowohl aus einem inneren Wunsch (intrinsisch) resultieren, als auch von außen (extrinsisch) abgeleitet werden (vgl. Csikszentmihalyi 1975; Deci 1975), wenn beispielsweise wichtige Anspruchsgruppen für das Unternehmen die Einführung eines Umweltmanagementsystems verlangen (vgl. Winter 1998, 111). Die folgenden Beispiele, welche sowohl auf intrinsisch als auch auf extrinsisch motiviertes Verhalten hindeuten, verweisen auf ein mechanistisches Verhalten von Seiten des Unternehmens in Bezug auf das Umweltmanagement:

- Im Unterschied zu früher […] wo der Gesetzgeber gesagt hat, was man macht, besteht heute viel mehr Eigenverantwortung und *Eigenantrieb* (UN 22, 9).
- Wir haben Vorgaben von oben bekommen, also fremd *gesteuert*. Das Ziel ist eine leichter durchschaubare Organisation und Fehler *abstellen* (UN 38, 9).

In den Zitaten werden Metaphern verwendet, die der Fahrzeugmetaphorik zugerechnet werden können. Die Fahrzeugmetaphorik kann nach Baldauf (1997, 208-211) als Variante des metaphorischen Wegmodells angesehen werden, da sie „Art und Mittel der metaphorischen Fortbewegung spezifiziert" (Baldauf 1997, 208). Die Fahrzeugmetaphorik kann „jedoch zahlreiche Implikationen über das Weg-IKM[145] hinaus beinhalten" (ebd., 143). So ist beispielsweise auch eine Zuordnung zur Maschinenmetapher denkbar, da die Fortbewegungsmittel wie Auto, Schiff, Flugzeug oder Zug als Maschinen aufgefasst werden können. Die Nähe zur Maschinenmetapher wird auch in der folgenden Aussage eines Interviewpartners deutlich: „Wenn Sand im Getriebe erkennbar ist, dann müssen wir das rausnehmen und Schmiermittel reingeben, damit es runder läuft" (UN 25, 17). Anhand des Beispiels zeigt sich, dass Metaphern keine klar gegeneinander abgrenzbaren Einheiten bilden, sondern es zu gegenseitigen Überschneidungen kommt. Zentral für die Zuordnung einer Lexemmetapher zu einem Metaphernmodell ist die konkrete metaphorische Beschreibung und die damit einhergehenden Implikationen.[146] Da in den vorliegenden Zitaten die metaphorischen Beschreibungen vor allem auf die geregelten Abläufe und Vorgänge abzielen, erfolgt eine Zuordnung zu der mechanistisch geprägten Sichtweise.

---

[145] Unter den von Lakoff (1987) in „Woman, Fire, and Dangerous Things" entwickelten Idealisierten Kognitiven Modelle (IKM) sind „strukturierte, aus Basisebenenkonzepten und Bildschemata bestehende Ganzheiten, die intersubjektive Geltung besitzen" (Baldauf 1997, 72) zu verstehen (vgl. Kap. 2.4.6).

[146] Nach Hundt (1995, 108) kann eine Metapher unterschiedliche Komponenten aufweisen, die sich in ihrer Aussage unterscheiden. Ein verändertes Implikationssystem der Fahrzeugmetapher wird im Zusammenhang mit der Wegmetapher in den Kapiteln 4.3.6.4 und 4.3.6.5 vorgestellt.

4.3.3.2 Rolle des Umweltmanagements

In dieser Auswertungseinheit werden Metaphern betrachtet, die sich auf die
Rollenbeschreibung des Umweltmanagements im Unternehmen beziehen.
Sowohl in den Interviews als auch in der Literatur lassen sich bildhafte Rol-
lenzuweisungen für das Umweltmanagement finden, die auf eine mechanistische Perspektive hindeuten. Die Maschinenmetapher wird dabei vor
allem durch den Begriff des „Instruments" repräsentiert, wie die folgenden
Beispiele zeigen:

- Es ist im Prinzip ein *Werkzeug*, ein Hilfsmittel, wie ein *Computer*, der Arbeit erleichtert
  (UN 15, 20).
- Der Mitarbeiter ist von dem [Umweltmanagement, d. Verf.] relativ wenig betroffen.
  Es ist ein *Managementtool*, ein *Organisationsleitungstool*, ein Organisationshilfsmittel
  (UN 24, 20).
- Die EMAS-Verordnung ist ein neuartiges umweltpolitisches *Instrument* reflexiven
  Rechts, da die Verordnung einen *Mechanismus* beinhaltet, der darauf abzielt, interne
  Betriebsabläufe und Entscheidungen im Lichte von Umweltschutzaspekten kritisch
  zu hinterfragen (Müller 2001, 45).

Eine beliebte Lexemmetapher zur Beschreibung des Umweltmanagements ist
die des Instruments. Mit dieser Wortwahl wird der funktionelle Charakter des
Umweltmanagements für das Unternehmen in den Vordergrund gestellt. Weiterhin impliziert die Instrumentenmetapher die Zweckmäßigkeit des beschriebenen Gegenstandes für das Unternehmen. Auch wenn dies nicht explizit in
den genannten Zitaten formuliert wird, verweisen diese Beschreibungen indi-
rekt darauf, das Unternehmen als Maschine zu betrachten, in dessen Dienste
das Umweltmanagement zum Einsatz kommt.

4.3.3.3 Umsetzung des Umweltmanagements

Für den Erfolg des Umweltmanagements ist wichtig, welche Maßnahmen zur
Umsetzung des Umweltschutzgedankens in den Unternehmen ergriffen werden. Diese Auswertungseinheit setzt sich mit der Frage auseinander, wie sich
die Umsetzung des Umweltmanagements innerhalb des Unternehmens gestaltet und welche Vorgehensweisen und Methoden dabei zum Einsatz kommen.
Die angeführten Zitate verdeutlichen die mechanistisch geprägte Vorstellung
von den Umsetzungsmaßnahmen des Umweltmanagements:

- Es müssen geeignete *Mechanismen* vorhanden sein und *funktionieren*, um zu gewähr-
  leisten, daß im Anschluß an die Betriebsprüfungsergebnisse geeignete Folgemaßnah-
  men getroffen werden (EG-Öko-Audit-VO 1993, Anhang II).
- Analysieren, woran liegt es [Umweltschädigung, d. Verf.], das ergibt die riesigen
  Brocken. [...]. Wenn ich weiß, wo ich der größte Sünder bin, dann tun wir mit den
  Maßnahmen den *Hebel ansetzen*, um das in den Griff zu bekommen (UN 6, 17).

Nach diesen Schilderungen ist die Umsetzung des Umweltmanagements mit einem maschinellen Ablauf vergleichbar. Es müssen bestimmte Knöpfe gedrückt bzw. Hebel betätigt werden, um die Maßnahmen in der gewünschten und festgelegten Weise ablaufen zu lassen.

4.3.3.4 Rolle der Unternehmensführung und der Mitarbeiter

Die mechanistisch geprägte Vorstellung wird auch auf die Unternehmensführung und die Mitarbeiter übertragen. Die folgenden Beispiele geben einen Eindruck von einer derartigen Verwendung der Maschinenmetapher:

* Führungskräfte sind kraft ihrer Stellung *automatisch* auch für den Umweltschutz zuständig und für die Gewährleistung der gesetzlichen Bestimmungen verantwortlich (Hopfenbeck 1991, 387).
* Die Unternehmensleitung gibt die *Impulse* [...]. Die Geschäftsleitung ist die *Haupttriebfeder* (UN 5, 11).
* Dieses Bewusstsein [Umweltbewusstsein, d. Verf.] ist schon da. [...]. Wenn man es richtig anpackt und den Mensch in den Vordergrund schiebt, dann geht es in den Kopf rein und macht *klick* (UN 21, 12).

Insgesamt erscheint die Einbeziehung der Unternehmensführung und der Mitarbeiter automatisiert. Während jedoch der Unternehmensführung eine antreibende Rolle zugesprochen wird, die an einen Motor bzw. einen Antrieb erinnert, wird bei der Beschreibung für die Mitarbeiter auf eine funktionelle Rollenzuweisung als Maschinenteil zurückgegriffen. Diese Beschreibung spiegelt die Ausführungen von Morgan (1986) wider, wonach den Mitarbeitern im Maschinenbild die Rolle von funktionsorientierten Zahnrädchen zukommt.

4.3.3.5 Beziehung zu anderen Managementsystemen

Die Beziehung zu anderen Managementsystemen wird nicht nur mit Hilfe der Bauwerk-, sondern auch mit der Maschinenmetapher strukturiert, wie die folgenden Zitate zeigen:

* In den phasenübergreifenden Elementen kann eine enge *Verzahnung* der Systeme [ISO 9001 und ISO 14001, d. Verf.] stattfinden, [...] (Müller-Christ 2001, 209).
* Das EKAS [Arbeitssicherheitssystem der Schweiz, d. Verf.] ist die dritte Komponente gewesen, die die *Zähne aufeinander eingeschliffen* hat (UN 20, 16).

In den Zitaten werden die Lexemmetaphern der Verzahnung bzw. der eingeschliffenen Zähne verwendet. Diese stellen insofern eine Besonderheit innerhalb der Maschinenmetaphorik dar, als es sich bei diesen Begriffen selbst wiederum um Metaphern aus dem Herkunftsbereich des Körpers handelt, die auf die Maschinenvorstellung übertragen wurden. Die genannten metaphorischen Ausdrücke werden jedoch an dieser Stelle der Maschinenmetaphorik zugeordnet, da es sich um Bezeichnungen handelt mit denen eine mechanistisch geprägte Vorstellung zum Ausdruck kommt und die weniger auf einen Organismus verweisen. Die Managementsysteme erfüllen demnach die Rolle von Zahnrädchen. Herausgestellt wird damit zum einen ihre Funktionalität für den Unternehmensablauf sowie zum anderen die enge Verbindung der ineinander greifenden Systeme. Im Weiteren kommt in diesen Beschreibungen das Bestreben nach einem übergreifenden Managementsystem zum Ausdruck.

4.3.3.6 Fazit und Folgerungen für das Umweltmanagement

Die Maschinenmetapher stellt für das Umweltmanagement ein weit verbreitetes Sprachbild dar, welches vor allem durch konventionelle Metaphorik gekennzeichnet ist. Mit der Verwendung der Maschinenmetapher werden insbesondere die Themenbereiche der Motivation und Umsetzung des Umweltmanagements, dessen Rollenbeschreibung und die der Unternehmensführung und der Mitarbeiter sowie die Beziehung des Umweltmanagements zu anderen Managementsystemen im Unternehmen strukturiert. Bevor auf die Stärken und Schwächen der Maschinensicht eingegangen wird, werden zunächst die Folgerungen einer mechanistisch geprägten Sichtweise auf die Umwelt, als Grundlage eines jeden Umweltmanagementbemühens, aufgezeigt. Detten (2001, 94ff. und 103) weist in seiner Arbeit zur Metaphorik in der Forstwirtschaft auf ein mechanistisch geprägtes Naturverständnis hin. Seiner Ansicht nach wird mit Hilfe der Maschinenmetapher die Plan- und Beherrschbarkeit der Natur betont. Auch Formulierungen wie die „Umwelt als Produktionsfaktor" (Hopfenbeck 1991, 61) verdeutlichen eine derartige Sichtweise, welche eine Naturbeherrschung mit dem Ziel eines größtmöglichen, meist finanziellen, Nutzen zum Ausdruck bringen (vgl. Caviola 2003a, 94-101).

Mit der Übertragung der Maschinenvorstellung werden für das Umweltmanagement vor allem geplante und geregelte Abläufe und Prozesse sowie hierarchische Strukturen betont. Kennzeichen einer mechanistischen Planung ist insbesondere eine funktionale Rationalität. Viele der identifizierten Lexemmetaphern zeichnen ein Bild vom Umweltmanagement als ein Objekt im Einsatzbereich einer Maschine, sei es selbst als Maschine, als ein Teil davon[147] oder als Gegenstand zur Unterstützung von maschinellen Abläufen. Insbesondere die Instrumentenmetapher lässt die Funktionsorientierung des Umweltmanagements in den Vordergrund treten. Ein Instrument kann als ein nutzenstiftender Gegenstand angesehen werden, der im Unternehmen dazu beitragen soll, für reibungslose Abläufe zu sorgen. Die Beziehung zu den anderen Managementsystemen als enge Verzahnung ist als Ausdruck einer Zusammenführung dieser Bereiche zu deuten. Diese Art der Betrachtung kommt dem Integrationsgedanken des Umweltmanagements in das Unternehmen sicherlich entgegen. Ähnlich wie die Bauwerkmetapher wird auch die Maschinenmetapher dazu herangezogen, um bildhaft auf die Integration des Umweltmanagements in sein Umfeld zu verweisen.

---

[147] Wie bereits bei der Bauwerkmetapher werden auch bei der Maschinenmetapher die bildhaften Ausführungen auf das gesamte Unternehmen übertragen.

Auf der anderen Seite sind mit der Maschinenmetapher auch „blinde Flecken"
bzw. Schwächen verbunden. Diese liegen, wie bereits im dritten Kapitel im Zusammenhang mit den Ausführungen von Morgan (1986) angesprochen, vor allem in der Vernachlässigung von menschlichen und kreativen Aspekten. Die
Umsetzung der Umweltschutzmaßnahmen erfolgt nach einem festgelegten
Schema, das kaum Raum für flexibles Handeln lässt. Neben den Abläufen des
Umweltmanagements erhalten auch die Unternehmensführung und die Mitarbeiter mechanistisch geprägte Rollenbeschreibungen. Insbesondere letztere
erscheinen wie Maschinenteile, die einfach auf Umwelt „umprogrammiert"
werden können. Diese Vorstellung geht an der Realität jedoch gänzlich vorbei.
Vielmehr ist für die erfolgreiche Verankerung des Umweltgedankens und der
Umsetzung von Umweltmaßnahmen die aktive Mitwirkung aller Beteiligten
notwendig. Ähnlich wie die Bauwerkmetapher lässt auch die mechanistische
Vorstellung wenig Raum für Flexibilität und Anpassung. In Abbildung 18
werden die herausgearbeiteten Aspekte, die sich aus dem Maschinenmodell
für das Umweltmanagement ergeben, kurz zusammengefasst.

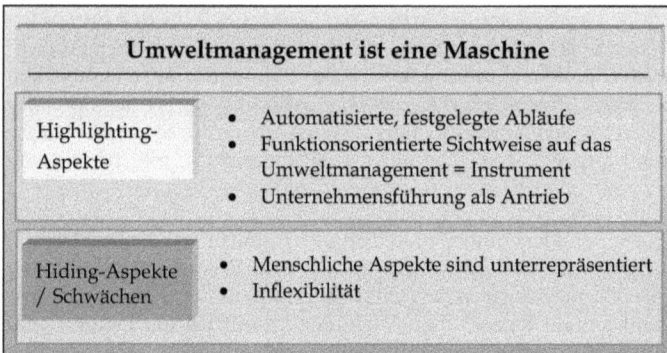

Umweltmanagement ist eine Maschine	
Highlighting-Aspekte	• Automatisierte, festgelegte Abläufe • Funktionsorientierte Sichtweise auf das Umweltmanagement = Instrument • Unternehmensführung als Antrieb
Hiding-Aspekte / Schwächen	• Menschliche Aspekte sind unterrepräsentiert • Inflexibilität

Abb. 18: Highlighting-/Hiding-Aspekte bzw. Schwächen der Maschinenmetapher

4.3.4 Das Umweltmanagement ist ein Organismus

Eine weitere Metapher, die zur Strukturierung unterschiedlicher Aspekte des
Umweltmanagements heranzogen wird, ist die Organismusmetapher. Ein Organismus bezeichnet „ein intern komplex ‚Organisiertes', vielfältig mit seiner
Umwelt verbundenes Gebilde" (Schöffel 1987, 218). Durch diese Metapher
werden dem bildempfangenden Bereich charakteristische Eigenschaften eines
Organismus zugesprochen, beispielsweise dessen Fähigkeit zur Veränderung
und Entwicklung. Weiterhin versinnbildlicht diese Metapher wie kein anderes
Bild den Gedanken der Reproduktion. Lebewesen können sich fortpflanzen
und durch Weitergabe von Erbinformationen ihre Art am Leben erhalten. Die
Art des Organismus bleibt in den Ausführungen jedoch meist unspezifiziert.

Schöffel (1987, 217) stellt dazu fest: „Der Organismus, der als Bildspender dient, ist also unabhängig von jeder Anwendung ein völlig unspezifiziertes Gebilde. Er wird wohl, wenn mit ihm Gesellschaft beschrieben wird, kein Einzeller sein. Selbst ob er Pflanze oder Tier ist, mag dann noch unbestimmt bleiben".

Auf die Verwendung und die Auswirkung der Organismusmetapher wurde bereits zu Beginn dieses Kapitels im Zusammenhang mit der Diskussion des Umweltschutzbegriffs eingegangen. Daneben kommt die Organismusmetapher auch in weiteren Auswertungseinheiten zum Umweltmanagement in vielfältiger Weise zum Ausdruck. Insbesondere zur Rollenbeschreibung des Umweltmanagements sowie der beteiligten Personengruppen im Unternehmen wird sie herangezogen. Als Besonderheit dieses Kapitels wird darüber hinaus zwei Submodellen der Organismusmetapher genauere Betrachtung geschenkt. Dies ist zum einen die Strukturierung von Produkten als Lebewesen, welche sich beispielsweise in der Formulierung „von ‚der Wiege bis zur Bahre'" (Hopfenbeck 1991, 64) zeigt. Zum anderen wird auf die Kreislaufmetapher eingegangen, bei der Vorstellungen von zyklischen Naturvorgängen übertragen werden. Damit wird die bisherige Darstellungsstruktur der Ergebnisse aufgebrochen und der Blick genauer auf zwei Aspekte gelenkt, die inhaltlich der Auswertungseinheit „Umsetzung des Umweltmanagements" zugeordnet werden können.

4.3.4.1 Rolle des Umweltmanagements

Wie bereits in dem vorangegangenen Kapitel erläutert, beschäftigt sich diese Auswertungseinheit mit der Frage, welche Rolle dem Umweltmanagement im Unternehmen bildhaft zugeschrieben wird. Neben der Bauwerk- und der Maschinenmetapher werden im Weiteren solche Metaphern verwendet, die auf ein zugrunde liegendes Organismusmodell hindeuten. Folgende Zitate aus dem Interviewmaterial beschreiben das Umweltmanagement als einen Organismus bzw. als einen Teil davon:

- Das [Umweltmanagement, d. Verf.] ist das *Herz*, würde ich sagen in der Firma. Wenn man nicht danach lebt, wenn der *Puls* nicht da ist, dann kann man es nicht durchziehen. Quasi wie beim Menschen; wenn das *Herz stillsteht*, dann ist er *gestorben* (UN 1, 33).
- Wenn sie viele Mitarbeiter fragen, dann ist das [Umweltmanagement, d. Verf.] der *Kropf*, überflüssig wie sonst etwas. Nun, von vielen Mitarbeitern wird es akzeptiert […] aber es kommt nicht bei allen an (UN 5, 33).
- […] jetzt merke ich, dass es wahnsinnig schwierig ist, das Ding [Umweltmanagement, d. Verf.] *am Leben zu erhalten* bzw. erst einmal *auf die Welt zu bekommen*. Das ist nicht so einfach, wie es am Anfang aussieht (UN 17, 31).

Insbesondere die beiden erstgenannten Zitate zeigen den Vergleich des Umweltmanagements mit unterschiedlichen Körperorganen. In Abhängigkeit von diesen Lexemmetaphern ist auch die Rolle des Umweltmanagements im Unternehmen zu beurteilen. Während das Herz zu den wichtigsten Organen des Körpers gehört, ist der Kropf unnötig. Wird also im ersten Zitat das Umweltmanagement für das Unternehmen als überlebensnotwendig angesehen, so ist es nach der zweiten Beschreibung eher lästig und von keinem Nutzen. Weiterhin wird deutlich, dass auch bei dieser Sichtweise das Umweltmanagement als Teil bzw. Organ im Unternehmenskörpers betrachtet wird.

4.3.4.2 Rolle der Unternehmensführung und der Mitarbeiter

Nicht nur zur Rollenbeschreibung des Umweltmanagements, sondern auch für die der Unternehmensführung und der Mitarbeiter wird die Organismusmetapher verwendet. Dieser Personenkreis passt sich insofern in das Bild des Umweltmanagements als Organismus ein, als dass sie das Umweltmanagement „am Leben erhalten", wie die folgenden Zitate zeigen:

- Ohne die Initiative von den Führungskräften machen sie das ISO-Zertifikat und dann *lebt* es [Umweltmanagementsystem, d. Verf.] nicht mehr (UN 3, 11).

- Die Unternehmensführung hat die wichtigste Rolle. Ohne eine klare Vision, eine Vorgabe, wie man das umsetzen soll, wäre so ein System [Umweltmanagementsystem, d. Verf.] nicht *lebbar* (UN 19, 11)

- Bei den Mitarbeitern sind sich alle bewusst, […] dass jeder Auskunft geben kann, dass jeder es *lebt*. […] Wir *leben* ein Umweltmanagement im Gegensatz zu den anderen (UN 29, 12).

Ausgeführt wird das Organismusmodell vor allem durch die Lexemmetapher des Lebens. Betont wird in den Beschreibungen vor allem die Abhängigkeit des Umweltmanagements von seinem Umfeld, sei es als eigenständiger Organismus oder als Organ im Körper. Die Rolle der Unternehmensführung wird geradezu als überlebensnotwendig angesehen.

4.3.4.3 Umsetzung des Umweltmanagements: Es lebe das Produkt

Die beiden nachfolgenden Kapitel widmen sich dem Umgang mit Produkten und Abfallstoffen. Zur Beschreibung der Abfallwirtschaft und in diesem Zusammenhang auch der Handhabung von Produkten finden insbesondere zwei Metaphern ihre Anwendung. Dies ist zum einen die Kreislaufmetapher, welche sich in zentralen Begriffen des Umweltmanagements wie dem Recycling zeigt. Zum anderen werden Produkte häufig als Lebewesen konzeptualisiert. Beispiele für eine derartige Sichtweise zeigen die folgenden Zitate:

- Wir setzen dabei Rohstoffe, Energie, Wasser und sonstige Güter so sparsam wie möglich ein und berücksichtigen die gesamte *Lebenszeit* der Produkte einschließlich ihrer Entsorgung (Meffert & Kirchgeorg 1998, 183).

- Der Hersteller muß bereits bei der Entwicklung eines neuen Produktes dessen Wirkungen auf die Umwelt über den gesamten *Lebenszyklus* prüfen […]. Zunehmend wird die unternehmerische Verantwortung von ,*der Wiege bis zur Bahre*' definiert (Hopfenbeck 1991, 64).

- Deshalb muss eine ökologische Beurteilung von Produkten und Investitionen umfassend, d.h. über das *gesamte Produktleben*, erfolgen (Schaltegger & Sturm 1992, 31).

- Unsere Produkte haben eine *Lebensdauer* von 2 Jahren (UN 36, 26).

Während ein einzelnes Produkt eine leicht erfahrbare Größe darstellt, übersteigt die Produktbetrachtung von seiner Herstellung bis zur Entsorgung den alltäglichen Erfahrungs- und Vorstellungsbereich. Dieses komplexe gedankliche Gebilde wird mit Hilfe der Organismusmetapher strukturiert, wodurch es an Anschaulichkeit und Nachvollziehbarkeit gewinnt. Mit dieser Übertragung wird den Produkten sozusagen „Leben eingehaucht". Gleichsam wie ein Lebewesen durchlaufen Produkte demzufolge unterschiedliche Lebensphasen, von der Entstehung über den Gebrauch bis zur Entsorgung. Die auf die Produkte übertragenden Aspekte entsprechen der von Lakoff und Johnson (1980, 10-13) beschriebenen „highlighting"-Funktion der Metapher. Auf der anderen Seite geht von jeder Metapher auch eine „hiding"-Funktion aus, d.h. die Ausblendung bestimmter Aspekte, die nicht im Deckungsbereich der Übertragung liegen. So lässt sich beispielsweise der Reproduktionsgedanke oder emotionale Aspekte nicht auf den Zielbereich der Produkte übertragen.

4.3.4.4 Umsetzung des Umweltmanagements: Kreislaufwirtschaft

Bei der Betrachtung von Produkten spielt im Weiteren die Kreislauf- bzw. Zyklusmetapher eine zentrale Rolle.[148] Nach Lakoff (1987, 120) stellt das Kreis-Schema eines der zentralen Bildschemata zur Strukturierung von abstrakten Sachverhalten dar (vgl. Kap. 2.4.6). Die Kreislauf- bzw. Zyklusmetapher steht im engen Zusammenhang zum Organismusmodell,[149] stellen natürliche Kreisläufe und Zyklen wie Jahreszeiten, Wechsel von Tag und Nacht, die durch den Mond beeinflussten Gezeiten sowie Nährstoffkreisläufe zentrale Bestandteile der natürlichen Umwelt dar und sind damit Kennzeichen einer organistisch geprägten Vorstellung (vgl. Caviola 2003b, 8). Die Kernaussage, die sich hinter der Übertragung verbirgt, ist die Betonung des wiederkehrenden Ablaufes von festgelegten Elementen.[150]

Die Kreislaufwirtschaft ist ein zentraler Aspekt des Umweltmanagements. In Abkehr von der Einweg-Wirtschaft, bei der Abfälle aus Industrie und Konsum nach einmaliger Nutzung entsorgt werden, sollen die Abfallstoffe erneut in die

---

[148] Etymologisch bestehen zwischen den beiden Begriffen Überschneidungen. Der Begriff Zyklus bedeutet soviel wie Kreis, Kreislauf, Reihe, regelmäßige wiederkehrende zeitliche Abfolge (vgl. Pfeifer 1997, 1633).

[149] Der Begriff „Kreislauf" ist ein Terminus aus der Chemie sowie der Medizin und taucht erstmals zu Anfang des 18. Jahrhunderts als Übersetzung des englischen cirulation für Blutkreislauf nach Harveys (1628) Schrift *Exercitatio anatomica ... de circulatione sanguinis* auf (vgl. Pfeifer 1997, 731; Hervorh. im Original).

[150] Bei dem Kreislaufbegriff handelt es sich um ein Kompositum. Während das Grundwort „Kreis" die Geschlossenheit von Vorgängen impliziert, verweist der Wortteil „Lauf" auf ein zugrunde liegendes Bewegungsmodell. Die wiederkehrenden und sich wiederholenden Abläufe erinnern in gewisser Weise an die Maschinenmetapher. Detten (2001, 96) weist in seiner Arbeit auf die enge Verbindung und Vermischung zwischen der Maschinenmetapher und dem „Bildfeld des Waldes als kybernetisches System oder Regelkreis" hin.

Produktion eingebracht oder anderweitig verwendet werden, mit dem Ziel, Rohstoffe und Energie zu sparen. Mit dieser Zielsetzung sind die Produkte von Anfang an so zu entwickeln und zu gestalten, dass nach dem Gebrauch eine weitere Nutzung möglich ist. Mit Hilfe der Kreislaufmetapher werden Analogien zwischen organischen Zyklen und der Betrachtung von Abfällen in der Wirtschaft geschaffen. Die folgenden Beispiele gewähren einen Einblick in die Terminologie der Abfallwirtschaft:

- Klassische Ansätze des Wirtschaftens nach dem Durchlaufprinzip sind in eine *Kreislaufwirtschaft* zu überführen, in der Produkte in einen dauerhaften *Wertschöpfungskreislauf* eingebunden werden. Distributionssysteme werden hierbei durch einen Rückkanal zu Retrodistributionssystemen weiterentwickelt, die sich in einer integrierten Problemlösung im Sinne *geschlossener Kreisläufe* annähern (Meffert & Kirchgeorg 1998, 20).

- *Recycling* (= wieder in den *Kreislauf* bringen) wird i.d.R. als Maßnahme der Wiederverwertung angesehen, etwa im Sinne der Recyclingfibel [...] (Hopfenbeck 1991, 238).

- Vorbild ist die *Kreislaufstruktur* der natürlichen Ökosysteme, die in ihrer *zirkulären* Stoffführung die Eigenschaft eines Stoffes als Abfall nicht kennen (Müller-Christ 2001, 573).

- Mit der Einführung der Entsorgungsbranche (*Destruenten* im ökologischen Sinne) sind zumindest strukturell die Voraussetzungen geschaffen, um Stoffe im *Kreislauf* zu führen (Müller-Christ 2001, 574).

Bei der Beschreibung des Umgangs mit Abfallstoffen werden vielfach Kreislauf- und Zyklusmetaphern verwendet, wobei gedankliche Anleihen bei den Stoffkreisläufen in der Natur gemacht werden, wie die letztgenannten Zitate verdeutlichen. Neben den sprachlichen Formulierungen zeigt sich die Kreisvorstellung auch in Piktogrammen oder schematischen Abbildungen zur Behandlung von Abfallstoffen, beispielsweise für das Glasrecycling (Abb. 19):

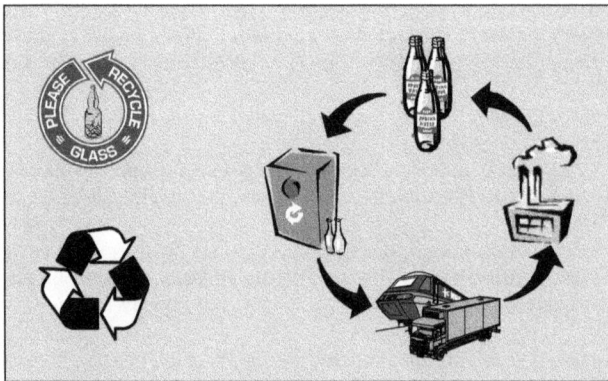

Abb. 19: Schematische Abbildungen zum Umgang mit Abfallstoffen

4.3.4.5 Umsetzung des Umweltmanagements: Kreislauf Umweltmanagement

Die Kreislaufmetapher ist nicht nur bei der Behandlung von Produkten und Abfallstoffen, sondern auch bei der Beschreibung des Umweltmanagementsystems nach DIN ISO 14001 bzw. EMAS auszumachen. Hervorgehoben werden damit vor allem die wiederkehrenden Abläufe in den Systemen. Beispiele finden sich zum einen in folgenden Formulierungen:

- Diese Internationale Norm enthält Forderungen an das Managementsystem, die auf dem dynamisch-*zyklischen* Prozeß von „Planung, Implementierung, Prüfung und Bewertung" beruhen (DIN ISO 14001 1996, Anhang A).

- Der *Kreislauf* geht über die Überwachung, Abweichung, Schulung und Umweltprogramm bis zu dem [...] Dokumentenlenkungssystem, Gesetzgebung etc. (UN 24, 13).

Zum anderen wird das Kreisschema zur bildhaften Darstellung des Ablaufes und der Umsetzung des Umweltmanagements im Unternehmen benutzt, wie Abbildung 20 zeigt:

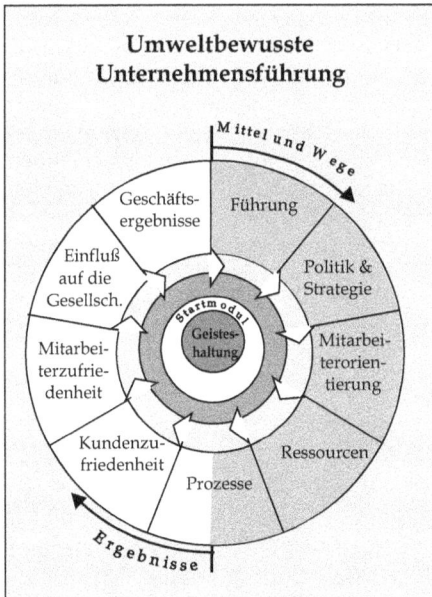

Abb. 20: Kreislaufschema zur umweltbewussten Unternehmensführung (Quelle: Winter 1998, XII; verändert)

Wie in den Zitaten und der Abbildung deutlich wird, symbolisiert die Kreislaufmetapher bzw. die Kreisabbildung einerseits die Geschlossenheit von Vorgängen und andererseits spiegelt sie eine Zustandsveränderung wider.

4.3.4.6 Fazit und Folgerungen für das Umweltmanagement

Die Organismusmetapher findet vor allem zur Strukturierung des Umweltmanagements selbst sowie der am Umweltmanagement beteiligten Personen ihre Anwendung. Weitere Themenbereiche sind der Umgang mit Produkten und Abfallstoffen sowie die Beschreibung der Umweltmanagementabläufe. Mit Hilfe der Organismusmetapher lassen sich vor allem Entwicklungs- und Veränderungsprozesse des Umweltmanagements im Unternehmen veranschaulichen und hervorheben. Während in einigen Zitaten das Umweltmanagement als eigenständiger Organismus beschrieben wird, erscheint es in anderen wie ein Bestandteil davon. Unabhängig von der Erscheinungsform wird als zentraler Aspekt die Abhängigkeit des Umweltmanagements von seinem Umfeld betont. Nur mit Hilfe der Unternehmensführung und der Mitarbeiter ist das Umweltmanagement überlebensfähig. Bei guten Umweltbedingungen kann das Umweltmanagement wachsen und gedeihen, ansonsten besteht die Gefahr, dass es eingeht.

Welche Rolle dem Umweltmanagement im Unternehmen beigemessen wird, zeigt sich deutlich an der Art des beschriebenen Organs. Ist ein Organ krank, kann, in Abhängigkeit von dessen Funktion, der gesamte Organismus betroffen sein. Das Herz ist wohl eines der wichtigsten Organe, ohne das der gesamte Organismus nicht lebensfähig ist. Mit der Gleichsetzung des Umweltmanagements mit dem Herz wird somit die essenzielle Rolle für das Unternehmen herausgestellt. Der auch in den Zitaten ausgeführte Kropf stellt hingegen eine unnötige oder gar krankhafte Wucherung im Körper dar. Eine solche Erscheinung behindert den Organismus und sollte gegebenenfalls entfernt werden. Anhand dieser beiden Beispiele wird deutlich, wie unterschiedlich die Sichtweise auf das Umweltmanagement ist, die sich aus den metaphorischen Formulierung ergibt. Allein anhand des Metaphernmodells DAS UMWELTMANAGEMENT IST EIN ORGANISMUS/EIN TEIL EINES ORGANISMUS kann noch nichts über die Sichtweise und die Stellung des Umweltmanagements im Unternehmen ausgesagt werden.

Weiterhin wurde auf die Kreislauf- bzw. Zyklusmetapher eingegangen. Diese stellt in Bezug auf den Umgang mit Abfallstoffen ein verlockendes Bild dar, mit dessen Hilfe der Prozess der Produktions-, Konsum-, Sammel- und Redistributionsphase gemeinverständlich dargestellt werden kann. Dabei wird auf Vorstellungen von ökologischen Stoffkreisläufen zurückgegriffen.[151] Insbesondere die diesbezüglichen Illustrationen veranschaulichen den Grundgedanken

---

[151] Mit der Beziehung zwischen Ökosystemen und sozioökonomischen Systemen beschäftigt sich die Industrial Ecology (vgl. Constanza 1997, 10; Bey 2001; Ayres 2002; Ehrenfeld 2003). Bey (2001, 38f.) weist in diesem Zusammenhang auf die unvollständige Übertragung des Ökosystemkonzepts in Bezug auf industrielle Systeme hin, da sich diese vor allem auf den Produzenten konzentrieren, während die Verbindung zum Konsumentensystem weitgehend unbeachtet bleibt.

der Kreislaufwirtschaft. Wie bei der anfänglichen Diskussion der Begriffe des Umweltschutzes und des Umweltmanagements deutlich wurde, ziehen Metaphern ihre besondere Anziehungskraft aus der bildhaften Übertragung. Da diese jedoch nicht vollständig ist,[152] sollte man sich auch immer die „blinden Flecken" dieser partiellen Übertragung ins Gedächtnis rufen (vgl. Lakoff & Johnson 1980, 10ff.).

Ein blinder Fleck, der sich aus der Übertragung des Kreislaufmodells auf die Abfallwirtschaft ergibt, ist die Vorstellung, dass Produkte nach ihrer Nutzung immer wieder verwendet werden können. Dies kann jedoch nur eine Idealvorstellung für die Abfallwirtschaft sein, mit der die tatsächlichen Vorgänge nur unzureichend abbildet werden. Für die Aufrechterhaltung der Recyclingprozesse ist immer die Zufuhr von Energie und Rohstoffen von außen notwendig. Auf der anderen Seite werden Stoffe aus dem Kreislauf ausgeschleust, wenn sie nicht weiter genutzt und beispielsweise deponiert oder verbrannt werden müssen. Die Kreislaufmetapher blendet diese Zu- und Abgänge weitgehend aus, indem sie die Geschlossenheit von Vorgängen suggeriert.[153] Ein weiterer blinder Fleck ist, dass in den meisten Fällen für Abfallprodukte lediglich ein „Down-cycling" in Frage kommt, also eine weitere Nutzung in einer qualitativ geringwertigeren Form. Recyclingprodukte können somit nicht beliebig oft in der gleichen Qualität hergestellt werden. Schließlich kann der unreflektierte Gebrauch der Kreislaufmetapher statt zu einer Verbesserung der Umweltsituation zu einer weiteren Schädigung führen. Das Kreissymbol auf Produkten und Umverpackungen verleitet zu der Vorstellung, dass diese Produkte an sich umweltfreundlich sind und unbedenklich konsumiert werden können. Völlig ausgeblendet bleiben Suffizienzkonzepte, also die Überlegung, ob das Produkt überhaupt benötigt wird, oder ob beispielsweise eine Umverpackung für den Schutz des Produktes erforderlich ist (vgl. Schumacher 1974; Sachs 1993; Gladwin et. al. 1995; Umweltbundesamt 1998; Diekmann 1999; Zavestovski 2001). Eine Bewertung der Produkte sowie der Anreiz zu einem umweltverträglicheren Kaufverhalten werden damit nicht gegeben. Stattdessen kann der gesteigerte Konsum, in dem Glauben, sich mit dem Kauf von derart gekennzeichneten Produkten umweltgerecht zu verhalten, die Umwelt sogar noch stärker belasten.

Die Kreislaufmetapher vereint sowohl dynamische Aspekte als auch die Vorstellung von Kontinuität. Trotz dieser Dynamik sind einer Veränderung Grenzen gesetzt und es besteht die Gefahr, in einem „Teufelskreis" zu stecken oder

---

[152] Bei einer vollständigen Deckung wären beide Bereiche identisch (vgl. Lakoff & Johnson 1980, 13).

[153] Auch der englische Begriff der Kreislaufwirtschaft „closed looped recycling management" zielt auf diese Vorstellung von der Geschlossenheit der Vorgänge ab.

sich ziellos im Kreise zu drehen. Mit der Übertragung auf das Umweltmanagement besteht damit die Gefahr, dass dessen Aufrechterhaltung zum Selbstzweck verkommt. Insgesamt ist das Umweltmanagement aus der Perspektive des Organismus durch ein viel stärkeres Maß an Veränderung und Flexibilität geprägt, als dies beispielsweise die Bauwerk- oder Maschinensichtweise erlaubt. Diese Flexibilität ermöglicht die Veränderung und Anpassung des Umweltmanagements an sein Umfeld. Zusammenfassend ergeben sich folgende Highlighting- und Hiding-Aspekte bzw. Stärken und Schwächen der Organismusmetapher (Abb. 21):

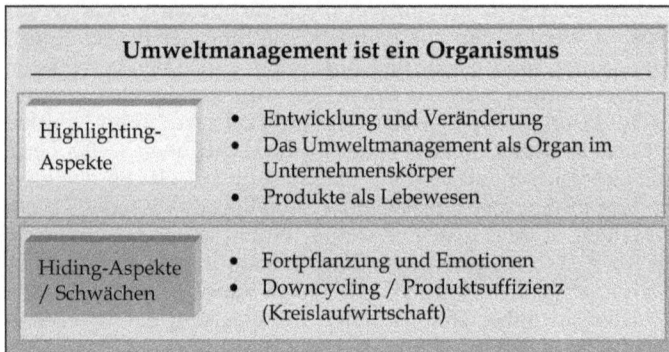

Umweltmanagement ist ein Organismus	
Highlighting-Aspekte	• Entwicklung und Veränderung • Das Umweltmanagement als Organ im Unternehmenskörper • Produkte als Lebewesen
Hiding-Aspekte / Schwächen	• Fortpflanzung und Emotionen • Downcycling / Produktsuffizienz (Kreislaufwirtschaft)

Abb. 21: Highlighting-/Hiding-Aspekte bzw. Schwächen der Organismusmetapher

4.3.5 Das Umweltmanagement ist ein Netz

Die Netzmetapher ist ein weiteres Sprachbild, mit dem unterschiedliche Themen des Umweltmanagements beschrieben werden. Etymologisch hat der Begriff des Netzes seine Wurzeln im althochdeutschen Wort „ *nezzi*" mit der Bedeutung: „geknüpftes Maschenwerk [...], Gesamtheit vieler sich kreuzender und voneinander abzweigender Verbindungen" (vgl. Pfeifer 1997, 920). Kennzeichen eines Netzes sind vor allem die zahlreichen Verknüpfungen und Knotenpunkte, die die Verbindungen zueinander herstellen. Die Netzmetapher basiert auf dem Verbindungs-Schema (Johnson 1987, 117). Diesem liegt die allgemeine Erfahrung von unterschiedlichen Verbindungen zwischen Entitäten, beispielsweise einer Brücke, zugrunde (vgl. Baldauf 1997, 68). Bei der Netzmetaphorik werden diese bildschematischen Vorstellungen auf einen Zielbereich übertragen. Sowohl für den Zielbereich des Umweltmanagements, als auch für viele andere Disziplinen wirkt die Netzmetapher bildspendend, beispielsweise für die Darstellung von Reiz- und Informationsweiterleitung mit Hilfe der so genannten „neuronalen Netze" im Gehirn. Insbesondere durch die sich ausbreitenden Informations- und Kommunikationstechnologien hat die Netzmetapher in den letzten Jahren an Aktualität gewonnen und viele Begriffe der Computersprache gehen auf sie zurück, wie das „WorldWideWeb".

Von ihrer Gestalt her sind Netze nicht punktuell, sondern bilden meist flächige und flexible Gebilde. Trotz der recht einheitlichen bildlichen Vorstellung von einem Netz können die Funktionen sehr unterschiedlich sein. So ist bei den eben genannten Beispielen der neuronalen Netze und dem Internet, bei denen die Informationsverarbeitung und -weiterleitung innerhalb des Netzes im Vordergrund steht, der Verbindungsaspekt zentral. Bei einem Fischer- oder Spinnennetz hingegen kommt ihnen eher eine Fangfunktion zu. Weiterhin können Netze auch eine Sicherheitsfunktion erfüllen, beispielsweise die Auffangnetze der Hochseilartisten im Zirkus. Von wesentlicher Bedeutung bei der Unterscheidung der Funktionen ist der Betrachtungsstandpunkt. Je nachdem, ob man sich außerhalb des Netzes befindet, oder ein Teil davon ist, unterscheiden sich die Funktionen und damit auch die Implikationen der Netzmetapher in ihrer „Highlighting and Hiding"-Ausprägung. Während innerhalb des Netzgebildes vor allem der Verbindungsaspekt im Vordergrund steht, ist es außerhalb eher die (Auf)-Fangfunktion des Netzes. Weitere Kennzeichen von einem Netz sind, dass es bei einem Ausfall eines Knotenpunktes trotzdem weiterhin stabil bleibt und einen Zusammenhalt gewährleistet. Ein Fischernetz kann trotz eines defekten Knotenpunktes größtenteils noch seine Fangfunktion weiter erfüllen, die Informationsweiterleitung in neuronalen Netzen wird durch die zahlreichen Verknüpfungen aufrechterhalten und wird nicht, wie bei einer linearen Weiterleitung, an dieser Stelle unterbrochen.

Netzmetaphern haben Konjunktur und so erstaunt es nicht, dass sie auch in den einzelnen Themenbereichen des Umweltmanagements anzutreffen ist. Mit der Netzmetapher werden vor allem die Eingebundenheit des Umweltmanagements in das Unternehmen sowie die Verbindung zu den unterschiedlichen Beteiligten und Bereichen im Unternehmen betont, wie die nachfolgenden Ausführungen zeigen.

4.3.5.1 Umweltschutz im Unternehmen

Diese Auswertungseinheit beschäftigt sich mit der Frage, wie von Seiten des Unternehmens mit umweltschutzorientierten Anforderungen umgegangen wird. Innerhalb dieser Auswertungseinheit stellt die Netzmetapher ein wichtiges Sprachbild dar. Folgende Zitate vermitteln einen Eindruck von der Verwendung der Netzmetaphorik:

- Wir wollen Umweltziele in das Unternehmen *einbinden* (UN 12, 9).
- [...] versuchen Ansätze der ökologischen Ökonomie – wie z.B. im Ansatz des Sustainable Development - unter Berücksichtung der *Vernetzung* des ökologischen und ökonomischen Systems knappe (natürliche) Ressourcen zu analysieren und Prinzipien für deren rationale Bewirtschaftung abzuleiten (Meffert & Kirchgeorg 1998, 35).

In den Zitaten kommt die Einbindung der Umweltschutzziele in das Gedankengut des Unternehmens zum Ausdruck. Während in dieser Auswertungseinheit allgemein der Umgang mit Umweltschutzthemen im Vordergrund steht, wird in den folgenden Auswertungseinheiten konkret formuliert, wie sich diese Einbindung gestalten soll.

4.3.5.2 Organisation des Umweltmanagements

Die Aufbauorganisation verfolgt das Ziel, klare Strukturen und Zuständigkeiten im Unternehmen zu schaffen. In dieser Auswertungseinheit werden solche Ausführungen zusammengefasst, welche die organisatorische Stellung des Umweltmanagements beschreiben. Neben der Bauwerk- stellt die Netzmetapher eines der zentralen gedanklichen Modelle zur Strukturierung dieses Themenbereiches dar. Während jedoch die Bauwerkmetapher insbesondere die Gestalt und die hierarchische Struktur betont, stehen beim Metaphernmodell DIE ORGANISATION DES UMWELTMANAGEMENTS IST EIN NETZ die Verbindungen innerhalb der Struktur im Vordergrund, wie die folgenden Zitate zeigen:

- Der Umweltmanagementbeauftragte ist Mitglied der Geschäftsleitung [...]. Dadurch hat man die *Verknüpfung* [zwischen Umweltschutz und Unternehmensführung, d. Verf.] (UN 36, 14).
- Grundsätzlich können Umweltschutzbeauftragte dabei nach dem Einlinienprinzip, in Form von Stabstellen oder einer Matrixorganisation sowie eines Projektteams in die Organisation *eingebunden* werden (Meffert & Kirchgeorg 1998, 400).
- Eine integrierte *Einbindung* des Umweltschutzes, [...] würde in letzter Konsequenz bedeuten, dass jede Stelle bei ihrer Aufgabenerfüllung für den Umweltschutz zuständig und verantwortlich ist (Müller-Christ 2002, 152).

Der Aspekt der gegenseitigen Verbindung tritt auch bei den Beschreibungen der Organisationsstruktur für das Umweltmanagement deutlich zu Tage. Der Netzgedanke ist nicht nur im Sprachgebrauch zu finden, sondern kommt darüber hinaus auch in schematischen Darstellungen zu diesem Thema zum Ausdruck. Insbesondere die Form der Matrixorganisation erinnert an ein Netzwerk, wie in Abbildung 22 deutlich wird. Diese ist geeignet, um die gleichberechtigte Stellung des Umweltmanagements gegenüber anderen Unternehmensbereichen hervorzuheben. Im Vergleich zur Bauwerkmetapher spielen hierarchische Aspekte eine untergeordnete Rolle.

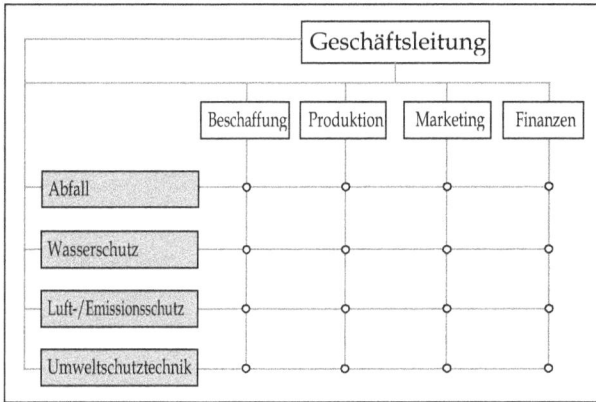

Abb. 22: Graphische Darstellung des Netzmodells in Form der Matrixorganisation (Quelle: Meffert & Kirchgeorg 1998, 406)

4.3.5.3 Rolle der Unternehmensführung und der Mitarbeiter

Die Netzmetapher zeigt sich weiterhin bei den Rollenbeschreibungen der Unternehmensführung und der Mitarbeiter. Folgende Beispiele geben davon einen Eindruck:

- Durch die breite *Einbindung* von Firmenmitarbeitern in die einzelnen Phasen der Durchführung der Audits werden die Mitarbeiter für umweltrelevante Fragestellungen im allgemeinen und die Auswirkungen ihre [sic!] Tätigkeit auf die Umwelt im besonderen sensibilisiert (Heuvels 1993, 45 zit. n. Hopfenbeck et.al. 1995, 125).
- Wir haben versucht, das [Umweltschutzengagement, d. Verf.] mit dem Privatleben zu *verknüpfen* (UN 16, 12).
- Für die Mitarbeiter führen wir Schulungen mit Umweltbezug durch. Weiterhin haben wir ein *Umweltnetzwerk*, wo sich die Vertreter der verschiedenen Abteilungen viermal im Jahr treffen (UN 28, 12).

Neben der Lexemmetapher der „Einbindung" kommt in dieser Auswertungseinheit der Netzgedanke konkret in Form der Metapher des „Umweltnetzwerkes" zum Ausdruck. Daraus ergibt sich ein einheitliches Bild zwischen einerseits der Form, wie die Unternehmensführung und die Mitarbeiter beteiligt werden sollen, und andererseits der bezeichneten Maßnahme.

4.3.5.4 Rolle des Umweltverantwortlichen

Auch in Bezug auf die Rollenbeschreibung des Umweltverantwortlichen, als zentrale Person für das Umweltmanagement im Unternehmen, werden Formulierungen verwendet, die sich gut in das Netzbild einpassen, wie die folgenden Zitate zeigen:

- Seit 1996 beschäftige ich mit damit [Umweltmanagement, d. Verf.]. Ich war ja *eingebunden* in diese Geschichten, speziell habe ich damals Kennzahlen gemacht und die Verbräuche ermittelt (UN 5, 28).

- Als Umweltschutzbeauftragter kommt daher nur eine Person in Frage, die detaillierte Kenntnisse der Produktionsabläufe und angewandten Verfahren und gute *Verbindungen* zu den Mitarbeitern vor Ort hat (Müller-Christ 2001, 141).

Es wird deutlich, dass der Umweltverantwortliche sowie die weiteren beteiligten Gruppen am Umweltmanagement im Unternehmen in ähnlicher Form beschrieben werden. Herausgestellt wird vor allem die gegenseitige Verbindung untereinander. Die weitgehende Ausblendung hierarchischer Strukturen bei der Netzmetapher unterdrückt eine Spezifizierung hinsichtlich unterschiedlicher Rollenmuster, wie sie beispielsweise bei der Bauwerk- und Maschinenmetapher gebräuchlich ist.

4.3.5.5 Beziehung zu anderen Managementsystemen

Schließlich ist die Netzmetapher auch in den Beschreibungen des Verhältnisses des Umweltmanagements zu anderen Managementsystemen des Unternehmens auszumachen. Folgende Beispiele verdeutlichen die Präsenz der Netzmetapher sowohl in den Interviews mit den Umweltverantwortlichen als auch in der Literatur zum Umweltmanagement:

- Umweltmanagementsystem und EKAS [Arbeitsschutzmanagement in der Schweiz, d. Verf.] […] sind ähnlich im Aufbau, auch eine Politik und Ziele. Von der Grundlage sehen sie ähnlich aus. Wir werden die beiden Normen nicht im gleichen Ordner haben, vermutlich separat und *vernetzen* (UN 11, 34).

- Man kann die Systeme [Qualitäts- und Umweltmanagementsystem, d. Verf.] natürlich gut *verknüpfen*, ist ein zusätzliches Argument, um etwas durchzusetzen (UN 35, 34).

- Eine direkte *Verknüpfung* zwischen den Abschnitten der beiden Internationalen Normen [ISO 9001 und ISO 14001, d. Verf.], wurden nur dann hergestellt, wenn die beiden Abschnitte in ihren Forderungen weitgehend übereinstimmen. Neben diesen Übereinstimmungen bestehen viele *Querverbindungen* von geringerer Bedeutung, die hier nicht dargestellt werden können (DIN ISO 14001 1996, Anhang B).

Wie bei den vorherigen Auswertungseinheiten liegt auch den Beschreibungen der Beziehung der Managementsysteme im Unternehmen das Verbindungs-Schema zugrunde, mit dem die gegenseitige Anbindung und Verknüpfung betont wird.

4.3.5.6 Fazit und Folgerungen für das Umweltmanagement

Die Netzwerkmetapher, die auf dem Verbindungs-Schema basiert, wird hauptsächlich für die Strukturierung der Beziehung des Umweltmanagements zu seinem Umfeld verwendet. Als zentraler Aspekt wird die Verbindung des

Umweltmanagements zu den unterschiedlichen Gruppen und Bereichen im Unternehmen betont. Andere eingangs erläuterte Funktionen, wie die Jagd- und Sicherheitsfunktion werden hingegen in Bezug auf das Umweltmanagement kaum thematisiert. Auch weitere Eigenschaften eines Netzes, beispielsweise die physische Beschaffenheit, werden im Rahmen der Ausführungen nicht spezifiziert. Insgesamt ist festzustellen, dass die Netzmetapher kaum mit weiterführenden Attributen des Herkunftsbereiches als dem des Verbindungsaspektes belegt ist.[154]

In dem durch die Netzmetapher gezeichneten Bild bilden die einzelnen Unternehmensbereiche mit den Mitarbeitern, der Unternehmensführung sowie dem Umweltverantwortlichen die Knotenpunkte. In Bezug auf das Umweltmanagement lassen sich auf dieser Grundlage zwei Vorstellungen herausarbeiten. Zum einen wird, wie auch schon bei den vorherigen Metaphern, die Netzmetapher nicht nur auf den Bereich des Umweltmanagements sondern auf das gesamte Unternehmen übertragen. Das Gesamtunternehmen wird als Netz konzipiert, in das das Umweltmanagement bzw. Aspekte des Umweltmanagements „eingeflochten" werden. Diese Perspektive zeigt sich beispielsweise bei der Frage, wie mit Umweltschutzthemen im Unternehmen umgegangen werden soll, sowie hinsichtlich der Einbindung des Umweltverantwortlichen in die Organisationsstruktur. Dabei stehen mit der Netzmetapher flexible und gleichberechtigte Arbeitsformen im Vordergrund. Weiterhin ermöglicht die Vernetzung der Bereiche und Personen mit dem Umweltmanagement einen vielseitigeren und flexibleren Informationsfluss, als es in einer linearen Ausgestaltung möglich ist. Zum anderen kann auch das Umweltmanagement selbst als ein netzartiges Gebilde angesehen werden, welches sich über das gesamte Unternehmen spannt und sowohl die unterschiedlichen Unternehmensbereiche als auch die dort tätigen Mitarbeiter, von der untersten Ebene bis zum Management, umfasst. Ziel ist dabei, die Abteilungen und die Mitarbeiter sowie die Unternehmensführung in den Prozess des Umweltmanagements mit einzubeziehen. Diese Rollenzuweisung wird von einem Interviewpartner explizit in dieser Weise formuliert:

- Ich sehe das Umweltmanagement als ein *Netz*, es ist überall vernetzt und geht in alle Bereiche rein (UN 12, 33).

Die genannten Vorstellungen unterscheiden sich insofern, als dass aus der erstgenannten Perspektive das Umweltmanagement als zusätzliche Verknüpfung das Unternehmensnetzwerk ergänzt, während nach der zweiten Auffassung das Umweltmanagement das Zentrum des Netzes darstellt und sich von dort aus durch Verknüpfungen mit anderen Abteilungen und den dort tätigen Mitarbeitern bildet. Insgesamt scheint die Netzmetapher dem Wesen des Umweltschutzes bzw. des Umweltmanagements entgegen zu kommen bzw. zu

---

[154] Hundt (1995, 79) spricht in diesem Zusammenhang von „Defaultwert", wenn das Metaphernmodell nicht durch weitere Attribute ausgeführt wird.

entsprechen, wird der Umweltschutz mit seinem *„vernetzten* systemischen Charakter"* (Müller-Christ 2001, 55) im Unternehmen häufig als Querschnittsfunktion angesehen (vgl. Meffert & Kirchgeorg 1998, 404). Für eine konkrete Beurteilung kommt es auf die Ausgestaltung an. Wenn das Umweltmanagement am „seidenen Faden" hängt oder kaum Verbindungen zu den anderen Unternehmensbereichen aufweist, können Umweltschutzziele leicht „durch die Maschen fallen". Die mit dem Gebrauch der Netzmetapher für das Umweltmanagement einhergehenden Aspekte werden in Abbildung 23 zusammengefasst:

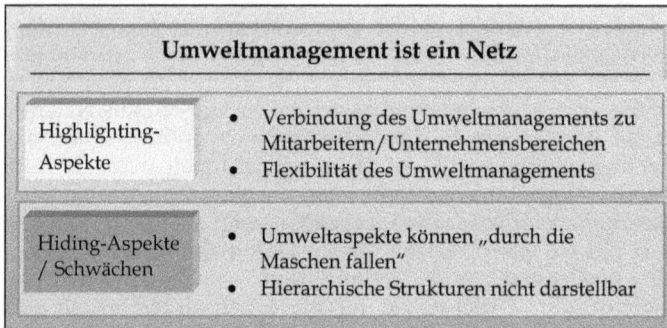

Umweltmanagement ist ein Netz	
Highlighting-Aspekte	• Verbindung des Umweltmanagements zu Mitarbeitern/Unternehmensbereichen • Flexibilität des Umweltmanagements
Hiding-Aspekte / Schwächen	• Umweltaspekte können „durch die Maschen fallen" • Hierarchische Strukturen nicht darstellbar

Abb. 23: Highlighting-/Hiding-Aspekte bzw. Schwächen der Netzmetapher

4.3.6 Das Umweltmanagement ist ein Weg - Kleine Schritte statt große Sprünge

Das Leben ist eine Reise. Dieses gilt auch für das Umweltmanagement. Am Ende der Bilderreihe steht eine Metapher, welche als omnipräsente Raumerfahrung zahlreiche Themenbereiche des Umweltmanagements strukturiert. Die Wegmetaphorik ist bildhafter Ausdruck des Weg-Schemas (vgl. Kap. 2.4.6), welches nach Johnson (1987, 28) auf die physische Erschließung des Raumes zurückgeht. Diese unmittelbare Erfahrung wird häufig dann zur Beschreibung abstrakter und komplexer Sachverhalte genutzt, wenn eine Korrelation zwischen Weg-Erfahrung und abstrakter Erfahrung wahrnehmbar ist. Das Weg-Schema wird für viele Formen unseres Handelns zugrunde gelegt, da unsere Handlungen in der Regel zielgerichtet sind und mit einer Bewegung einhergehen. Das Handlungsziel wird dabei metaphorisch mit dem räumlichen Ziel eines Weges gleichgesetzt (vgl. Baldauf 1997, 140).

Bei dieser Art der Strukturierung können unterschiedliche Aspekte der Weg-Erfahrung betont werden. Wege sind in ihrer Beschaffenheit unterschiedlich. Sie können kurvig oder steinig sein, es kann sich um einen Trampelpfad, eine

Straße oder gar um eine Autobahn handeln. Meist geht ein besser ausgebauter Weg mit einer Erhöhung der Fortbewegungsgeschwindigkeit einher. Nicht umsonst kennzeichnet der Begriff der „Datenautobahn" die schnelle Informationsübertragung im Internet. Weiterhin kann mit der Art der Bewegung eine Bewertung zum Ausdruck gebracht werden. Zentral ist dabei vor allem die Richtung der Bewegung. Generell sind Fort- oder Rückschritte möglich. Beides kennzeichnet zwar eine Veränderung, während jedoch die Rückwärtsbewegung oder allein schon der Stillstand meist negativ bewertet werden, ist die Vorwärtsbewegung meist mit positiven Vorstellungen konnotiert.

Die Wegmetaphorik kommt in unterschiedlichen Auswertungseinheiten zum Umweltmanagement zum Ausdruck. Dabei wird sowohl in den Schilderungen der Interviewpartner als auch innerhalb der Literatur häufig eine Art Reise beschrieben. Insgesamt kann das Metaphernmodell als gut ausgeführt beurteilt werden, da zahlreiche Attribute des Herkunftsbereiches auf das Umweltmanagement übertragen werden. Im Folgenden wird auf die Strukturierung der einzelnen Themenbereiche zum Umweltmanagement durch die Wegmetapher eingegangen. Eingeleitet werden die Ausführungen mit der Frage, warum Unternehmen es für sinnvoll erachten, sich mit dem Umweltmanagement zu beschäftigen.

4.3.6.1 Motivation zum Umweltmanagement

Die Motivation, sich mit dem Thema Umweltmanagement auseinander zu setzen, bildet die Voraussetzung für alle weiteren Aktivitäten des Umweltmanagements. Die Wegmetapher spielt neben der Maschinenmetapher (vgl. Kap. 4.3.3.1) eine wichtige Rolle für diese Auswertungseinheit. Vor allem die positiv besetzte Vorwärtsbewegung dient innerhalb der Beschreibungen häufig als Bildspender, wie die folgenden Aussagen der Interviewpartner belegen:

- Was uns motiviert hat ist, *ein Schritt weiter* zu sein als die Wettbewerber (UN 18, 9).
- Dadurch haben wir einen *first-mover-advantage* und müssen es nicht nach ein paar Jahren zähneknirschend und freudlos machen, sondern können den Nutzen mitnehmen (UN 19, 10).
- Dadurch, dass wir die Gesetze eingehalten haben, haben wir einen gewissen *Vorsprung* geholt, dass wir immer eine gewisse Handlungsfreiheit haben (UN 24, 10).

Aus den Beispielen geht hervor, dass mit Hilfe des Umweltmanagements nicht nur eine nach vorne gerichtete Bewegung, sondern vielmehr eine herausragende Stellung angestrebt wird, insbesondere gegenüber der Konkurrenz und dem Gesetzgeber. Vor allem in Bezug auf Individuen oder Gruppen, die dasselbe Ziel erreichen wollen, wird Überlegenheit mit Hilfe der Wegmetapher häufig als räumlicher Vorsprung beschrieben (vgl. Baldauf 1997, 145).[155]

---

[155] Der Aspekt des räumlichen Vorsprungs wird auch in der Sportmetaphorik verwendet, welche einen beliebten Herkunftsbereich für die Strukturierung der Beziehung von Unternehmen zu seinen Wettbewerbern darstellt.

4.3.6.2 Umsetzung des Umweltmanagements

Ein weiterer Themenbereich, auf den die Wegmetapher strukturierend einwirkt, ist die Umsetzung von Maßnahmen im Umweltmanagement. Diese
Auswertungseinheit ist vor allem durch folgende Submodelle der Wegmetapher VORGEHENSWEISEN SIND WEGE bzw. HANDLUNG/AKTION IST BEWEGUNG
(vgl. Baldauf 1997, 141f.) gekennzeichnet, mit denen die jeweiligen Handlungsweisen, die zum gewünschten Ziel führen sollen, geschildert werden.
Folgende Beispiele geben einen Eindruck davon:

- Sind in einem ersten *Schritt* umweltrelevante betriebliche Daten/Informationen
  registriert worden, so sind im zweiten *Schritt* diese Daten zu bewerten, bevor im
  dritten *Schritt* (Verbesserungs-)Maßnahmen ergriffen werden. (Hopfenbeck et. al.
  1995, 75).

- Die Methode des ökonomisch und ökologisch rationalen *Pfades* (Eco-rational *Path-*
  Method) zeigt eine *Vorgehensweise* zur Umsetzung qualitativen Wachstums auf Unternehmensebene auf (Schaltegger & Sturm 1992, 201).

- Ökologische Krisen […] verändern zwar das Bewusstsein der Gesellschaft […]. Der
  Weg zu einem veränderten Verhalten aller Wirtschaftssubjekte ist aber dennoch *lang*
  und steinig (Müller-Christ 2001, 2).

- Jedes System hat seine Mängel und tut der Realität *hinterher humpeln.* Wir haben
  keinen Anspruch auf Vollkommenheit, einmalige *Ausrutscher* dürfen schon noch
  passieren, aber dürfen nicht zur Gewohnheit werden (UN 11, 17).

Die Zitate zeigen, dass die Einführung und das Aufrechterhalten eines Um-
weltmanagement(-system)s als ein voranschreitender Prozess in Richtung
umweltbewusstes Handeln von Unternehmen verstanden wird. Der „Weg"
und der „Schritt" sind dabei häufig verwendete Lexemmetaphern. Insbesondere die Schrittmetapher impliziert die Teilung von komplexen Vorgängen in
kleinere Abschnitte und damit die Beherrschbarkeit von unübersichtlichen
Sachverhalten. Nach Lakoff und Johnson (1980) werden abstrakte Sachverhalte häufig durch einen näher liegenden Erfahrungsbereich, wie der Weg-Erfahrung, abgebildet. Johnson (1987, 114) beschreibt diese Art der Konzeptualisierung folgendermaßen: „In the metaphor we are thus understanding very abstract purposes […] in terms of the performance of various physical acts in
reaching a spatial goal". Die Verwendung der Wegmetapher dient als affektiv-
kognitive Strategie der Komplexitätsreduktion (vgl. Buchholz & Kleist 1995,
95ff.). Die Umsetzung der Maßnahmen des Umweltmanagements wird als
zielgerichtete Fortbewegung betrachtet, wobei einzelne Etappen das Vorhaben
bewältigbar erscheinen lassen. Nicht umsonst wird in Umweltberichten oder
-erklärungen häufig Begriff der „Meilensteine" verwendet, wenn von den bisherigen Erfolgen der Umweltschutzbemühungen die Rede ist.

Mit einer Reise können jedoch auch Gefahren verbunden sein, wie die Gefahr,
sich zu verirren. Der Weg wird erst recht beschwerlich, wenn beispielsweise
Gegenstände im Weg liegen, die das Vorankommen behindern oder einen zwin-
gen, eine andere Richtung einzuschlagen. Probleme und Schwierigkeiten, die

das Erreichen des Ziels verhindern können, werden im Zusammenhang mit der Wegmetapher entsprechend als Hindernisse gestaltet (vgl. Johnson 1987, 142). Die Umsetzung des Umweltmanagementgedankens bzw. das Erreichen der Umweltschutzziele im Unternehmen wird als mühselige und hindernisreiche Fortbewegung beschrieben, die ein schnelles Vorankommen des Umweltmanagements verhindert. In welcher Weise die Rolle der Unternehmensführung in das von der Wegmetapher gezeichnete Bild eingefügt wird, zeigt die folgende Auswertungseinheit.

4.3.6.3 Rolle der Unternehmensführung

Schon der Begriff der „Unternehmensführung" kann als eine Metapher des Weges gelten. Nach den Ergebnissen von Baldauf (1997, 143) werden einflussreiche Positionen häufig durch das Metaphernmodell WICHTIGE POSITION IST FÜHRUNG AUF EINEM WEG beschrieben. In diesem Sinne passen sich die folgenden Rollenbeschreibungen für die Unternehmensführung in geeigneter Weise in diese Vorstellung ein:

• Die Unternehmensführung muss die grundlegenden Rahmenbedingungen schaffen, die *Leitplanken* [...], nicht nur delegieren, sondern aktiv mitschaffen (UN 10, 11).
• Wenn er nicht von der obersten Spitze vertreten wird, der Gedanke, die *Gangart, die Richtung*, dann funktioniert es auch nicht (UN 11, 11).
• Die Unternehmensführung ist insofern wichtig, dass sie den *Weg* vorgeben, den wir gehen, die *Richtung* vorgeben, die Richtlinie. Es geht nach seinem persönlichen Willen, die Entscheidung liegt beim Direktor (UN 14, 11).

Auf die zentrale Rolle der Unternehmensführung wurde bereits mehrfach hingewiesen. Auch diese Zitate zeigen, dass die Unternehmensführung maßgeblich an der Entwicklung und der Umsetzung des Umweltmanagements beteiligt ist. Die von ihr festgelegten umweltbezogenen Ziele dienen als Richtungsweiser bzw. Etappenziele für das Umweltmanagement.

4.3.6.4 Rolle des Umweltverantwortlichen

Neben der Unternehmensführung ist der Umweltverantwortliche von entscheidender Bedeutung für das Umweltmanagement. Einen Eindruck, in welcher Art und Weise diese Position konzeptualisiert wird, zeigen die folgenden Selbstbeschreibungen der Interviewpartner:

• Vielleicht wie wenn man auf einem *Schiff* ist, kann man als *Navigator* anlugen [Schweizer Begriff für anschauen, d. Verf.]. Dort ist eine Sandbank, wenn man da durchfährt, passiert etwas. Er [Unternehmensführung, d. Verf.] kann immer noch entscheiden, ob er da durch will oder wie schnell. Ich tu aufzeigen, was möglich ist, wo wir stehen, aber umsetzen muss es jemand anders (UN 14, 32).
• Ich denke, meine Funktion ist schon der *Steuermann* im Zusammenhang mit Umwelt, sonst ist es der Geschäftsführer, der *steuert* (UN 16, 32).
• Ist eine schwierige Frage, ich bin derjenige, der das puscht, vielleicht auch der am meisten versteht [...]. Vielleicht noch eher wie ein *Steuermann* (UN 23, 32).

Die Zitate weisen dem Umweltverantwortlichen eine richtungsweisende Funktion zu. Für das Umweltmanagement sieht er sich zum Teil sogar in einer vergleichbaren Rolle wie die Unternehmensführung für das Gesamtunternehmen. Für Meichsner (1983, 1) repräsentiert die Steuermannmetapher diejenige Person, die über die legitime Befehlsgewalt über einen Sachverhalt verfügt. Im Falle des Umweltverantwortlichen ist dies das Umweltmanagement.

Bei der Beschreibung der eigenen Rolle bedienen sich die Umweltverantwortlichen unter anderem der Fahrzeugmetaphorik, welche nach Baldauf (1997, 208ff.) eine Variante der Wegmetapher darstellt.[156] Insbesondere Entwicklungsprozesse werden mit Hilfe der Fahrzeugmetapher beschrieben. Sie weist jedoch nicht nur Überschneidungen zur Weg-, sondern auch zur Maschinenmetapher auf (vgl. Kap. 4.3.3.1). Da im vorliegenden Fall mit Hilfe der Fahrzeugmetaphorik insbesondere die Bewegungsprozesse und die Richtung des Fahrzeugs betont werden, erfolgt eine Zuordnung der metaphorischen Ausdrücke zur Wegmetapher.

4.3.6.5 Rolle des Umweltmanagements

Auch in Bezug auf die Rollenbeschreibung des Umweltmanagements wird neben der Weg- explizit die Schiffsmetapher verwendet, wie die folgenden Beispiele zeigen:

- Vielleicht wie ein *Schiff*, zum Beispiel. Allein [ohne Mannschaft, d. Verf.] geht es nicht und ohne Wind geht es auch nicht und ohne Wasser auch nicht (UN 23, 33).
- Über den fortgeführten Stand der Normungsarbeiten, insbesondere nach der Ende 1996 erfolgten Verabschiedung des zertifizierungsfähigen *‚Flaggschiffs'* der ISO 14000er Serie, der ISO 14001 […] (Winter 1998, 38)
- Es läßt sich dann deutlicher erkennen, daß und warum die ISO-14000er Serie zum betrieblichen Umweltmanagement zwar durchaus als ein […] *Meilenstein* auf dem weltweiten *Wege* des Beitrages der Wirtschaft zur Nachhaltigen Entwicklung angesehen werden kann (Winter 1998, 38).

Wie vor allem anhand der ersten beiden Zitate deutlich wird, passen die Rollenbeschreibungen für das Umweltmanagement(system) in hervorragender Weise zur Selbstdefinition des Umweltverantwortlichen. Das Umweltmanagement(system) wird als Schiff angesehen, welches vom Umweltverantwortlichen gesteuert wird. Neben der angesprochenen Befehlsgewalt für den Umweltverantwortlichen ruft jedoch insbesondere die Schiffsmetaphorik auch Vorstellungen von Risiko und Ungewissheit hervor (vgl. Baldauf 1997, 209ff.). Peil (1983, 866) beschreibt den Zielbereich der Schiffsmetapher als „zielgerichtete, aber gefährdete Bewegung einer hierarchisch gegliederten Organisationseinheit". Die Beschreibungen implizieren damit gleichzeitig, dass die Entwicklung des Umweltmanagements als risikobehaftet beurteilt wird.

---

[156] Auch Clancy (1989) geht im Rahmen des Metaphernmodells der Reise auf die Schiffsmetapher als Submodell der Fahrzeugmetaphorik ein.

4.3.6.6 Fazit und Folgerungen für das Umweltmanagement

Bei der Wegmetapher handelt es sich um ein sehr gut ausgeführtes Sprachbild, mit dessen Hilfe die Motivation zum Umweltmanagement und die Umsetzung diesbezüglicher Maßnahmen im Unternehmen sowie die Rollenbeschreibungen von Unternehmensführung, Umweltverantwortlichen und Umweltmanagement strukturiert werden. Diese häufig anzutreffende und teilweise alltäglich erscheinende Metapher dient oftmals der Komplexitätsreduzierung abstrakter und umfangreicher Sachverhalte.[157] Im Weiteren kann die Wegemetapher dazu herangezogen werden, eine Bewertung zum Ausdruck zu bringen. Insbesondere eine nach vorne gerichtete Bewegung wird dabei positiv beurteilt. Dieser Aspekt zeigt sich beispielsweise indem die Unternehmen aussagen, dass sie im Umweltmanagement die Möglichkeit sehen, gegenüber den Wettbewerbern bzw. dem Gesetzgeber eine verbesserte Stellung einzunehmen.

Mit der Perspektive der Wegmetaphorik werden die Entwicklungs- und Veränderungsprozesse des Umweltmanagements betont, auch wenn eingeräumt wird, dass es sich meist nicht unbedingt um große Sprünge, sondern eher um kleine Schritte handelt. Dies gilt umso mehr, wenn der beschrittene Weg steinig ist und voller Gefahren steckt. Diese bildhaft als Hindernisse gestalteten Probleme deuten auf Umsetzungsschwierigkeiten des Umweltmanagements im Unternehmen hin. Damit das Umweltmanagement zielführend durchgesetzt werden kann und nicht eine falsche Richtung eingeschlagen wird, sind Wegweiser notwendig. Diese werden vor allem durch die Unternehmensführung vorgegeben, welcher auch im Rahmen der Wegmetapher eine wichtige Rolle zugeschrieben wird. In einer ähnlich zentralen Rolle sieht sich der Umweltverantwortliche zum Teil für seinen eigenen Aufgabenbereich. Zur Selbstbeschreibung sowie des Umweltmanagements wird dabei teilweise auf die Fahrzeugmetaphorik zurückgegriffen, mit welcher die Art und Weise der Fortbewegung spezifiziert wird. Gleichzeitig kommt durch die impliziten Risikoaspekte, insbesondere der Schiffsmetaphorik, eine gewisse Unsicherheit über den Stand und die Entwicklung des Umweltmanagements zum Ausdruck. Die metaphorischen Ausführungen spiegeln damit die zum Teil problembehaftete und gefährdete Stellung des Umweltmanagements im Unternehmen wider.

Sowohl die Weg- als auch die in diesem Zusammenhang behandelte Fahrzeugmetapher implizieren eine Zustandsveränderung, wodurch sich Parallelen zur Organismusmetapher ergeben. Gegenüber der Maschinen- bzw. der Bauwerkmetapher erscheint das Umweltmanagement im Lichte der Wegmetapher weitaus dynamischer und flexibler. Strukturelle Aspekte des Umweltmanagements liegen jedoch außerhalb des Übertragungsbereichs dieser Metapher.

---

[157] Schmitt (1997, 61) weist in seinen Untersuchungen über psychosoziales Handeln auf die starke Präsenz der Wegmetapher hin.

Aus inhaltlicher Sicht scheinen die Unternehmen eher in kleinen Schritten einer nachhaltigen Wirtschaftsweise entgegen zu schreiten. Also insgesamt eher ein Spaziergang als eine Reise mit Siebenmeilenstiefeln? In der Literatur zumindest wird das Prinzip der „robusten kleinen Schritte" (Meffert & Kirchgeorg 1998, 199) nahe gelegt und empfohlen, den Weg als das Ziel zu betrachten, wie auch das folgende Zitat verdeutlicht:

> Von daher empfehlen Meffert/Kirchgeorg den Unternehmen, nicht im Ziel, sondern bei dem *zu beschreitenden Weg* zu einer Nachhaltigen Entwicklung die einzigartigen und erfolgversprechenden Elemente ihres Leitbildes herauszuarbeiten (Müller-Christ 2001, 565).

Abbildung 24 fasst die geschilderten Aspekte, die sich aus der Wegmetaphorik für das Umweltmanagement ergeben, zusammenfassen.

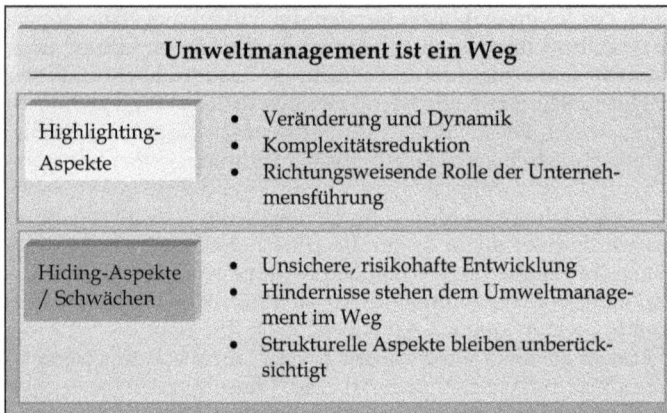

Umweltmanagement ist ein Weg	
Highlighting-Aspekte	• Veränderung und Dynamik • Komplexitätsreduktion • Richtungsweisende Rolle der Unternehmensführung
Hiding-Aspekte / Schwächen	• Unsichere, risikohafte Entwicklung • Hindernisse stehen dem Umweltmanagement im Weg • Strukturelle Aspekte bleiben unberücksichtigt

Abb. 24: Highlighting-/Hiding-Aspekte bzw. Schwächen der Wegmetapher

4.3.7 Exkurs: Kombination von Metaphern

Auf die Möglichkeit, dass sich Metaphern überschneiden können, wurde bereits eingegangen. Im Folgenden soll nicht auf eine einzelne Metapher fokussiert, sondern als Exkurs die Kombination von unterschiedlichen metaphorischen Vorstellungen aufgezeigt werden. Dobrovol´skij (1997, 157) bezeichnet den Fall, dass ein metaphorischer Ausdruck durch zwei Herkunftsbereiche strukturiert wird als „conceptual blending". Schon Lakoff und Johnson (1980, 61 und 104) haben bei der von Ihnen vorgenommenen Klassifizierung von Metaphern darauf hinge wiesen, dass in Strukturmetaphern gleichzeitig andere Metapherntypen enthalten sein können (vgl. Kap. 2.5.1). Auch Baldauf (1997, 245) betont, dass die eher einfachen Metapherntypen „in der Regel an der Zu-

sammensetzung komplexerer Metaphorik beteiligt" sind, da sie einen geringen Strukturierungsgrad aufweisen und weniger detailliert sind.

Insbesondere Orientierungsmetaphern können zu den eher einfacheren Metapherntypen gezählt werden, die wenig Dissonanzen im Zusammenhang mit
anderen Metapherntypen erzeugen. Die Orientierung in horizontaler und ver-
tikaler Richtung kann als eines der wichtigsten Prinzipien des Zurechtfindens
im Raum konstatiert werden. Die vertikale Ausrichtung des menschlichen Körpers sowie seine Erfahrungen, die aus der Erdanziehung resultieren, lassen
das Gegensatzpaar „oben-unten" als primäres Orientierungsprinzip erscheinen, das auf abstraktere Sachverhalte in unserer Umwelt projiziert wird:

> The way we are composed, with the head on top of the body and the sensory organs
> through which we control our environment located in the front of the face, combined
> with the everpresent pull of gravity, results in our creating, naturally, without any
> prompting, simple vertical orderings for sorting the uneven in our social, cultural,
> and physical environments (Laponce 1981, 71).

Häufig geht mit der Orientierungsmetapher eine Bewertung einher, die größtenteils aus der räumlichen Orientierung sowie aus weiteren Erfahrungsmus-
tern resultiert. So prägt beispielsweise die Verbindung von Körpergröße und
physischer Kraft unser Verständnis von Macht und Einfluss. Auch losgelöst
von der physischen Komponente bleibt diese Auffassung von dem Verhältnis
zwischen Größe bzw. Höhe und Macht in unserer Gesellschaft erhalten und
prägt das Metaphernmodell HAVING CONTOL OR FORCE IS UP; BEING SUBJECT TO
CONTROL OR FORCE IS DOWN (Lakoff & Johnson 1980, 15), auf das im Rahmen
der Bauwerkmetapher eingegangen wurde (vgl. Kap. 4.3.2.3). Im Folgenden
wird eine Orientierungsmetapher näher betrachtet, die das Metaphernmodell
GOOD IS UP; BAD IS DOWN (Lakoff & Johnson 1980, 16) prägt und aus unterschiedlichen physischen Erfahrungen des persönlichen Wohlergehens (z.B.
Glück) heraus zu begreifen ist. Entsprechend dieser Erfahrung und Auffassung wird eine Verbesserung häufig als eine Aufwärtsbewegung formuliert
(vgl. Lakoff & Johnson 1980, 15ff.; Baldauf 1997, 153 und 163).

Im umweltmanagementbezogenen Sprachgebrauch konnte die Verwendung
des Metaphernmodells GOOD IS UP; BAD IS DOWN, welches auf dem Skalen-
Schema basiert (vgl. Kap. 2.4.6) unter anderem in Verbindung mit weiteren
Metaphern festgestellt werden. Auf zwei dieser Metaphernkombinationen
wird nachfolgend eingegangen. Dies ist zum einen die Verknüpfung mit der
Kreislauf- sowie zum anderen mit der Bauwerkmetapher zur Beschreibung
von Umweltmanagementsystemen. Das Umweltmanagementsystem wird
häufig als Spirale dargestellt und beschrieben. Grundlage für dieses Modell ist
die Vorstellung von einem Kreislauf. Durch das Skalen-Schema tritt eine zusätzliche Bewegungskomponente in das Bild mit ein, die eine Richtungsvorgabe bewirkt. Sowohl das folgende Zitat aus einem Lehrbuch als auch die Abbildung aus der DIN-Norm ISO 14001 zum Umweltmanagement, auf das sich
das Zitat bezieht, lassen dies erkennen:

- In Abb. 91 ist das Modell des Umweltmanagementsystems als eine *Helix* gezeichnet, die andeuten soll, dass die ständige Wiederholung des Umweltmanagementprozesses das Unternehmen in eine *Schleife* der kontinuierlichen Verbesserung bringt und sich das Unternehmen sukzessive auf ein *höheres Umweltschutzniveau* schraubt (Müller-Christ 2001, 200).

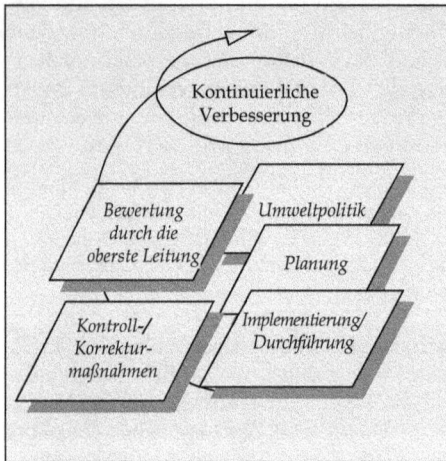

Abb. 25: Kombination des Orientierungs- und des Kreislaufmodells bei der Darstellung des kontinuierlichern Verbesserungsprozesses (Quelle: DIN ISO 14001 1996, 4)

Das Bild der Spirale vermittelt nach Pörksen (1997, 233) die Vorstellung einer gleichmäßigen, fließenden Bewegung, die einem Muster bzw. einer Formel folgt. Die zweite und die folgenden Windungen wiederholen die erste Bewegung auf einer höheren Ebene, so dass jeder Punkt seine Entsprechung in einer anderen Ebene hat. In einem ähnlichen inhaltlichen Zusammenhang ist auch die Kombination mit der Bauwerkmetapher zu sehen. Auch hier handelt es sich um eine gleichmäßige wiederholende Bewegung. Pörksen (1997, 234) ist der Ansicht: „Ebenso begegnen wir der Vorstellung für Entwicklung als eines Stufengangs (für den allerdings das über den Kreis gesagte gilt)". Das nachstehende Zitate sowie eine Abbildung zum Total-Quality-Management (TQM)-System aus dem gleichen Lehrbuch, belegen diese Vorstellung der Weiterentwicklung mit Hilfe der Stufenmetapher.[158]

---

[158] Vergleichbar wie die Schrittmetapher (vgl. Kap. 4.3.6.2) ist auch bei der Lexemmetapher der Stufe davon auszugehen, dass diese die Funktion einer Komplexitätsreduktion erfüllt.

- Im vorliegenden Buch wird vorgeschlagen, der *Qualifikationsebene* von EMAS bzw. ISO 14001 [...] zwei *niedrigere Stufen* [...] voranzustellen und zwei *höhere Stufen*[...] nachzuschalten (Winter 1998, IV)

- So entsteht eine *fünfstufige Qualifikationstreppe.* Diese erlaubt ähnlich einer *Fischtreppe* die *gestufte* Überwindung eines großen *Niveauunterschiedes* unter dosiertem Einsatz von Energie und Zeit (Winter 1998, 15).

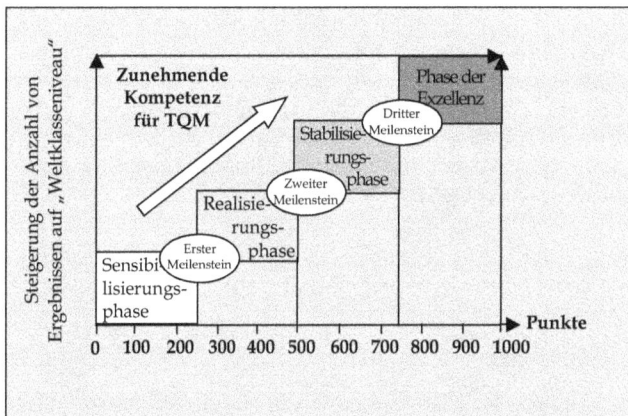

Abb. 26: Kombination des Orientierungs- und des Bauwerkmodells bei der Darstellung des TQM-Systems (Quelle: Winter 1998, 74, leicht verändert)

Gemeinsam ist diesen Beispielen, dass sie die nach oben gerichtete Orientierung als einen anzustrebenden Zustand implizieren.[159] Inhaltlich beziehen sie sich auf die Beschreibung des Umweltmanagement- bzw. des TQM-Systems. Sowohl das Bild von der Helix als auch von der Treppe enthalten eine Richtungsvorgabe für die Entwicklung des Umweltmanagements, die in der Fachsprache als „kontinuierlicher Verbesserungsprozess" bezeichnet wird.[160]

Welcher Effekt geht mit der Kombination der Orientierungsmetapher einher? Mit dem Skalen-Schema wird die Vorstellung von Bewegung und Weiterentwicklung ausgelöst. Damit kann die Orientierungsmetapher gewissen Schwä-

---

[159] In Bezug auf die Umweltproblematik sind allerdings auch Formulierungen zu finden, die dem Metaphernmodell GOOD IS UP; BAD IS DOWN widersprechen, beispielsweise: „Die Umweltverschmutzung ist gestiegen". In diesen Fällen besitzt das Metaphernmodell MORE IS UP; LESS IS DOWN, welches auf der physischen Grundlage basiert, dass sich mit der Zunahme einer Substanz der Mengenstand erhöht, Priorität vor dem Metaphernmodell GOOD IS UP; BAD IS DOWN (vgl. Lakoff & Johnson 1980, 23).

[160] In den angeführten Zitaten zeigt sich im Weiteren auch die Verwendung der Maschinenmetapher. Grundlage für die Kombination mit der Orientierungsmetapher ist jedoch die Bauwerk- bzw. die Kreislaufmetapher.

chen der kombinierten metaphorischen Grundvorstellung entgegenwirken. Als Schwächen der Kreislaufmetapher wurden die Gefahren genannt, sich in einem „Teufelskreis" zu befinden, sowie die eingeschränkten Veränderungsmöglichkeiten. Ebenso wurde auf die Starrheit und die Inflexibilität als Manko der Bauwerkmetapher hingewiesen. Die Orientierungsmetapher scheint diesen Schwächen der jeweiligen Metapher ausgleichen zu können und führt beispielsweise im Zusammenhang mit der Kreislaufmetapher dazu, dass das Risiko, sich um sich selbst zu drehen, gemindert und statt dessen die Vorstellung von einer Weiterentwicklung geweckt wird. Damit symbolisiert die Kombination sowohl Kontinuität als auch Veränderungsmöglichkeit. Ein ähnlicher dynamisierender Effekt ist auch in Verbindung mit der Bauwerkmetapher in Bezug auf die Starrheit und die Inflexibilität festzustellen. Somit können durch die Verbindung zur Orientierungsmetapher negative Implikationen der kombinierten Grundmetapher „ausgebügelt" werden.

4.4 Interpretation und Zusammenfassung der Ergebnisse

4.4.1 Interpretation der Ergebnisse

Der letzte Schritt des Ablaufes der Metaphernanalyse bildet die Interpretation der Ergebnisse hinsichtlich formaler und funktionaler Kriterien (vgl. Kap. 4.2.2.4).

4.4.1.1 Gebräuchlichkeit

Die Ergebnisse zeigen, dass es sich bei den Metaphern durchweg um traditionelle Topoi handelt, die auch in anderen Fachsprachen und in der Alltagssprache ihre Anwendung finden. Lediglich die Netzmetapher kann als vergleichsweise modernes Sprachbild bezeichnet werden. Dieses Ergebnis ist jedoch auch aus dem Zusammenhang zu beurteilen, dass die Arbeit auf die grundlegenden Metaphern des Umweltmanagements fokussiert, also solche Metaphern, die wiederholt in mehreren Auswertungseinheiten auftreten. Unkonventionelle Metaphorik ist hingegen gerade dadurch gekennzeichnet, dass sie sich noch nicht so stark im alltäglichen Sprachgebrauch etabliert hat und von daher auch noch keine ausgeprägten Metaphernmodelle bildet.

4.4.1.2 Unterschiede zwischen Literatur und Praxis

In Bezug auf die bei der Auswahl der Analysematerialien aufgeworfenen Frage (vgl. Kap. 4.1.2), ob sich die Metaphern in den Interviews von denen der in der Literatur unterscheiden, zeigte sich, dass bei der Analyse kaum Unterschiede festgestellt werden konnten. Insgesamt fiel die Sprache der Interviewpart-

ner teilweise etwas „blumiger" als in der Literatur aus, was darauf zurückzu--
führen ist, dass die Antworten und Metaphern in einem Interview spontaner
und unbewusster formuliert werden als bei einem schriftlichen Text, der zur
Veröffentlichung vorgesehen ist (vgl. Dobrovol´skij 1977, 149f.). Auch in Bezug auf die Detailliertheit der Metaphern konnten keine wesentlichen Unterschiede zwischen Literatur- und Interviewmaterial festgestellt werden.

4.4.1.3 Ausführung der Metapher

Hingegen wurde deutlich, dass die einzelnen Metaphernmodelle sowohl in
den Interviews als auch in der Literatur auf sprachlicher Ebene unterschiedlich
detailliert ausgeführt werden. Manche Metaphernmodelle enthalten viele verschiedenartige Lexemmetaphern, während andere nur wenig Varianz hinsichtlich der metaphorischen Ausdrücke zeigen. Beispielsweise wird die Organismusmetapher durch unterschiedliche Lexemmetaphern ausgeführt, wie sich
bei der Beschreibung des Umweltmanagements als „Herz" (UN 1, 33) oder im
Zusammenhang mit den Produkten bei der genannten „Lebensdauer" (UN 36,
26) zeigt. Die Netzmetapher kommt hingegen vordringlich durch die Lexemmetapher der „Verknüpfung" (UN 36, 14) zum Ausdruck, während weitere
Attribute des Netzmodells unausgeführt bleiben und nicht übertragen werden. Ein weiteres Ergebnis ist, dass einige Auswertungseinheiten gleichzeitig
durch mehrere Metaphern konzeptualisiert werden, während bei anderen
hauptsächlich eine Metapher strukturbildend wirkt.

4.4.1.4 Fokus und Interpretation der Metapher

Bei der Analyse wurde weiterhin deutlich, dass sich die meisten Metaphern
nicht nur auf das Umweltmanagement beziehen, sondern häufig das gesamte
Unternehmen in die metaphorische Beschreibung mit einbeziehen. Diese Teil-
Ganze-Beziehung von Umweltmanagement zum Gesamtunternehmen deutet
vordergründig auf die Integration in das Unternehmen hin, da das Umweltmanagement als Bestandteil vom Unternehmen beschrieben wird. Für die Beurteilung ist diese Betrachtung jedoch nicht ausreichend. Vielmehr ist die konkrete Ausgestaltung der Metapher auf der Sprachebene und der Kontext der
Metapher ausschlaggebend. Dies wurde am Beispiel des Metaphernmodells
DAS UMWELTMANAGEMENT IST EIN ORGANISMUS/EIN TEIL EINES ORGANISMUS
deutlich, bei dem das Umweltmanagement als „Herz" (UN 1, 33) bzw. als
„Kropf" (UN 5, 33) im Unternehmenskörper beschrieben wurde. Mit den jeweiligen Metaphern geht eine völlig unterschiedliche Sichtweise auf das Umweltmanagement einher. Schöffel (1987, 142; Hervorh. im Original) vertritt
von daher die Ansicht: *„Die Interpretation einer Metapher verlangt die Rekonstruktion der Implikationssysteme"*.

4.4.2 Zusammenfassende Darstellung der Ergebnisse

Mit Hilfe der Metaphernanalyse wurde aufgezeigt, welche Sprachbilder das Umweltmanagement hauptsächlich strukturieren. Die Ergebnisse sind damit als eine Bestandsaufnahme der zentralen Metaphern in Bezug auf das Umweltmanagement zu sehen. Eingeleitet wurde das Kapitel mit der Erörterung der übergreifenden Begriffe des „Umweltschutzes" und des „Umweltmanagements". Die nähere Betrachtung dieser Begriffe zeigte, dass innerhalb der Umweltdiskussion die Umwelt als kranker und pflegebedürftiger Organismus strukturiert wird. Diese Vorstellung legt die Rolle des Menschen als Pfleger nahe. Auch der Begriff des Umweltmanagements offenbart eine anthropozentrisch geprägte Sichtweise auf die Umwelt. Das Hauptaugenmerk dieses Kapitels lag jedoch auf der Darstellung der vorherrschenden Metaphern für das Umweltmanagement. Es zeigte sich, dass für die Strukturierung der einzelnen Auswertungseinheiten unterschiedliche Herkunftsbereiche als Bildspender herangezogen werden. Bei der Ergebnisdarstellung wurde sowohl auf die metaphorische Präsenz in den einzelnen Auswertungseinheiten als auch auf die „highlighting"- sowie die „hiding"-Aspekte und Schwächen, die sich aus der Übertragung für das Umweltmanagement ergeben, eingegangen.

Während die Bauwerkmetapher als positive Implikationen für das Umweltmanagement stabile und erkennbare hierarchische Strukturen bereitstellt, gehen auf der anderen Seite mit diesem Bild auch Vorstellungen von Starrheit und von Inflexibilität des Umweltmanagements einher. Diese negativen Aspekte teilt sich die Bauwerk- mit der Maschinenmetapher, mit welcher insbesondere geregelte Abläufe sowie eine funktionelle Rationalität für das Umweltmanagement hervorgehoben werden. Diese Funktionsorientierung wird ausdrücklich anhand der Lexemmetapher des „Instruments" deutlich. Damit wird dem Umweltmanagement eine nutzenstiftende Rolle für das Unternehmen zugeschrieben. Als Gegenbild wird häufig die Organismusmetapher angesehen, welche mehr Kreativität und Flexibilität vermittelt. Als zentrale Aspekte sind mit dieser Sichtweise für das Umweltmanagement die Möglichkeit zur Veränderung und Entwicklung sowie die Abhängigkeit vom Umfeld verbunden. Die in diesem Zusammenhang vorgestellte Kreislaufmetapher wirkt vor allem auf den Produkt- und Abfallbereich bildspendend. Durch die Übertragung werden jedoch einige sachliche Aspekte der Kreislaufwirtschaft verschleiert. Beispielsweise werden Stoffe, wenn sie nicht mehr weiter genutzt werden, aus dem Kreislauf ausgeschleust. Zudem ist für die meisten Produkte nur ein Downcycling möglich. Wie die Organismusmetapher, so wird auch bei der Netzmetapher die Vorstellung von Flexibilität hervorgerufen. Dieses Sprachbild betont vor allem die Verbindungen zwischen dem Umweltmanagement zu seinem Umfeld. Alle beteiligen Personen und Institutionen werden kongruent in dieses Bild eingefügt. Weiterhin ist die Netzmetapher idealer Ausdruck für gleichberechtigte und flexible Arbeitsformen des Umweltmanagements. Im Weiteren wurde auf die Wegmetapher eingegangen, welche unter anderem der sprachlichen Komplexitätsreduzierung abstrakter Sachverhalte dient. Diese Metapher impliziert vor allem Veränderung und Wandel. Gleiches gilt auch für die in diesem Zusammenhang vorgestellte Fahrzeugmetaphorik, mit der unter anderem die Art und Weise der Fortbewegung spezifiziert wird, wobei insbesondere der Schiffsmetapher Risikoaspekte innewohnen. Die Entwicklung des Umweltmanagements erscheint in diesem Bild als gefährdet und unsicher.

Nach der Vorstellung der unterschiedlichen Metaphern wurde anschließend in einem Exkurs auf die Kombination unterschiedlicher Metaphern eingegangen. Die Verbindung der auf der oben-unten-Ausrichtung basierenden Orientierungsmetapher zur Bauwerk- bzw. Kreislaufvorstellung spielt insbesondere bei der Beschreibung des kontinuierlichen Verbesserungsprozesses innerhalb des Umweltmanagements eine bildspendende Rolle. In der Kombination mit der Orientierungsmetapher, welche selbst nicht in dem Maße strukturierend auf den Zielbereich einwirkt, werden Schwächen der hauptsächlich strukturgebenden Metapher abgemildert. Die durch die Orientierungsmetapher hervorgerufene Richtungsvorgabe wirkt sich dynamisierend auf das Metaphernmodell aus. Insgesamt sind immer wieder Überschneidungen zwischen den Metaphern feststellbar, welche eine eindeutige Zuordnung des metaphorischen Ausdrucks zu einem einzigen Metaphernmodell behindern. Nach Baldauf (1997, 245) „entstehen Vernetzungen und Überlagerungen der verschiedenen Metapherntypen, Inklusionsverhältnisse und komplexe Interdependenzen, die eine Einordnung sprachlicher Instanzen in verschiedene Metaphernsysteme erschwert".[161]

Alle Metaphern gemeinsam bilden für das Umweltmanagement eine „Matrix" (vgl. Langacker 1987), mit deren Hilfe verschiedenartige Aspekt des Umweltmanagements hervorgehoben und betont werden, indem das entsprechende Metaphernmodell abgerufen wird (vgl. Baldauf 1997, 80). Die Ergebnisse dieses Kapitels sind als Inventar grundlegender Metaphern für das Umweltmanagement aufzufassen und bilden die Ausgangsbasis für die Fragestellungen der Folgekapitel. Das Kapitel schließt mit einer Übersicht über die identifizierten Metaphern. Dabei werden die Auswertungseinheiten des Umweltmanagements als Zielbereich den jeweiligen Metaphern als Herkunftsbereich gegenüberge-

---

[161] Neben Baldauf (1997, 245) weisen auch Hundt (1995, 291) und Schmitt (1997, 78) in ihren Arbeiten auf diese Schwierigkeiten einer klaren Zuordnung metaphorischer Ausdrücke hin.

stellt.[162] Auf die Vorstellung isolierter Metaphern, die lediglich vereinzelt Themenbereiche strukturieren, wurde verzichtet, da es primäres Ziel dieses Kapitels war, diejenigen Metaphernmodelle zu identifizieren, die eine zentrale Rolle in mehreren Auswertungseinheiten zum Umweltmanagement spielen und somit als häufiges Strukturprinzip angesehen werden können. Beispiel für ein singuläres Mapping ist die Projektion des Gleichgewichts-Schema auf den Zielbereich „Beziehung des Umweltmanagements zu anderen Unternehmensbereichen und –zielen", auf das gesondert in Kapitel 5.3 eingegangen wird.

Auswertungseinheit / Metapher	Bau-werk	Ma-schine	Orga-nismus	Netz	Weg	Oben/unten
Umweltschutz im Unternehmen				X		
Motivation für ein Umweltmanagement		X			X	
Implementierung des Umweltmanagements	X					
Organisation des Umweltmanagements	X			X		X
Umsetzung des Umweltmanagements		X	X		X	X
Rolle des Umweltmanagements		X	X		X	
Rolle des Umweltverantwortlichen				X	X	
Rolle der Mitarbeiter / Unternehmensführung	X	X	X	X	X	
Beziehung zu anderen Managementsystemen	X	X		X		

Abb. 27: Grundlegende Metaphern des Umweltmanagements

---

[162] Die im Rahmen der Bauwerkmetapher sowie der Metaphernkombination behandelte Orientierungsmetapher wird gesondert ausgewiesen, um zu verdeutlichen, auf welche Auswertungseinheiten diese bildspendend wirkt.

Die Formel aus dem politischen Tagesvokabular Ökonomie und Ökologie sind kein Widerspruch, sie lassen sich versöhnen, mag Ausdruck von Einfalt oder Harmoniebedürfnis sein; oder sie wurde erfunden, um Interessenpolitik zu vernebeln. Sie ist falsch (Schütze 1990 zit. n. Hopfenbeck 1991, 59).

5 Stellung des Umweltmanagements im Unternehmen

Während im vorangegangenen Kapitel das Umweltmanagement in Bezug auf seine Metaphern in seiner gesamten Themenvielfalt analysiert wurde, konzentriert sich dieses Kapitel auf einen einzelnen Themenbereich, wobei auf die bisherigen Ergebnisse zurückgegriffen wird. Im Zentrum dieses Kapitels steht die Frage, ob sich aus der Analyse der Metaphern Hinweise auf die Stellung des Umweltmanagements im Unternehmen ergeben. In der Praxis sind vielfach Schwierigkeiten bei der Umsetzung des Umweltmanagements festzustellen. Die zentrale Fragestellung in diesem Kapitel lautet von daher: Lassen sich die Schwierigkeiten und Probleme bei der Umsetzung des Umweltmanagements im Unternehmen aus einer sprachlichen Betrachtung heraus bestätigen, bzw. liegt in der metaphorischen Konzeptualisierung gar die Wurzel für mögliche Konfliktsituationen? Dieser Frage wird anhand folgender drei unterschiedlicher Untersuchungsansätze nachgegangen:

- Gegenüberstellung der Metaphern des Umweltmanagements mit denen der (Betriebs-)Wirtschaft,

- Einschätzung des Umweltmanagements und des Unternehmens anhand vorgegebener Bilder,

- Analyse der Metaphern zur Frage: „Beziehungen des Umweltmanagements zu anderen Unternehmensbereichen und –zielen".

5.1 Gegenüberstellung metaphorischer Konzepte

5.1.1. Untersuchungsdesign

Eine Herangehensweise ergibt sich aus der dieser Arbeit zugrunde liegenden Annahme, dass metaphorische Modelle sowohl zur Strukturierung des Umweltmanagements als auch des Unternehmens herangezogen werden. Als

Hypothese lässt sich daraus ableiten, dass eine unterschiedliche metaphorische Konzeptualisierung des Umweltmanagements auf der einen und des Unternehmens auf der anderen Seite auf divergierende „Denkwelten" schließen lässt, in denen die Schwierigkeiten des Umweltmanagements begründet liegen können.

Zur Überprüfung der Frage, inwieweit sich die Umweltmanagement- und Unternehmenskonzeptionen gleichen bzw. kompatibel sind, wurden die Metaphern des Umweltmanagements denen der (Betriebs-)Wirtschaft gegenübergestellt und verglichen. Aus zeitlichen und ökonomischen Gründen war die Durchführung einer entsprechenden Metaphernanalyse mit Unternehmensbezug, wie sie in der vorliegenden Arbeit für das Umweltmanagement durchgeführt wurde, nicht möglich. Von daher wurde zum einen das vorhandene Datenmaterial der vorliegenden Arbeit einer Metaphernanalyse mit inhaltlichem Bezug auf Unternehmen unterzogen.[163] Zum anderen wurden Publikationen, die sich mit der Bedeutung von Metaphern in der (Betriebs-)Wirtschaft beschäftigen, in die Analyse einbezogen. Neben den in Kapitel 3 vorgestellten Arbeiten von Morgan (1986) und Clancy (1989), ist dies zum einen die Arbeit von Gloor (1987) über „Die Rolle der Metapher in der Betriebswirtschaftslehre" sowie zum anderen die Untersuchung von Jäkel (1997) zur Metaphorik in der wirtschaftsbezogenen Sprache.

5.1.2 Ergebnisse

In der Abbildung 28 werden die die Metaphern des Umweltmanagements denen der (Betriebs-)Wirtschaft gegenüber gestellt. Damit wird zum einen deutlich, welche Metaphern in Bezug auf Unternehmen bzw. die Wirtschaft in den unterschiedlichen Arbeiten herausgearbeitet und behandelt wurden, bzw. inwieweit diese auch im Zusammenhang auf das Umweltmanagement anzutreffen sind.[164]

---

[163] Insgesamt wurden 234 Lexemmetaphern für das Unternehmen bzw. in Bezug auf Unternehmen identifiziert und zu Metaphernmodellen zusammengefasst. Vor allem die Herkunftsbereiche „Maschine", „Bauwerk", „Organismus", „Familie", „Krieg" und „Weg" wirken dabei bildspendend.

[164] In der Abbildung 28 sind lediglich die in Kapitel 4 vorgestellten übergreifenden Metaphern des Umweltmanagements genannt. Für die Gegenüberstellung wird zum einen die im Zusammenhang mit dem Umweltmanagement identifizierte Wegmetapher der von Clancy (1989) als Reise bezeichneten Metapher zugeordnet. Zum anderen wird die Netzmetapher dem Bild des Gehirns von Morgan (1986) gleichgestellt, da beide Vorstellungen in weiten Teilen Übereinstimmungen in Bezug auf die Ausgestaltung der Organisation als Netzwerk sowie auf die Verarbeitung von Informationen aufweisen.

ANALYSE-BEZUG	WIRTSCHAFT / UNTERNEHMEN					UMWELT-MANA-GEMENT
AUTOR/ HERKUNFTS-BEREICH	MORGAN (1986)	CLANCY (1989)	GLOOR (1987)	JÄKEL (1997)	HROCH	HROCH
Maschine	x	x	x	x	x	x
Kybern. System			x	x		
Bauwerk				x	x	x
Organismus	x	x	x	x	x	x
Familie				x	x	
Person				x		
Patient				x		
Krieg		x		x	x	
Macht	x					
Politik	x		x			
Theater				x		
Spiel		x				
Reise / Weg		x			x	x
Gehirn / Netz	x					x
Gesellschaft		x				
Kultur	x		x			
Sozialer Vertrag			x			
Fluss u. Wandel	x					
Phys. Gefängnis	x					
Flüssigkeit				x		
Behälter				x		
Skalen-Schema				x		x

Abb. 28: Gegenüberstellung der Metaphern für die (Betriebs-)Wirtschaft mit denen für das Umweltmanagement

Bei der Gegenüberstellung zeigt sich zunächst, dass auf der einen Seite gewisse Metaphern, die als „Wurzelmetaphern" gelten können, wie die Maschinen- und die Organismusmetapher in allen Arbeiten zu finden sind. Auf der anderen Seite führen selbst diejenigen Autoren, die sich in ihren Arbeiten auf Metaphern der (Betriebs-)Wirtschaft beziehen, je nach Untersuchungsfokus und gewählter Vorgehensweise, unterschiedliche Metaphern an. Hinsichtlich der Vorgehensweise sind zum einen die Arbeiten von Morgan (1986) und Gloor (1987) vergleichbar. Beide Autoren führen in ihren Werken verschiedene metapherngeleitete Sichtweisen für Organisationen an. Zum anderen basieren sowohl die Arbeiten von Clancy (1989) als auch von Jäkel (1997) auf einer eigenständigen Metaphernanalyse zur wirtschaftsbezogenen Sprache. Doch auch bei identischem Untersuchungsfokus und gleicher Vorgehensweise gelangen die Autoren teilweise zu voneinander abweichenden Ergebnissen. Dies zeigt, dass selbst innerhalb des gleichen Untersuchungsbereichs die Ergebnisse größtenteils nicht miteinander vergleichbar sind. Die voneinander abweichenden Ergebnisse können im zugrunde gelegten Analysematerial oder in der Analysetiefe der Untersuchung gegründet sein. Weiterhin können sie durch den Zeitpunkt der Analyse bzw. der Veröffentlichung bedingt sein (vgl. Kap. 3.5).

Ein weiteres Ergebnis der Gegenüberstellung ist, dass alle Metaphern des Umweltmanagements auch in Bezug auf Unternehmen bzw. die Wirtschaft zu finden sind, wenn auch nicht in völliger Deckung mit einem einzelnen Autor oder einer Publikation. Viele der für das Umweltmanagement identifizierten Metaphern spielen auch in der Betriebswirtschaftslehre eine wichtige Rolle, beispielsweise die Netzmetapher. In ihr sehen Bea und Göbel (2002, 119) die Grundlage des institutionen-ökonomischen Ansatzes. Für Kieser (2000, 168) steht sie bei der Transaktionstheorie in Verbindung zur Marktmetapher. Krcal (2001, 6) schließlich vertritt die Ansicht, dass sich in „der Netzwerktheorie [...] alles um die Netz-Metapher als Merkmal autonomer Subeinheiten polyzentrischer Strukturen" dreht.[165] Die Bauwerkmetapher wiederum, auf deren Verwendung neben den eigenen Ergebnissen lediglich Jäkel (1997) verweist, ist nach Ansicht von Bea und Göbel (2002, 73) die Grundlage des strukturtechnischen Ansatzes. Darüber hinaus ist auch die Wegmetapher in Verbindung mit dem Skalen-Schema in wirtschaftlichen Zusammenhängen zu finden. So fasst Jäkel (1997, 237) Formulierungen wie „Mit der Wirtschaft geht es bergauf" bzw. „Die Wirtschaft befindet sich auf Talfahrt" unter dem Modell der GEBIRGS-TOPOLPGIE zusammen. Dieses ist seiner Ansicht nach eine Erscheinungsform unterschiedlicher Bewegungsmodelle und stellt eines der bedeutendsten Me-

---

[165] Auch Gomez und Zimmermann (1993, 92) verwenden den Netzbegriff, um auf Parallelen im Metapherngebrauch in der Organisationstheorie hinzuweisen (vgl. Krcal 2001, 6).

taphernmodelle der Wirtschaft dar (vgl. Jäkel 1994; 1997, 223-241).[166] Umgekehrt spiegeln sich zum Teil auch eher ungewöhnliche Sprachbilder, beispielsweise die von Jäkel (1997, 220-223) identifizierte Patientenmetapher im Metaphernmodell DIE UMWELT IST EIN KRANKER ORGANISMUS (vgl. Kap. 4.3.1.1) wider. Weitere Herkunftsbereiche, wie die des Krieges (vgl. Clancy 1989; Jäkel 1997), wirken auf die Auswertungseinheit „Beziehung des Umweltmanagements zu anderen Unternehmensbereichen und -zielen" bildspendend.[167]

Die Ergebnisse zeigen, dass anhand der Gegenüberstellung der Metaphern keine divergierende Konzeptualisierung für das Umweltmanagement und das Unternehmen erkennbar ist, von der aus auf eine problematische Beziehung geschlossen werden kann. Vielmehr könnte aus dem Ergebnis, dass die grundlegenden Metaphern des Umweltmanagements auch in Bezug auf die (Betriebs-)Wirtschaft erkennbar sind, eine vergleichbare Konzeptualisierung und auf dieser Grundlage die Integration des Umweltmanagements in unternehmerische Zielsetzungen und Abläufe vermutet werden. Das Auftreten vergleichbarer Metaphern ist sicherlich auch darin begründet, dass das Umweltmanagement als ein Teil der wirtschaftlichen Tätigkeit verstanden werden kann und viele Begriffe aus der Wirtschaftsprache heraus in das Umweltmanagement übertragen werden. Auf der anderen Seite sind die in den Arbeiten angeführten Metaphern aufgrund der unterschiedlichen Schwerpunktsetzung und Analysetiefe nur schwer vergleichbar. Metaphern sind gedankliche Konstrukte, die in vielen Anwendungsbereichen Gültigkeit besitzen. So vertreten Oswick und Grant (1996b, 215) die Ansicht, dass Metaphern nicht spezifisch für Organisationen sind: „None of them are specific to organizational science". Auch Metaphernanalysen in entfernten Disziplinen und Themenbereichen, beispielsweise in der Psychologie (Schmitt 1995; ders. 1997), zum Thema Aids (Sontag 1989; Dobrovol´skij 1997) oder der Alltagssprache (Baldauf 1997), weisen vergleichbare Metaphern wie das Umweltmanagement und die (Betriebs-)Wirtschaft auf.[168] Die identifizierten Metaphern sind demzufolge nicht spezifisch für eine einzelne Wissenschaft. Von daher sind Hinweise auf die Stellung des Umweltmanagements im Unternehmen sowie eventuelle Problembereiche anhand dieser Gegenüberstellung der Metaphern nur eingeschränkt ablesbar und es bedarf einer weiteren Konkretisierung der Herangehensweise.

---

[166] Hundt (1995, 44) kommt in seiner Arbeit zu dem Schluss, dass wirtschaftliche Vorgänge häufig mit Hilfe einfacher Bewegungs-Modelle erklärt werden.

[167] Die Kriegsmetapher wurde nicht im vierten Kapitel angeführt, da sie nicht ein übergreifendes Strukturprinzip des Umweltmanagements über mehrere Auswertungseinheiten darstellt. Auf die Kriegs- sowie weitere Metaphern der Auswertungseinheit „Beziehung des Umweltmanagements zu anderen Unternehmensbereichen und -zielen" wird im weiteren Verlauf dieses Kapitels eingegangen.

[168] Welche Konsequenzen sich aus dem ähnlichen Gebrauch von Metaphern in unterschiedlichen Fachsprachen und der Alltagssprache für die Festlegung des Zielbereichs sowie die Aussage von Metaphernanalysen ziehen lassen, steht am Ende dieser Arbeit (Kap. 7.2) zur Diskussion.

5.2 Einschätzung anhand vorgegebener Bilder

5.2.1 Untersuchungsdesign

Trotz der vergleichbaren metaphorischen Strukturierung sowie der Annahme, dass sich der Sprachgebrauch im Umweltmanagement weitgehend aus der Wirtschaftsprache entwickelt hat, stellt sich dennoch die Frage, inwieweit unterschiedliche metaphernbasierte Vorstellungen auch gleichermaßen als zutreffend empfunden werden. Zur Klärung dieser Frage wurden innerhalb des Interviews die befragten Personen gebeten, eine Einschätzung sowohl des Unternehmens als auch des Umweltmanagements anhand von vorgegebenen bildhaften Vergleichen vorzunehmen. Ziel dieser Vorgehensweise war herauszufinden, ob diese in gleicher Weise sowohl für das Unternehmen als auch für das Umweltmanagement beurteilt werden, da eine divergierende Einschätzung auf das Vorliegen unterschiedliche Leitvorstellungen hindeutet, die zu Konflikten führen können.[169]

Die bildhaften Beschreibungen für das Unternehmen und das Umweltmanagement basieren auf der Einteilung von Morgan (1986), die er in seinem Buch „Images of Organization" vornimmt. Nach den Erfahrungen im Pretest wurden die metaphernbasierten Perspektiven leicht angepasst. Auf der einen Seite wurden die Bilder „politisches System" und „physisches Gefängnis" nicht weiter als Kategorien verwendet, da sie sich beim Pretest als nicht geeignet erwiesen.[170] Auf der anderen Seite wurde das Bild „Ordnungshüter" als weitere Kategorie mit dem Ziel hinzugefügt, eine Vorstellung zu definieren, welche den reglementierenden Charakter der Zertifizierungsnormen für die Umweltmanagementsysteme DIN ISO 14001 und EMAS widerspiegelt. Bei diesem Bild stehen vor allem interne und externe Regelungen und Normen im Vordergrund, wobei Kontrollen und Überprüfungen ein wichtiges Instrument zum Einhalten der Regelungen darstellen. Wie bei der Maschinenvorstellung besteht auch hier eine strenge Hierarchie und ein festgelegtes Handlungsgefüge, wobei mit der Sichtweise des Ordnungshüters stärker die externe Kontrolle hervorgehoben wird.

Die Interviewpartner wurden nun gebeten, eine Einschätzung in Bezug auf das Unternehmen und das Umweltmanagement vorzunehmen (Abb. 29). Diese erfolgte anhand einer fünfwertigen Skala, mit der die Befragten eine

---

[169] Diese Beurteilung von Seiten der Interviewpartner wird weiterhin als Überprüfung der Ergebnisse der Metaphernanalyse angesehen, indem die Einschätzungen mit den verwendeten Metaphern der einzelnen Interviewpartner verglichen werden können (vgl. Kap. 6).

[170] Wie sich im Pretest zeigte, waren diese Bilder für die Interviewpartner vor allem mit negativen Vorstellungen verbunden und wurden unabhängig vom Gegenstand, auf den sie übertragen wurden, durchweg verneint. Zu den anderen bildhaften Organisationsvorstellungen von Morgan (1986) vgl. die Ausführungen im dritten Kapitel dieser Arbeit.

Wertung von „trifft voll zu" (Wert 1) bis „trifft gar nicht zu" (Wert 5) vornehmen konnten. Je niedriger der Wert, desto passender wird demnach das Bild empfunden, und umgekehrt, je höher der Wert, desto geringer ist die Zustimmung.

Das Unternehmen / Das Umweltmanagement ...	trifft voll zu ....trifft gar nicht zu				
	1	2	3	4	5
... funktioniert wie eine Maschine					
... entwickelt sich wie ein Organismus					
... arbeitet wie ein Gehirn					
... handelt wie ein Ordnungshüter					
... hat eine ausgeprägte Kultur					
... befindet sich andauernd im Fluss und Wandel					
... ist ein Machtinstrument					

Abb. 29: Ausgewählte Bilder für das Unternehmen/Umweltmanagement

Neben der Einschätzung des Unternehmens und des Umweltmanagements anhand der Skala wurden die befragten Personen weiterhin gebeten, bei der Beurteilung die von ihnen mit den Bildern verbundenen Vorstellungen zu äußern. Erläuterungen von Seiten des Interviewers wurden zunächst nicht gegeben. Lediglich bei Unklarheiten wurden kurz die Eigenschaften der bildhaften Beschreibung im Sinne von Morgan (1986) dargelegt. Obwohl die Interviewpartner größtenteils keine Vorgaben erhielten, zeigte sich, dass die Vorstellungen mit den Ausführungen von Morgan (1986) überwiegend übereinstimmten, wenn auch nicht in der Detaillierung. So wurden von den Interviewpartnern mit dem Bild „Organismus" und „Fluss und Wandel" vorrangig der Aspekt der Veränderung in Verbindung gebracht und weniger die bei Morgan ausgeführte Bedürfnisorientierung als Folgerung aus dem Organismusmodell bzw. die Selbsterneuerung und das organisationale Lernen im Rahmen der Perspektive vom Fluss und Wandel.

5.2.2 Ergebnisse

Entgegen der anfänglichen Vermutung vieler Befragter, dass sich die Einschätzungen des Unternehmens und des Umweltmanagements gleichen, wurden dennoch unterschiedliche Einschätzungen vorgenommen. Abbildung 30 gibt den Durchschnittswert (arithmetisches Mittel) zu den einzelnen bildhaften Vergleichen wieder. Der höchste und der niedrigste Wert sind jeweils gekennzeichnet.

Das Unternehmen / Das Umweltmanagement	Durchschnittswert	
	Unternehmen	Umweltmanagement
... funktioniert wie eine Maschine	3,26	3,71
... entwickelt sich wie ein Organismus	2,13	**1,87**
... arbeitet wie ein Gehirn	2,63	2,51
... handelt wie ein Ordnungshüter	**3,74**	2,44
... hat eine ausgeprägte Kultur	2,11	2,14
... befindet sich andauernd im Fluss und Wandel	**1,71**	2,16
... ist ein Machtinstrument	3,68	**3,82**

Abb. 30: Einschätzung des Unternehmens/Umweltmanagements im Durchschnitt (1 = trifft voll zu; 5 = trifft gar nicht zu)

5.2.2.1 Das Unternehmen

Nach Ansicht der Interviewpartner beschreibt die Perspektive vom ständigen Fluss und Wandel die Situation für Unternehmen am treffendsten. Diese Einschätzung des Unternehmensalltags wird vor allem durch die häufigen Umstrukturierungen im Unternehmen, bedingt durch Übernahmen oder Verkäufe des Unternehmens bzw. von Unternehmensbereichen, hervorgerufen. Im Weiteren werden die Unternehmenskultur sowie der Organismus als geeignete Analogien für das Unternehmen beurteilt. Letztere weißt nach Auffassung der Befragten vergleichbare Vorstellungen wie das Bild vom Fluss und Wandel auf. Gleichermaßen wird auch hier die Vorstellung einer Veränderung des Unternehmens hervorgerufen, jedoch nicht in einem solch einschneidenden Maße wie es das Bild vom Fluss und Wandel impliziert. Die Unternehmenskultur wiederum repräsentiert die gemeinsam geteilten Wertvorstellungen, die sowohl innerhalb des Unternehmens, als auch nach außen wirken.[171] Weniger zutreffend wird hingegen in Bezug auf das Gesamtunternehmen die Maschinensichtweise eingeschätzt. Diese ruft Vorstellungen von streng geregelten Abläufen und Kontrollen hervor, bei denen menschliche Bedürfnisse vernachlässigt werden. Lediglich für den Bereich der Produktion wird diese

---

[171] Zu dieser Einschätzung ist anzumerken, dass möglicherweise in einer Außendarstellung, als welche die Interviewsituation zu werten ist, das Vorhandensein einer Unternehmenskultur als Kennzeichen für die gemeinsam geteilten Werte und den Zusammenhalt in einem Unternehmen, dem sich der Interviewpartner zugehörig fühlt, eher bestätigt als verneint wird.

Sichtweise als passend beurteilt. Weiterhin werden als Unternehmensvorstellung das Machtinstruments sowie der Ordnungshüters verneint. Mit diesen werden zum einen die undemokratische Durchsetzung von Interessen im Sinne von Morgan (1986) sowie zum anderen die Vorschriften und die Kontrolle von Seiten des Unternehmens verbunden. Beides wird als wenig zutreffend bewertet.

5.2.2.2 Das Umweltmanagement

In Bezug auf den eigenen Aufgabenbereich empfinden die Umweltverantwortlichen vor allem die bildhafte Vorstellung des sich entwickelnden Organismus als zutreffend. Mit dieser Sichtweise bringen die Interviewpartner zumeist das Wachstum sowie die Entwicklung des Umweltmanagements im Unternehmen in Verbindung. Im Weiteren wird auch die Kulturperspektive sowie die ständige Veränderung im Bild vom Fluss und Wandel als kennzeichnend für das Umweltmanagement eingestuft, wenn auch nicht in dem Maße, wie für das Unternehmen. Auch für das Umweltmanagement wird ein mechanistisch geprägtes Bild als eher nicht zutreffend beurteilt. Diese Vorstellung, die nach Ansicht der Interviewpartner vor allem durch starre Abläufe gekennzeichnet ist, wird für das Umweltmanagement verneint. Die geringste Bestätigung findet das Bild vom Umweltmanagement als Machtinstrument. Diese Einschätzung steht im Zusammenhang mit der Position des Umweltverantwortlichen im Unternehmen, d.h. ob dieser Mitglied der Geschäftsleitung ist oder nicht. Hierbei zeigt sich eine Differenzierung in der Form, dass diejenigen Umweltverantwortlichen, die nicht Mitglied der Geschäftsleitung sind, das Unternehmen stärker als ein Machtinstrument einschätzen als diejenigen, die Geschäftsleitungsmitglied sind. Dies resultiert vermutlich daraus, dass ein Großteil der Umweltverantwortlichen (ca. 70%) aus der Gruppe „nicht in der Geschäftsleitung" ihre Aufgabe in einer lediglich beratenden Stabsstelle ohne Weisungsbefugnis ausüben und von daher auf die Entscheidungen übergeordneter Stellen angewiesen sind, anstatt selbst direkten Einfluss im Unternehmen ausüben zu können.

Neben der Bewertung, welche bildhaften Sichtweisen für das Unternehmen bzw. für das Umweltmanagement als passend bzw. unpassend empfunden wird, wurde weiterhin untersucht, bei welchen Vorstellungen die größte bzw. geringste Differenz in der jeweiligen Einschätzung bestehen. Die Ergebnisse sind in Abbildung 31 dargestellt, wobei wiederum der höchste und der niedrigste Wert markiert sind. Ein niedriger Wert kennzeichnet dabei die weitgehende Übereinstimmung zwischen der Einschätzung für das Unternehmen und das Umweltmanagement, während ein hoher Wert auf eine divergierende Beurteilung hinweist.

Das Unternehmen / Das Umweltmanagement	Differenz
… funktioniert wie eine Maschine	0,45
… entwickelt sich wie ein Organismus	0,26
… arbeitet wie ein Gehirn	0,12
… handelt wie ein Ordnungshüter	**1,30**
… hat eine ausgeprägte Kultur	**0,03**
… befindet sich andauernd im Fluss und Wandel	0,45
… ist ein Machtinstrument	0,14

Abb. 31: Differenz zwischen der Einschätzung des Unternehmens/Umweltmanagements (kleiner Wert = hohe Übereinstimmung / hoher Wert = geringe Übereinstimmung)

Die geringste Differenz besteht bei der Unternehmenskultur, d.h. diese Vorstellung wird sowohl in Bezug auf das Unternehmen als auch auf das Umweltmanagement analog eingestuft. Dies resultiert vor allem daraus, dass nach Aussagen der Umweltverantwortlichen das Umweltmanagement als Teil einer gesamten Unternehmenskultur angesehen werden kann.[172] Die größte Differenz ist hingegen beim Ordnungshüter feststellbar. Für das Umweltmanagement findet dieses Bild eine ungleich stärkere Bestätigung als für das Unternehmen. Dies lässt sich dadurch erklären, dass die Umweltmanagementnormen EMAS und DIN ISO 14001, obwohl sie freiwillig sind, einen stark ordnungsrechtlichen Charakter besitzen. Insbesondere der Aspekt des Legal Compliance, d.h. die Einhaltung umweltrechtlicher Regelungen, spielt bei dieser Einschätzung eine bedeutende Rolle. Demgegenüber findet das Bild vom Ordnungshüter bei der Einschätzung des Unternehmens keine Zustimmung. Eine vergleichbare Rolle als die eines Polizisten wird von den Interviewpartnern teilweise explizit verneint.

---

[172] Eine Differenzierung in Bezug auf diesen Aspekt ist eher bei Unternehmen mit einer eigenen Umweltabteilung, die mehrere Personen umfasst, zu erwarten. Hier wäre die Entwicklung einer Subkultur denkbar. Bei den befragten, meist mittelständischen Unternehmen, ist für das Umweltmanagement in der Regel eine einzelne Person zuständig, meist in Personalunion mit weiteren Aufgaben. Eine solche Konstellation macht die Herausbildung einer eigenständigen Umweltmanagementkultur unwahrscheinlich bzw. unmöglich.

5.2.3 Ergebnisdiskussion

Die Ergebnisse zeigen, dass die ausgewählten metapherngeleiteten Vorstellungen für das Unternehmen und das Umweltmanagement unterschiedlich beurteilt werden. Dies könnte als Indiz genommen werden, dass das Unternehmen und das Umweltmanagement verschiedenen Leitbildern folgen. Für eine genaue Beurteilung ist jedoch im Weiteren von Interesse, welche der Bilder als besonders passend sowie unpassend empfunden werden. Während die als besonders zutreffend gekennzeichneten Vorstellungen potenziell Einfluss auf die Ausgestaltung des Unternehmens bzw. des Umweltmanagements als Leitbilder ausüben, geht auch von den als unzutreffend charakterisierten Vorstellungen eine Wirkung aus, indem sie abgelehnt werden. Aus dieser Perspektive auf die Ergebnisse zeigt sich, dass in der Prioritätenliste ähnliche Vorstellungen sowohl für das Unternehmen als auch für das Umweltmanagement bevorzugt werden. Während für das Unternehmen vor allem das Bild vom Fluss und Wandel sowie der Unternehmenskultur und des Organismus als charakteristisch empfunden werden, sind für das Umweltmanagement die gleichen Vorstellungen kennzeichnend, jedoch in einer etwas veränderten Reihenfolge. Für das Umweltmanagement stehen die Bilder vom Fluss und Wandel und vom Organismus in vertauschten Positionen. Wie oben ausgeführt, werden insbesondere diese beiden Sichtweisen mit Veränderung in Verbindung gebracht, wobei diese aus der Perspektive des steten Flusses und Wandels tief greifender und spontaner ist. In Bezug auf das Unternehmen spiegelt dieses Bild die sich rasch verändernden Umfeldbedingungen wider. Für das Umweltmanagement hingegen sind nach Aussagen der Umweltverantwortlichen eher die Analogie zum Organismus und die Vorstellung einer schrittweisen Entwicklung zutreffend. Insgesamt zeichnet sich damit für das Umweltmanagement ein stabileres Bild.

Auch bei den als nicht zutreffend gekennzeichneten bildhaften Perspektiven ist größtenteils eine ähnliche Reihenfolge zu erkennen. Für das Unternehmen wird vor allem die Vorstellung vom Ordnungshüter als unpassend beurteilt, gefolgt vom Machtinstrument und von der Maschine. Auch für das Umweltmanagement werden das Machtinstrument sowie das mechanistische Bild als unzutreffend gesehen, wohingegen sich die Einschätzung für die Vorstellung vom Ordnungshüter eher im Mittelfeld bewegt. Insgesamt zeigt sich damit, dass die meisten Perspektiven in vergleichbarer Weise beurteilt werden, wenn auch mit unterschiedlicher Schwerpunktsetzung. Einzig der Vergleich zum Ordnungshüter wird in Bezug auf das Unternehmen weitaus stärker abgelehnt als für das Umweltmanagement. Diese divergierende Einschätzung birgt insofern Konfliktpotential in sich, als dass das Umweltmanagement, verstanden als Ordnungshüter, nicht in das Unternehmensbild passt und abgelehnt wird. Die mit einem Polizisten vergleichbare Rolle, welche für das Unternehmen ausdrücklich verneint wird, repräsentiert vor allem die von außen auf das Unternehmen einwirkenden Vorschriften und Kontrolle. Diese Einschätzung kann im Unternehmen zu Ablehnung und Skepsis gegenüber dem Umweltmanagement führen.[173]

5.3 Beziehung des Umweltmanagements zu anderen Unternehmensbereichen und -zielen

5.3.1 Untersuchungsdesign

Zur Beurteilung der Stellung des Umweltmanagements im Unternehmen wurde neben dem Vergleich der Metaphern sowie der Einschätzung des Unternehmens und des Umweltmanagements anhand vorgegebener Bilder eine dritte Herangehensweise gewählt. Grundlage bildet dabei wiederum das mit Hilfe der Metaphernanalyse ausgewertete Untersuchungsmaterial. Für die geplante Auswertung wurde jedoch die bisherige Art der Ergebnisdarstellung umgekehrt. Während im vierten Kapitel die Metaphernmodelle (z.B. DAS UMWELT-MANAGEMENT IST EIN ORGANISMUS) im Vordergrund standen und die Auswertungseinheiten diesen als inhaltliche Aspekte zugeordnet wurden, fokussiert die hier gewählte Herangehensweise auf eine einzelne Auswertungseinheit. Den Rahmen der folgenden Analyse bildet nun die Auswertungseinheit „Beziehung des Umweltmanagements zu anderen Unternehmensbereichen und -zielen", in dem die unterschiedlichen Metaphern vorgestellt werden, die in diesem Zusammenhang strukturbildend wirken. Dabei wird auf weitere Metaphern eingegangen, die spezifisch auf diese einzelne Auswertungseinheit prägend wirken und von daher nicht bei der Darstellung der übergreifenden Metaphern im vierten Kapitel behandelt wurden. Der Bruch in der Darstellungsweise wurde bewusst vorgenommen, da es sich bei der Frage nach der Beziehung zwischen dem Umweltmanagement und weiteren Unternehmensbereichen und -zielen um eines der zentralen Themen des Umweltmanagements handelt und die detaillierte Analyse dieser Auswertungseinheit den Einstieg in eine weiterführende Diskussion um eine verbesserte Integration des Umweltmanagements in das Unternehmen bildet.

5.3.2 Ergebnisse

Die Datenbasis für die Analyse setzt sich zum einen aus den metapherngeleiteten Aussagen der Gesprächspartner zur entsprechenden Frage im Fragebogen (s. Anhang A) sowie zum anderen aus bildhaften Formulierungen zu diesem Thema in der Literatur sowie allgemein zum Verhältnis zwischen Ökolo-

---

[173] Dies wird auch durch die starke Betonung der Legal Compliance zum Ausdruck gebracht. Nach Müller-Christ (2001, 144; Hervorh. im Original) gilt: „Die Rolle des Kontrolleurs erweckt bei denjenigen, die kontrolliert werden, stets Gefühle der **Fremdbestimmtheit** und des **Überwachtwerdens**".

gie und Ökonomie zusammen. Bei der Analyse wurden für die Beschreibung der Beziehung zwischen dem Umweltmanagement und anderen Unternehmensbereichen und -zielen folgende Herkunftsbereiche identifiziert:

- Krieg
- Weg mit Hindernissen
- Gleichgewicht
- Spiel
- Spannung

Im Folgenden werden die Metaphern in ihrer Aussage beschrieben und anhand von Beispielen aus dem Datenmaterial veranschaulicht.[174] Die Reihenfolge, in der die Metaphernmodelle vorgestellt werden, repräsentiert in etwa die Häufigkeit der Verwendung im Datenmaterial.

5.3.2.1 Krieg

Die Beziehung des Umweltmanagements zu anderen Unternehmensbereichen und -zielen wird vielfach als eine kämpferische Auseinandersetzung angesehen. Die Kriegsmetapher kann als eine der häufigsten Metaphern sowohl in der Alltagssprache als auch in der wissenschaftsbezogenen Sprache angesehen werden.[175] Das Metaphernmodell DIE BEZIEHUNG DES UMWELTMANAGEMENTS ZU ANDEREN UNTERNEHMENSBEREICHEN UND –ZIELEN IST KRIEG umfasst solche Lexemmetaphern, die in das semantische Feld des Begriffes „Krieg" einzuordnen sind. Folgende Beispiele vermitteln einen Eindruck von diesem Metaphernmodell:

- Es ist ein *Clinch* und ein *Kampf* […]. Meine Aufgabe ist es, das unter einen Deckel zu bringen. Das ist der Nachteil, wenn man nicht *militärisch* sagen kann, *es wird geritten, es wird geblasen* (UN 10, 16).
- Man muss regelmäßig, wie andere Interessen auch, darum *kämpfen*. Es ist ein Ringen darum, wie viel wir für etwas aufwenden können (UN 24, 16).

---

[174] Neben den aufgeführten Metaphern traten im Weiteren vereinzelt Lexemmetaphern auf, die nicht zu einem eigenen Metaphernmodell zusammengefasst werden konnten. Auf diese wird aufgrund ihres isolierten Charakters an dieser Stelle nicht weiter eingegangen.

[175] Trotz dieser Allgegenwärtigkeit handelt es sich bei der Übertragung nicht um einen Bereich, der in der alltäglichen Erfahrung der meisten Personen begründet liegt (vgl. Kap. 2.4.6). Es stellt sich von daher die Frage, warum sich diese Konstellation derart manifestiert hat, obwohl sie doch nur wenigen aus unmittelbarer Erfahrung bekannt ist. Ein Grund dafür könnte die alltägliche Kriegsberichterstattung in den Medien sein. Diese mediale Präsenz fungiert als Ersatz für die eigenen unmittelbaren Erfahrungen (vgl. Johnson & Lakoff 1982, 5). Allerdings findet vor allem die konventionelle Form des Krieges ihren Niederschlag in den sprachlichen Ausführungen. Sicherlich ist die Gestalthaftigkeit und bildliche Vorstellbarkeit ein Motiv für die häufige Nutzung der Kriegsmetaphorik. Zu einer ausführlichen Diskussion vgl. Baldauf (1997, 236-244).

- Ökologieorientierte Bewusstseinsänderung einerseits und wettbewerbspolitische Rahmenbedingungen andererseits werden oft als diametral entgegengerichtet angesehen, weshalb häufig von einem *Konflikt* zwischen Ökonomie und Ökologie gesprochen wird (Schaltegger & Sturm 1992, 1f.).
- Ökologische Ziele stehen oftmals in *Konflikt* mit anderen Unternehmenszielen (Winter 1998, 70).

Die Aussagen zeichnen ein Bild von einem Schlachtfeld, auf dem sich das Umweltmanagement und die anderen Unternehmensbereiche oder -ziele als Gegner gegenüberstehen. Bei einem Krieg geht es meist darum, Ländereien zu erobern oder zu verteidigen. Im Unternehmen sind es meist finanzielle Ressourcen bzw. Ziele der einzelnen Abteilungen. Da die ökonomische Wirkung des Umweltschutzes häufig negativ eingeschätzt wird, erstaunt es nicht, dass vor allem die Beziehung zur Finanz- bzw. Controllingabteilung als konfliktär empfunden wird. In Abhängigkeit von den betrachteten Ressourcen und den Verteilungsmechanismen im Unternehmen können es jedoch auch andere Abteilungen sein.

5.3.2.2 Weg mit Hindernissen

Neben der Kriegs- wirkt auch die bereits vorgestellt Wegmetapher (vgl. Kap. 4.3.6) bildspendend auf diese Auswertungseinheit, wobei die Beziehung zwischen dem Umweltmanagement und anderen Unternehmensbereichen und –zielen als ein hindernisreicher Weg ausgestaltet wird. Kennzeichnend ist dabei vor allem die Betonung einer räumlichen Begrenzung, wie:

- Es gibt schon Diskussionen, wo man *Grenzen* setzen muss (UN 1, 16).
- In der ersten Phase sind es die Mitarbeiter, wo finde ich die Hardliner auf dem *Weg*, denn es geht nie ohne Reibungswiderstand, Opposition, *Hindernisse* […] (UN 19, 16).
- Es ist immer eine Frage von Geld und Aufwendungen, dort gibt es irgendwelche *Schranken* (UN 30, 16).
- Auf diese Art und Weise kann der Integration des Umweltschutzgedankens in die betrieblichen Funktionsbereiche erhebliche *Widerstände in den Weg* gelegt werden (Müller-Christ 2001, 151).
- Engagierte Mitarbeiter erfahren bei der aktiven Berücksichtigung von Umweltschutzbelangen *Barrieren* und *Widerstände*, da sie gegen die vorherrschende Dominanz von Produktivitäts- und Wachstumsvorstellungen verstoßen müssen (Müller-Christ 2001, 236).

Die angeführten Zitate zeigen, dass der Umweltverantwortliche nur in einem begrenzten Rahmen agieren kann. Wie im Zusammenhang mit der Wegmetapher dargestellt, wird das Weg-Schema metaphorisch auf viele Formen unseres Handelns übertragen und erscheint auf diese Weise als Fortbewegung (vgl. Baldauf 1997, 140). Schwierigkeiten werden diesem Bild dementsprechend als Gegenstände oder Absperrungen gestaltet, welche ein Vorankommen behindern. Dies kommt in den unterschiedlichen Lexemmetaphern zum Ausdruck, denen die Vorstellung eines physischen Gegenstandes gemeinsam ist.

Wie bei der Kriegsmetapher sind es vor allem finanzielle Ziele sowie im Weiteren die ablehnende Haltung der Mitarbeiter,[176] die das Handeln des Umweltverantwortlichen einschränken. Weitere Gemeinsamkeiten zur Kriegsmetapher ergeben sich in Bezug auf die Lexemmetaphern der „Grenze" bzw. der „Schranke", da mit der Kriegsmetapher Vorstellungen von einer Auseinandersetzung um Grenzen und der Verteidigung von Territorium einhergehen.

5.3.2.3 Gleichgewicht

Weiterhin wurde in den Beschreibungen der Beziehung zwischen dem Umweltmanagement und weiteren Unternehmensbereichen und -zielen die Gleichgewichtsmetapher identifiziert. Nach Johnson (1987, 86) gehört das Gleichgewichts-Schema zu den zentralen bildhaften Vorstellungen, welches unverzichtbar für die Erfahrungsbewältigung ist und metaphorisch auf viele Bereiche übertragen wird (vgl. Kap. 2.4.6).[177] Die Gleichgewichtsmetaphorik erfreut sich zunehmender Beliebtheit, da mit ihr meist positiv besetzte Konnotationen, beispielsweise von Ausgeglichenheit und Stabilität einhergehen. In Bezug auf das Umweltmanagement prägt diese Metapher vor allem in den letzten Jahren die Beschreibungen der Beziehung zwischen dem Umweltmanagement und anderen Unternehmensbereichen und -zielen, wie die Beispiele zeigen:

- Jede Entscheidung ist eine *Abwägung* zwischen den Kosten und der Aktivität (UN 26, 16).
- Es ist ein Geben und Nehmen, ein *Gleichgewicht* muss vorhanden sein (UN 35, 16).
- Um zwischen einem Mehr an Umweltqualität und einem Mehr an Gütern *abzuwägen* […] (Meffert & Kirchgeorg 1998, 70).
- Die Erfahrung zeigt, […] dass es neben einem Marketingmanagement, einem Personalmanagement, einem Finanzmanagement, einem Beschaffungsmanagement u.a.m. in Zukunft auch ein Umweltmanagement geben wird, da die *Abwägung* zwischen den herkömmlichen Unternehmenszielen und dem Ziel des Schutzes der natürlichen Umwelt zu einer Daueraufgabe wird, die tagtäglich zu neuen Entscheidungsproblemen führt (Müller-Christ 2001, 1).

Welche Vorstellungen ruft die Gleichgewichtsmetapher hervor? Mit ihrer Hilfe wird ein Bild von einer Waage gezeichnet, bei dem sich die Unternehmensbelange in der einen und die Umweltbelange in der anderen Waagschale be-

---

[176] Diese Abwehrhaltung einzelner Mitarbeiter resultiert häufig aus einer Verlustangst des eigenen Arbeitsplatzes oder einer befürchteten Verhaltensänderung (vgl. Winter 1998, 57; Müller-Christ 2001, 226).

[177] Beispielsweise weisen Baldauf (1997, 174ff.) auf die Verwendung der Gleichgewichtsmetapher in der Alltagssprache bzw. Hundt (1995, 113) in der Wirtschaftssprache hin. Auch in Bezug auf die Themen Ökologie und Gesundheit findet diese Metapher zunehmend Anwendung. Gedankliche Anleihen werden dabei in der chinesischen Medizin gemacht, nach der die Lebensenergie Qi in allen Lebewesen zirkuliert (vgl. Caviola 2003a, 76). Insbesondere im Zusammenhang mit Gesundheitsthemen ist die Gleichgewichtsmetapher ein beliebtes Bild der Werbung, mit dessen Hilfe körperliches Wohlbefinden vermittelt werden soll.

finden. Die Gleichgewichtsmetapher betont damit die gegenseitige Abhängigkeit und Entsprechung. Gemäß dem Verhältnis von Ware und Gewicht befindet sich in der einen Waagschale der Unternehmensoutput in Form von Produkten oder Dienstleistungen. Das Gegengewicht in der anderen Waagschale bilden die durch den Unternehmensoutput hervorgerufenen Umwelteinwirkungen.[178] Die Gleichgewichtsmetapher impliziert im Weiteren, dass die vom Unternehmen verursachten Umweltbelastungen wie die genormten Gewichte einer Waage zähl- und messbar sind. Tatsächlich wird in der Praxis versucht, die Umwelteinwirkungen zum einen hinsichtlich ihrer Schädlichkeit und zum anderen in Bezug auf die unternehmerische Leistung zu bewerten. Dies wird auch metaphorisch in Ausdrücken deutlich, die auf eine Zähl- und Messbarkeit der Umwelteinwirkungen abzielen, wie der Begriff der „Umweltbelastungspunkte" (Müller-Wenk 1978; Braunschweig 1987, ders. 1988) zeigt.[179]

Die Gleichgewichtsvorstellung wird nicht nur auf das Verhältnis von Unternehmensoutput und bewirkter Umweltbelastung, sondern auch auf die Beziehung zwischen Umwelt- und klassischen Unternehmenszielen, beispielsweise gesteigerte Gewinnziele oder Produktionssteigerung übertragen. Während die Bewegungsrichtung beim Verhältnis zwischen Unternehmensoutput und Umwelteinwirkung gleichgerichtet ist, d.h. mit einer Erhöhung des Unternehmensoutputs gleichzeitig eine erhöhte Umweltbelastung einhergeht, verhalten sich die Waagschalen bei der Beziehung zwischen Umwelt- und klassischen Unternehmenszielen nach dem Prinzip einer Wippe. Erhält eine Seite mehr Gewicht, bewegt sich die andere automatisch in die Gegenrichtung. Wenn sich also die Situation für einen Bereich verbessert, dessen Teil in der Beziehung also ein Übergewicht erhält, ist für den anderen Bereich in dessen Abhängigkeit nur eine Bewegung in der Gegenrichtung möglich. Dies kommt beispielsweise in den beiden zuletzt genannten Zitaten zum Ausdruck. Umwelt- und andere Unternehmensziele verfolgen demnach unterschiedliche Interessen und sind unvereinbar. Eine gleichgerichtete Bewegung, also das gemeinsame Erreichen von Umwelt- und klassischen Unternehmenszielen ist damit im Bild der Gleichgewichtsmetapher ausgeschlossen.

Nachfolgend wird auf ein Metaphernmodell eingegangen, welches die Beziehung zwischen dem Umweltmanagement und anderen Unternehmensbereichen und –zielen als eine Art wechselseitiger Beziehung beschreibt und damit in gewissen Aspekten an die Gleichgewichtsmetapher anknüpft.

---

[178] Vgl. dazu auch das Konzept der ökologischen Effizienz als Verhältnis zwischen der Wertschöpfung (oder beispielsweise dem Deckungsbeitrag als erwünschtem Output) zur Schadschöpfung als umweltbezogenes Äquivalent (Schaltegger & Sturm 1992, 32).

[179] Für eine Übersicht der Gewichtungs- und Klassifikationsmethoden vgl. Schaltegger und Sturm (1992).

5.3.2.4 Spiel

Unter dem Metaphernmodell DIE BEZIEHUNG ZWISCHEN DEM UMWELTMANA-
GEMENT UND ANDEREN UNTERNEHMENSBEREICHEN UND –ZIELEN IST EIN SPIEL
lassen sich diejenigen Lexemmetaphern zusammenfassen, welche die Beziehung als ein spielerisches Handeln beschreiben, wie folgende Beispiele zeigen:

- Es hat sich ein *Wechselspiel*, eine Wechselwirkung zwischen Ökonomie und Ökologie
  herausgestellt, erst die ökonomische Verbesserung, wenn damit auch eine ökologische Verbesserung, dann gut, aber nicht nur aus ökologischen Gründen eine Verbesserung durchführen […]. Es ist ein *Wechselspiel*, ein Haufen Aufträge bedingt einen
  Haufen Abfall. Von Anfang an schauen, dass man das optimieren kann (UN 15, 16)
- Ich würde das eher so sehen, das sind zwei Partner hier und die *mischen das miteinander aus* (UN 26, 16).
- Natürlich muss das immer *ausgejasst*[180] werden […] aber es sind gleichbedeutende
  Ziele (UN 30, 16).

In den beiden zuletzt genannten Zitaten wird die Beziehung als Kartenspiel
zwischen zwei oder mehreren Beteiligten spezifiziert. Auffällig bei dem anderen Zitat ist die Verbindung des Spielbegriffs mit dem Wortbestandteils des
„Wechsels", welche auch in weiteren Komposita wie der „Wechselwirkung"
oder der „Wechselbeziehung" auftritt und womit die gegenseitige Bedingtheit
hervorgehoben wird. Auch bei einem Spiel wird der Verlauf durch die wechselseitigen Aktivitäten der Mitspieler beeinflusst. Clancy (1989, 57ff.) hat in
seiner Untersuchung zur Metaphorik von Unternehmern auf die Stärken und
Schwächen der Spielmetapher hingewiesen. Seiner Ansicht nach werden meist
endliche Spiele beschrieben, welche den Sieg über die anderen Mitspieler verfolgen (vgl. Kap. 3.3.10). Auch Baldauf (1997, 185f.) charakterisiert das Spiel als
ein Vorgehen, bei dem sich zwei oder mehrere Teilnehmer im Versuch gegenüber stehen, das Spiel für sich zu entscheiden. Für die Beziehung ist mit der
Spielmetapher in ihrer Ausführung die Aussage verbunden, dass Umwelt-
und Unternehmensziele unterschiedliche Interessen verfolgen und nur eine
Seite als Sieger hervorgehen kann.

5.3.2.5 Spannung

Schließlich konnte vor allem in der Literatur eine Metapher identifiziert werden, welche die Beziehung zwischen dem Umweltmanagement und den anderen Unternehmensbereichen und -zielen als ein spannungsgeladenes Verhältnis beschreibt, wie die folgenden Beispiele zeigen:

- Ein solch strategisch fundiertes Umweltmanagement ist nur möglich, wenn die men-
  tale Auseinandersetzung mit dem scheinbaren *Spannungsfeld* zwischen Ökologie und
  Ökonomie gelungen ist. Erkennbar wird das *Spannungsfeld* anhand von möglichen
  Reaktionen der Führungskräfte im Umgang damit (Winter 1998, 85).

---

[180] Jassen = Kartenspiel, bei dem ein Sieger bestimmt wird. Im Schweizerischen wird im
übertragenen Sinn damit ein Aushandeln unterschiedlicher Parteien verstanden.

- Die Ausbilder streben folgende pädagogische Ziele an: Thematisierung des *Spannungsverhältnisses* zwischen Ökonomie und Ökologie sowie die Entwicklung von Lösungsmöglichkeiten (Hopfenbeck 1991, 401).

- Ein *Spannungsfeld* beherrschbar und bearbeitbar zu machen, kann nämlich nicht dadurch vollzogen werden, dass die *Pole* wegdefiniert werden [...]. Eine adäquate Bearbeitung des *Spannungsfeldes* der Nachhaltigkeitsdimensionen bedeutet demnach, für jede wirtschaftliche, soziale und ökologische Maßnahme die zwangsläufigen Nebenwirkungen auf die angrenzenden Dimensionen zu ermitteln und letztendlich zu minimieren (Müller-Christ 2001, 556).

Die Metapher des Spannungsfeldes charakterisiert recht eindrücklich die Gegensätzlichkeit zwischen ökologischen und finanziellen Interessen. Spannung entsteht zwischen unterschiedlich geladenen Teilchen. Im Weiteren kommt die Gegensätzlichkeit der betrachteten Bereiche auch in der Lexemmetapher der „Pole" zum Ausdruck. Umwelt- und finanzielle Unternehmensziele sind damit auch in dieser Vorstellung unvereinbar. Im Vergleich zur Gleichgewichtsmetapher betont das Spannungsfeld das problematische Verhältnis zwischen dem Umweltmanagement und anderen Unternehmensbereichen und –zielen deutlicher, wenn auch nicht in so ausgeprägter Weise wie die Kriegsmetapher, und ist damit in einer Mittelstellung zwischen diesen beiden Metaphern einzustufen.

5.3.3 Analyse der Ergebnisse

Die Beziehung zwischen dem Umweltmanagement und den anderen Unternehmensbereichen oder –zielen wird durch unterschiedliche Metaphern geprägt. Hinsichtlich der Gebräuchlichkeit lassen sich diese als tendenziell lebendig, wenn auch nicht unbedingt als überraschend und neu bezeichnen. Bei Betrachtung der Metaphern unter dem Aspekt der Vernetztheit wird zum einen deutlich, dass sich die Metaphern teilweise überschneiden. Beispielsweise passen die im Zusammenhang mit der Wegmetaphorik auftretenden Lexemmetaphern der Grenze bzw. der Schranke auch zur Kriegsvorstellung. Zum anderen zeigt sich, dass trotz der Unterschiedlichkeit mit den meisten Metaphern eine ähnliche Aussage einhergeht. Insgesamt wird die Beziehung des Umweltmanagements zu den weiteren Unternehmensbereichen oder –zielen als konfliktär und dipolar beschrieben. Inhaltlich wird neben der zusätzlichen Arbeitsbelastung vor allem die finanzielle Verschlechterung für das Unternehmen als Ursache für die problematische Beziehung zum Umweltmanagement angesehen. Einige Metaphern betonen dies stärker, wie insbesondere die Kriegsmetapher, andere weniger stark, beispielsweise die Spielmetapher.[181]

Auf den ersten Blick scheint sich mit derartigen Metaphern, die einen Konflikt nicht so stark betonen, auch die Beziehung zwischen dem Umweltmanagement

---

[181] Baldauf (1997, 186) fasst das Spiel als eine abgemilderte Form des Gegeneinanders auf.

und den anderen Unternehmensbereichen und -zielen verbessert zu haben. Insbesondere die Gleichgewichtsmetaphorik suggeriert ein ausgeglicheneres Verhältnis. Doch lässt die sprachliche Veränderung der Metaphern auch auf einen Bewusstseinswandel schließen? Vordergründig zumindest scheint es, als habe sich das Verhältnis verbessert, doch wie in den Ausführungen deutlich wurde, betont auch die Gleichgewichtsmetapher eine konkurrierende Beziehung zweier Bereiche, nur auf eine subtilere Art und Weise. Das Bild, welches durch die Gleichgewichtsmetapher gezeichnet wird, betont zwar die gegenseitige Entsprechung, Umwelt- und weitere Unternehmensziele verlaufen jedoch konträr, wodurch ein gleichgerichtetes Handeln unmöglich erscheint. Der als Idealbild veranschaulichte Gleichgewichtszustand ist damit vergleichbar mit dem Waffenstillstand bei der Kriegsvorstellung zu beurteilen. Demandt (1978, 305) erklärt in diesem Zusammenhang: „Im neuzeitlichen Geschichtsdenken veranschaulicht die Waage wie im Altertum in erster Linie das Verhältnis von widerstreitenden Kräften zueinander. Der Zustand des Gleichgewichts erscheint als Idealfall", welcher zudem sehr labil ist.

Insgesamt zeigt sich, dass die verwendeten Metaphern kein positives Bild von der Beziehung zwischen dem Umweltmanagement und anderen Unternehmensbereichen und -zielen zeichnen. Implizit wird stattdessen die Unvereinbarkeit von Umwelt- und Unternehmensbelangen betont. Dem Umweltmanagement wird die Rolle eines Gegenparts zugesprochen, welcher bekämpft, eingeschränkt oder ausgeglichen werden muss. Vor allem die Verbindung zu finanziellen Zielen wird als problematisch angesehen. Auch wenn innerhalb der genannten Beispiele immer wieder betont wird, beide Zielbereiche miteinander vereinen zu wollen, so sprechen die durch die Metaphern gezeichneten Bilder eine eindeutige Sprache: Es bleibt die Vorstellung zweier getrennter Bereiche, die gegensätzliche Interessen verfolgen. Die Sichtweise, dass mit Hilfe des Umweltmanagements ein unternehmerischer Erfolg einhergehen kann, ist mit diesen Metaphern nicht darstellbar. Dies ist in der Realität jedoch durchaus möglich. Neben Einsparpotenzialen im Abfall-, Material- und Energiebereich, können mit umweltgerechteren Produkten und Dienstleistungen auf dem Markt durchaus Gewinne erzielt werden (vgl. Schaltegger & Sturm 1992; Schaltegger & Burritt 2000).

In Anbetracht dieser Ergebnisse stellt sich die Frage, welche alternativen Metaphern das Verhältnis zwischen Umwelt- und Unternehmenszielen treffender strukturieren könnten. Nach Lakoff und Johnson (1980) werden wissenschaftliche Diskussionen häufig als eine Art Krieg betrachtet, wie an der Aussage „He shot down all of my arguments" (Lakoff & Johnson 1980, 4) deutlich wird. Die Konzeptualisierung von Diskussionen als Krieg beeinflusst sowohl die Sichtweise auf den Gesprächspartner als auch das Verhalten ihm gegenüber, indem er als Gegner angesehen wird, der bekämpft werden muss. Statt dieser Auffassung schlagen die Autoren vor, eine wissenschaftliche Diskussion beispielsweise als Tanz zu sehen.

Welche Alternativen sind für das Umweltmanagement denkbar? Gibt es Metaphern, die zum Ausdruck bringen, dass das Umweltmanagement dem gesamten Unternehmen dienlich ist und dass mit ihm Wettbewerbsvorteile für das Unternehmen verbunden sein können? Statt die Beziehung zu anderen Unternehmensbereichen als konfliktär und dipolar zu sehen, bei der sich zwei Seiten unvereinbar gegenüber stehen, wäre auch die gedankliche Ausgestaltung der Beziehung als eine Kooperation denkbar, bei der das Umweltmanagement als Partner andere unternehmerische Ziele unterstützt bzw. zu deren Erreichung beiträgt. Auch die angeführte Spielmetapher könnte sich als geeignet erweisen, wenn damit verdeutlicht wird, dass sich Umwelt- und andere Unternehmensziele nicht als Konkurrenten gegenüber stehen, sondern im gleichen Team spielen und sich somit eine win-win-Situation einstellen kann. Mit derartigen Metaphern könnte in geeigneter Weise zum Ausdruck gebracht werden, dass mit Umweltmaßnahmen auch klassische Unternehmensziele, wie Gewinnziele im Wettbewerb mit der Konkurrenz, gemeinsam verfolgt werden können (vgl. Schaltegger & Dyllick 2001, BMU/BDI & Schaltegger et. al. 2002, 6ff.). Ansätze für eine derartige Sichtweise zeigen sich in der Beschreibung eines Interviewpartners: „Ökonomie und Umwelt gehen Hand in Hand" (UN 19, 16), sie bilden jedoch bislang die Minderheit.

5.4 Zusammenfassung

Während im vierten Kapitel die grundlegenden Metaphern des Umweltmanagements untersucht wurden, stand in diesem Kapitel die Analyse der Stellung des Umweltmanagements im Unternehmen als Detailfragestellung im Zentrum des Interesses. In der Annahme, dass eine unterschiedliche Konzeptualisierung von Umweltmanagement und Unternehmen die Quelle für die Integrationsprobleme des Umweltmanagements sein könnte, wurden zunächst die aus dem vorangegangenen Kapitel herausgearbeiteten Metaphern des Umweltmanagements denen der (Betriebs-)Wirtschaft gegenübergestellt, um Differenzen zu identifizieren. Die Ergebnisse zeigten, dass allein aus der Gegenüberstellung der Metaphern noch keine Aussage über die Stellung des Umweltmanagements im Unternehmen abgeleitet werden kann. Vielmehr lässt das Auftreten ähnlicher Metaphern sowohl im Umweltmanagement und der (Betriebs-)Wirtschaft als auch in entfernten Disziplinen vermuten, dass ein Vergleich der Metaphern auf dieser Ebene zu unspezifisch ist, als dass dieser Hinweise auf divergierende Denkstrukturen liefert.

Im Weiteren wurde untersucht, in welcher Weise ausgewählte bildhafte Vorstellungen für das Unternehmen und für das Umweltmanagement beurteilt werden. Die Ergebnisse zeigen zwar gewisse Unterschiede in der Rangfolge der als zutreffend gekennzeichneten Bilder, es kann dabei jedoch noch nicht von einer stark differierenden Strukturierung gesprochen werden. Deutliche Unterschiede lassen sich nur in Bezug auf das Bild des Ordnungshüters feststellen, welches für das Umweltmanagement als bedingt zutreffend, für das Unternehmen jedoch eindeutig verneint wird. Aus dieser unterschiedlichen Beurteilung könnte die teilweise ablehnende Haltung des Unternehmens gegenüber dem als eine Art Polizisten verstandenen Umweltmanagements erklärt werden.

Schließlich wurde analysiert, welche Metaphern die Beziehung des Umweltmanagements zu anderen Unternehmensbereichen und –zielen strukturieren. Neben der Beschreibung eines direkten Kampfes kommen dabei vor allem solche Metaphern zum Einsatz, welche die Beziehung als ein Verhältnis von zwei gegensätzlichen, miteinander unvereinbaren Seiten beschreiben. Als Gegenpart werden häufig finanzielle Interessen sowie ablehnendes Verhalten von Mitarbeitern genannt. Diese Ergebnisse können als Hinweis auf gedankliche Strukturen gewertet werden, nach denen das Umweltmanagement vor allem mit einem Mehr an Kosten und Arbeit verbunden ist.[182]

Ein Vergleich der Herangehensweisen zur Klärung der Frage nach der Stellung des Umweltmanagements im Unternehmen macht deutlich, dass insbesondere der dritte Untersuchungsansatz, dem Herausgreifen und der Analyse einer einzelnen Auswertungseinheit aus dem Gesamtthema „Umweltmanagement" geeignet ist, Hinweise auf die Stellung des Umweltmanagements im Unternehmen zu liefern, indem er aufzeigt, welche Metaphern die Beziehung des Umweltmanagements zu anderen Unternehmensbereichen und -zielen charakterisieren.

Die Wahl der Metapher lenkt die Sichtweise auf den betrachteten Sachverhalt. Den Ergebnissen zufolge ist die problematische Stellung des Umweltmanagements in der Sprache be-gründet. Schön (1993, 144) vertritt die Ansicht: „Problems are not given. They are constructed by human beings in their attempts to make sense of complex and troubling situations". Metaphern werden zur

---

[182] Diese Auffassung spiegelt sich auch in den Ergebnissen einer empirischen Untersuchung zur Zielbeziehung zwischen der Ökologieorientierung und anderen Unternehmenszielen wider. Demnach werden Konflikte des Umweltmanagements vor allem zu kurzfristigen Gewinnzielen, Kostenreduzierung und Produktivitätssteigerung gesehen (vgl. Meffert 1989, 18ff.).

Self-Fulfilling-Prophecy, indem sie bestimmte Schlussfolgerungen und Handlungen nahe legen. Die Betrachtung des Verhältnisses zwischen dem Umweltmanagement- und klassischen Unternehmenszielen als dipolare Interessenslage wird so zu einem sich verfestigenden, selbstbestätigenden Denkmuster. Es ist schwierig, solche „eingeschliffen" Metaphern zu verändern, da diese Vorstellungen häufig so tief in unserem Kulturkreis verankert sind, dass sie nicht mehr hinterfragt werden.[183] Nach Ansicht von Debatin (1996, 96f.) ist die Reflexion von Metaphern notwendig, um zu erkennen, welche Aussagen mit ihrem Gebrauch verbunden sind. Es ist von daher empfehlenswert, die Begriffe und Metaphern des Umweltmanagements zu überdenken und zu diskutieren. Die Chancen und Möglichkeiten, die sich durch das Umweltmanagement für das Unternehmen ergeben und für die in der Praxis zahlreiche Beispiele existieren, müssen mit Hilfe von geeigneten Metaphern dargestellt und vermittelt werden. Mit der Aufnahme neuer Metaphern verändert sich auch unser Konzeptsystem (vgl. Lakoff & Johnson 1980, 142-145).[184] Die Wahl der Metaphern spielt eine entscheidende Rolle für die Stellung und die Akzeptanz des Umweltmanagements im Unternehmen, denn Sprache schafft Wirklichkeiten.

---

[183] Beispielsweise wird die Konzeptualisierung von Sachverhalten durch die Kriegsmetapher oft als selbstverständlich hingenommen und solche „'Wahrheiten', als kulturell determinierte Axiome akzeptiert" (Baldauf 1997, 274).

[184] Kultureller Wandel vollzieht sich nach Lakoff und Johnson (1980, 145) häufig durch die Veränderung der metaphorischen Modelle.

> Der Mund kündigte nicht zuletzt in den metaphorischen
> Redeweisen an, was die Hand sodann vollstrecken sollte
> (Straub & Streitz 1998, 246).

6 Handlungsleitung von Metaphern in Unternehmen

Metaphorisches Sprechen ist nicht beliebig und folgenlos. Nach Nieraad (1977, 3) sind Metaphern „Weltmodelle und Handlungsanweisungen", welche unser Denken, Sprechen und Handeln in eine bestimmte Richtung lenken. Ohne Kohärenzprinzipien zu verletzen können gewisse Gedanken und Handlungen auf eine Metapher folgen, andere nicht. Handeln ist demnach die „sinnkohärente Fortführung des Denkens und Sprechens" (Straub & Seitz 1998, 245). Damit wird Sprache zum gestaltenden Element, mit dem Bedeutung produziert und realer Einfluss genommen wird.

Auch Morgan (1980, 343) und Clancy (1989, 28f.) gehen von einer engen Verbindung zwischen Denken und Handeln aus und vertreten die Ansicht, dass der Gebrauch von Metaphern Auswirkungen auf die Unternehmensgestaltung besitzt (vgl. Kap. 3.4). Metaphern fungieren als mentale Modelle, mit denen Sachverhalte gedanklich strukturiert werden. Diese Modelle sind nach Ansicht von Dutke (1994, 2) „Ausdruck des Verstehens eines Ausschnittes der realen Welt. Damit sind sie aber gleichzeitig auch Grundlage zur Planung und Steuerung von Handlungen. Individuelle mentale Modelle können ihre eigenen Schwerpunkte aufweisen: manche sind stärker verstehensorientiert, andere eher handlungsorientiert".

Die Hypothese in diesem Kapitel lautet von daher, dass von Metaphern ein Einfluss auf die Unternehmensgestaltung ausgeht. Zur Überprüfung der Frage, inwieweit sich aus den identifizierten Metaphern Hinweise auf fassbare Handlungen, insbesondere in der unternehmerischen Praxis, ableiten lassen und welche Einflussfaktoren für die von Morgan (1986) und Clancy (1989) postulierte Handlungsleitung gegeben sein müssen, wird der metaphorische Sprachgebrauch zweier Unternehmer analysiert. In einem anschließenden Schritt wird untersucht, inwieweit sich Parallelen zwischen den Metaphernmodellen und den empirischen Hinweisen auf den Unternehmensalltag, beispielsweise Beobachtungen und Beschreibungen der betrieblichen Abläufe, ergeben. Weiterhin werden aus den charakteristischen Kennzeichen der beiden Fälle Einflussfaktoren für eine mögliche handlungsleitende Wirkung von Metaphern herausgearbeitet. Die Analyse greift dabei teilweise die Teilergebnisse des vierten Kapitels auf und spezifiziert diese mit Hilfe von weiterführendem Material. Wie bereits beim vorangegangen Kapitel, wird wiederum eine andere Analyseperspektive eingenommen, indem nicht die zentralen Metaphern des Umweltmanagements oder eine einzelne Auswertungseinheit, sondern querliegend zu allen Themenbereichen die individuellen Metaphernmodelle zweier Personen und deren mögliche Auswirkung auf den Unternehmensalltag untersucht werden.

Mit dieser Analyse geht die vorliegende Arbeit über die, meist auf Sprach- oder Symbolebene verbleibenden, rein deskriptiven Metaphernanalysen anderer Arbeiten hinaus (vgl. Detten 2001, 80). Bislang bestehen vor allem theoretische Arbeiten über die gestaltende Wirkung von Metaphern, wohingegen die empirische Überprüfung meist ausbleibt. So fordern beispielsweise Oswick und Grant (1996b, 219) mehr empirische Arbeiten zur Analyse der in Organisationen genutzten Metaphern. Weiterhin ist ihrer Ansicht nach im Zusammenhang mit der Ausgestaltung von Organisationen zu klären, inwieweit Metaphern die Gedanken formen und das Verhalten beeinflussen.

6.1 Untersuchungsdesign

Die Basis der Analyse bilden zwei vertieft ausgewertete Interviews, die im Rahmen der Untersuchung geführt wurden. Dieses Interviewmaterial wurde in einem ersten Schritt einer Metaphernanalyse unterzogen. Die identifizierten Metaphernmodelle dienen dazu, auf die gedankliche Strukturierung des Unternehmens und des Umweltmanagements von Seiten der Interviewpartner zu schließen. Nach den Ergebnissen der Metaphernanalyse nutzen die Interviewpartner unterschiedliche Herkunftsbereiche zur Beschreibung des Unternehmens und des eingesetzten Umweltmanagements. Um zu den zentralen Metaphernmodellen zu gelangen, wurde eine Auswahl anhand folgender Kriterien getroffen:

- *Wiederholung* des Metaphernmodells, d.h. die Häufigkeit, mit der ein Metaphernmodell (z.B. DAS UNTERNEHMEN/DAS UMWELTMANAGEMENT IST EIN ORGANISMUS) vom Interviewpartner verwendet wird,

- *Ausarbeitung* des Metaphernmodells, d.h. inwieweit das Metaphernmodell vom Interviewpartner detailliert durch unterschiedliche Lexemmetaphern des gleichen Bildspendebereiches ausgeführt wird (vgl. Steger 2001, 90).[185]

---

[185] Steger (2001, 90) nennt als drittes Kriterium die Auffälligkeit der Metapher. Da jedoch auch gerade unauffällige und konventionelle Metaphern das Denken strukturieren (vgl. Lakoff & Johnson 1980), wurde dieses Kriterium nicht zur Auswahl der Metaphernmodelle herangezogen.

Für die mit Hilfe der Metaphernanalyse und den angelegten Kriterien identifizierten Metaphernmodelle erfolgte in einem zweiten Schritt ein Abgleich mit zusätzlichen Daten zu dem jeweiligen Interviewpartner bzw. Unternehmen. Folgendes zusätzliches Material wurde in die Analyse einbezogen:

- *Nicht-metaphorische* Aussagen des Interviewpartners,
- *Beobachtungen* während des Interviews (z.b. Ausgestaltung der Räumlichkeiten),
- *Biographische Daten* des Interviewpartners (z.b. Ausbildung des Interviewpartners),
- *Unternehmenskommunikation* (z.b. Homepage, Geschäfts-, Umweltbericht, Produktinformationen etc. des Unternehmens).[186]

Das Heranziehen von zusätzlichen Informationen dient der Erweiterung der Materialbasis und ermöglicht die Gegenüberstellung zum Interviewmaterial. Während beispielsweise der Vergleich zwischen dem metaphorischen und dem nicht-metaphorischen Sprachgebrauch des Befragten Aufschluss über die sprachliche Übereinstimmung zwischen den beschriebenen Sachverhalten gibt, können die während des Interviews gemachten Beobachtungen Erkenntnisse über die vorherrschende Unternehmenskultur liefern. Die weiterhin herangezogenen biographischen Daten vermitteln einen Einblick in die Lebensgeschichte des Interviewpartners und geben Hinweise auf individuelle Erfahrungen und Vorlieben. Dabei ergeben sich Parallelen zur Biographieforschung, mit welcher auf grundlegende Persönlichkeitsstrukturen geschlossen wird. Fuchs (1984) beschreibt das Ziel der Biographieforschung folgendermaßen:

> Ziel der Interpretation ist die Verknappung der ganzen Lebensgeschichte bzw. des umfangreichen Textes eines oder mehrerer lebensgeschichtlicher Interviews auf ,Kernaussagen', die Herausarbeitung der ,halbwegs stabilen Konzepte' mit denen sich Menschen im Alltag orientieren und die ihre Handlungen strukturieren (Fuchs 1984, 148).

In der Gegenüberstellung der Metaphernmodelle mit biographischen Informationen über den Interviewpartner sollen grundlegende mentale Modelle der Interviewpartner identifiziert werden, die als „Kürzel für das Selbstbild und für die Orientierungsmuster eines einzelnen Menschen" (Fuchs 1984, 148) gelten können. Ferner wird die meist schriftliche Darstellung des Unternehmens, beispielsweise die unternehmenseigene Homepage, der Geschäfts- bzw. der Umweltbericht, in die Analyse mit einbezogen. Ziel der Gegenüberstellung ist, festzustellen, inwieweit Kohärenz zwischen den Metaphermodellen und den

---

[186] Beim Hinzuziehen schriftlicher Medien wird davon ausgegangen, dass diese meist weniger metaphorische Inkonsistenzen aufweisen als Gespräche, da sie sorgfältiger bearbeitet werden (vgl. Dobrovol´skij 1997, 149). Liebert (1997a, 181) merkt in diesem Zusammenhang an, es existiere in Gesprächen „keine strikte ,thematische Metaphernprogression' wie sie etwa in Texten zu finden ist, die von einem einzelnen Autor stammen".

weiteren Materialien und Beobachtungen erkennbar ist, oder ob es sich um ein isoliertes Metaphernmodell handelt.[187]

Bei der Auswahl und der Analyse des dargestellten Materials stellt sich zum einen die Frage, inwieweit die im Interview getroffenen Aussagen für die betreffende Person repräsentativ sind. Auch Clancy (1989) war sich bewusst, dass es sich bei der Verwendung sprachlichen Materials von Unternehmern nicht um repräsentative Aussagen des Autors handeln könnte. Er vertritt jedoch die Ansicht:

> These objections would be more valid if the metaphors used were exceptional, highly extended, or literary, but in fact, these speakers use such commonplace expressions, [...] that we can be reasonably certain that the metaphors are indicative of the speakers' mental ‚furniture' (Clancy 1989, 29).

Für Clancy (1989) ist von repräsentativen Aussagen auszugehen, da es sich weniger um ungewöhnliche oder literarische Metaphern als vielmehr um eine hochgradig konventionelle Metaphorik handelt, wie sie sich auch bei den beiden vorgestellten Einzelfällen zeigt. Bei der Verwendung von konventioneller Metaphorik ist sich der Verfasser meist der damit verbundenen Sinn- und Bedeutungsinhalte nicht bewusst (vgl. Lakoff & Johnson 1980). Auch Moser (2000a) nutzt in ihrer Arbeit „Metaphern des Selbst" die Analyse von Metaphern zur Selbstbildforschung. Ihrer Ansicht nach ist die Metaphernanalyse zur Untersuchung kognitiver Modelle gut geeignet, da die Verwendung konventioneller Metaphorik meist unbewusst erfolgt und daher relativ frei von Selbstpräsentationsstrategien ist. Dabei spiegeln die genutzten Metaphern die individuellen Persönlichkeitsmerkmale sowie Kennzeichen der ihn umgebenden Gesellschaft wider (vgl. Straub & Seitz 1998, 245; Moser 2000a, 49).[188] Daraus folgt die dieser Untersuchung zugrunde liegende Annahme, dass die identifizierten Metaphernmodelle als Repräsentanten für die mentalen Strukturen des Interviewpartners gelten können, mit deren Hilfe er das Unternehmen und das Umweltmanagement strukturiert.[189]

---

[187] Nach Marshak (1996, 151f.) herrscht dann Kohärenz „when there is overall thematic integrity and/or consistency among most, or all, of the various components that make up the symbolic meaning system".

[188] Nach Schmitt (1997, 78) lässt sich anhand von Einzeluntersuchungen die Rolle von Metaphern für das Denken genauer herausarbeiten. Die Ergebnisse einer spezifischen Fallstruktur ermöglichten zum einen die Betrachtung der individuellen Metaphorik sowie zum anderen den Vergleich zur kollektiven Metaphorik einer größeren Untersuchungsgruppe.

[189] Einschränkend muss darauf hingewiesen werden, dass sich die im folgenden angeführten Metaphernmodelle vor allem auf die in dem Datenmaterial abgefragten und bewusst fokussierten Bereiche des Unternehmens und des Umweltmanagements beziehen und von daher nur einen Ausschnitt der Persönlichkeitsstruktur repräsentieren. Es ist von daher nicht auszuschließen, dass bei der Betrachtung anderer Sachverhalte, beispielsweise der Familie, andere Metaphernmodelle zum Tragen kommen.

Zum anderen ist insbesondere bei den im Interview und in der Unternehmenskommunikation beschriebenen Zielen und Abläufen zu prüfen, inwieweit diese der betrieblichen Realität oder vielmehr einem Wunschdenken entsprechen,
bzw. gar auf eine bewusste Beeinflussung des Umfeldes zielen. Argyris und
Schön (1974), eine der ersten Forscher auf dem Gebiet der Aktionsforschung,
unterscheiden zwischen der vertretenen Theorie („espoused-theory") und der
handlungsleitenden Theorie („theory-in-use"). Während die „espoused theory"
die nach außen vertretene Theorie darstellt, mit denen die Organisationsmitglieder ihr Verhalten begründen und die sich häufig in offiziellen Leitbildern
und Programmen manifestiert, bestimmt die „theory-in-use" das tatsächliche
und häufig unreflektierte Verhalten der Organisationsmitglieder.[190] Auf letztere kann beispielsweise anhand von Beobachtungen des Unternehmensalltags
geschlossen werden (vgl. Argyris & Schön 1978, 14ff.).

Für Marshak (1996, 151) gilt: „metaphors can serve as the common medium
for diagnosing and addressing theories-in-use, cultural assumptions and be-
liefs, and unconscious dynamics". Zudem können sie als Brücke zwischen
dem Bewusstem und dem Unbewussten dienen (vgl. Siegelman 1990; Marshak
1993). Von daher werden die identifizierten Metaphernmodelle als Hinweis für
die handlungsleitende Theorie gewertet. In diesem Zusammenhang ist anzumerken, dass die für die Analyse herangezogene Unternehmenskommunikation größtenteils von den Interviewpartnern selbst stammt und damit hinsichtlich der Repräsentativität der Vorstellungen und Werte vom Interviewpartner
mit dem des Interviewmaterials vergleichbar ist. Bestehen bleibt jedoch die
Möglichkeit, dass die im Interview sowie in der Unternehmenskommunikation
getroffenen Aussagen zwar die Vorstellungen und den Handlungsrahmen des
Interviewpartners, nicht jedoch das tatsächliche Organisationsverhalten widerspiegeln, welches durch alle Organisationsmitglieder gestaltet wird. Von daher
kann allein anhand der Ausführungen der Interviewpartner nicht automatisch
auf die gestaltende Wirkung der Metaphernmodelle auf den Unternehmensalltag geschlossen werden. Nur im Zusammenhang mit weiteren empirischen
Daten, wie den während des Interviews gemachten Beobachtungen, ist eine
Aussage möglich.

Im Folgenden wird auf die Ergebnisse der zwei Einzelfallanalysen eingegangen. Bei den Interviewpartnern handelt es sich um die Inhaber einer Arztpraxis und eines Handwerksbetriebes.[191] Beide Personen sind nicht nur als Um-
weltmanagementverantwortlicher tätig, sondern fungieren vor allem als Füh-
rungsperson im Unternehmen. Von daher beziehen sich die folgenden Aus-

---

[190] Nach Argyris & Schön (1974) entwickelt und verändert sich die „theory-in-use" teils
bewusst, teils unbewusst aus der „espoused theory" (vgl. Seufert 1999, 2).
[191] Die Namen der Interviewpartner wurden geändert.

führungen sowohl auf das Umweltmanagement als auch auf die Ausgestaltung des gesamten Unternehmens. Nach einer einleitenden Vorstellung des Interviewpartners und des jeweiligen Unternehmens werden die von dem Befragten verwendeten Metaphernmodelle vorgestellt und anhand einiger markanter Beispiele verdeutlicht.[192] An die Darlegung der Metaphernmodelle schließt sich der Vergleich mit dem nicht-metaphorischen Sprachgebrauch des Interviewpartners und den Beobachtungen sowie Beschreibungen und Hinweisen auf den Unternehmensalltag an.

6.2 Einzelfallanalyse I: Arztpraxis Dr. Schmitt

6.2.1 Vorstellung des Interviewpartners und des Unternehmens

Herr Schmitt ist Inhaber der von ihm in den 80er Jahren gegründeten Arztpraxis. In dieser sind ca. 17 Mitarbeiter beschäftigt, wobei ein Teil des Personals nach Bedarf eingesetzt wird. Als erstes Unternehmen in der medizinischen Branche ist die Praxis nach unterschiedlichen internationalen Normen, u.a. der ISO 9001 (Qualitätsmanagement) sowie der DIN ISO 14001 (Umweltmanagement), zertifiziert. Im Weiteren hat das Unternehmen ein TQM-System (Total-Quality-Management) eingeführt.[193] Die Leitung und Organisation dieser Managementsysteme unterliegt Herrn Schmitt persönlich. Für den Aufgabenbereich des Umweltmanagements wird er von einer Mitarbeiterin unterstützt. Als Ausbildung hat Herr Schmitt neben seinem Medizinstudium eine militärische Pilotenausbildung absolviert. Auch als Hobby spielt die Fliegerei für ihn eine wichtige Rolle. Weiterhin treibt Herr Schmitt in seiner Freizeit gerne Sport.

---

[192] Zur Wahrung der Anonymität werden lediglich kurze Beispiele aus dem weiteren Informationsmaterial genannt, da ansonsten auf die Person bzw. das Unternehmen geschlossen werden kann. Textstellen aus diesem Material sind mit dem Kürzel „Z" für Zusatzmaterial sowie der betreffenden Abkürzung der jeweiligen Quelle (z.B. „H" für Homepage) gekennzeichnet. Demgegenüber sind die aus dem Interviewmaterial entnommenen Zitate mit dem Kürzel „I" für Interview sowie der entsprechenden Angabe der Frage aus dem Fragebogen versehen. Eine Zusammenstellung der verwendeten Kürzel befindet sich im Abkürzungsverzeichnis.

[193] Das Total Quality Management-System (TQM) basiert auf der Annahme, dass eine höhere Qualität sowohl die Kunden zufrieden stellt, als auch den Nutzen für die Mitarbeiter und die Gesellschaft erhöht und somit langfristig den Geschäftserfolg der Unternehmung sichert. Der Qualitätsbegriff wird in diesem Ansatz umfassend definiert und umfasst neben der Prozess-, Produkt- und Servicequalität im Weiteren auch die Qualität in Bezug auf die Belange der Mitarbeiter sowie der Gesellschaft (vgl. BMU/BDI & Schaltegger et. al. 2002, 113).

6.2.2 Sprachanalyse

Die Sprache von Herrn Schmitt ist durch eine ausgeprägte Metaphorik ge-kennzeichnet. Aus dem Interviewmaterial wurden folgende Metaphernmo-delle herausgearbeitet:

1. DAS UNTERNEHMEN/UMWELTMANAGEMENT IST EINE MASCHINE,

2. DAS ERREICHEN VON UNTERNEHMENS-/UMWELTMANAGEMENTZIELEN IST SPORT,

3. DIE PLANUNG UND UMSETZUNG VON PROZESSEN IST KRIEG.[194]

Die durchweg der konventionellen Metaphorik zurechenbaren Metaphernmo-delle von Herrn Schmitt weisen untereinander Überschneidungen auf. Zum einen bestehen Parallelen zwischen der mechanistischen und der kriegerisch geprägten Vorstellung, die in der historischen Entwicklung begründet liegen. Die Sichtweise von Organisationen als eine Maschine wurde wesentlich durch die industrielle Revolution im 19. Jh. beeinflusst. Viele Ideen und Maßnahmen wurden dabei aus dem militärischen Bereich auf Organisationen übertragen (vgl. Morgan 1986, 22f.). Zum anderen sind Überschneidungen zwischen der Kriegs- und der Sportmetaphorik erkennbar, die schon der Begriff des Wett-kampfes nahe legt. Auch dabei lassen sich die Gemeinsamkeiten auf histori-sche Entwicklungen zurückführen. So dienten im Altertum die olympischen Spiele als Ersatz für Kriege, welche für diese Zeit ausgesetzt wurden (vgl. Brockhaus 1991, Bd. 16, 186f.). Baldauf (1997) arbeitet in ihrer Untersuchung zur Metaphorik in der Alltagssprache das Metaphernmodell SPORT IST KRIEG heraus. Sie vertritt die Ansicht: „Als Tummelplatz kriegerischer Metaphorik hat sich der Bereich des kompetitiven Sports erwiesen, der die der Kriegs-Kon-stellation entsprechende polare Grundstruktur erkennen läßt" (ebd., 228). Im weiteren Verlauf ihrer Arbeit merkt sie an: „Die weite Verbreitung der Kampf-metaphorik in diesem Bereich ist jedoch auch aufgrund der Tatsache nicht weiter erstaunlich, daß Sport als eine Form des ritualisierten Kampfes ange-sehen werden kann." (ebd., 229). Sowohl der Kampf als auch der kompetitive Sport ist eine Situation des Gegeneinanders, die in erster Linie auf ein Gewin-nen ausgerichtet ist. Während jedoch der Kriegsmetaphorik viel stärker das Bild der Niederlage, das bis zur Vernichtung gehen kann, zugrunde liegt, ver-fügt das Sportmodell über mehr spielerische Aspekte.

---

[194] Nach Fluck (1976, 163) ist insbesondere der Einfluss von Technik, Militär und Sport auf Fachsprachen groß.

6.2.3 Das Unternehmen/Umweltmanagement ist eine Maschine

Die von Herrn Schmitt verwendete Maschinenmetapher ist für die Beschreibung von Unternehmen nicht ungewöhnlich (vgl. Gloor 1987; Jäkel 1994). Wie bereits erläutert, ging von der industriellen Revolution ein maßgeblicher Einfluss auf die Sichtweise von Organisationen als eine Maschine aus. In Anlehnung an die neuen Technologien werden die Abläufe des Unternehmens nach einem festgelegten Plan mit festen Strukturen organisiert. Die an die Maschinen gestellten Funktionsanforderungen werden auch auf die Mitarbeiter übertragen, die eine vergleichbare Rolle wie Zahnrädchen erhalten. Das Arbeitstempo und die Arbeitsintensität sind vorgegeben, damit die Arbeitsvorgänge wie geplant ablaufen können (vgl. Kap. 3.1.1).

Auffällig im metaphorischen Sprachgebrauch von Herrn Schmitt ist die ausgeprägte Verwendung der Fahrzeugmetaphorik, welche als Variante des Wegmodells angesehen werden kann. Wie jedoch bereits in Kapitel 4.3.3.1 deutlich wurde, kann die Fahrzeugmetaphorik Implikationen aufweisen, die über das Wegmodell hinausgehen (vgl. Baldauf 1997, 143), so dass in Abhängigkeit vom Kontext eine Zuordnung zu einem anderen Metaphernmodell möglich ist. Überschneidungen ergeben sich vor allem zur Maschinenmetapher, da Fahrzeuge im weitesten Sinne auch Maschinen darstellen. Im vorliegenden Fall erfolgt eine Zuordnung der Lexemmetaphern zur Maschinenmetapher, da von Seiten Herrn Schmitts vorwiegend die technischen Aspekte betont werden, die den funktionellen Charakter des Fahrzeugs unterstreichen. Demgegenüber stehen bei der Wegmetapher stärker die Entwicklungsprozesse im Vordergrund (vgl. Baldauf 1997, 209ff.). Diese klingen in den angeführten Zitaten zwar teilweise auch an, spielen jedoch gegenüber dem funktionellen Charakter eine untergeordnete Rolle.

6.2.3.1 Metaphorische Sprachebene

Sowohl das Unternehmen als auch das Umweltmanagement, als ein Teil des TQM-Systems, werden vom Unternehmensinhaber als Maschine betrachtet. Das von Herrn Schmitt verwendete Metaphernmodell DAS UNTERNEHMEN/ UMWELTMANAGEMENT IST EINE MASCHINE ist durch eine Wiederholung sowie die Verwendung zahlreicher unterschiedlicher Lexemmetaphern gekennzeichnet. Das Metaphernmodell kann damit als gut ausgearbeitet angesehen werden.

Die in diesem Zusammenhang verwendete Fahrzeugmetaphorik wird in unterschiedlicher Weise durch Herrn Schmitt spezifiziert. Besonders auffällig ist dabei die Flugzeugmetapher, die sich sowohl im Interviewmaterial als auch in

den weiteren Materialien in Bezug auf das Unternehmen und die Unternehmensabläufe im Rahmen der Balanced Scorecard[195] zeigt:

- Als *Pilot* [Herr Schmitt verfügt über einen Pilotenschein, d. Verf.] fühle ich mich als *Cockpit-Chart*, wie der *Pilot im Flugzeug*, der die wichtigsten *Instrumente* im Auge behalten muss. […] Das sind die wichtigsten *Cockpit-Instrumente*, daneben gibt es noch die *Warnlampen*, z.b. den Öldruck. Der ist nicht so wichtig für den *Pilot*, dass er immer drauf schauen muss, aber wenn er plötzlich ein Problem mit dem *Öldruck* hat, dann hat er ein strategisches Problem. Die *Warnlampe* müssen wir noch definieren (I, 32).
- Wir schauen, dass wir wieder auf die *Schiene* kommen und weiter runter [mit dem Stromverbrauch, d. Verf.] kommen (I, 17).

Die Fahrzeugmetaphorik wird weiterhin bildhaft in der Unternehmenskommunikation aufgegriffen. Auf der Unternehmenshomepage ist als Motto des
Jahres das Bild eines Eisbrechers zu sehen. Die Beispiele zeigen, dass Herr
Schmitt sein Unternehmen als ein Fahrzeug sieht. Seine eigene Rolle als Inhaber und Geschäftsleiter konzipiert er entsprechend als diejenige Person, die
das Fahrzeug lenkt, bzw. die Richtung vorgibt.[196] Insbesondere die eigene Rollenzuweisung im erstgenannten Zitat passt sehr gut zu der Pilotenausbildung
und der Fliegerei als persönliches Hobby von Herrn Schmitt. In Bezug auf die
Schiffsmetaphorik wertet Meichsner (1983, 1) die Steuermannmetapher als ein
„Musterbeispiel für eine legitime Befehlsgewalt" an. Ähnliches ist von der Lock-
führer- oder Pilotenmetapher anzunehmen.

Im erstgenannten Zitat werden im Weiteren unterschiedliche Instrumenten-
metaphern angeführt, welche auf die Messbarkeit und Steuerung der Abläufe
abzielen. Ähnliche Metaphern finden sich auch im zusätzlich ausgewerteten
Material. Dort wird beschrieben, wie mit Hilfe von *„Flugdaten"* (Z, H) wie
„Flughöhe, Geschwindigkeit, Tankfüllung und *Flugrichtung"* (Z, H) sichergestellt
wird, dass das Unternehmen *„auf dem* richtigen *Kurs"* (Z, H) bleibt. Gerade bei
den zuletzt genannten Beispielen zeigt sich die Nähe der Fahrzeugmetaphorik
sowohl zum Weg- als auch zum Maschinenmodell, indem diese Metaphern
neben der Prozesshaftigkeit und der Veränderung des Unternehmens zugleich
auch die Kontrollierbarkeit der Abläufe mit Hilfe von Instrumenten betonen,
was wiederum auf eine mechanistische Sichtweise hindeutet.

Die Instrumentenmetapher wird von Herrn Schmitt auch zur Beschreibung
der innerbetrieblichen Abläufe verwendet, wie folgendes Beispiel aus dem
Interviewmaterial zeigt:

---

[195] Die Balanced Scorecard dient der Umsetzung der Unternehmensstrategie durch die Übertragung von Zielwerten in operative Größen (vgl. BMU/BDI & Schaltegger et. al. 2002, 109).

[196] Im Rahmen der Unternehmenskommunikation wird unter dem Aspekt „Führung" (Z, H)
diese herausragende Rolle graphisch als „Leadership-Haus" (Z, H) dargestellt. Diese der
Bauwerkvorstellung zuzuordnende Darstellung unterstreicht die hierarchische Strukturierung im Unternehmen.

- Im Moment ist konkret Stress das Thema. Das Thema ist sehr komplex, das muss man *auseinander nehmen*, so genannte Reflexionen als *Tool*. Es gibt unterschiedliche *Tools*, diese Woche ist es das Stresstagebuch. [...] Oder zum Beispiel das *Stressbarometer*, die Liste mit Anerkennungen, das Praxismobil, die Stressschulungen. Jeder muss einmal im Monat etwas überprüfen (I, 12).

Auch in der Unternehmenskommunikation ist vom *„Selbstkontrollinstrument"* (Z, H) die Rede. Betont wird mit der Instrumentenmetapher vor allem die Mess- und Kontrollierbarkeit der Abläufe, welche mit „klar definierten Prozessen *geregelt"* (Z, H) werden. In den Beispielen zeigt sich auch, dass sich die instrumentalisierte Sichtweise nicht nur auf das Unternehmen selbst und die Abläufe beschränkt, sondern auch auf die Mitarbeiter übertragen wird, die im Rahmen der Unternehmenskommunikation als *Software"* (Z, H) bezeichnet werden.

Herrn Schmitts mechanistisch geprägte Sichtweise wird ferner durch die im Interview vorgenommene Einschätzung des Unternehmens bzw. des Umweltmanagements gestützt. Dabei sollten die Interviewpartner anhand vorgegebener bildhaften Vorstellungen beurteilen, inwieweit diese für das Unternehmen bzw. das Umweltmanagement zutreffend sind (vgl. Kap. 5.2). Neben der reinen Bewertung, wurden die Interviewpartner weiterhin gebeten, die von ihnen mit den Sichtweisen verbundenen Gedanken bei der Einschätzung zu äußern. Bei dieser Beurteilung wurde von Herrn Schmitt das Maschinenmodell sowohl für das Unternehmen als auch für das Umweltmanagement als zutreffend eingestuft. Folgende Assoziationen äußerte Herr Schmitt in Verbindung mit der Maschinemetapher:

- Eine Maschine, das wäre schön, ist aber nicht immer so. Im Moment haben wir zum Beispiel keinen Lehrling. Das ist ein Problem, das wir haben. Die Praxis läuft wie ein *gut geölte Maschine*, alles ist eingespielt. Wenn der Respekt zuwenig ist, muss ich *Öl dazu tun*. Der Lehrling ist eines Tages ein *eingeschliffenes Zahnrädchen*, soll aber vom ersten Tag an mitlaufen. Das gibt gewaltige Probleme. Ich habe den Anspruch, dass ich ausbilde. Ich habe die höchste Produktivität und viel Stress. Wenn sie [Lehrling, d. Verf.] charakterlich nicht stark ist, dann *zerbricht* sie an dem. Das haben wir schon gehabt (I, 35).

6.2.3.2 Nicht-metaphorische Sprachebene und Unternehmensalltag

Nach der Identifizierung und Vorstellung des mechanistisch geprägten Metaphernmodells erfolgt als nächster Analyseschritt die Gegenüberstellung mit dem nicht-metaphorischen Sprachgebrauch sowie mit den während des Interviews gemachten Beobachtungen und Beschreibungen des Unternehmensalltags.

Die Maschinenmetapher impliziert vor allem eine klare Hierarchie sowie die Regelung und die Kontrolle der Unternehmensabläufe. Im bildhaften Sprachgebrauch von Herrn Schmitt ist dies vor allem durch die Verwendung der Instrumentenmetapher zu erkennen. Im nicht-metaphorischen Sprachgebrauch wird dies insbesondere in Bezug auf die Festlegung und die Kontrolle bestimmter Routinen deutlich. Derartige Formulierungen zeigen sich in der Unternehmenskommunikation, beispielsweise wenn von „internen Überprüfungen" (Z, H) oder der „regelmäßigen Analyse" (Z, H) zur systematischen Fehlerauf-deckung die Rede ist.

Bei den Beobachtungen, die während des Interviews und dem daran anschlie-ßenden Rundgang durch die Praxis gemacht wurden, fielen zum einen im Bü-ro des Interviewpartners und im Eingangsbereich des Unternehmens die zahl-reichen Diagramme und Grafiken des Controllings auf, die den aktuellen Er-füllungsgrad unterschiedlicher Zielsetzungen darstellten. Zum anderen zeigte uns Herr Schmitt das von ihm beschriebene Stressbarometer, auf dem das Per-sonal seine aktuelle Befindlichkeit in Bezug auf die eigene Arbeitsauslastung eingetragen konnte und so das Stresspotential der einzelnen Mitarbeiter erkennbar war.

Neben dem nicht-metaphorischen Sprachgebrauch und den während des In-terviews gemachten Beobachtungen ist weiterhin die Beschreibung des Unter-nehmensalltags von Interesse, um über den während des Interviews gewonne-nen kurzen Eindruck hinaus eine Vorstellung von den alltäglichen Abläufen im Unternehmen zu erlangen. Bei der Betrachtung des metaphorischen Sprach-gebrauchs wurde deutlich, dass den Mitarbeitern, die Rolle von Maschinen bzw. Maschinenteilen zukommt, deren Anschaffung sich lohnen muss. Diese funktionsorientierte Sichtweise zeigt sich auch bei der Handhabung der Aus- und Weiterbildungmaßnahmen der Mitarbeiter. Nach den Schilderungen des Unternehmensalltags in der Unternehmenskommunikation wird den Mitar-beitern die Teilnahme an Weiterbildungen im Rahmen der Arbeitszeit unter der Voraussetzung ermöglicht, dass pro Weiterbildungstag eine gewisse An-zahl neuer Verbesserungsvorschläge in das Unternehmen eingebracht werden. Andernfalls wird diese Zeit als Urlaub verbucht.

Weiterhin werden gemäß der Darstellung in der Unternehmenskommunika-tion zur Überprüfung der Funktionsfähigkeit der Mitarbeiter regelmäßig die „Mitarbeiterzufriedenheit", „Mitarbeiterfluktuation", „Krankheitstage" (Z, H) sowie die „Anzahl der Verspätungen" (Z, H) erfasst. Ferner wird dort der Ein-satz eines metaphorisch als Selbstkontrollinstrument bezeichneten Verfahrens beschrieben. Dabei handelt es sich um eine anonyme Überprüfung der Mitar-beiter sowie von Herrn Schmitt selbst, indem beispielsweise kurz vor Feier-abend ein Anruf eines vorgetäuschten Patienten erfolgt, der angibt, unter Schmerzen zu leiden. Wird die Person abgewiesen, widerspricht dies der fest-gelegten Regel, solche Patienten noch am gleichen Tag zu behandeln und der entsprechende Mitarbeiter wird zur Rechenschaft gezogen.

Trotz der Regelung und Kontrolle der Abläufe, kommt es mitunter zu Schwie-rigkeiten. Als problematisch wird von Herrn Schmitt im Interview vor allem die hohe Arbeitsbelastung beurteilt. Dieses Problem wird, vergleichbar einer Maschinenstörung behandelt, indem es nach Herrn Schmitt systematisch ana-

lysiert und entsprechende Maßnahmen zur Behebung, wie „Stressschulungen"
(I, 12), ergriffen werden. Wenn nötig, wird, ähnlich eines Reparaturdienstes,
auf die Hilfe einer „externen Beraterin" (I, 12) zurückgegriffen, die in konflikt-
reichen Zeiten dem Unternehmen zur Seite steht. Zeigen diese Maßnahmen
keinen Erfolg, dann zieht Herr Schmitt seine Konsequenzen und ersetzt die
entsprechenden Mitarbeiter. Im Interview wurde deutlich, dass einige Mitarbeiter bereits das Unternehmen verlassen mussten.

6.2.4 Das Erreichen von Unternehmens-/Umweltmanagementzielen ist Sport

Während die Maschinenvorstellung vor allem zur Strukturierung interner
Prozesse verwendet wird, spiegelt die Sportmetaphorik die Haltung von
Herrn Schmitt gegenüber dem Erreichen von Unternehmens- bzw. Umwelt-
managementzielen in Bezug auf das Unternehmensumfeld als auch innerhalb
des Unternehmens wider. Auf die Überschneidungen zur Kriegsmetaphorik
wurde bereits hingewiesen, die weit über die begriffliche Ausleihe des Wett-
kampfausdrucks hinausgehen. Im gesamten Sprachgebrauch des Sports lassen
sich Übertragungen aus einer kriegerisch geprägten Sichtweise feststellen. Beispielsweise sind beim Fußball der „Angriff" oder die „Defensive" geläufige
Begriffe und es ist das Ziel vieler Sportarten, den „Gegner zu schlagen". Trotz
der Überschneidungen haben die Implikationen der Sportmetaphorik einen
anderen Schwerpunkt, da es weniger um die Vernichtung des Gegners geht
als um ein spielerisches Kräftemessen, womit sich wiederum Parallelen zur
Spielmetapher ergeben.[197]

Die Sportmetaphorik ist in der wirtschaftsbezogenen Sprache nicht so weit
verbreitet wie die Maschinen- oder die Kriegsmetaphorik, aber auch nicht
ungewöhnlich. Herr Schmitt verwendet die Sportmetaphorik wiederholt in
Bezug auf unterschiedliche Aspekte. Das Metaphermodell DAS ERREICHEN
VON UNTERNEHMENS-/UMWELTMANAGEMENTZIELEN IST SPORT kann durch den
vielfältigen Gebrauch unterschiedlicher Lexemmetaphern als gut ausgearbeitet beurteilt werden.

6.2.4.1 Metaphorische Sprachebene

Die sportlich geprägte Vorstellung von Herrn Schmitt wird hauptsächlich auf
die Art und Weise der Zielerreichung des Unternehmens bzw. des Umweltmanagements übertragen. Beispiele dafür finden sich in der Beschreibung der
Zielsetzung innerhalb des TQM-Systems, bzw. in der Gegenüberstellung des
TQM- mit dem Umweltmanagementsystem nach DIN ISO 14001. In der Weise,

---

[197] Auf die Überschneidungen zwischen der Sport- und Spiel- bzw. auch der Kriegsmetaphorik weist Baldauf (1997, 186) hin. Im Folgenden werden von daher auch solche Lexemmetaphern, die der Spielmetaphorik zuzuordnen sind, im Rahmen der Sportmetaphorik vorgestellt.

wie Herr Schmitt diese beiden Systeme im Interview vergleicht, wird die gute
Ausarbeitung des Metaphernmodells in Form der Fußballmetapher deutlich:

- Den Unterschied zwischen der ISO und dem TQM können Sie mit dem *Fußball* ver-
  gleichen. Die ISO, das ist die *Defensive*, dass sie kein *Goal* [Tor, d. Verf.] bekommen
  und das TQM, das ist der *Angriff*, der *Sturm*. Die werden aktiv und *schießen ein Goal.*
  Mit dem TQM müssen sie nachweisen, dass sie aufgrund einer hervorragenden
  Organisation hervorragende Ergebnisse zeigen (I, 20).
- Man muss Ziele setzen, eine Messlatte zum *hoch springen*. Man kann noch so toll *trai-
  nieren*, aber wenn er keine Latte hat, zum *drüberspringen*, dann wird er nicht besser.
  Das ist wieder der TQM-Ansatz, der da reinspielt, also sich Ziele zu setzen (I, 19).

Das erste Zitat verdeutlicht anhand der gut ausgeführten Fußballmetapher die
Zielsetzung von Herrn Schmitt. Wenn es um das Erreichen der Unternehmens-
bzw. der Umweltziele geht, fordert er statt einer passiven Haltung ein aktives
Handeln. Mit dem zweiten Zitat wird mit der Metapher der Messlatte ein weiterer zentraler Aspekt in Herrn Schmitts Vorstellungen, die Messung der er-
brachten Leistung, eingeführt. Als Messlatte für die internen Vorgänge dient
die Punkteskala des TQM-Systems. Diese gibt für die einzelnen Unternehmensbereiche mit den maximal zu erreichenden Werten sozusagen die Bestzeit vor.
Neben den internen Zielen ist die sportliche Komponente auch in Bezug auf
den Umgang mit den Wettbewerbern auszumachen. Das folgende Zitat aus
dem Interviewmaterial veranschaulicht das Kräftemessen von Herrn Schmitt
mit anderen Unternehmen:

- Im letzten Jahr haben wir viel erreicht mit 13 Mitarbeitern. Wir haben 1195 Verbesserungsvorschläge umgesetzt. Damit haben wir die Japaner mit dem besten
  Benchmark deutlich *geschlagen*[198] (I, 34).

Auch innerhalb der Unternehmenskommunikation ist davon die Rede, andere
Marktteilnehmer als *„Weltmeister"* (Z, H) zu *„übertrumpfen"* (Z, H). Im Weiteren wird dort von der Teilnahme an unterschiedlichen Wettbewerben zur
Überprüfung der Unternehmensqualität berichtet, welche vom Unternehmen
„gewonnen" (Z, H) wurden. In den Beispielen kommt zum Ausdruck, dass von
Herrn Schmitt das Bestehen seines Unternehmens in seinem Umfeld als Wett-
kampf angesehen wird und der Wettbewerb bzw. das Gewinnen bestimmter
Wettbewerbe ein wichtiges Ziel für die eigene Positionierung im Unternehmensumfeld darstellt. Wie die Vorgaben des TQM-Systems ist auch der
Benchmark[199] als Messlatte anzusehen.

---

[198] Obwohl diese Metapher ursprünglich dem Kriegsbereich entspringt, wird sie in vorliegenden Fall der Sportmetaphorik zugeordnet, da es sich um eine Art des spielerischen
Wettkampfs zwischen den Unternehmen handelt.

[199] Beim Benchmarking werden die eigenen Unternehmensabläufe, Produkte, Dienstleistungen oder Unternehmensstrukturen mit denen des besten Wettbewerbers oder dem
Industrieführer („best in class") verglichen (vgl. BMU/BDI & Schaltegger et. al. 2002, 27).

6.2.4.2 Nicht-metaphorische Sprachebene und Unternehmensalltag

Die kompetitiv ausgerichtete Sportmetapher stellt das Gegeneinander zweier oder mehrerer Parteien in den Vordergrund. Ziel ist, den Wettkampf für sich entscheiden zu können. Die von Herrn Schmitt verwendete Sportmetaphorik wird in den folgenden Abschnitten zum nicht-metaphorischen Sprachgebrauch sowie zu den Hinweisen auf das unternehmerische Handeln in Beziehung gesetzt. Im nicht-metaphorischen Sprachgebrauch lassen sich Formulierungen ausmachen, die sehr gut zur Sportmetaphorik passen und dieser ähneln, jedoch im Verwendungszusammenhang als wörtlicher Sprachgebrauch aufzufassen sind. Beispiele zeigen sich in der Unternehmenskommunikation, wenn an einigen Stellen die Rede davon ist, dass der Praxis als „erstes Unternehmen" (Z, H) eine bestimmte Ehrung zugesprochen wurde, sie als „einzige Praxis" (Z, H) über gewisse Auszeichnungen verfügt bzw. als „bestes Unternehmen" (Z, H) sowohl im nationalen als auch internationalen Vergleich abgeschnitten hat. Auch in Bezug auf andere Bereiche zeigen sich Formulierungen, die dem Sportmodell auf wörtlicher Ebene entsprechen. Erklärtes Ziel des Unternehmens ist es laut Unternehmenskommunikation, die Kunden „zufriedener zu stellen" (Z, H) als die Mitbewerber, bzw. „bessere Resultate" (Z, H) in Bezug auf die unterschiedlichen Kriterien des TQM-Systems vorweisen zu können. Gemäß den Schilderungen in der Unternehmenskommunikation strebt das Unternehmen nicht nur den Wettbewerb zu anderen Unternehmen an, sondern auch den der Mitarbeiter untereinander. Jedes Quartal wird der „freundlichste Mitarbeiter" (Z, H) von den Patienten gewählt. Im Weiteren wird ein „Umweltschutzpreis" (Z, H) sowie ein „Innovationspreis" (Z, H) vergeben. Als Preise winken zusätzliche freie Arbeitstage. Diese werden jedoch nur für herausragende Leistungen verliehen, erbringen die Mitarbeiter diese Leistung nicht, entfällt die Belohnung.

Erklärtes Ziel von Herrn Schmitt ist es, den Wettbewerb mit anderen Unternehmen zu gewinnen bzw. im Vergleich besser abzuschneiden. Hinweise auf ein der Sportmetaphorik entsprechendes Handeln zeigen sich in der Teilnahme des Unternehmens an zahlreichen Wettbewerben, wie beispielsweise den „European Quality Award" (EQA) (Z, H), der forcierten Suche nach Vergleichspartnern in Form von Benchmarks als Messlatte für das Unternehmen sowie dem Bestreben, als erstes Unternehmen bestimmte Auszeichnungen zu erlangen.[200] Dass diese Beschreibungen dem realen Unternehmensverhalten entsprechen ist an den vielen Ehrungen und Preisen erkennbar, die das Unternehmen erhalten hat.

---

[200] Ist ein Vergleich mit dem Klassenbesten nicht möglich, sucht das Unternehmen aktiv per Internet nach einem Vergleichsunternehmen, indem es per Frageboten Vergleichsdaten ermittelt.

6.2.5 Die Planung und die Umsetzung von Prozessen ist Krieg

Beim dritten identifizierten Metaphernmodell von Herrn Schmitt werden Vorstellungen aus dem Kriegsbereich auf das Unternehmen übertragen. Die Kriegsmetaphorik stellt sowohl im alltäglichen Sprachgebrauch als auch in der Wirtschaftssprache, insbesondere in Bezug auf das Verhalten von Unternehmen in seinem Umfeld, eines der häufigsten Sprachbilder dar. Mit ihrer Verwendung wird hauptsächlich das Vorhandensein von konträren Interessen sowie einer klaren Hierarchie betont. Herr Schmitt verwendet das Metaphernmodell DIE PLANUNG UND DIE UMSETZUNG VON PROZESSEN IST KRIEG nicht so häufig wie die vorangegangenen Metaphernmodelle, dennoch zeigt sich auch in diesem Fall eine gute Ausarbeitung.

6.2.5.1 Metaphorische Sprachebene

Die Kriegsmetaphorik wird von Herrn Schmitt vor allem in Bezug auf die Unternehmensplanung sowie die Umsetzung von unternehmerischen Abläufen verwendet. Beispiele zeigen sich im Interview bei der Beschreibung des Umgangs der Mitarbeiter untereinander sowie des eigenen Führungsstils:

- Es ist ein *Clinch* und ein *Kampf*, meine Frau ist der Hygiene-Papst und auf der anderen Seite der Umwelt-Papst. Meine Aufgabe ist es, das unter einen Deckel zu bringen. Das ist der Nachteil, wenn man nicht *militärisch* sagen kann, *es wird geritten, es wird geblasen* (I, 16).
- Wir haben eine externe Beraterin da gehabt, weil wir hier im *Clinch* gewesen sind. Ich musste realisieren, dass mein *militärischer Führungsstil* [...] erstens einmal ein Problem darstellt. Es [der Führungsstil, d. Verf.] hat einen gewissen Vorteil, gewisse Sachen, die stimmen, die richtig sind [...]. (I, 31).

Anhand der Beispiele wird deutlich, dass Herr Schmitt das Verhältnis zu seinen Mitarbeitern bzw. zwischen den Mitarbeitern untereinander als konfliktbeladen ansieht. Diese Beziehung resultiert aus einer dualistischen Interessenslage im Unternehmen. Herr Schmitt ist sich seiner eigenen dominanten Führungsrolle als Praxisinhaber durchaus bewusst. Die wiederholt verwendete Militärmetapher sowie die Hervorhebung der mit dem militärischen Führungsstil einhergehenden Vorteile verdeutlichen Herrn Schmitts Favorisierung dieser Vorgehensweise, auch wenn er einräumt, dass damit gewisse Probleme verbunden sind.

Weiterhin ist in Herrn Schmitts Beschreibungen die Kriegsmetaphorik in Bezug auf die Unternehmensplanung und -entwicklung auszumachen. Die Handlungsgrundsätze des Unternehmens werden von Herrn Schmitt als „Vision", „Strategie", „Mission", „Leitbild" und „Innovation" (I, 13) spezifiziert und in seinem Büro sowie im Eingangsbereich der Praxis ausgehängt. Das nachfolgende Zitat aus dem Interview bezieht sich auf diese Handlungsgrundsätze:

- Wir haben einen sehr strengen Balanced-Scorecard-Ansatz, das wird vom TQM ge-
fordert. [...] Unsere letzte Vision haben wir erfüllt, die ersten Finalisten im [...] zu
werden. Diese Vision wird weiter entwickelt, daneben haben wir eine *Strategie*, eine
Mission, ein Leitbild (I, 13).

Sowohl im Interview als auch in der Unternehmenskommunikation wird die
Strategiemetapher als Einzelwort bzw. als Komposita, wie beim Begriff der
„Strategieumsetzung" (Z, H) häufig wiederholt. Ferner ist dort von der Festlegung der *„Marschrichtung"* (Z, H) in Bezug auf die zukünftigen Ziele des Unternehmens die Rede. Neben den internen Prozessen wird auch das Verhalten
des Unternehmens in seinem Umfeld mit Hilfe der Kriegsmetaphorik beschrieben, wie im folgenden Zitat aus dem Interviewmaterial deutlich wird:

- Wir haben den [...] Wettbewerb gewonnen und haben den [...] mitgemacht und dort
zu den Finalisten *vorgestoßen* (I, 34).

Die Metapher des Vorstoßes impliziert die Eroberung neuer Gebiete. Bezogen
auf Herrn Schmitt wird mit ihrer Hilfe die Teilnahme an verschiedenartigen
Wettbewerben als für das Unternehmen neu zu eroberndes Terrain strukturiert.

6.2.5.2 Beobachtungen während des Interviews

Die mit der Kriegsmetapher einhergehenden Vorstellungen sind neben den
von unterschiedlichen Interessen geprägten Beziehungen innerhalb und außerhalb des Unternehmens, die klaren Hierarchiestrukturen in der Praxis sowie die strategische Planung der Unternehmensvorgänge. Insbesondere beim
Aspekt der Planung und Ablaufregelung und die Rangordnung innerhalb der
Organisation ergeben sich Überschneidungen zur Maschinenmetapher. Im Weiteren sind Parallelen zur Sportmetaher beim kompetitiven Aspekt in Bezug
auf das Unternehmensumfeld erkennbar. Die zu diesen Punkten im Rahmen
des Maschinen- und des Sportmodells analysierten Übereinstimmungen zum
wörtlichen Sprachgebrauch sowie der Entsprechungen im Unternehmensalltag sollen daher an dieser Stelle nicht wiederholt werden.

Vielmehr soll der Blick auf die Beobachtungen gelenkt werden, die während
des Interviews gemacht wurden. Neben der Sprache können weitere Elemente
einen Hinweise darauf geben, welche Vorstellungen für Personen oder Unternehmen im Vordergrund stehen, beispielsweise symbolische Gesten oder die
Gestaltung der physischen Umwelt durch die Farbgebung der Räume und Gebäude (vgl. Neuberger & Kompa 1987). Generell ist in Bezug auf die Gestaltung
der Praxis festzustellen, dass die Räumlichkeiten nüchtern und sachlich gehalten sind. Im Büro von Herrn Schmitt befindet sich auf seinem Schreibtisch eine
einzelne Photografie, die ihn selbst in seiner Militäruniform zeigt. Zudem befindet sich im Büro eine Pinnwand, auf der, wie in einer Befehlszentrale, die
wichtigsten Unternehmensprinzipien in Form von „Vision", „Strategie", „Mission", „Leitbild" und „Innovation" sowie unterschiedliche Grafiken und Auswertungen vom Controlling angebracht sind.

6.2.6 Zusammenfassung der Einzelfallanalyse I: Arztpraxis Dr. Schmitt

Bei der Analyse des metaphorischen Sprachgebrauchs von Herrn Schmitt konnten die Herkunftsbereiche „Maschine", „Sport" und „Krieg" identifiziert werden. Zunächst wurde das Metaphernmodell DAS UNTERNEHMEN/UMWELTMANAGEMENT IST EINE MASCHINE vorgestellt, welches von Herrn Schmitt detailliert ausgeführt wird. Auffällig ist in diesem Zusammenhang die Verwendung der Fahrzeugmetaphorik, welche in Abhängigkeit von der Fragestellung als Flugzeug, Zug oder Schiff näher spezifiziert wird.[201] Nach Baldauf (1997, 210f.) kommt die Fahrzeugmetaphorik insbesondere dann zum Einsatz, wenn das beschriebene Vorhaben als risikoreich empfunden wird. Von Seiten des Unternehmers wird versucht, mit Hilfe von Kontrollmechanismen, welche frühzeitig vor Problemen warnen, dieses Risiko zu minimieren bzw. das Fahrzeug auf dem geplanten Kurs zu halten. Bei der Beschreibung der Kontrollmechanismen bzw. der betrieblichen Abläufe wird von Herrn Schmitt die Instrumentenmetapher wiederholt und in unterschiedlichen Varianten verwendet. Die anhand der Cockpit-Metapher sehr anschaulich beschriebene Übertragung der mechanistisch geprägten Vorstellung weist sowohl Parallelen zum nicht-metaphorischen Sprachgebrauch als auch zu den gemachten Beobachtungen auf. Die Grafiken und Auswertungen des Controllings, die im Unternehmen an zentralen Stellen ausgehängt werden, können im übertragenden Sinn als die von Seiten Herrn Schmitts beschriebenen Kontrollinstrumente des Cockpits angesehen werden. Im Weiteren zeigen sich Parallelen vom Metaphernmodell der Maschine zu den im Interview und in der Unternehmenskommunikation geschilderten Maßnahmen zur Leistungskontrolle der Mitarbeiter. Treten interne Probleme auf, so wird eine Art Reparaturdienst zu dessen Behebung gerufen. Die Ausführungen zeigen, dass sich das Metaphernmodell und die Beschreibungen des Unternehmensalltags entsprechen. Für Marshak (1996) herrscht Kohärenz im jeweiligen Metaphernfeld,[202] wenn metapherngeleitete Vorstellungen auf verschiedene Aspekte des Unternehmens übertragen werden. Bei Kohärenz im mechanistischen Metaphernfeld:

---

[201] Zwischen den genannten Metaphern des Flugzeugs, des Schiffs und des Zugs besteht Kohärenz. Das bedeutet, dass sie den Fahrzeugcharakter als gemeinsame Ableitung aufweisen, aber unterschiedliche Implikationen hervorrufen. Beispielsweise geht mit der Zugmetapher die Vorstellung von Inflexibilität einher, die daraus resultiert, dass die Fortbewegung des Zuges nur auf festgelegten Wegen in Form von Schienen möglich ist. Konsistenz besteht hingegen, wenn unterschiedliche Metaphernmodelle dasselbe Bild evozieren. Meist handelt es sich um ein Inklusionsverhältnis, bei dem ein Metaphernmodell in einem anderen enthalten ist (vgl. Lakoff & Johnson 1980, 44f.).

[202] Marshak (1996, 152) definiert ein Metaphernfeld folgendermaßen: „An organization's metaphoric field is considered to be an inter-related set of conscious to unconscious, explicit to tacit, core to peripheral, organizing themes that are expressed metaphorically and which structure perception and behaviour".

> [...] then the organization will be perceived to be some type of machine. [...] It will therefore be run by engineers or operators who set commands and controls and who will be assisted by mechanics and repair workers who use their tool kits to fix anything that is broken (Marshak 1996, 153f.).

Während sich die Maschinenmetaphorik vor allem auf die internen Prozesse bezieht, beschreibt die Sportmetapher vor allem die kompetitiv ausgerichtete Sichtweise von Herrn Schmitt auf das Erreichen von Unternehmens- und Umweltzielen. Charakteristisch für das Metaphernmodell DAS ERREICHEN VON UNTERNEHMENS-/UMWELTMANAGEMENTZIELEN IST SPORT ist die Festlegung und Formulierung einer Zielmarke bzw. eines Benchmarks zur Überprüfung der betrieblichen Leistung, sowohl intern als auch extern. Entsprechungen im nicht-metaphorischen Sprachgebrauch finden sich beispielsweise darin, dass die Praxis als „bestes" oder „erstes" Unternehmen bestimmte Zielsetzungen erreicht hat. Im unternehmerischen Handeln zeigt sich die Wirkung des Sportmodells am deutlichsten anhand der Teilnahme an zahlreichen Wettbewerben. Auch intern findet diese Sichtweise ihre Anwendung, indem unterschiedliche Preise vergeben werden, für z.B. den freundlichsten Mitarbeiter. Allerdings geschieht dies nur, wenn die entsprechende Leistung dieser Auszeichnung würdig ist.

Schließlich wurde das Metaphernmodell DIE PLANUNG UND UMSETZUNG VON PROZESSEN IST KRIEG vorgestellt. Mit dieser, auch im alltäglichen Sprachgebrauch häufig genutzten Vorstellung, werden sowohl interne Vorgänge, wie die Unternehmensplanung und der Umgang der Mitarbeiter untereinander, als auch externe Sachverhalte, wie das Verhalten des Unternehmens in seinem Umfeld, strukturiert. Betont wird mit der Kriegsmetapher vor allem die dipolare Interessenslage im Unternehmen bzw. zu seinem Umfeld. Der Führungsstil von Herrn Schmitt wird von ihm selbst als „militärisch" (I, 31) beschrieben. Die Analyse des Führungsstils liefert nach Morgan (1997, 179) wichtige Hinweise darauf, wie Unternehmen handeln. Seiner Ansicht nach wird die aggressive Art von Organisationen durch eine militärische Mentalität aufrechterhalten, die zu einem kämpferischen Verhalten im Unternehmen und zum Umfeld führt. Die Möglichkeit für eine kooperative Zusammenarbeit wird ausgeblendet (ebd., 188). Bei den Beobachtungen war vor allem die Ausgestaltung der Praxis von Interesse. Auffällig waren in diesem Zusammenhang das Portraitfoto auf dem Schreibtisch von Herrn Schmitt in seiner Militäruniform sowie die im Büro befindliche Pinnwandtafel, auf der die strategischen Ziele und Vorgehensweisen für das Unternehmen festgehalten wurden. Gleich einer Befehlszentrale sind im Büro des Praxisinhabers die wichtigsten Richtlinien und Ziele für das Unternehmen ausgehängt.

Wie eingangs erwähnt, weisen die Metaphernmodelle untereinander Überschneidungen auf. Neben der engen Verbindung der Modelle untereinander ist darüber hinaus die Beziehung zu der persönlichen Entwicklung und den Vorlieben des Interviewpartners von Interesse. Die biographischen Angaben von Herrn Schmitt stehen in einem engen Verhältnis zu den identifizierten Metaphernmodellen. Vor allem die detaillierte Ausarbeitung der Flugzeug-metaphorik ist im Hinblick auf die Ausbildung von Herrn Schmitt als Militär-pilot bemerkenswert. Die von ihm in den Metaphernmodellen herangezogenen Herkunftsbereiche der „Maschine", des „Sports" und des „Krieges" spiegeln sich in seiner Ausbildung als Militärpilot sowie seinen privaten Interessen wider, die in der Unternehmenskommunikation mit „Fliegerei" und „Sport" (Z, H) angegeben werden. Abbildung 32 stellt die einzelnen Ebenen gegenüber.

Beurtei-lung	Metaphern-modell	Hinweise auf den Unternehmensalltag	Hinweise auf die Biographie
Gute Ausarbeitung/ Überschneidungen der Metaphernmodelle	DAS UNTERNEH-MEN/UMWELT-MANAGEMENT IST EINE MASCHINE	- Regelung und Überprüfung der Unternehmensabläufe und der Mitarbeiter - Handhabung der Weiterbildungs-maßnahmen - Einsatz eines „Reparaturdienst" bei Ablaufstörungen - Grafiken und Diagramme des Controllings im Büro und im Eingangsbereich der Praxis	Fliegerei als Hobby
	DAS ERREICHEN VON UNTERNEH-MENS-/UMWELT-ZIELEN IST SPORT	- Orientierung an den Maßgrößen des TQM-Systems - Teilnahme an Wettbewerben bzw. Suche nach Vergleichsunternehmen - Interner Wettbewerb der Mitar-beiter	Sport als Hobby
	DIE PLANUNG UND UMSETZUNG VON PROZESSEN IST KRIEG	- Auseinandersetzungen zwischen den Mitarbeitern im Unternehmen - Bürogestaltung als „Befehlszentra-le" (Portraitfoto in Militäruniform, Aushang der Strategie, Vision und Ziele)	Ausbildung als Militärpilot

Abb. 32: Parallelen zwischen Metaphernmodell, Unternehmensalltag und persönlichen Daten: Arztpraxis Dr. Schmitt

6.3 Einzelfallanalyse II: Bauunternehmen Herr Maier

6.3.1 Vorstellung des Interviewpartners und des Unternehmens

Das Interview wurde mit Herrn Maier, Inhaber eines 1998 gegründeten Baubetriebes, geführt. Die beruflichen Wurzeln von Herrn Maier liegen im Handwerksbereich. Auch privat interessiert er sich seit langen Jahren für das Thema Baubiologie. Herr Maier beschäftigt rund 18 Mitarbeiter, wobei der Personalbestand abhängig von der Saison und der Auftragslage ist. Der Betrieb ist sowohl nach den internationalen Normen ISO 9002 (Qualitätsmanagement) als auch nach DIN ISO 14001 (Umweltmanagement) zertifiziert. Die Leitung beider Managementsysteme obliegt Herrn Maier persönlich.

6.3.2 Sprachanalyse

Im Sprachgebrauch von Herrn Maier wurden folgende Metaphernmodelle identifiziert:

1. DAS UNTERNEHMEN/UMWELTMANAGEMENT IST EIN ORGANISMUS

2. DAS UNTERNEHMEN IST EINE FAMILIE

Insgesamt weist der Sprachgebrauch von Herrn Maier, im Vergleich zu Herrn Schmitt, eine geringere Metaphernverwendung und -detaillierung auf. Aber auch zwischen den von Herrn Maier verwendeten Metaphernmodellen ergeben sich Überschneidungen in der Weise, dass beiden Modellen die Betrachtung von Lebewesen zugrunde liegt. Die enge Verbindung der Metaphernmodelle wird an zahlreichen Stellen im Datenmaterial deutlich. Dennoch weisen sie unterschiedliche Schwerpunkte und Implikationen auf. Während mit Hilfe der Organismusmetapher im vorliegenden Fall vor allem die Entwicklung des Unternehmens betont wird, verwendet Herr Maier die Familienmetapher vornehmlich, um den innerbetrieblichen Zusammenhalt und die internen Strukturen im Unternehmen darzustellen.

Die gedankliche Strukturierung von Sachverhalten und Gegenständen als ein Organismus ist häufig anzutreffen und resultiert aus der Selbsterfahrung des Menschen als körperliches Lebewesen. Die Organismusmetaphorik impliziert unter anderem körperliche Bedürfnisse und Eigenschaften, wie Nahrungszufuhr, Krankheit und Stoffwechsel (vgl. Jakob 1991, 61ff.; Hundt 1995, 103). Für die metaphorische Beschreibung von Organisationen kommt dieser Herkunftsbereich sehr häufig zum Einsatz (vgl. Kap. 3.1.2). Auch die Familienmetapher ist in Bezug auf Unternehmen ein recht gebräuchliches Bild, insbesondere zur Beschreibung von Unternehmensstrukturen. Beispiele finden sich in Ausdrücken wie dem „Mutterkonzern", dem „Tochterunternehmen" bzw. der „Filiale"[203] sowie wenn im Zusammenhang mit Unternehmenszusammenschlüssen von „Hochzeiten" die Rede ist.

6.3.3 Das Unternehmen/Umweltmanagement ist ein Organismus

6.3.3.1 Metaphorische Sprachebene

Die Analyse des metaphorischen Sprachgebrauchs von Herrn Maier zeigt, dass er das Unternehmen sowie das Umweltmanagement als einen natürlichen Organismus begreift. Dieses Verständnis wird vor allem in Bezug auf die Unternehmensstrategie, die Mitarbeiter sowie die vom Unternehmen verwendeten und vertriebenen Produkte deutlich. Dabei wird von Herrn Maier insbesondere ein Produkt als umweltgerechte Variante zu konventionellen Baustoffen forciert, auch wenn es sich dabei nicht um das umsatzstärkste Produkt handelt, wie das folgende Zitat zeigt:

- Wenn es für mich um den Preis gehen würde, wenn z.B. die Zielsetzung wäre, 10% mehr Geld zu verdienen, dann müsste ich das Produkt kurzfristig *ausgliedern*. Das ist für mich aber nicht die Priorität (I, 31).

Welche zentrale Rolle das Alternativprodukt für Herrn Maier und das Unternehmen besitzt, zeigt sich auch darin, dass es in der Unternehmenskommunikation als „unser grünes *Standbein*" (Z, P) bezeichnet wird.[204] Sowohl die Standbeinmetapher als auch die des Ausgliederns sind der Körpermetaphorik zuzuordnen, die als Untergruppe der Organismusmetapher angesehen werden kann. Beide Metaphern weisen auf eine Strukturierung des Unternehmens als einen Körper hin, bei dem die Produkte die Gliedmaße darstellen. Das recht drastische Bild des Ausgliederns, welches einer Amputation gleichzusetzen wäre, stellt eine recht gebräuchliche Redeweise dar, wenn es um die Trennung eines Unternehmens von Produkten oder Unternehmensbereichen geht.

Im Rahmen des Metaphernmodells DAS UNTERNEHMEN/UMWELTMANAGEMENT IST EIN ORGANISMUS hebt Herr Maier weiterhin die Aspekte von Gesundheit und Wachstum sowie des Überlebens hervor, wie die folgenden Zitate zeigen.

- Ich habe Kopf und Kragen investiert, habe den letzten Rappen investiert in die Firma, alles was ich konnte. […] Du musst was mit Überzeugung machen, sonst *krepierst* du an Unbehagen (I, 31).
- Der finanzielle Aspekt ist wichtig, dass man *überleben* kann. Der andere [Vertrieb des Alternativproduktes, d. Verf.] als Lebensziel (I, 31).

---

[203] Lat. filia = Tochter

[204] Das in der Beschreibung verwendete Attribut „grün" ruft zusätzlich Vorstellungen von Umwelt- und Naturverbundenheit hervor.

- Die Größe des Unternehmens ist entscheidend, wie man die Leute disponieren kann.
  Ich habe gute Leute, nur so kann ich *wachsen* (I, 31).

Die im letzten Beispiel genannte Wachstumsmetapher wird auch in der Unternehmenskommunikation bei der Darstellung der Unternehmensentwicklung als *„gesundes Wachstum"* (Z, H) aufgegriffen. Mit der Wachstumsmetapher gehen vor allem positiv besetzte Konnotationen von Stärke und Entwicklung einher, während Probleme bzw. problematisch empfundene Sachverhalte häufig anhand der Krankheitsmetaphorik beschrieben werden (vgl. Baldauf 1997, 206ff.). So sind mit dem Begriff des „krankhaften Wachstums" Vorstellungen von einer unnatürlichen und schädlichen Entwicklung wie bei einer Wucherung oder einem Krebsgeschwür verbunden. Herr Maier betont im Interview, dass es nicht sein Ziel ist, das Unternehmen übermäßig zu vergrößern, vielmehr will er die Vermarktung des Alternativproduktes auf dem Markt verstärken. Finanzielle Ziele spielen dabei zwar eine notwendige, jedoch nicht ausschlaggebende Rolle. Wichtig ist ihm, auch seine eigenen Lebensziele im Unternehmen umsetzen zu können. Die oben genannten Zitate beziehen sich sowohl auf das Unternehmen als auch auf den Inhaber Herrn Maier selbst, was auf eine starke Identifikation des Interviewpartners mit dem von ihm gegründeten Unternehmen hinweist.

Im Weiteren überträgt Herr Maier die vom Organismus geprägte Sichtweise auch auf seine Mitarbeiter, wie anhand des nachfolgenden Zitates im Zusammenhang mit der Akzeptanz des Umweltmanagements im Unternehmen deutlich wird:

- Die Mitarbeiter von früher, die sind *ausgestorben* (I, 12).

Diese Aussage könnte auch wörtlich interpretiert werden, indem bestimmte ältere Mitarbeiter, inzwischen nicht mehr am Leben sind. Sie ist aber mehr noch in einem übertragenden Sinn zu verstehen. Üblicherweise bezieht sich der Begriff „ausgestorben" auf eine bestimmte Gattung von Lebewesen, meist Tier- bzw. Pflanzenarten, die mittlerweile nicht mehr auf der Erde zu existieren. Als übertragende Redeweise ist das Zitat im Kontext dahingehend zu verstehen, dass eine nicht umweltorientierte Sichtweise von Herrn Maier als veraltet angesehen wird und in seinem Unternehmen keine Mitarbeiter mehr angestellt sind, die dem Umweltschutz ablehnend gegenüber stehen. Stattdessen ist nach Ansicht von Herrn Maier bei den Mitarbeitern ein ausgeprägtes Umweltverständnis auszumachen.

6.3.3.2 Nicht-metaphorische Sprachebene und Unternehmensalltag

Die von Herrn Maier mit Hilfe der Organismusmetaphorik betonten Aspekte, die insbesondere in Hinblick auf die eigenen Person und das Unternehmen sowie die Mitarbeiter und die verwendeten Produkte zum Ausdruck kommen, sind Gesundheit, Wachstum sowie Natürlichkeit. Diese Auffassung spiegelt sich auch im nicht-metaphorischen Sprachgebrauch von Herrn Maier wider.

Dies belegen die folgenden beiden Zitate aus dem Interview, die als Antwort auf die Frage nach dem Vorbild und der Vision für das Umweltmanagement und dem Unternehmen im Interview gegeben wurden:

- Unser Vorbild ist die Natur, die Umwelt (I, 13).
- Wir bauen gesund, das ist unsere Vision (I, 13).

In vergleichbarer Weise werden innerhalb der Unternehmenskommunikation die Ziele das Unternehmens als „umweltverträgliches und menschenwürdiges Bauen" (Z, H) sowie an anderer Stelle die Produkte als „ökologisch und gesundheitlich unbedenklich" (Z, H) beschrieben. Insbesondere beim Gesundheitsbegriff offenbart sich die enge Verbindung zwischen dem metaphorischen und dem wörtlich zu verstehenden Sprachgebrauch. Der Aspekt der Gesundheit wird, wie eingangs gezeigt wurde, im Zusammenhang mit dem Unternehmen im übertragenen Sinne gebraucht. In Bezug auf die Vision ist der gleiche Begriff wörtlich zu begreifen, in dem Sinne, als dass durch die vom Unternehmen verwendeten Materialien keine gesundheitlichen Schädigungen hervorgerufen werden.

Aus dem Vorbildcharakter der Natur sowie der Sichtweise auf das Unternehmen als ein Organismus resultiert die Anforderung an das Unternehmen, sich in seiner Arbeitsweise und den verwendeten Produkten in die Umwelt zu integrieren, ohne dort schädliche Veränderungen hervorzurufen. Ein Hinweis auf die handlungsleitende Wirkung dieser gedanklichen Folgerungen ergibt sich vor allem in der Produktwahl des Unternehmens. Dabei sind neben der bereits erwähnten ökologischen Produktvariante weitere umweltverträgliche Produkte aus dem Bausektor zu nennen, die das Unternehmen verstärkt einsetzt.

6.3.4 Das Unternehmen ist eine Familie

6.3.4.1 Metaphernauswahl

Neben der Organismusmetaphorik wurde im Sprachgebrauch von Herrn Maier weiterhin das Metaphernmodell DAS UNTERNEHMEN IST EINE FAMILIE identifiziert, mit welchem er vor allem die eigene Person sowie das Zusammenleben im Unternehmen beschreibt.

Eine zentrale Rolle innerhalb einer Familie stellt die Vaterposition dar. Meist nimmt der Vater die Rolle des Familienoberhauptes ein. Im übertragenen Sinn wird diese Rolle der Unternehmensführung zugesprochen, die im Falle von Herrn Maier gleichzeitig auch den „Gründervater" des Unternehmens darstellt. Nach Auffassung von Clancy (1989, 96) stehen insbesondere die

Gründer in einer elternähnlichen Beziehung zu ihrem Unternehmen. Eine derartige Betrachtung der eigenen Person als Vaterfigur zeigt sich beispielsweise in der Selbstbeschreibung von Herrn Maier. Auf die Frage nach der eigenen Rolle im Unternehmen, hauptsächlich in Bezug auf das Umweltmanagement, antwortete Herr Maier im Interview:

- Ich bin der *Vater* der Umwelt für die Firma (I, 32).[205]

Herr Maier ist der Umweltbeauftragte im Unternehmen und übernimmt damit neben der Leitung des Unternehmens auch die Verantwortung für das Umweltmanagement. In der traditionell geprägten Auffassung von Familie trägt der Vater die Verantwortung für das Wohlergehen der Familie. Aus diesem Verständnis resultiert die Übertragung der Vaterrolle auf diejenigen Konstellationen, für die eine Person hauptsächlich verantwortlich ist.

6.3.4.2 Nicht-metaphorische Sprachebene und Unternehmensalltag

Das Metaphermodell DAS UNTERNEHMEN IST EINE FAMILIE wird nachfolgend zum nicht-metaphorischen Sprachgebrauch sowie zu den Beschreibungen des Unternehmensalltags in Beziehung gesetzt. Herr Maier betrachtet sein Unternehmen als eine familienähnliche Gemeinschaft. Diese Sichtweise wird in der von Herrn Maier im Interview vorgenommen Einschätzung des Unternehmens sowie des Umweltmanagements anhand der Bilder von Morgan (1986) deutlich (vgl. Kap. 5.2). Dabei beurteilt er das Bild des Lebewesens sowohl für das Unternehmen als auch für das Umweltmanagement als zutreffend. Bei den von ihm zu diesem Bild geäußerten Vorstellungen, werden das Zusammenleben und die Gemeinschaft im Unternehmen betont. Insbesondere bei dieser Einschätzung wird die enge Verbindung zwischen dem Organismus- und dem Familienmodell im Gedankengut von Herrn Maier deutlich:

- Die Firma ist eine Gemeinschaft. [...] Es besteht ein Zusammenleben in der Firma, ein Zusammenhang. Da muss man auch mal einen Gaudi [Spaß, d. Verf.] ausleben. Hier sieht man die Entwicklung, man sieht die Gemeinschaft. Das gibt mir auch die Kraft 14-15 Stunden täglich zu schaffen (I, 35).

Bei der direkten Nachfrage im Interview, ob Herr Maier seine Firma als eine Art Familie ansieht, wird dies von Seiten des Interviewpartners bestätigt:

- Ist ja wie eine Familie [...] Du wirst gefragt, wie geht es Dir. Bei uns kriegt jeder zum Geburtstag einen Blumenstrauss, ist eine Kleinigkeit (...) Ist auch etwas, was ins Private reingeht, ins Familiäre. [...] Wo man das Gefühl hat, man denkt an den anderen [...] sich darum kümmern (I, 35).

---

[205] In einem ähnlichen Zusammenhang spricht Herr Maier von sich als *„Umweltguru"* (I, 1). Da diese Metapher jedoch neben der Vaterrolle auch religiöse Aspekte beinhaltet, soll sie nicht im Rahmen der Familienmetaphorik vorgestellt werden.

Herr Maier beschreibt im Interview das Zusammenleben und den Zusammenhalt im Unternehmen als sehr familiär. In Anlehnung an seine Fürsorge- und
Verantwortungsfunktion unterstützt Herr Maier seine Mitarbeiter, auch wenn
sie aufgrund von persönlichen Problemen nicht voll einsatzfähig sind. Im Interview erwähnt Herr Maier einen Mitarbeiter, der wegen eines Suchtproblems
zeitweise nicht arbeitsfähig war. In einem persönlichen Gespräch unterbreitete
Herr Maier ihm das Angebot, sich einer Kur zu unterziehen, für die er vom
Unternehmen freigestellt werde. Der entsprechende Mitarbeiter nahm dieses
Angebot an und wurde in der Folgezeit von den Mitarbeitern im Unternehmen
stark unterstützt. Weiterhin werden, nach Aussagen von Herrn Maier, die Mitarbeiter auch in wirtschaftlich schwierigen Zeiten nicht entlassen. Im Gegen-
zug fühlen sich die Mitarbeiter dem Unternehmen auch in diesen Zeiten verbunden und sind bereit, Lohnkürzungen zu akzeptieren, wie Herrn Maier im
Interview beschreibt:

- Die Mitarbeiter haben ein Zeichen gesetzt, indem sie eine Stunde gratis gearbeitet
  haben (I, 35).

6.3.5 Zusammenfassung der Einzelfallanalyse II: Bauunternehmen Herr Maier

Im metaphorischen Sprachgebrauch von Herrn Maier konnten die Herkunftsbereiche des „Organismus" und der „Familie" herausgearbeitet werden. Die
von Herrn Maier verwendeten Metaphernmodelle kommen hauptsächlich in
seiner eigener Rollenbeschreibung sowie die der Mitarbeiter, der Produkte
und des Unternehmens bzw. des Umweltmanagements zum Ausdruck. Mit
Hilfe der Organismusmetaphorik zeichnet Herr Maier ein Bild von seinem
Unternehmen als eine natürliche und sich entwickelnde Einheit in Abhängigkeit von seinem Umfeld. Im Vergleich zum nicht-metaphorischen Sprachgebrauch zeigt sich eine enge Verbindung zum Metaphernmodell DAS UNTER-
NEHMEN/UMWELTMANAGEMENT IST EIN ORGANISMUS, insbesondere in Bezug
auf die Aspekte der Gesundheit und der Natürlichkeit. Parallelen zwischen
der Sprach- und Handlungsebene lassen sich bei den vertriebenen Produkten
des Unternehmens erkennen, die als ökologische und gesundheitlich
unbedenkliche Alternative gelten. Herr Maier betrachtet die Verwendung
dieser Produkte als Möglichkeit für eine Wirtschaftsweise im Einklang mit der
Natur und als seinen persönlichen Beitrag zum Umweltschutz. Die mit dem
Organismusmodell einhergehenden Assoziationen von Gesundheit, Wachstum und Natürlichkeit finden in diesen Produkten ihren Ausdruck.

Eine an biologischen Vorstellungen orientierte Sichtweise auf Organisationen
wird häufig als Gegenbild für ein mechanistisches Bild angesehen (vgl. Marshak
1996, 153f.). Während nach dem Maschinenverständnis das Unternehmen durch
einen Maschinisten geleitet wird und durch Kontrollen geprägt ist (vgl. Kap.
6.2.6), betrachtet sich ein Unternehmen nach einem biologischen Verständnis

als ein Organismus, welcher sich an das Umfeld anpasst. Herrscht Kohärenz im biologischen Verständnis vom Unternehmen:

> [...] then it es likely that the organization will be understood to be some type of organism living in an environment. [...] to adapt and respond to the opportunities and threats in its environmental niche. When sick it will seek out a healing agent to be cured (Marshak 1996, 154).

Während sich die Organismusmetapher vorzugsweise auf die eigene Person, die Entwicklung des Unternehmens und die Produkte bezieht, werden mit der Familienmetapher vor allem der Zusammenhalt der betrieblichen Gemeinschaft sowie die eigene Rolle im Unternehmen als Familienoberhaupt und verantwortungstragende Person strukturiert. Aus der Übertragung der Familienmetapher auf das Unternehmen resultiert für den Unternehmensgründer und Inhaber die Rolle eines Vaters. Das Metaphernmodell DAS UNTERNEHMEN IST EINE FAMILIE wird ergänzt durch den nicht-metaphorischen Sprachgebrauch sowie den Beschreibungen des Unternehmensalltags, welcher nach Aussage von Herrn Maier durch eine gegenseitige Rücksichtnahme gekennzeichnet ist. Nach Clancy (1989, 158) ist die Unternehmenskultur in Unternehmen, die sich als Familie begreifen, von Gemeinschaftsgefühl und Zusammengehörigkeit und einem paternalistischen Management geprägt. Als Folgerung der Familienperspektive sorgt die Unternehmensführung als Familienoberhaupt für die Familie. Umgekehrt fühlen sich die Mitarbeiter dem Unternehmen verbunden. Die Gemeinschaft der Familie stiftet lebenslange Bindungen, die nur schwer zu trennen sind. Der Ausschluss aus dem Unternehmen, wie es der Austausch der Zahnräder in dem von Herrn Schmitt vertretenen Maschinenmodell ermöglicht, ist im Familienbild fast undenkbar. Nur in schwerwiegenden Fällen werden Familienmitglieder aus dem Kreis der Familie verbannt.

Insgesamt zeigt sich bei Herrn Maier, im Vergleich zu Herrn Schmitt, eine weniger ausgeprägte Metaphorik. Doch auch hier kann ein enger Zusammenhang der Metaphernmodelle zueinander sowie zu den persönlichen Vorlieben und Interessen wie der Baubiologie festgestellt werden. Die Wahl der Herkunfts- und Zielbereiche der Metaphernmodelle von Herrn Maier deutet auf eine Integration der drei Säulen der Nachhaltigkeit in dem Handwerksbetrieb hin, indem im Rahmen der wirtschaftlichen Perspektive die Organismusmetapher vornehmlich die ökologische Perspektive sowie die Familiemetapher die soziale Perspektive im Unternehmen widerspiegeln. Neben den notwendigen finanziellen Aspekten finden im Unternehmen von Herrn Maier sowohl ökologische Aspekte als auch soziale Aspekte ihre Berücksichtigung. Dies zeigt sich zum einen in der Auswahl der Produkte sowie zum anderen im gegenseitigen Umgang der Mitarbeiter im Bauunternehmen. Abbildung 33 stellt zusammenfassend die Metaphernmodelle den Hinweisen auf den Unternehmensalltag sowie den persönlichen Vorlieben gegenüber.

Beurtei-lung	Metaphern-modell	Hinweise auf den Unternehmensalltag	Hinweise auf die Biographie
Gute Ausarbeitung/Überschneidungen der Metaphernmodelle	DAS UNTERNEH-MEN/UMWELT-MANAGEMENT IST EIN ORGANISMUS	- Umwelt und Natur als Vorbild - Einsatz und Vertrieb von gesund-heitsverträglichen Produkten	Baubiologie als Hobby
	DAS UNTERNEH-MEN IST EINE FAMILIE	- Umgang und Zusammenarbeit der Mitarbeiter im Unternehmen - Mitarbeiter werden nicht ent-lassen/verlassen nicht das Unter-nehmen	

Abb. 33: Parallelen zwischen Metaphern, Unternehmensalltag und persönlichen Daten: Bauunternehmer Herr Maier

6.4 Zusammenfassung und Einflussfaktoren für die Handlungsleitung von Metaphern

Nach Lakoff und Johnson (1980) beeinflussen Metaphern das menschliche Denken und Handeln. Die Hauptfragestellung dieses Kapitels lautete, inwieweit sich aus dem metaphorischen Sprachgebrauch Auswirkungen auf das unternehmerische Handeln ableiten lassen. Zur Beantwortung dieser Frage wurde wiederum eine veränderte Untersuchungsperspektive gewählt, als bei den vorangegangenen Kapiteln. Diesmal ging es nicht darum, die Metaphern eines Themen- bzw. Zielbereiches zu erfassen, sondern querliegend zu allen Fragestellungen das Datenmaterial einer einzelnen Person bzw. eines Unternehmens zu analysieren. Dazu wurde in einem ersten Schritt das Interviewmaterial zweier Unternehmer einer Metaphernanalyse unterzogen.[206] Zur Eingrenzung der Metaphernmodelle dienten als Auswahlkriterien zum einen die Wiederholung sowie zum anderen die Ausarbeitung des Metaphernmodells.[207]

---

[206] Mit der Untersuchung der metaphorischen Sprachverwendung von Unternehmern ist die Vorgehensweise mit der von Clancy (1989) vergleichbar.

[207] Die von den Interviewpartnern verwendeten Metaphernmodelle sind durchweg einer konventionellen Metaphorik zuzuordnen. Dabei zeichneten sich alle angeführten Metaphernmodelle durch eine mehrfache Wiederholung sowie eine detaillierte Ausarbeitung aus. Ungewöhnliche neue Metaphernmodelle kamen hingegen im Untersuchungsmaterial nur vereinzelt und in einer geringen Ausprägung vor.

In einem zweiten Schritt wurden die identifizierten Metaphernmodelle des jeweiligen Unternehmers in Bezug zu weiterführenden Materialien und Informationen über den Interviewpartner und sein Unternehmen gesetzt, um ein möglichst vollständiges Bild über die Unternehmerpersönlichkeit und das Unternehmen zu erhalten.

Die von den Interviewpartnern verwendeten Metaphernmodelle und Beschreibungen des Unternehmensalltags unterscheiden sich grundlegend. Herr Schmitt verwendet im metaphorischen Sprachgebrauch vor allem die gedanklichen Modelle der „Maschine", des „Sports" und des „Krieges", was sich in der Gestaltung seines Unternehmens durch klar geregelte und kontrollierte Abläufe, einer strengen hierarchischen Struktur sowie einem wettkampforientierten Auftreten des Unternehmens nach außen manifestiert. Demgegenüber vertritt Herr Maier die Ansicht von seinem Unternehmen als einem Organismus, der sich in seine Umwelt einfügt, sowie von einem familiären Zusammenhalt im Unternehmen, mit ihm als verantwortungsbewusstes Familienoberhaupt. Dieses Verständnis zeigt sich nach außen in der Verwendung von ökologischen Produktvarianten sowie intern in einem ausgesprochen familiären Betriebsklima. Insbesondere in Bezug auf den Umgang, den die Interviewpartner mit ihren jeweiligen Mitarbeitern pflegen, werden gravierende Unterschiede deutlich. Dies gilt insbesondere dann, wenn die Mitarbeiter das geforderte Arbeitspensum nicht leisten bzw. nicht leisten können. Während Herr Schmitt seine Mitarbeiter vor allem funktionsorientiert betrachtet und als Zahnräder beschreibt, sieht sie Herr Maier als Familienangehörige, für die er in seiner Vaterrolle Sorge trägt. In der von Herrn Schmitt vertretenen Maschinen- und Kriegsperspektive sind die Mitarbeiter ersetz- und austauschbar. Das von Herrn Maier favorisierte Familienmodell hingegen stellt den innerbetrieblichen Zusammenhalt, gegenseitige Achtung und Unterstützung sowie persönliche Aspekte in den Vordergrund.

In Bezug auf die Fragestellung zur Auswirkung von Metaphern auf das unternehmerische Handeln, lassen die Ergebnisse eine Übereinstimmung zwischen einerseits den Metaphernmodellen und andererseits den Beobachtungen bzw. Beschreibungen des Unternehmensalltags sowie an einigen Stellen auch zum Verhalten im Unternehmen erkennen. So entspricht die Teilnahme von Herrn Schmitts Arztpraxis an zahlreichen Wettbewerben dem Metaphernmodell DAS ERREICHEN VON UNTERNEHMENS-/UMWELTMANAGEMENTZIELEN IST SPORT. Auch im Fall von Herrn Maier zeigen sich Analogien zwischen der Konzeptualisierung seines Unternehmens als einen natürlicher Organismus und dem

Vertrieb von ökologischen Produktvarianten. Auch wenn aus einem Metaphernmodell nicht kausal eine bestimmte Handlung abgeleitet werden kann, so erscheint das unternehmerische Handeln als logische Folgerung des Metaphernmodells und umgekehrt die gewählte Metaphorik als geeignete „Bebilderung" des eigenen Handelns bzw. der Beschreibungen des Unternehmensalltags.[208] Die Ergebnisse zeigen, dass Sprachgebrauch und unternehmerisches Handeln miteinander verbunden sind und aufeinander verweisen. Die Analyse von Metaphern kann als somit als Hinweis für unternehmerisches Denken und Handeln gelten, indem Metaphern den Rahmen für Wahrnehmung und Handlung vorgeben. Sprache und Handlung weisen somit Parallelen auf. Die eingangs formulierte Hypothese, dass der metaphorische Sprachgebrauch von Unternehmern Einfluss auf das unternehmerische Handeln und den Unternehmensalltag besitzt, kann somit partiell bestätigt, wenn auch nicht in Form einer kausalen Kette bewiesen werden, da sich Sprache und Handlung gegenseitig beeinflussen und aufeinander verweisen.

Zur Beantwortung der Frage nach einer möglichen handlungsleitenden Wirkung von Metaphern fiel die Auswahl nicht ohne Grund auf die beiden vorgestellten Personen bzw. Unternehmen. Bei keinem der anderen Interviewpartner konnte eine Verbindung zwischen Metaphernmodell und Unternehmensalltag in derart ausgeprägter Weise festgestellt werden. Metaphern können zwar als gedankliche Modelle zur Wahrnehmung und Strukturierung des Gegenstandes „Unternehmen" bzw. „Umweltmanagement" verstanden werden, ob sich diese jedoch in der betrieblichen Realität widerspiegeln ist von unterschiedlichen inneren und äußeren Faktoren abhängig. Dies führt zu der Frage, inwieweit die Charakteristika der beiden Interviewpartner bzw. Unternehmen einen Einfluss auf das Wirkungspotential der Metapher ausüben und welche Faktoren sich herausarbeiten lassen, damit metaphernkonsequentes Handeln aus dem jeweiligen Sprachgebrauch abgeleitet werden kann.

Um dieser Fragestellung nachzugehen, werden nachfolgend die Gemeinsamkeiten der Interviewpartner bzw. der Untersuchungsergebnisse näher betrachtet, da davon ausgegangen wird, dass sich aus diesen Hinweise für eine mögliche Kohärenz von Metaphernmodell und Handlung im unternehmerischen Kontext ableiten lassen. Trotz der Unterschiede in Bezug auf die verwendeten Metaphernmodelle, der Branche, in der die Interviewpartner tätig sind sowie der Ausgestaltung ihrer Unternehmen, weisen beide Interviewpartner auch Gemeinsamkeiten auf. Bei beiden Personen handelt es sich jeweils um den Gründer und Inhaber eines kleinständischen Unternehmens mit einer ver-

---

[208] Detten (2001) kommt in seiner Arbeit „Waldbau im Bilderwald: Zur Bedeutung des metaphorischen Sprachgebrauchs für das forstliche Handeln" zu dem Schluss, dass zwar eine „Verwachsenheit" (ebd., 138) von Handlungskonzept und Metaphorik zu erkennen ist, jedoch keine Kausalbeziehung hergestellt werden kann.

gleichbar großen Anzahl an Mitarbeitern. Beide Personen verstehen sich als Pioniere ihrer Branche und legen großen Wert auf gute Kundenbeziehungen und -zufriedenheit. Ferner lässt sich feststellen, dass sowohl Herr Schmitt als auch Herr Maier Metaphernmodelle heranziehen, die untereinander in einem engen Zusammenhang zueinander stehen und sich teilweise überschneiden. Sich in ihrem Implikationen widersprechende Metaphernmodelle werden hingegen nicht verwendet. Abbildung 34 gibt die Einflussfaktoren wieder, die sich aus den Gemeinsamkeiten der beiden vorgestellten Interviewpartner für eine Übereinstimmung zwischen Metaphernmodell und Handlungskonzeption des Unternehmers herausarbeiten lassen.

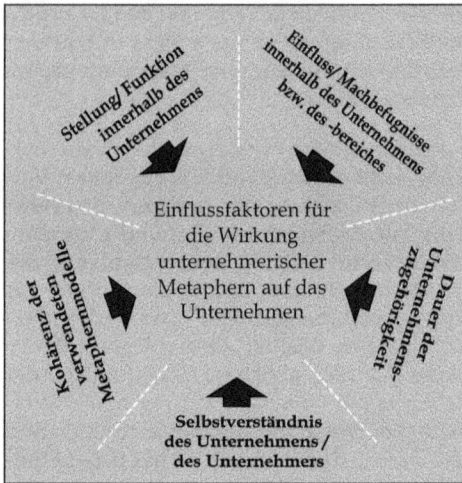

Abb. 34: Einflussfaktoren auf die Wirkung von Metaphern auf den Unternehmensalltag

Sowohl Herr Schmitt als auch Herr Maier tragen nicht nur die Hauptverantwortung für den Bereich Umweltmanagement sondern auch für das gesamte Unternehmen und haben infolgedessen einen starken Einfluss auf die Unternehmensgestaltung. Als Unternehmensgründer und -inhaber können sie der jeweiligen Unternehmensgestaltung ihren „persönlichen Stempel aufdrücken".[209]

---

[209] Auf den starken Einfluss der Unternehmerpersönlichkeit auf die Umsetzung von Umweltmaßnahmen weisen Keil et. al. (2002, 27) in ihrer Arbeit zur integrierten Produktpolitik in textilen Ketten hin. Demnach stellt die Motivation des Unternehmers das zentrale Kriterium für ökologische Veränderungen im Unternehmen dar. Vgl. in diesem Zusammenhang auch das Engagement von Dr. Michael Otto, Vorstandsvorsitzender des Versandhandelsunternehmens Otto.

Insbesondere bei kleineren Unternehmen, in denen enge Beziehungen zwischen den Mitarbeitern und der Unternehmensleitung bestehen, ist der Einfluss der Gründer- bzw. Unternehmerpersönlichkeit stark ausgeprägt.

Ferner spielen die Machtbefugnisse und der Einfluss der betreffenden Person eine zentrale Rolle bei der Frage, inwieweit sich aus dem metaphorischen Sprachgebrauch Hinweise auf Handlungen ableiten lassen. Je weit reichender der Einfluss und die Befugnisse des Betreffenden sind, desto wahrscheinlicher ist es, dass sich der Sprachgebrauch in der Unternehmensgestaltung widerspiegelt.[210] Auch der zeitliche Aspekt, d.h. die Dauer der Unternehmenszugehörigkeit, ist relevant in Hinblick darauf, inwieweit sich sprachliche Bilder im Unternehmensalltag niederschlagen. Veränderungen im Unternehmen, hervorgerufen durch eine geänderte Sichtweise und Vorstellung vom Unternehmen, machen sich erst mit einer zeitlichen Verzögerung bemerkbar, da mit ihnen häufig ein kultureller Wandel einhergeht.

Auch tradierte Wertvorstellungen und Bilder innerhalb eines Unternehmens sowie das Innovationsstreben des Unternehmens spielen für die Auswirkung des Sprachgebrauches auf den Unternehmensalltag eine wichtige Rolle, da in beiden das Selbstverständnis des Unternehmens zum Ausdruck kommt. Sowohl Herr Schmitt als auch Herr Maier sehen sich und ihre Unternehmen als Pioniere in ihrer Branche und ziehen zur Formulierung ihrer unternehmerischen Visionen und Leitbilder Metaphern heran, die ihre Ziel- und Wertvorstellungen reflektieren.[211]

Schließlich spielt auch das Zusammenwirken der Metaphernmodelle eine Rolle, da kohärente Metaphern ein einheitlicheres Bild für die Unternehmensentwicklung und –gestaltung ergeben und damit leichter vermittel- und durchsetzbar sind als sich widersprechende Vorstellungen. Insgesamt ist bei den genannten Faktoren davon auszugehen, dass mit zunehmender Ausprägung und verstärktem Zusammenwirken der Faktoren die Wahrscheinlichkeit steigt, dass sich der metaphorische Sprachgebrauch auch im unternehmerischen Handeln und im Unternehmensalltag zeigt.

---

[210] In Bezug auf das Umweltmanagement ist zu diesem Punkt anzumerken, dass aus der lediglich beratenden Stabsfunktion der Umweltverantwortlichen in den meisten Unternehmen, eher ein geringer Einfluss der Umweltverantwortlichen auf die Unternehmensabläufe resultiert.

[211] Nach Matje (1996, 5ff.) steht am Anfang einer jeden unternehmerischen Tätigkeit eine Vision, in der ein zukünftiges idealisiertes Bild der Unternehmung entworfen wird. Visionen weisen einen starken Personenbezug auf, da sie aus den subjektiven Vorstellungen der Führungspersönlichkeiten über die zukünftige Rolle des Unternehmens resultieren (vgl. Henzler 1988, 1300; Bonsen 1989, 35ff.; Bleicher 1994, 102f.). Diese auf einem hohen Abstraktionsniveau formulierte Vision wird in der Unternehmenspolitik und im Unternehmensleitbild konkretisiert (vgl. Ulrich 1990, 91; Bea & Haas 1995, 65; Matje 1996, 17).

Zusammenfassend deuten die Ergebnisse dieses Kapitels somit darauf hin, dass Metaphernmodell und Handlungskonzeption miteinander korrelieren. Auf die tatsächliche Realisierung der Metaphernmodelle auf das unternehmerische Handeln und den Unternehmensalltag wirken jedoch unterschiedliche Einflussfaktoren ein, so dass eher von einem „Wirkungspotenzial"' als von einer eindeutigen „Wirkung" von Metaphern gesprochen werden kann. Dabei besitzen vor allem die Vorstellungen und Visionen des Unternehmensgründers und Inhabers einen wesentlichen Einfluss auf die Ausgestaltung des Unternehmens. Für Morgan (1986, 343) gilt, dass Organisationen schließlich zu dem werden, was sie denken und sagen, da ihre Vorstellungen und Visionen sich selbst in die Tat umsetzen.

> Rather than to avoid metaphor, what we can aim for is criti-
> cal examination of the ways in which our thinking is shaped
> and constrained of metaphors (Smircich 1983c, 341).

7 Zusammenfassung und Folgerungen

7.1. Zusammenfassung der Arbeit

Welche Rolle spielen Metaphern in Fachsprachen, insbesondere im Umweltmanagement? So lautete die Ausgangsfrage für die vorliegende Dissertation.
Mit dieser Fragestellung im Gepäck machten wir uns zu den Bilderlandschaften des Umweltmanagements auf. Als Einstieg in die Thematik haben wir uns
auf eine Zeitreise zu den Anfängen der Metaphernforschung in der Antike be-
geben und folgten ihrer Geschichte bis ins 20. Jahrhundert. Während zu Beginn
der Metaphernforschung ein Bann auf der Metapher, vor allem für die Verwendung in Fachsprachen, lag, vollzog sich mit der Zeit ein Wandel in der Sichtweise auf die Metapher. Ihren Durchbruch erlangte sie mit der Arbeit „Metaphors
we live by" (1980) des Linguisten Lakoff und dem Sprachphilosophen Johnson,
in der die Autoren zeigen, dass Metaphern Repräsentanten mentaler und emotionaler Strukturen und unverzichtbares Element unserer Sprache sind. Die
von ihnen erarbeitete kognitive Metapherntheorie erlangte weit über die Grenzen der Linguistik hinweg Beachtung und bildet nicht nur für die vorliegende
Arbeit die theoretische Grundlage. Mittlerweile ist die Rolle der Metapher in
der Wissenschaft anerkannt, in der sie vielfältige Aufgaben beispielsweise als
Argumentations- und Lernhilfe oder als Erkenntnisinstrument erfüllt.

Auch die betriebswirtschaftliche Forschung hat sich der Metapher angenommen. Morgan (1986) und Clancy (1989) weisen in einzigartiger Weise auf die
Rolle von Metaphern im organisationalen Alltag hin. Anhand von unterschiedlichen Metaphern zeigen sie, welche Auswirkungen mit der jeweiligen bildhaften Unternehmensvorstellung für das Unternehmen verbunden sind. Ihren
Arbeiten liegt die Annahme zugrunde, dass Denken und Handeln in einem
engen Zusammenhang stehen und Metaphern den Rahmen für mögliche
Handlungen bilden. Gemeinsam mit dem vorangegangenen Kapitel stellen
diese Ausführungen den theoretischen Rahmen dieser Arbeit dar.

Die Analyse der Metaphern ist auch für das Umweltmanagement von Interesse, denn sie liefert Informationen über die grundlegenden Sprachbilder, mit
denen das Umweltmanagement strukturiert wird sowie Hinweise auf die Stellung des Umweltmanagements im Unternehmen und auf eventuelle Problembereiche. Der weitere Verlauf der Arbeit wurde durch die eingangs formulierten Kernfragestellungen geleitet, an denen sich die Kapitelabfolge sowie die
jeweils gewählten Herangehensweisen orientieren.

Fragestellung 1: Welche Metaphern werden im Umweltmanagement verwendet?

Die Grundlage der Arbeit bildeten 38 Interviews sowie Fachtexte zum Umweltmanagement. Um zu den implikativen Modellen des Umweltmanagements zu gelangen, wurden diese mit Hilfe der Metaphernanalyse ausgewertet. Folgende Herkunftsbereiche wurden dabei herausgearbeitet:

- Bauwerk,
- Maschine,
- Organismus,
- Netz,
- Weg.

Mit der Verwendung der Metaphern werden jeweils unterschiedliche Eigenschaften und Aspekte für das Umweltmanagement hervorgehoben (Highlighting-Funktion). Beispielsweise wird mit Hilfe der Bauwerkmetapher insbesondere die Schaffung von sichtbaren und langfristigen Strukturen des Umweltmanagements im Unternehmen betont. Auf der anderen Seite werden mit der Verwendung von Metaphern auch immer Aspekte verdeckt (Hiding-Funktion) bzw. weist die gewählte Metapher in bestimmten Punkten Schwächen auf. Am Beispiel der Bauwerkmetapher sind dies vor allem die Inflexibilität sowie die Starrheit der Strukturen und Abläufe für das Umweltmanagement.

Die Ergebnisse zeigen weiterhin, dass die identifizierten Metaphern in Abhängigkeit von der betrachteten Auswertungseinheit in unterschiedlicher Dominanz auftreten, d.h. zur Strukturierung eines Themenbereiches des Umweltmanagements werden meist bestimmte Metaphern favorisiert. Beispielsweise wird die Bauwerkmetapher bevorzugt zur Beschreibung der Implementierung eines Umweltmanagementsystems im Unternehmen herangezogen, während die Organismusmetapher u.a. der Darstellung des Umgangs mit Produkten und Abfällen dient. Insgesamt liefern die Ergebnisse dieses Kapitels einen Überblick über die grundlegenden Metaphern des Umweltmanagements sowie in welchen Themenbereichen die jeweilige Metapher bildspendend wirkt.

Fragestellung 2: Lassen sich aus der Analyse der Metaphern Hinweise auf die Stellung und die Problembereiche des Umweltmanagements im Unternehmen ableiten?

Basierend auf den Ergebnissen der ersten Fragestellung wurde in einem nächsten Schritt untersucht, ob und inwieweit sich aus Metaphern Hinweise auf die Stellung des Umweltmanagements im Unternehmen ableiten lassen. Während die Gegenüberstellung der Metaphern des Umweltmanagements zu denen der (Betriebs-)Wirtschaft keine eindeutigen Hinweise auf eine unterschied-

liche Strukturierung der beiden Bereiche und damit auf divergierende „Denkwelten" liefert, deutet die im Interview vorgenommene Einschätzung des Unternehmens und des Umweltmanagements anhand einer Liste vorgegebener
Bilder teilweise auf bestehende Divergenzen hin. Nach den Ergebnissen werden bei den als zutreffend gekennzeichneten Vorstellungen die gleichen Bilder
bevorzugt, wenn auch in einer etwas veränderten Reihenfolge. Bei den abge-
lehnten Bildern werden allerdings Unterschiede deutlich. Insbesondere das
Bild des Ordnungshüters, welches aufgrund des reglementierenden Charakters
der Umweltmanagementnormen häufig mit dem Umweltmanagement in Verbindung gebracht wird, erfährt als Unternehmensvorstellung keine Zustimmung. Diese unterschiedliche Einschätzung kann ein Hinweis auf die teilweise skeptische und ablehnende Haltung gegenüber dem Umweltmanagement
im Unternehmen sein.

Bei der dritten gewählten Herangehensweise wurden die bildhaften Beschreibungen für die Beziehung zwischen dem Umweltmanagement und anderen
Unternehmensbereichen und –zielen analysiert. Dabei zeichnet sich ein recht
einheitliches Bild ab. In den Formulierungen finden sich fast ausnahmslos Metaphern, die in unterschiedlicher Deutlichkeit auf eine Unvereinbarkeit von
Umwelt- und Unternehmensbelangen hinweisen. Insbesondere finanzielle
Ziele sowie der befürchtete erhöhte Arbeitsaufwand und die Änderung der
eigenen Verhaltensweisen stehen den Bemühungen des Umweltmanagements
diametral gegenüber. Auch die vergleichsweise „neueren" Metaphern, beispielsweise die Vorstellung des Gleichgewichts, zeichnen kein positiveres Bild
für die Sichtweise dieser Beziehung, sondern unterstützen die geläufige Vorstellung von der Unvereinbarkeit von Unternehmens- und Umweltbelangen,
nur auf subtilere Weise als beispielsweise die Kriegsmetapher. Der Gedanke,
dass mit Hilfe von Umweltschutzmaßnahmen unternehmerischer Erfolg erzielt werden kann, lässt sich mit diesen Vorstellungen hingegen kaum in Einklang bringen.

Fragestellung 3: Geht von Metaphern eine handlungsleitende Wirkung auf
das Unternehmen bzw. das Umweltmanagement aus?

Mit der Frage, inwieweit sich unternehmerische Metaphern im betrieblichen
Alltag auswirken, beschäftigt sich ein weiterer Untersuchungsschritt der Arbeit. Anhand von zwei detaillierten Einzelfallanalysen wurde die mögliche
handlungsleitende Wirkung von Metaphern untersucht. Aus der Gegenüberstellung der verwendeten Metaphernmodelle mit weiterem Material zur jeweiligen Person und zum Unternehmen ergibt sich, dass die Metaphernmodelle mit den biographischen Angaben der Person und den Beschreibungen
und Beobachtungen des Unternehmensalltags korrelieren. So verweist das

Metaphernmodell auf die unternehmerischen Abläufe, umgekehrt erscheint die Metapher als die geeignete „Bebilderung" für die Beschreibungen und Beobachtungen. Aus diesen Ergebnissen sowie den charakteristischen Kennzeichen der beiden vorgestellten Fälle wurden darüber hinaus Einflussfaktoren für das realitätsschaffende Wirkungspotential von Metaphern formuliert. Beispielsweise spielt der Einfluss, den eine Person auf die unternehmerischen Abläufe ausüben kann, eine wichtige Rolle, inwieweit sich dessen metaphorischen Vorstellungen im Unternehmensalltag zeigen.

Fragestellung 4: Welche Folgerungen können aus den Ergebnissen für die Analyse von Metaphern und für das Umweltmanagement gezogen werden?

Am Ende der Arbeit steht die Frage, welche Folgerungen sich sowohl für die Analyse der Metaphern als auch für das Umweltmanagement aus den Ergebnissen der unterschiedlichen Analyse- und Betrachtungsebenen dieser Arbeit ziehen lassen. Auf diese abschließenden Ergebnisse gehen die nachfolgenden Kapitel ein.

7.2 Folgerungen für die Analyse von Metaphern

Im Verlauf der Arbeit, insbesondere bei der Gegenüberstellung der Metaphern des Umweltmanagements mit denen der (Betriebs-)Wirtschaft (vgl. Kap. 5.1) bzw. in der Beurteilung der bildhaften Organisationsvorstellungen (vgl. Kap. 5.2) wurde die Verwendung vergleichbarer Metaphern sowohl für das Umweltmanagement als auch für das Unternehmen deutlich. Dies ist insofern nicht erstaunlich, als dass davon ausgegangen werden kann, dass sich der Sprachgebrauch im Umweltmanagement stark an die Wirtschaftssprache anlehnt bzw. teilweise aus ihr hervorgegangen ist. Allerdings finden sich auch in Bezug zu sehr weit entfernten Disziplinen, wie der Psychologie (vgl. Schmitt 1997; Moser 2000), der Forstwirtschaft (vgl. Detten 2001) oder auch der Alltagssprache (vgl. Baldauf 1997) identische bzw. ähnliche Metaphern. Dieses zunächst überraschende Ergebnis ist Anlass zu der nachfolgenden Diskussion über die Gültigkeit der identifizierten Metaphernmodelle sowie den Anwendungsbereich von Metaphernanalysen.

7.2.1 Festlegung von Metaphernmodellen

Ist man bislang davon ausgegangen, dass jede Fachsprache durch ganz spezifische Metaphern gekennzeichnet ist, so legt es die Allgegenwärtigkeit bestimmter Metaphern nahe, dass sich die Reichweite eines in einer Wissenschaft ausgemachten Sprachbildes nicht nur auf den Ausschnitt dieser Sprachgemeinschaft beschränkt, sondern als umfassenderes Modell aufzufassen ist.

Für die Analyse von Metaphern in Fachsprachen oder auch in der Alltagssprache resultiert daraus, dass die Festlegung des Herkunfts- und des Zielbereichs alles andere als eindeutig ist. So kann beispielsweise das im Zusammenhang mit dem Begriff des Umweltschutzes (vgl. Kap. 4.3.1.1) identifizierte Metaphernmodell DIE UMWELT IST EIN KRANKER ORGANISMUS als Teil des Metaphernmodells PROBLEMATISCH EMPFUNDENE ZUSTÄNDE SIND KRANKHEITEN (vgl. Baldauf 1997, 206) verstanden werden. Damit drängt sich die Frage auf, ob das Umweltmanagement wirklich den Gegenstand der metaphorischen Übertragung darstellt. Baldauf (1997, 245-267) zeigt in ihrer Arbeit zur Alltagsmetaphorik, dass die Wegmetapher nicht nur auf den Erfahrungsbereich Leben (DAS LEBEN IST EIN WEG) sondern darüber hinaus auch auf die Bereiche Karriere, Fortschritt, Zeit oder, wie im vorliegenden Fall, auf das Umweltmanagement, übertragen wird. Von daher muss ihrer Ansicht nach von einem weiteren und abstrakteren Zielbereich der Wegmetapher ausgegangen werden, als bisher angenommen.

Baldauf (1997) geht sogar noch einen Schritt weiter und betrachtet die bisherige Praxis der Bestimmung des Zielbereichs der Metaphernmodelle als ungeeignet, um den eigentlichen Gegenstand der Konzeptualisierung greifbar zu machen.[212] Nach ihrer Auffassung ist das verbindende Merkmal in den Aussagen, in denen die Wegmetapher auftritt, die Prozesshaftigkeit und es ist weniger der Zielbereich des Lebens oder der Karriere, sondern vielmehr dieser Aspekt, der durch die Wegmetapher strukturiert wird und zum Ausdruck kommt. Das eigentliche abstrakte Metaphernmodell lautet vielmehr: „PROZESSHAFTIGKEIT IST EIN WEG" (Baldauf 1997, 263). Die einzelnen Sachverhalte, in denen die Wegmetaphorik auftritt, stellen nach Baldauf nichts anderes als mögliche Kontexte dar. Dadurch wird Metaphorik in weiten Teilen vorhersagbar.[213] So kann die Wegmetapher überall dort auftreten, wo der Aspekt des Prozesshaften bzw. der Zustandsänderung als Eigenschaft des beschriebenen Sachverhalts empfunden wird. Der Kriegsmetaphorik wiederum liegt das Vorhandensein eines Interessenkonflikts als gemeinsamer Aspekt zugrunde (vgl. Baldauf 1997, 260-265).

In Bezug auf die Reichweite des Zielbereichs eines Metaphernmodells weisen diese Betrachtungen Ähnlichkeiten zur Bildfeldtheorie Weinrichs (1958) auf,

---

[212] Ein weiterer Kritikpunkt von Baldauf (1996, 470) ist, dass die gleichen sprachlichen Ausführungen bei unterschiedlichen Forschern zu verschiedenen Metaphernmodellen führen und somit die Festlegung von Metaphernmodellen der Willkür und Interpretation des Forschers unterliegt.

[213] Nach Pielenz (1993) gilt eine Vorhersehbarkeit von Metaphern allerdings auch für das bisherige Verständnis konzeptueller Metaphorik, da jede noch so originelle ad-hoc-Metapher nichts anderes repräsentiert als die „Restmenge der Lexemmenge des Herkunftsbereichs" (ebd., 85). Damit ist die Menge möglicher neuer Metaphern eines Metaphernmodells eingrenzbar. Die Schwierigkeit liegt vielmehr darin, diese Lexemmenge erschöpfend beschreiben zu können (vgl. Pielenz 1993, 84f.; Baldauf 1997, 87f.).

der neben einzelnen, isolierten Metaphern die Existenz einer „überindividuellen Bildwelt als objektiven, materialen Metaphernbesitz einer Gemeinschaft" (ebd., 277) betrachtet. Weinrich (1976, 285) geht von einer „überschaubaren Zahl" an Bildfeldern aus. Seiner Ansicht nach sind Metaphern vorbestimmt: „Die Sprache selbst, kraft der in ihr angelegten Bildfelder, denkt uns solche Metaphern vor und legt sie uns in den Mund" (ebd., 326). Auch Blumenberg (1960) ist der Ansicht, dass nur eine begrenzte Anzahl an Hintergrundmetaphern existiert. Diese Überlegungen relativieren in einem gewissen Maße die Aussagekraft der mit Hilfe der Metaphernanalyse identifizierten Metaphernmodelle einer (Fach-)Sprache insofern, als dass nicht mehr davon ausgegangen werden kann, dass diese mit einer einzigartigen und spezifischen Aussage über den Sachverhalt verbunden sind.

7.2.2 Anwendungsbereich von Metaphernanalysen

Neben der Reichweite der Metaphernmodelle soll im Weiteren der Anwendungsbereich von Metaphernanalysen zur Diskussion stehen. Mit der Feststellung, dass Metaphern eher als Ausdruck eines bestimmten Zustandes zu verstehen sind, stellt sich auch die Frage, für welche Fragestellungen und mit welcher Zielsetzung Metaphernanalysen sinnvoll angewendet werden können.[214]

Wie sich auch bei der Darstellung der Metaphern des Umweltmanagements (vgl. Kap. 4) zeigte, ist davon auszugehen, dass, je weiter ein zu untersuchender Analysebereich gefasst wird, desto mehr Metaphern verwendet werden, um die unterschiedlichen Aspekte innerhalb dieses Themenbereiches beschreiben zu können. Im Extremfall führt dies dazu, dass mit Hilfe der Analyse der Metaphern letztendlich keine Aussage mehr über den Untersuchungsgegenstand getroffen werden kann.[215] So scheitert beispielsweise Reger (1977; 1978) bei dem Versuch, die Metaphorik der gesamten Presse zu analysieren. Demgegenüber erzielen Bock und Krammel (1989) ein aussagekräftiges Ergebnis in Bezug auf die Berichterstattung über den Reaktorunfall in Tschernobyl als singuläres Ereignis (vgl. Schmitt 1995, 112). Die Beispiele zeigen, dass die Fragestellung und der Untersuchungsbereich klar umrissen und nicht zu umfangreich sein sollte. Auch in Bezug auf die eigene Untersuchung kommt beispielsweise die Analyse der Metaphern hinsichtlich der Frage nach der Beziehung des Umweltmanagements zu anderen Unternehmensbereichen bzw. -zielen zu einer Aussage über die Stellung des Umweltmanagements im Unternehmen,

---

[214] Für Wiedemann (1986, 154ff.) ist grundlegende Voraussetzung für das Zustandekommen einer aussagefähigen Metaphernanalyse die metaphorische Konzeptualisierung des Gegenstandbereichs.

[215] Nach Baldauf (1997, 255) hängt die Spezifität eines Metaphernmodells von der Anzahl der untersuchten Erfahrungsbereiche und metaphorischen Ausdrücke ab.

während die Gegenüberstellung der Metaphern des gesamten Umweltmanagements zu denen der (Betriebs-)Wirtschaft kaum Hinweise liefert.

Neben der Erfassung der strukturierenden Metaphern zu einer Fragestellung ist auch die Analyse von zentralen Begriffen einer Wissenschaft von Interesse, wie am Begriff des Umweltmanagements deutlich wurde. Weiterhin kann auch die Untersuchung des Wandels im Gebrauch von Metaphern aufschlussreich sein. Maasen (2003) zeigt am Beispiel der Chaosmetapher wie diese, ausgehend von der Physik und Mathematik, in andere Wissenschaften, insbesondere in die Ökonomie und die Psychologie diffundiert sowie in Wechselwirkung mit alltäglichen Vorstellungen von Chaos tritt. In Bezug auf das Umweltmanagement ist beispielsweise die Metapher der Waage als eher modernes Sprachbild auszumachen. Schließlich ist das Fehlen von bestimmten Metaphern durchaus interpretationswürdig, wie sich bei der Frage nach der Beziehung des Umweltmanagements zu anderen Unternehmensbereichen bzw. –zielen zeigte. In den Beschreibungen der Beziehung sind kaum Metaphern zu finden, die auf ein gemeinsames Handeln und identische Zielvorstellungen hinweisen. Auch für den Vergleich von personenbezogenen Metaphernmodellen kann dieser Aspekt herangezogen werden.[216] So weist nach Schmitt (1997, 78) „das Fehlen kollektiv üblicher Metaphern" in psychologischen Untersuchungen auf „Defizite an Handlungsmöglichkeiten" (ebd., 78) hin. Abbildung 35 gibt die genannten Aspekte für die Analyse von Metaphern zusammenfassend wieder.

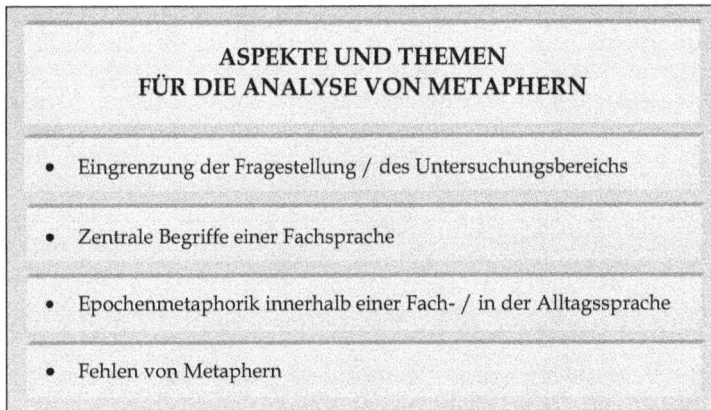

ASPEKTE UND THEMEN
FÜR DIE ANALYSE VON METAPHERN

- Eingrenzung der Fragestellung / des Untersuchungsbereichs

- Zentrale Begriffe einer Fachsprache

- Epochenmetaphorik innerhalb einer Fach- / in der Alltagssprache

- Fehlen von Metaphern

Abb. 35: Aspekte und Themen für die Analyse von Metaphern

---

[216] Kleist (1987) zeigt, dass neben dem Vorkommen bestimmter Metaphern auch das Ausbleiben einer gängigen Metaphorik eine Aussage haben kann (vgl. Schmitt 1997, 72).

7.2.3 Berücksichtigung der Sprachebene

Neben der Beachtung der konzeptuellen Ebene sollte meines Erachtens nach auch die sprachliche Ebene der einzelnen Lexemmetaphern nicht vernachlässigt werden. Die Ableitung der Folgerungen für einen Untersuchungsbereich allein anhand des Metaphernmodells beinhaltet die Gefahr, dass die auf der sprachlichen Ebene getroffenen spezifischen Aussagen auf der konzeptuellen Ebene verloren gehen. Um dies an einem Beispiel zu verdeutlichen: Mit dem Metaphernmodell DAS UMWELTMANAGEMENT IST EIN TEIL EINES ORGANISMUS gehen vor allem Vorstellungen von der Eingebundenheit des Umweltmanagements in den Unternehmenskörper und von einer gegenseitigen Abhängigkeit einher. Fällt ein Organ aus, so kann dies unter Umständen den gesamten Organismus betreffen. Neben diesen aus dem Metaphernmodell ableitbaren Implikationen sind mit den Lexemmetaphern auf der Sprachebene detailliertere perspektivische Beschreibungen verbunden, die außerhalb dieser allgemeinen Highlighting-Aspekte liegen. So gehen beispielsweise mit der Schilderung des Umweltmanagements als Herz oder als Kropf völlig unterschiedliche Vorstellungen in der Art einher, dass das Umweltmanagement auf der einen Seite als überlebensnotwendig und auf der anderen Seite als gänzlich nutzlos angesehen wird. Das Beispiel verdeutlicht, dass metaphorische Beschreibungen zwar dem gleichen Herkunftsbereich zugeordnet sei können, aber zu völlig unterschiedlichen Bedeutungseffekten kommen, die jedoch für die Betrachtung und die Vorstellung vom Umweltmanagement wesentlich sind. Von daher sollte neben der konzeptuellen Ebene ebenso deren sprachliche Ausführung und inhaltliche Aussage mit in die Analyse einbezogen werden. Im Rahmen der vorliegenden Dissertation wurde mit der Unterteilung in die einzelnen Auswertungseinheiten und der Berücksichtigung von inhaltlichen Aspekten versucht, diesen Punkten Rechnung zu tragen. Zusammenfassend lässt sich festhalten, dass die Analyse von Metaphern ein wirksames Instrument darstellt, um Einblick in die Strukturierung und die Denkwelt eines Untersuchungsgegenstandes zu erhalten, jedoch gewisse Fragestellungen außerhalb ihres Anwendungsbereichs liegen.

7.3 Folgerungen für das Umweltmanagement

Aus dem bisher Dargestellten wurde deutlich, dass mit der Verwendung der Metaphern unterschiedliche Vorstellungen und Aspekte des Umweltmanagements im Vordergrund stehen. Beispielsweise werden mit der Sichtweise auf das Umweltmanagement als Netz die Verbindungen und der Austausch zu anderen Abteilungen und Bereichen des Unternehmens hervorgehoben. Demgegenüber betonen die Maschinen- oder die Bauwerkmetapher verstärkt die klar geregelten Abläufe und festgelegten Strukturen. Die im Rahmen dieser Arbeit vorgestellten Metaphern repräsentieren die gedanklichen Grundstrukturen des Umweltmanagements, indem sie zeigen, mit Hilfe welcher bildhaften Vorstellungen die jeweiligen Aspekte des Umweltmanagements bevorzugt beschrieben werden. Nachfolgend wird dargestellt, inwieweit die Analyse und die Reflexion von Metaphern zu einer verstärkten Akzeptanz und Integration des Umweltmanagements im Unternehmen betragen kann.

7.3.1 Kompatibilität von Umweltmanagement- und Unternehmenskonzeption

Aus der Einschätzung des Umweltmanagements und des Unternehmens anhand vorgegebener Bilder (vgl. Kap. 5.2.) sowie der Analyse der Beziehung des Umweltmanagements zu anderen Unternehmensbereichen bzw. -zielen (vgl. Kap. 5.3) wurde deutlich, dass eine problembehaftete Stellung des Umweltmanagements häufig in einer divergierenden Auffassung des Umweltmanagements und des Unternehmens begründet liegt. Daraus kann geschlossen werden, dass die Kompatibilität der Vorstellungen und der Ziele des Umweltmanagements mit denen des Unternehmens eine wichtige Voraussetzung für den Erfolg und die Integration des Umweltmanagements darstellt. Die Analyse der Metaphern innerhalb der verschiedenen Unternehmensbereiche kann Aufschluss darüber geben, ob divergierende Denkwelten vorliegen. Versteht sich beispielsweise das Unternehmen als Gebäude und folgt einer entsprechenden Unternehmenskultur, so ist es wahrscheinlich, dass sich die Bauwerkmetapher für die Einführung und die Aufrechterhaltung eines Umweltmanagements im Unternehmen förderlich auswirkt. Sieht sich das Unternehmen hingegen als Organismus, so wird ein „Zusammenwachsen" erschwert, da das Umweltmanagement eher als Fremdkörper wahrgenommen wird.

Die Ausführungen verdeutlichen, warum es nicht möglich ist, eine generell geeignete oder ungeeignete Metapher für das Umweltmanagement festzulegen.[217] Vielmehr wird es von der Metaphernausgestaltung und der Vereinbarkeit der Vorstellungen für das Unternehmen und das Umweltmanagement abhängen. Nach Howard-Grenville und Hoffman (2003, 70; Hervorh. im Original) sind soziale Initiativen in Unternehmen „successful, when they are aligned with an organizational core culture because culture guides both *what* issues get attended to and *how* they get acted upon". Wenn neue Aspekte und Vorgehensweisen in die Organisation eingebracht werden, muss dies in einer Form geschehen, die an die bislang akzeptierten Vorgehensweisen anknüpft (vgl. Strannegård 1998). Dies mag sicherlich auch auf Maßnahmen des Umweltmanagements übertragbar sein. Die Analyse der Unternehmenskultur wurde anhand der beiden Einzelfälle ansatzweise verfolgt. Nach den Aussagen der Interviewpartner und den gemachten Beobachtungen sind Unternehmens-

---

[217] Auch für Organisationen existiert für MacKechnie und Donnelly-Cox (1996, 47) nicht die „master-metaphor". Ebenso ist Kieser (2001, 318) der Ansicht, dass man nicht von guten oder schlechten Metaphern für Organisationen sprechen kann. Wichtig ist, neue Metaphern zu kreieren und zu prüfen, welche in der Praxis fruchtbar sind, da die Organisationsgestaltung ein kreativer, konstruktiver Prozess ist.

und Umweltziele auf das gleiche Zielsystem ausgerichtet. Für eine konkrete
Aussage wären jedoch spezifischere Untersuchungen auf Unternehmensebene
notwendig. Da es das Ziel dieser Arbeit war, die grundlegenden Metaphern
des Umweltmanagements zu identifizieren und damit die Grundlage für weitere Untersuchungen zu schaffen, ist dies als weiterführender Forschungsbe-
darf anzusehen.

7.3.2 Metaphernreflexion im Umweltmanagement

Eine weitere Schlussfolgerung der Arbeit ist die Notwendigkeit der Diskussion und des kritischen Hinterfragens der eigenen Fachbegriffe im Umweltmanagement. Debatin (1996, 95) plädiert für eine „systematische Metaphernreflexion" durch eine Wiederbelebung der Begriffe. Dies bedeutet, sich der
speziellen Perspektive einer Metapher bewusst zu werden und ihre highlighting und hiding-Funktion wahrzunehmen. Dazu werden Metaphern gezielt
wörtlich genommen und weiter geführt. Anhand der Begriffe des Umweltschutzes und des Umweltmanagements wurde deutlich, welches Bild diese
Begriffe von der Umwelt entwerfen und welche Implikationen auf den Umgang mit der Umwelt mit ihnen verbunden sind. Metaphern sind ein unverzichtbarer Bestandteil unserer Sprache. Es ist aber die Angemessenheit einer
bildhaften Übertragung für eine wissenschaftliche Disziplin zu hinterfragen
und zu prüfen, ob sie die Wirklichkeit verschleiern. Schön (1993, 143f.) weist
darauf hin, dass durch die Wahl der Metapher auch die Definition von Problemen und die sich daran anschließende Lösungsansätze beeinflusst werden. In
diesem Zusammenhang ist auch die unreflektierte Adaption beliebter Metaphern des Zeitgeistes kritisch zu sehen, wie am Beispiel der Gleichgewichtsmetapher gezeigt wurde. Die Ausführungen zu der Frage nach der Beziehung
des Umweltmanagements zu anderen Unternehmensbereichen und –zielen
haben gezeigt, dass die teilweise ablehnende Haltung gegenüber dem Umweltmanagement in der Sprache begründet liegt.

Neben dem Hinterfragen der verwendeten Metaphern ist darüber hinaus das
Zulassen von Alternativen für die Beschreibung von Erscheinungen sowie ihre
kreative Nutzung wichtig, da durch neue Metaphern die Grenzen alter Modelle hinterfragt und überwunden werden können (vgl. Debatin 1996, 99f.). So ist
in Bezug auf das Umweltmanagement die Verwendung von Metaphern, die
implizit auf eine Polarität hinweisen, nicht empfehlenswert, gerade wenn ein
Bild in den Köpfen verankert und zum Ausdruck gebracht werden soll, dass
Ökonomie und Ökologie gemeinsame Ziele des Unternehmens verfolgen. Derartige Metaphern, wie die Teammetapher, bilden bislang eher die Ausnahme.
Die Wahl von Metaphern, die verdeutlichen, dass Umwelt- und andere Unternehmensziele gemeinsam dazu beitragen können, den Unternehmenserfolg zu
steigern, sind essenziell für die Veränderung der Sichtweise auf das Umweltmanagements im Unternehmen. Ziel ist dabei nicht, die einzige ideale Metapher

zu finden. Stattdessen sollen sie sich in ihrem Blickwinkel ergänzen: „Aus einer neuen Metapher sollte nicht ein komplett anderes, sondern ein differenzierteres Denken resultieren" (Gloor, 1987, 37). Tsoukas (1993, 324) ist der Ansicht, dass durch Metaphern hervorgerufene veränderte Sichtweisen „generate alternative social realities".

Für das Umweltmanagement, das sich häufig im Rahmen interdisziplinärer Zusammenarbeit vollzieht,[218] ist ein gegenseitiges Verständnis der beteiligten Disziplinen wichtig. Wie sich bei dem der Arbeit zugrunde liegenden Projekt zur Erforschung der Metaphern in Fachsprachen gezeigt hat, ist durch die Zusammensetzung des Projektteams aus verschiedenen Disziplinen das gegenseitige Verstehen durch unterschiedlich geprägte Vorstellungen zunächst einmal erschwert. Der Prozess des gegenseitigen Verstehens kann sich durch das Aushandeln von Bedeutung (vgl. Lakoff & Johnson 1980, 231f.) vollziehen. Die Analyse von Metaphern bietet hier Ansatzpunkte, da mit ihrer Hilfe auf die jeweiligen impliziten Modelle geschlossen werden kann.[219]

Zielgruppen für eine kritische Metaphernreflexion sind zunächst einmal die Wissenschaft bzw. die Wissenschaftler, indem sie zum einen die Begriffe des Umweltmanagements kritisch unter die Lupe nehmen und hinterfragen, welche gedanklichen Auswirkungen mit dem Gebrauch von Metaphern einhergehen. Zum anderen in ihrer Rolle als Ausbildungsträger, indem sie adäquate Bilder vermitteln und zum kreativen und reflexiven Gebrauch von Metaphern anregen. An der Wissensvermittlung sind zudem Wissenschaftsjournalisten beteiligt, welche Metaphern häufig im didaktischen Sinn „als Verständnishilfen" (Göpfert 1997, 76) nutzen, da es mit ihrer Hilfe möglich ist, komplexe

---

[218] Beispielsweise werden am Centre for Sustainability Development (CSM) an der Universität Lüneburg unterschiedliche interdisziplinäre Projekte durchgeführt (vgl. www.uni-lueneburg.de/csm).

[219] Teilweise verweisen selbst gleichlautende Begriffe auf unterschiedliche Vorstellungen. Beispielsweise existiert für die Betrachtung von Produkten sowohl im Umweltmanagement als auch innerhalb der klassischen Betriebswirtschaftslehre der Begriff der „Lebenszyklusanalyse", welcher dem Metaphernmodell DAS PRODUKT IST EIN ORGANISMUS zugeordnet werden kann. Der betriebswirtschaftlich orientierte Ansatz versteht darunter die finanzielle Betrachtung eines Produktes „von der Idee bis zur letzten Forderung, die für das Produkt aufgebracht werden muss" (Kralj 1999, 227). Im Umweltmanagement hingegen wird darunter die Betrachtung der Umweltauswirkungen eines Produktes nach dem Grundsatz „von der Wiege bis zur Wiege (Schmidt-Bleek 1993, 108) verstanden, d.h. von der Entstehung über dessen Gebrauch bis zum erneutem Einsatz (Recycling) oder der Entsorgung. Während das betriebswirtschaftliche Verständnis in einer linearen Betrachtung die finanziellen Entwicklungsaspekte beschreibt, basiert es im Umweltmanagement eher auf einer zyklischen Vorstellung. Die Analyse der Metaphern kann helfen, die unterschiedlichen Implikationen herauszuarbeiten.

Sachverhalte griffig und anschaulich zu beschreiben. Diese häufig verkürzten Darstellungen können beim Laien jedoch zu falschen Vorstellungen führen (vgl. Göpfert 1997, 77).[220] Als besonders wirksam erweisen sich Metaphern, wenn sie an den Erfahrungs- und Erwartungshorizont des Adressatenkreises anknüpfen. Durch die Verwendung konventioneller Metaphern stabilisieren sich jedoch althergebrachte Denksysteme (vgl. Köller 1975, 279f.). So knüpft die Darstellung von ökonomischen und ökologischen Zielen als Kriegsszenario an gewohnte Denkstrukturen an und verfestigen diese, bis schließlich andere Vorstellungen kaum mehr Zugang finden. Von daher ist auch für die Wissenschaftsjournalisten die Auswahl und Reflexion von Metaphern wichtig, da diese in ihrer Gatekeeper-Funktion die öffentliche Meinung und Vorstellungen erheblich beeinflussen können.

Die Metaphernreflexion ist jedoch nicht nur eine wissenschaftstheoretische Frage, sondern auch „eine wissenschaftspraktische Aufgabe" (Debatin 1996, 97). Die Zielgruppe darf somit nicht auf wissenschaftliche Gruppen beschränkt bleiben, sondern muss sich auch über wissenschaftliche Grenzen hinweg vollziehen. Insbesondere der Umweltverantwortliche sowie die Unternehmensleitung als Multiplikatoren umweltbezogenen Wissens und als Entscheidungsträger in Unternehmen können als zentrale Personen identifiziert werden. Ihre Vorstellungen und Sichtweisen, die sie z.B. durch Schulungen und Gespräche in das Unternehmen hinein tragen, bilden die Grundlage für ein verändertes Gedankengut und Handeln, da Sprache Wirklichkeit widerspiegelt, wie anhand der beiden Einzelfälle deutlich wurde.

Am Ende der Arbeit stehen die Ergebnisse und Eindrücke, die während der Reise durch die Bilderlandschaften des Umweltmanagements gesammelt wurden. Werden diese Eindrücke zusammengefügt, so ergibt sich ein vielfältiges Bild von den Metaphern des Umweltmanagements als wesentlicher Bestandteil dieser Fachsprache. Die Analyse der Metaphern gewährt Einblicke in die Vorstellungen und Sichtweisen auf das Umweltmanagement. Eine sich daran anschließende stetige Reflexion kann als gestaltendes Element helfen, nicht in den eigenen Bildern gefangen zu bleiben.

---

[220] Beispielsweise sprechen Molekularbiologen von „Transportvorgängen in der Zelle", während in wissenschaftsjournalistischen Texten von „Gentaxi" oder „Genfähre" die Rede ist (vgl. Liebert 1997, 182). Göpfert (1997, 75) plädiert für einen „Prozeß des Aushandelns" zwischen Wissenschaftlern und Journalisten, um den Ansprüchen beider Seiten gerecht zu werden.

Literaturverzeichnis

Aiken, H. D. (1956): The Age of Ideology. New York: Mentor Books.

Aitchison, J. (1994): Words in the Mind. An Introduction to the Mental Lexicon. Oxford: Blackwell.

Aitchison, J. (2001): Language change: progress or decay? Cambridge: Cambridge University Press.

Akin, G. & Schultheiss, E. (1990): Jazz bands and missionaries: OD through stories and metaphor. In: Journal of Managerial Psychology, 5, 12-18.

Aldrich, H. E. (1979): Organizations and Environments. Englewood Cliffs: Prentice-Hall.

Aldrich, H. E. & Pfeffer, J. (1976): Environments of Organizations. In: Annual Review of Sociology, 2, 79-105.

Aleman, U. v. & Tönnesmann, W. (1995): Grundriß: Methoden in der Politikwissenschaft. In: Alemann, U. v. (Hrsg.): Politikwissenschaftliche Methoden. Grundriß für Studium und Forschung. Opladen: Westdeutscher Verlag, 17-140.

Allen, P.; Bonazzi, C. & Gee, D. (2001): Metaphors for Change. Sheffield: Greenleaf.

Argyris, C. (1957): Personality and Organization. New York: Harper.

Argyris, C. & Schön, D. A. (1974): Theory in Practice. Increasing Professional Effectiveness. San Francisco: Jossey-Bass.

Argyris, C. & Schön, D. A. (1978): Organizational Learning: A Theory of Action Perspective. Reading: Addison-Wesley.

Argyris, C. & Schön, D. A. (1996): Organizational Learning II. Reading: Addison Wesley.

Aristoteles (1961): Poetik. Übers. v. Gigon. O., Stuttgart: Reclam.

Aristoteles (1980): Rhetorik. Übers. v. Sieveke, F. G., München: Fink.

Ashby, W. R. (1952): Design for a Brain. New York: Wiley.

Ashby, W. R. (1960): An Introduction to Cybernetics. London: Chapman & Hall.

Ayres, R. U. (1988): Barriers and breakthroughs: An expanding frontiers model of the technology industry life cycle. In: Technovation, 7, 87-115.

Ayres, R. U. (2002): On the life cycle metaphor: where ecology and economics diverge. Fontainebleau Cedex: INSEAD: Center for the Management of Environmental Resources (CMER).

Ayres, R. U. & Ayres, L. W. (2002): A Handbook of industrial ecology. Cheltenham: Edward Elgar.

Bachofen, J. J. (1967): Myth, Religion, and Mother-Right. London: Routledge & Kegan Paul.

Bacon, S. (1998): Die Macht der Metaphern. Alling: Sandmann.

Baldauf, C. (1996): Konzept und Metapher - Präzisierung einer vagen Beziehung. In: Linguistische Berichte, 27, 461-482.

Baldauf, C. (1997): Metaphern und Kognition: Grundlagen einer neuen Theorie der Alltagsmetapher. Frankfurt a. M.: Lang.

Bamberg, M. (1983): Rezension von: Lakoff, George/Johnson, Mark. In: Zeitschrift für Sprachwissenschaft, 2 (1), 144-148.

Barrett, F. J. & Cooperrider, D. L. (1990): Generative metaphor intervention: A new behavioral approach for working with systems divided by conflict and caught in defensive perception. In: Journal of Applied Behavioral Science, 26 (2), 219-239.

Barsalou, L. (1992): Frames, concepts and conceptual fields. In: Lehrer, A. & Kittay, E. F. (Ed.): Frames, Fields and Contrasts: New essays in semantic and lexica organization. Hillsdale: Erlbaum Associates, 21-74.

Barzun, J. (1981): Darwin, Marx, Wagner: Critique of a Heritage. Chicago: University of Chicago Press.

Baumast, A. & Pape, J. (2001): Betriebliches Umweltmanagement: Theoretische Grundlagen; Praxisbeispiele. Stuttgart: Ulmer.

Bea, F. X. & Göbel, E. (2002): Organisation. Stuttgart: Lucius und Lucius.

Bea, F. X. & Haas, J. (1995): Strategisches Management. Stuttgart: Fischer.

Becker, C. (1997): Wertorientiertes Umwelt-Management. St. Gallen: Universität St. Gallen.

Becker, E. (1973): The Denial of Death. New York: Free Press.

Beer, S. (1981): Brain of the Firm. Chichester: Wiley.

Beitz, W. & Küttner, K.-H. (1995): Dubbel - Taschenbuch für den Maschinen-bau. Berlin: Springer.

Bendix, R. (1956): Work and Authority in Industry. New York: Wiley.

Beneke, J. (1988): Metaphorik in Fachtexten. In: Arntz, R. (Hrsg.): Textlinguis-tik und Fachsprache: Akten des Internationalen übersetzungswissen-schaftlichen AILA-Symmposiums, 13.-16. April 1987. Hildesheim: Olms, 197-213.

Berelson, B. (1952): Content Analysis in Communication Research. Glencoe: Free Press.

Berelson, B. (1954): Content Analysis. In: Lindzey, G. (Ed.): Handbook of So-cial Psychology. Reading: Addison-Wesley, 488-522.

Bertalanffy, L. v. (1956): General System Theory. General Systems: Yearbook of the Society for General Systems Research.

Bey, C. (2001): Quo Vadis Industrial Ecology? Realigning the Discipline with its Roots. In: Greener Management International, 34, 35-42.

Bion, W. R. (1959): Experiences in Groups. New York: Basic Books.

Bischof, N. (1987): Zur Stammesgeschichte der menschlichen Kognition. In: Schweizerische Zeitschrift für Psychologie, 46 (1/2), 77-90.

Black, M. (1954): Metaphor. Proceedings of the Aristotelian Society, 55, 273-294.

Black, M. (1983): Die Metapher. In: Haverkamp, A. (Hrsg.): Theorie der Meta-pher. Darmstadt: Wissenschaftliche Buchgesellschaft, 55 -79.

Black, M. (1962): Models and Metaphors. New York: Cornell University Press.

Black, M. (1977): More about Metaphor. In: Dialectica, 31, 431-457.

Black, M. (1983): Mehr über die Metapher. In: Haverkamp, A. (Hrsg.): Theo-rie der Metapher. Darmstadt: Wissenschaftliche Buchgesellschaft, 379-413.

Black, M. (1979): More about Metaphor. In: Ortony, A. (Ed.): Metaphor and Thought. Cambridge: Cambridge University Press, 19-41.

Blättel-Mink, B. & Renn, O. (1997): Zwischen Akteur und System: Die Orga-nisation von Innovation. Opladen: Westdeutscher Verlag.

Blau, P. M. & Scott, R. W. (1962): Formal Organizations. San Francisco: Chandler.

Bleicher, K. (1994): Normatives Management: Politik, Verfassung und Philosophie des Unternehmens. Frankfurt a. M.: Campus-Verlag.

Blumenberg, H. (1960): Paradigmen zu einer Metaphorologie. Bonn: Bouvier.

Blumenberg, H. (1979a): Schiffbruch mit Zuschauer: Paradigma einer Daseinsmetapher. Frankfurt a. M.: Suhrkamp.

Blumenberg, H. (1979b): Arbeit am Mythos. Frankfurt a. M.: Suhrkamp.

BMU und BDI (Hrsg.); Schaltegger, S.; Herzig, C.; Kleiber, O. & Müller, J. (2002): Nachhaltigkeitsmanagement in Unternehmen: Konzepte und Instrumente zur nachhaltigen Unternehmensentwicklung. Bonn.

Bock, H. (1997): Zur sprachlichen Darstellung von AIDS in Printmedien. In: Biere, B. U. & Liebert, W.-A. (Hrsg.): Metaphern, Medien, Wissenschaft. Opladen: Westdeutscher Verlag, 81-101.

Bock, H. & Krammel, A. (1989): Die Reaktorkatastrophe von Tschernobyl. Eine sprachpsychologische Analyse von Presseberichten. Regensburg: Roderer.

Bock, M. (1992): Das halbstrukturierte-leitfadenorientierte Tiefeninterview - Theorie und Praxis der Methode am Beispiel von Paarinterviews. In: Hoffmeyer-Zlotnik, J. H. (Hrsg.): Analyse verbaler Daten: über den Umgang mit qualitativen Daten. Opladen: Westdeutscher Verlag, 90-109.

Böckenförde, E.-W. & Dohrn-van Rossum, G. (1978): Organ, Organismus, Organisation, politischer Körper. In: Brunner, O.; Conze, W. & Koselleck, R. (Hrsg.): Geschichtliche Grundbegriffe. Historisches Lexikon zur politisch-sozialen Sprache in Deutschland. Stuttgart: Klett-Cotta. Bd.4, 519-622.

Boesch, E. E. (1983): Von der Handlungstheorie zur Kulturpsychologie. Abschiedsvorlesung vor der Philosophischen Fakultät der Universität des Saarlandes. Gehalten am 28. Juni 1982. Saarbrücken.

Boesch, E. E. (1991): Symbolic Action Theory and Cultural Psychology. Berlin: Springer.

Böhme, P. (1994): Elemente der Umgangssprache in mündlichen russischsprachigen Texten des Fachgebiets Ökonomie. In: Bungarten, T. (Hrsg.): Unternehmenskommunikation: Linguistische Analysen und Beschreibungen. Tostedt: Attikon-Verlag, 15 - 28.

Böke, K. (1997): Die „Invasion" aus den „Armenhäusern Europas". - Metaphern im Einwanderungsdiskurs. In: Jung, M.; Wengler, M. & Böke, K. (Hrsg.): Die Sprache des Migrationsdiskurses. Opladen: Westdeutscher Verlag, 164-193.

Boland, R. J. & Greenberg, R. H. (1988): Metaphorical structuring of organizational ambiguity. In: Pondy, L. R.; Boland, R. J. & Thomas, H. (Ed.): Managing Ambiguity and Change. Chichester: Wiley, 17-36.

Bolman, L. G. & Deal, T. E. (1984): Modern Approaches to Understanding and Managing Organizations. San Francisco: Jossey-Bass.

Bolman, L. G. & Deal, T. E. (1991): Reframing Organizations: Artistry, Choice and Leadership. San Francisco: Jossey-Bass.

Bonsen, M. z. (1989): Mit Visionen zu strategischen Erfolgspositionen. In: Marktforschung und Management, 33, 35 - 39.

Bortz, J. & Döring, N. (1995): Forschungsmethoden und Evaluation. Berlin: Springer.

Bougon, M. G.; Weick, K. E. & Brinkhorst, D. (1977): Cognition in organizations: An analysis of the Utrecht Jazz Orchestra. In: Administrative Science Quarterly, 22 (4), 609-639.

Boulding, K. (1966): The Economics of the Coming Spaceship Earth. In: Jarret, H. (Ed.): Environmental Quality in a Growing Economy. Baltimore: Johns Hopkins Press.

Bourcart, J. J. (1874): Die Grundsätze der Industrie-Verwaltung. Ein praktischer Leitfaden. Zürich.

Bourgeois, V. W. & Pinder, C. C. (1983): Contrasting philosophical perspectives in administrative science: A reply to Morgan. In: Administrative Science Quarterly, 28 (4), 608-613.

Boyd, R. (1979): Metaphor and theory change: What is „metaphor" a metaphor for? In: Ortony, A. (Ed.): Metaphor and Thought. Cambridge: Cambridge University Press, 356-408.

Braunschweig, A. (1987): Die ökologische Buchhaltung für die Stadt St. Gallen. St. Gallen: Selbstverlag.

Braunschweig, A. (1988): Die ökologische Buchhaltung als Instrument der städtischen Umweltpolitik. Chur: Rüegger.

Braverman, H. (1974): Labor and Monopoly Capital: The Degradation of Work in the Twentieth Century. New York: Monthly Review Press.

Brink, T. L. (1993): Metaphor as data in the study of organizations. In: Journal of Management Inquiry, 2, 366-371.

Brockhaus (1991): Brockhaus-Enzyklopädie, Bd. 16., 19. Aufl., Brockhaus: Mannheim.

Broekstra, G. (1996): The Triune-Brain Metaphor: The Evolution of the Living Organization. In: Grant, D. & Oswick, C. (Ed.): Metaphor and Organizations. London: Sage, 53-73.

Brown, R. H. (1976): Social Theory as Metaphor: On the Logic of Discovery for the Sciences of Conduct. In: Theory and Society, 3, 169-197.

Brown, S. J. (1927): The world of imagery : metaphor and kindred imagery. London: Kegan Paul.

Brünner, G. (1987): Metaphern für Sprache und Kommunikation in Alltag und Wissenschaft. In: Diskussion Deutsch, 18 (94), 100-119.

Buchholz, M. B. (1993): Metaphernanalyse. Göttingen: Vandenhoeck & Ruprecht.

Buchholz, M. B. & Kleist, C. v. (1995): Metaphernanalyse eines Therapiegespräches. In: Buchholz, M. B. (Hrsg.): Psychotherapeutische Interaktion. Opladen: Westdeutscher Verlag, 93-125.

Buckley, W. (1967): Sociology and Modern Systems Theory. Englewood Cliffs: Prentice-Hall.

Bühl, W. L. (1984): Die Ordnung des Wissens. Berlin: Duncker und Humblot.

Bühler, K. (1934): Sprachtheorie. Die Darstellungsfunktion der Sprache. Jena: G. Fischer.

Bühler, K. (1969): Die Axiomatik der Sprachwissenschaft. Frankfurt a. M.: Klostermann.

Bungarten, T. (1994): Die Sprache der Unternehmenskommunikation. In: Bungarten, T. (Hrsg.): Unternehmenskommunikation: Linguistische Analysen und Beschreibungen. Tostedt: Attikon-Verlag, 29 - 42.

Burkhardt, A. (1986): Auf/Vor/Nach/Ent/Rüstung ist der Preis des Friedens. In: Muttersprache, 96, 287-308.

Burkhardt, A. (1987): Wie die „wahre Welt" endlich zur Metapher wurde. Zur Konstitution, Leistung und Typologie der Metapher. In: Conceptus, 21, 39-67.

Burns, T. (1961): Micropolitics: Mechanism of Organizational Change. In: Administrative Science Quarterly, 6, 257-281.

Burns, T. & Stalker, G. M. (1961): The Management of Innovation. London: Tavistock.

Burrell, G. & Morgan, G. (1979): Sociological Paradigms and Organisational Analysis. London: Heinemann.

Burton, A. (1976): Josiah Wedgwood: A Biographie. London: Andre Deutsch.

Bußmann, H. (1990): Lexikon der Sprachwissenschaft. Stuttgart: Kröner.

Butters, R. (1981): Do „Conceptual Metaphors" really exist? In: Southeastern Conference on Linguistics Bulletin, 5 (3), 251-270.

Cameron, L. & Low, G. (1999): Researching und Applying Metaphor. Cambridge: Cambridge University Press.

Carse, J. P. (1986): Finite and Infinte Games. New York: Free Press.

Carveth, D. L. (1993): Die Metaphern des Analytikers. Eine dekonstruktionistische Perspektive. In: Buchholz, M. B. (Hrsg.): Metaphernanalyse. Göttingen: Vandenhoeck & Ruprecht, 15-71.

Castoriadis, C. (1984): Gesellschaft als imaginäre Institution. Entwurf einer politischen Philosophie. Frankfurt a. M.: Suhrkamp.

Caviola, H. (2003a): In Bildern sprechen. Wie Metaphern unser Denken leiten. Bern: h.e.p.

Caviola, H. (2003b): Sprache und Ökologie - Der Blaue Planet. Internetteil des Lehrbuches: In Bildern sprechen. Bern: h.e.p., www.hep-verlag.ch/mat/metaphern.

Chester, C. M. (1936): The Great Highway: Vital Speeches.

Chia, R. (1996): Metaphors and Metaphorization in Organizational Analysis: Thinking beyond the Thinkable. In: Grant, D. & Oswick, C. (Ed.): Metaphor and Organizations. London: Sage, 127-145.

Chomsky, N. (1977): Reflexionen über die Sprache. Frankfurt a. M.: Suhrkamp.

Chomsky, N. (1983): Syntax-Theorie. Frankfurt a. M.: Suhrkamp.

Clancy, J. J. (1989): The Invisible Powers: The Language of Business. Lexington: Lexington Books.

Clark, B. R. (1956): Adult Education in Transition. Berkeley: University of California Press.

Clegg, S. R. & Gray, J. T. (1996): Metaphors in Organizational Research: Of embedded Embryos, Paradigms and Powerful People. In: Grant, D. & Oswick, C. (Ed.): Metaphor and Organizations. London: Sage, 74-93.

Cohen, B. I. (1993): Analogy, Homology, and Metaphor in the Interactions between the Natural Sciences and the Social Sciences, Especially Economics. In: DeMarchi, N. (Ed.): Non-natural social science : reflecting on the enterprise of More heat than light. Durham: Duke University Press, 7-44.

Cohen, M. D.; March, J. G. & Olsen, J. P. (1972): A garbage can model of organizational choice. In: Administrative Science Quarterly, 17, 1-25.

Cohen, T. (1975): Figurative Speech and Figurative Acts. In: Journal of Philosophy, 72, 669-682.

Comelli, G. (1985): Training als Beitrag zur Organisationsentwicklung. München: Hanser.

Constanza, R. (1997): Frontiers in Ecological Economics. Cheltenham: Edward Elgar.

Cortazzi, M. & Jin, L. (1999): Bridges to learning: Metaphors of teaching, learning and language. In: Cameron, L. & Low, G. (Ed.): Researching and Applying Metaphor. Cambridge: Cambridge University Press, 149-176.

Coward, R. (1983): Patriarchal Precedents: Sexuality and Social Relations. London: Routledge & Kegan Paul.

Csikszentmihalyi, M. (1975): Beyond boredom and anxiety. San Francisco: Jossey-Bass.

Cyert, R. M. & March, J. G. (1963): A Behavioral Theory of the Firm. Englewood Cliffs: Prentice-Hall.

Dahl, R. A. (1957): The Concept of Power. In: Behavioral Science, 2, 201-215.

Dannenberg, L.; Graeser, A. & Petrus, K. (1995): Metapher und Innovation: Die Rolle der Metapher im Wandel von Sprache und Wissenschaft. Bern: Haupt.

Danto, A. C. (1984): Die Verklärung des Gewöhnlichen. Eine Philosophie der Kunst. Frankfurt a. M.: Suhrkamp.

Davidson, D. (1986): Was Metaphern bedeuten. In: Davidson, D. (Hrsg.): Wahrheit und Interpretation. Frankfurt a. M.: Suhrkamp, 343-371.

Debatin, B. (1990): Der metaphorische Code der Wissenschaft: Zur Bedeutung der Metapher in der Erkenntnis- und Theoriebildung. In: European journal for semitic studies (Berliner Beträge zur Kultursemiotik), 2-4, 793-820.

Debatin, B. (1996): Die Modellfunktion der Metapher und das Problem der „Metaphernkontrolle". In: Schneider, H. J. (Hrsg.): Metapher, Kognition, künstliche Intelligenz. München: Fink, 91-103.

Debatin, B. (1997): Metaphorical Iconoclasm and the Reflective Power of Metaphor. In: Debatin, B.; Jackson, T. R. & Steuer, D. (Ed.): Metaphor and Rational Discourse. Tübingen: Niemeyer, 147-158.

Deci, E. L. (1975): Intrinsic motivation. New York: Plenum Press.

Deetz, S. & Mumby, D. (1985): Metaphors, information and power. In: Ruben, B. (Ed.): Information and human behavior. New Brunswick: Rutgers University Press, 369-386.

Deignan, A. (1999): Corpus-based research into metaphor. In: Cameron, L. & Low, G. (Ed.): Researching and Applying Metaphor. Cambridge: Cambridge University Press, 177-199.

Delahanty, F. & Gemill, G. (1982): The Black Hole in Group Development. Presented at the Academy of Management Meetings, New York.

Demandt, A. (1978): Metaphern für Geschichte. Sprachbilder und Gleichnisse im historisch-politischen Denken. München: Beck.

DeMarchi, N. (1993): Non-natural social science: reflecting on the enterprise of More heat than light. Durham: Duke University Press.

DeMott, B. (1986): Threats and Whimpers. New York Times Book Review, October 26, 1.

Denhardt, R. B. (1981): In the Shadow of Organization. Lawrence: Regents Press.

Detten, R. v. (2001): Waldbau im Bilderwald: Zur Bedeutung des metaphorischen Sprachgebrauchs für das forstliche Handeln. Freiburg: Albert-Ludwigs-Universität Freiburg.

Deutscher Bundestag Referat Öffentlichkeitsarbeit (Hrsg. 1998): Konzept Nachhaltigkeit: Vom Leitbild zur Umsetzung. Abschlußbericht der Enquete-Kommission „Schutz des Menschen und der Umwelt" des 13. Deutschen Bundestages. In: Zur Sache 4/98, 467.

Diekmann, A. (2000): Empirische Sozialforschung: Grundlagen, Methoden, Anwendungen. Reinbek: Rowohlt.

Diekmann, J. (1999): Ökologischer Strukturwandel als vergessene Komponente des Ressourcenverbrauchs, Zwischen Effizienz und Suffizienz. In: Ökologisches Wirtschaften, 3, 25-26.

Dobrovol´skij, D. (1997): Metaphernmodelle und Idiome in mündlichen Fach- und Vermittlungstexten: Eine exemplarische Analyse zum Thema Aids. In: Biere, B. U. & Liebert, W.-A. (Hrsg.): Metaphern, Medien, Wissenschaft. Opladen: Westdeutscher Verlag, 148-179.

Doktoranden-Netzwerk (1998): Umweltmanagementsysteme zwischen Anspruch und Wirklichkeit: Eine interdisziplinäre Auseinandersetzung mit der EG-Öko-Audit-Verordnung und der DIN EN ISO 14001. Berlin: Springer.

Donaldson, G. & Lorsch, J. E. (1983): Decision Making at the Top. New York: Basic Books.

Douglas, M. (1966): Purity and danger: An analysis of concepts of pollution and taboo. New York: Praeger.

Douglas, P. (1954): Six Upon the World. Boston: Little Brown.

Døving, E. (1996): In the Image of Man: Organizational Action, Competence and Learning. In: Grant, D. & Oswick, C. (Ed.): Metaphor and Organizations. London: Sage, 185-199.

Drewer, P. (1996): „Metaphors we live by": Zur Universalität erkenntnissteuernder Metaphern. Hildesheim: Universität Hildesheim.

Drucker, P. (1977): People and Performance: The Best of Peter Drucker on Management. London: Harper & Row.

Duden (1982): Duden Fremdwörterbuch, Bd. 5. Mannheim: Dudenverlag.

Dunford, R. & Palmer, I. (1996): Metaphors in Popular Management Discourse: The Case of Corporate Restructuring. In: Grant, D. & Oswick, C. (Ed.): Metaphor and Organizations. London: Sage, 95-109.

Durkheim, E. (1934): The Division of Labour in Society. London: Macmillan.

Dutke, S. (1994): Mentale Modelle: Konstrukte des Wissens und des Verstehens. Kognitionspsychologische Grundlagen für die Software-Ergonomie. Göttingen: Verlag für Angewandte Psychologie.

Dyckhoff, H. (2000): Umweltmanagement: zehn Lektionen in umweltorientierter Unternehmensführung. Berlin.: Springer.

Eberle, R. (1970): Models, Metaphors and Formal Interpretations. In: Turbayne, C. M.; Peckham, M. & Eberle, R. (Ed.): The Myth of Metaphor. Columbia: University of South Carolina Press, 219-233.

Eccles, R.; Nohira, N. & Berkley, J. D. (1992): Beyond the Hype: Rediscovering the Essence of Management. Boston: Harvard Business School Press.

Efran, J. S.; Lukens, M. D. & Lukens, R. J. (1990): Language, Structure, and Change. Frameworks of Meaning in Psychotherapy. London: Norton.

Ehlich, K. & Switalla, B. (1976): Transskriptionssysteme. Eine exemplarische Übersicht. In: Studium Linguistik, 2, 78-105.

Ehrenfeld, J. (2003): Putting a Spotlight on Metaphors and Analogies in Industrial Ecology. In: Journal of Industrial Ecology, 7 (1), 1-4.

Eichhorn, W. (1979): Die Begriffe Modell und Theorie in der Wirtschaftswissenschaft. In: Raffée, H. & Abel, B. (Ed.): Wissenschaftstheoretische Grundfragen der Wirtschaftswissenschaften. München: Vahlen, 60-104.

Elkington, J. (2001): The chrysalis economy: how citizen CEOs and corporations can fuse values and value creation. Oxford: Capstone.

Emig, R. (2001): Krieg als Metapher im zwanzigsten Jahrhundert. Darmstadt: Wissenschaftliche Buchgesellschaft.

Engels, F. (1873 - 1882): Dialektik der Natur. Berlin: Dietz.

Engels, F. (1972): The Origins of the Family, Private Property and the State. London: Lawrence & Wishart.

Erlach, K. (1994): Anthropologische Aspekte des Maschinenbegriffs. In: Maier, W. & Zoglauer, T. (Hrsg.): Technomorphe Organismuskonzepte: Modellübertragung zwischen Biologie und Technik. Stuttgart: frommann-holzboog, 134-161.

Etzioni, A. (1960): Two approaches to organizational analysis: A critique and suggestion. In: Administrative Science Quarterly, 5 (1), 257-278.

Faltin, G.; Ripsas, S. & Zimmer, J. (1998): Entrepreneurship: Wie aus Ideen Unternehmen werden. München: Beck.

Fauconnier, G. (1984): Espaces mentaux. Aspects de la construction du sens dans les langues naturelles. Paris: Ed. de Minuit.

Fayol, H. (1949): General and Industrial Management. London: Pitman Publishing.

Fedorenko, N. P. (1973): Mathematik und Kybernetik in der Ökonomie: Nachschlagewerk. Berlin: Verlag Die Wirtschaft.

Fichter, K. & Clausen, J. (1998): Schritte zum nachhaltigen Unternehmen: zukunftsweisende Praxiskonzepte des Umweltmanagements. Berlin: Springer.

Fill, A. (1993): Ökolinguistik: Eine Einführung. Tübingen: Narr.

Fill, A. (1996): Sprachökologie und Ökolinguistik. Tübingen: Stauffenburg.

Fillmore, C. J. (1975): An Alternative to Checklist Theories of Meaning. Proceedings of the 1st Annual Meeting of the Berkley Linguistic Society, 123-131.

Fillmore, C. J. (1982): Frame Semantics. In: Linguistic Societey of Korea (Ed.): Linguistics in the Morning Calm. Seoul, 111-137.

Finke, P. (2003): Misteln, Wälder und Frösch: Über Metaphern in der Wissenschaft, metaphorik.de, 04/2003, (Online-Journal), www.metaphorik.de.

Fischer, A. (1999): Unterwegs zu einer nachhaltig ausgerichteten Wirtschaftspädagogik. Lüneburg: Universität Lüneburg.

Fischer, A. & Hahn, G. (2001): Interdisziplinarität fängt im Kopf an. Frankfurt a. M.: VAS.

Flick, U. (1992): Entzauberung der Intuition - Systematische Perspektiven-Triangulation als Strategie der Geltungsbegründung qualitativer Daten und Interpretationen. In: Hoffmeyer-Zlotnik, J. H. (Hrsg.): Analyse verbaler Daten: über den Umgang mit qualitativen Daten. Opladen: Westdeutscher Verlag, 11-55.

Flick, U.; Kardoff, E. v.; Keupp, H.; Rosenstiel, L. v. & Wolff, S. (1991): Handbuch Qualitative Sozialforschung: Grundlagen, Konzepte, Methoden und Anwendungen. München: Psychologie-Verlags-Union.

Flitner, A. & Giel, K. (1963): Wilhelm von Humboldt, Werke Bd. III. Darmstadt: Wissenschaftliche Buchgesellschaft.

Fluck, H.-R. (1976): Fachsprachen: Einführung und Bibliographie. München: Francke.

Forceville, C. (1996): Pictorial Metaphor in Advertising. London; New York: Routledge.

Ford, H. (1923): My Life and Works. New York: Doubleday, Page.

Fox-Keller, E. (1998): Das Leben neu denken: Metaphern in der Biologie im 20. Jahrhundert. München.

Fraser, B. (1993): The interpretation of novel metaphors. In: Ortony, A. (Ed.): Metaphor and Thought. Chicago: University of Chicago Press, 329-341.

Freud, S. (1953): The Complete Psychological Works of Sigmund Freud. London: Hogarth Press.

Freud, S. (1953): Abriss der Psychoanalyse. Frankfurt a. M.: Fischer.

Friedberg, E. (1980): Macht und Organisation. In: Reber, G. (Hrsg.): Macht in Organisationen : Tagung, Wien 1979. Stuttgart: Poeschel, 123-134.

Friedrichs, J. (1973): Methoden empirischer Sozialforschung. Reinbek: Rowohlt.

Friedrichs, J. (1980): Empirische Sozialforschung. Opladen: Westdeutscher Verlag.

Frieling, G. (1996): Untersuchungen zur Theorie der Metapher. Das Metaphern-Verstehen als sprachlich-kognitiver Verarbeitungsprozess. Osnabrück: Universitätsverlag Rasch.

Fromm, E. (1971): The Crisis of Psychoanalysis. New York: Cape.

Froschauer, U. & Lueger, M. (1998): Das qualitative Interview zur Analyse sozialer Systeme. Wien: WUV-Universitäts-Verlag.

Frost, P. J.; Moore, L. & Lundbers, M. (1985): Organizational Culture. Beverly Hills: Sage.

Früh, W. (1998): Inhaltsanalyse: Theorie und Praxis. Konstanz: UVK Medien.

Fuchs, W. (1981): „Einführung". In: Jugendwerk der Deutschen Shell (Hrsg.): Jugend ´81. Lebensentwürfe, Alltagskulturen, Zukunftsbilder. Hamburg. Band 1, 6- 18.

Fuchs, W. (1984): Biographische Forschung: Eine Einführung in Praxis und Methoden. Opladen: Westdeutscher Verlag.

Fühlau, I. (1982): Die Sprachlosigkeit der Inhaltsanalyse: linguistische Bemerkungen zu einer sozialwissenschaftlichen Methode. Tübingen: Narr.

Fuller, S. (1993): A Method to Mirowski´s Mad Use of Metaphor. In: DeMarchi, N. (Ed.): Non-natural social science : reflecting on the enterprise of More heat than light. Durham: Duke University Press, 69-82.

Gadamer, H. G. (1976): Philosophical Hermeneutics. Berkeley: University of California Press.

Gairing, F. (1996): Organisationsentwicklung als Lernprozeß von Menschen und Systemen. Weinheim: Deutscher Studien Verlag.

Galbraith, J. K. (1962): American Capitalism. Boston: Houghton Mifflin.

Galbraith, J. K. (1973): Designing Complex Organizations. Reading: Addison-Wesley.

Gamm, G. (1992): Die Macht der Metapher: Im Labyrinth der modernen Welt. Stuttgart: Metzler.

Garfinkel, H. (1967): Studies in Ethnomethology. Engelwood Cliffs: Prentice-Hall.

Gehlen, U. v. & Schmelz, A. (1997): Umweltmanagement in Theorie und Praxis. Schriften der Bayreuther Initiative für Wirtschaftsökologie e.V., Bayreuth.

Geneen, H. & Moscow, A. (1984): Managing. Garden City: Doubleday.

Georgiou, P. (1973): The goal paradigm and notes towards a counter paradigm. In: Administrative Science Quarterly, 18 (2), 291-303.

Gerhard, T. (1997): Moderne Management-Konzepte: die Paradigmenwechsel in der Unternehmensführung. Wiesbaden: Deutscher Universitäts-Verlag.

Gerhart, M. & Russel, A. (1984): Metaphoric process: The creation of sientific and religous understanding. Forth Worth: Texas Christian University Press.

Ghiczy, E. (1988): Funktionen der Metapher in der Wirtschaftspresse. In: Germanistisches Jahrbuch der DDR-UVR, 7, 204-217.

Gibbs, R. W. (1994): The Poetics of Mind. Figurative Thought, Language and Understanding. Cambridge: Cambridge University Press.

Gibbs, R. W. (1999): Researching metaphor. In: Cameron, L. & Low, G. (Ed.): Researching und Applying Metphor. Cambridge: Cambridge University Press, 29-47.

Gietl, G. (2001): Umweltmanagement: Begriffe und Definitionen. Gräfelfing: Verlag Dr. Ingo Resch.

Gipper, H. (1978): Denken ohne Sprache? Düsseldorf: Pädagogischer Verlag Schwann.

Gipper, H. (1987): Sprache und Denken in der Sicht Wilhelm von Humboldts. In: Hoberg, R. (Hrsg.): Sprache und Bildung: Beiträge zum 150. Todestag Wilhelm von Humboldts. Darmstadt: Technische Hochschule Darmstadt, 53-85.

Gladwin, T.; Kennelly, J. & Krause, T. S. (1995): Shifting paradigms for sustainable development: implications for management theory and research. In: Academy of Management Review, 20(4), 874-907.

Glaser, B. & Strauss, A. (1967): The discovery of grouded theory: Strategies for qualitative Reserach. New York: Aldine.

Glaser, B. G. & Strauss, A. L. (1998): Grounded Theory: Strategien qualitativer Forschung. Bern: Hans Huber.

Gläser, J. & Laudel, G. (1999): Theoriegeleitete Textanalyse? Das Potential einer variablenorientierten qualitativen Inhaltsanalyse. Veröffentlichungsreihe der Arbeitsgruppe Wissenschaftstransformation des Wissenschaftszentrums Berlin für Sozialforschung. Berlin.

Gloor, R. (1987): Die Rolle der Metapher in der Betriebswirtschaftslehre. Diss. Universität Bern: Rechts- und Wirtschaftswiss. Fakultät.

Göbel, E. (1998): Theorie und Gestaltung der Selbstorganisation. Berlin: Duncker und Humblot.

Gomez, P. & Zimmermann, T. (1993): Unternehmensorganisation, Profile, Dynamik, Methodik. Frankfurt a. M.: Campus-Verlag.

Goodenough, W. H. (1971): Culture, language and society. Reading: Addison-Wessley.

Goulder, A. W. (1959): Organizational Analysis. In: Merton, R. K.; Broom, L. & Cottrell, L. S. (Ed.): Sociology Today. New York: Basic Books, 400-428.

Goulder, A. W. (1973): Reciprocity and autonomy in functional theory. In: Goulder, A. W. (Ed.): For Sociology. Harmondsworth: Penguin, 190-225.

Grant, D. & Oswick, C. (1996): Metaphor and Organizations. London: Sage.

Grice, P. (1979): Logik und Konversation. In: Meggle, G. v. (Hrsg.): Handlung, Kommunikation, Bedeutung. Frankfurt a. M.: Suhrkamp, 243-265.

Habermas, J. (1984): Vorstudien und Ergänzungen zur Theorie des kommunikativen Handelns. Frankfurt a. M.: Suhrkamp.

Hahn, D. (1994): Unternehmensziele im Wandel. In: Gomez, P.; Hahn, D.; Müller-Stewens, G. & Wunderer, R. (Hrsg.): Unternehmerischer Wandel: Konzepte zur organisatorischen Erneuerung. Wiesbaden: Gabler, 59 83.

Haken, H.; Karlqvist, A. & Svedin, U. (1993): The Maschine as Metaphor and Tool. Berlin: Springer.

Hall, S. (1980): Culture, media, language: working papers in cultural studies, 1972 - 79. London: Hutchinson.

Hall, S. (1993): Encoding, Decoding. In: During, S. (Ed.): The Cultural Studies Reader. London: Routledge, 90-103.

Hampden-Turner, C. (1990): Charting the Corporate Mind. Oxford: Blackwell.

Hannan, M. T. & Freeman, J. (1977): The population ecology of organizations. In: American Journal of Sociology, 82 (5), 929-964.

Haverkamp, A. (1983): Theorie der Metapher. Darmstadt: Wissenschaftliche Buchgesellschaft.

Hebel, F. (1969): Sprache der Wirtschaft. Eine kritische Leseübung in Klasse 10. In: Der Deutschunterricht, 21, 58-72.

Hedberg, B. L. T.; Nystrom, P. C. & Starbuck, W. H. (1976): Camping on see-saws: Prescription for a self-designing organization. In: Administrative Science Quarterly, 21, 41-65.

Henle, P. (1958): Metaphor. In: Johnson, M. (Ed.): Philosophical Perspectives on Metaphor. Minneapolis: University of Minnesota Press, 83-104.

Hennemann, C. (1997): Organisationales Lernen und die lernende Organisation: Entwicklung eines praxisbezogenen Gestaltungsvorschlages aus ressourcenorientierter Sicht. München: Hampp.

Henzler, H. (1988): Von der strategischen Planung zur strategischen Führung: Versuch einer Positionsbestimmung. In: Zeitschrift für Betriebswirtschaft, 58 (12), 1286-1307.

Herzberg, F.; Mausner, B. & Snyderman, B. (1959): The Motivation to Work. New York: John Wiley.

Herzig, N. (2003): Organschaft. Stuttgart: Schäffer-Poeschel.

Hesse, M. (1966): Models and analogies in science. Notre Dame: University of Notre Dame Press.

Heuvels, K. (1993): Die EG-Öko-Audit-Verordnung im Praxistest - Erfahrungen aus einem Pilot-Audit-Programm der Europäischen Gemeinschaften. In: UWF, 3, 41-48.

Hinterhuber, H. (1992): Strategische Unternehmensführung: Band I: Strategisches Denken: Vision, Unternehmenspolitik, Strategie. Berlin: de Gryter.

Hinterhuber, H. (1996): Strategische Unternehmensführung: Band II: Strategisches Handeln: Direktiven, Organisation, Umsetzung, Unternehmenskultur, Strategisches Controlling, Strategische Führungskompetenz. Berlin, New York: de Gryter.

Hirsch, P. M. & Andrews, A. Y. (1983): Ambushes, shootouts and knights of the round table: The language of corporate takeovers. In: Pondy, L. R.; Frost, P. J.; Morgan, G. & Dandridge, T. C. (Ed.): Organizational Symbolism. Greenwich: JAI Press, 145-155.

Hobbes, T. (1960): Leviathan of the matter, forme and powder of a common wealth, ecclesiastical and civil. Ersterscheinung 1951. Oxford: Blackwell.

Hobbes, T. (1965): Leviathan. Reinbek: Rowohlt.

Hofbauer, J. (1995): Metaphern des Managens und Praktiken der Arbeitskontrolle. In: Hofbauer, J.; Prabitz, G. & Wallmannsberger, J. (Hrsg.): Bilder - Symbole - Metaphern: Visualisierung und Informierung in der Moderne. Wien: Passagen Verlag, 137 - 187.

Hoffmeyer-Zlotnik, J. H. P. (1992): Analyse verbaler Daten: über den Umgang mit qualitativen Daten. Opladen: Westdeutscher Verlag.

Holland, D. (1982): All is Metaphor: Conventional Metaphors in Human Thought and Language. In: Reviews in Anthropology, 9, 287-297.

Holm, K. (1986): Die Befragung 1: Der Fragebogen - Die Stichprobe. Tübingen: Francke.

Homberger, D. (1994): Die Metapher des Organischen in der neueren Sprachwissenschaft. In: Muttersprache, 104 (1), 34 - 47.

Honeck, R. P. (1980): Cognition and figurative language. Hillsdale: Erlbaum.

Hönigsperger, A. (1994): Die Metapher in der gesprochenen Sprache: analysiert anhand französicher und italienischer Corpora. Bonn: Romanistischer Verlag.

Hopfenbeck, W. (1991): Umweltorientiertes Management und Marketing: Konzepte-Instrumente-Praxisbeispiele. Landsberg a. L.: Moderne Industrie.

Hopfenbeck, W.; Jasch, C. & Jasch, A. (1995): Öko-Audit: der Weg zum Zertifikat. Landsberg a. L.: Moderne Industrie.

Howard-Grenville, J. A. & Hoffman, A. J. (2003): The importance of cultural framing to the success of social initiatives in business. In: Academy of Management Executive, 17 (2), 70-84.

Hugl, U. (1995): Qualitative Inhaltsanalyse und Mind-Mapping: ein neuer Ansatz für Datenauswertung und Organisationsdiagnose. Wiesbaden: Gabler.

Hülzer, H. (1987): Die Metapher. Münster: Nodus Publikationen.

Humboldt, W. v. (1974): Über die Verschiedenheit des menschlichen Sprachbaues. Hildesheim: Olms.

Hundt, M. (1995): Modellbildung in der Wirtschaftssprache: Eine Untersuchung zu den Institutionen- und Theoriefachsprachen der Wirtschaft unter besonderer Berücksichtigung vom Ende des 16. bis zum Beginn das 20. Jahrhunderts. Tübingen: Niemeyer.

Iacocca, L. (1986): Iacocca. New York: Bantam Books.

Jaeggi, E. & Faas, A. (1993): Denkverbote gibt es nicht! In: Psychologie & Gesellschaftskritik Nr. 67/68, 17 (3/4), 141-162.

Jäkel, O. (1992): Wirtschaftswachstum oder Wir steigern das Bruttosozialprodukt: Quantitäts-Metaphern aus der Ökonomie-Domäne. Hamburg: Graduiertenkolleg Kognitionswiss., Universität Hamburg.

Jäkel, O. (1994): Wirtschaftswachstum oder Wir steigern das Bruttosozialprodukt: Quantitäts-Metaphern aus der Ökonomie-Domäne. In: Bungarten, T. (Hrsg.): Unternehmenskommunikation: Linguistische Analysen und Beschreibungen. Tostedt: Attikon-Verlag, 84 - 101.

Jäkel, O. (1997): Metaphern in abstrakten Diskurs-Domänen : eine kognitivlinguistische Untersuchung anhand der Bereiche Geistestätigkeit, Wirtschaft und Wissenschaft. Frankfurt a. M.: Lang.

Jakob, K. (1991): Maschine, mentales Modell, Metapher: Studien zur Semantik und Geschichte der Techniksprache. Tübingen: Niemeyer.

Jantsch, E. (1973): Forecasting and system approach: A frame of reference. In: Management Science, 19 (12), 1355-1368.

Jaques, E. (1955): Social Systems as a Defence Against Persecutory and Depressiv Anxiety. In: Klein, M. (Ed.): New Directions in Psycho-Analysis. London: Tavistock, 478-498.

Johnson, M. (1981): Philosophical Perspectives on Metaphor. Minneapolis: University of Minnesota Press.

Johnson, M. (1987): The Body In The Mind. The Bodily Basis of Meaning, Imagination, and Reason. Chicago: University of Chigago Press.

Johnson, M. & Lakoff, G. (1982): Metaphor and Communication. Trier: L.A.U.T.

Jones, M. O. (1996): Studying organizational symbolism : what, how, why? Thousand Oaks: Sage Publ.

Jörg, S. (1983): The Semantic Power of Verbal and Pictorial Parts of Situations. In: Rickheit, G. & Bock, M. (Ed.): Psycholinguistic Studies in Language Processing. Berlin: de Gryter, 237-258.

Jørgensen, T. H. (2000): Environmental Management Systems and Organizational Change. In: Eco-Management and Auditing, 7, 60-66.

Jung, C. G. (1971): The Portable Jung. New York: Viking Press.

Kaehlbrandt, R. (2000): Deutsch für Eliten: ein Sprachführer. Stuttgart: Deutsche Verlags-Anstalt.

Kahle, E. (2001): Unternehmenskultur - Inhalt und Bedeutung für die Organisationstheorie. Im Internet seit dem 26.01.2001: http://www.uni-lueneburg.de/fb2/bwl/entscheidung.

Kahn, H. (1974): The Future of the Corporation. New York: Mason and Lapscomb.

Kallmeyer, W.; Klein, M.-H. & Netzer, S. (1974): Lektürekolleg Textlinguistik. Band 1: Einführung. Frankfurt a. M.: Athenäum.

Kalverkämpfer, H. (1986): Die Fachsprachen der Wissenschaftler und Probleme des Transfers wissenschaftlicher Ergebnisse. In: Krause, A. (Hrsg.): Sprache als Medium und Verständigungsmittel zwischen Wissenschaft, Wirtschaft, Verwaltung und Öffentlichkeit. Bonn: Deutscher Beamtenverlag, 34-42.

Kamiske, G. F. (1999): Management des betrieblichen Umweltschutzes: ein Leitfaden für kleine und mittlere Unternehmen. München: Vahlen.

Kant, I. (1783): Prolegomena zu einer jeden künftigen Metaphysik, die als Wissenschaft wird auftreten können. Riga: Hartknoch.

Kant, I. (1792): Critik der Urtheilskraft / Kritik der Urteilskraft. Frankfurt.

Keil, M.; Konrad, W. & Rubik, F. (2002): Integrierte Produktpolitik am Beispiel der textilen Kette. Hintergrundpapier des IÖW zum ersten Workshop im Forschungsvorhaben. Integrierte Produktpolitik in der textilen Kette. Heidelberg.

Kern, M. (1979): Klassische Erkenntnistheorien und moderne Wissenschafts-
lehre. In: Raffée, H. & Abel, B. (Hrsg.): Wissenschaftstheoretische Grundfragen der Wirtschaftswissenschaften. München: Vahlen, 11-27.

Keys, P. (1991): Operational Research in Organizations: a Metaphorical Analysis. In: Journal of the Operational Research Society, 42 (6), 435-446.

Kieser, A. (1996): Moden & Mythen des Organisierens. In: Die Betriebswirtschaftslehre, 56, 21-39.

Kieser, A. (2000): Management und Wirklichkeit: das Konstruieren von Unternehmen, Märkten und Zukünften. Heidelberg: Carl-Auer.

Kieser, A. (2001): Organisationstheorien. Stuttgart: Kohlhammer.

Kieser, A.; Hegele, C. & Klimmer, M. (1998): Kommunikation im organisatorischen Wandel. Stuttgart: Schäffer-Poeschel.

Kirsch, W. & Knyphausen-Aufseß, D. z. (1988): Unternehmen und Gesellschaft:
die "Standortbestimmung" des Unternehmens als Problem eines strategischen Managements. In: Die Betriebswirtschaftslehre, 48 (4), 489 - 507.

Kittay, E., Feder (1987): Metaphor. Its cognitive force and linguistic structure.
Oxford: Clarendon Press.

Klamer, A. & Leonard, T. C. (1994): So what´s an economic metaphor? In:
Mirowski, P. (Ed.): Natural images in economic thought. Cambridge:
University Press, 20-51.

Kleiber, G. (1993): Prototypensemantik. Eine Einführung. Tübingen: Narr.

Klein, M. (1965): Contributions to Psycho-Analysis: 1921-1945. London:
Hogarth Press.

Klein, M. (1986): The Life and Legend of Jay Gould. Baltimore: John Hopkins
University Press.

Kleist, C. v. (1987): Zur Verwendung von Metaphern in den Selbstdarstellungen
von Psychotherapieklienten. In: Bergold, J. B. & Flick, U. (Hrsg.).
Einsichten. Zugänge zur Sicht des Subjekts mittels qualitativer Forschung. DGVT, Tübingen, 115-124.

Kluge, F.; Seebold, E.; Bürgisser, M. & Gregor, B. (1989): Etymologisches
Wörterbuch der deutschen Sprache. Berlin: de Gruyter.

Knaus, A. & Renn, O. (1998): Den Gipfel vor Augen: unterwegs in eine nachhaltige Zukunft. Marburg: Metropolis.

Köller, W. (1975): Semiotik und Metapher. Untersuchungen zur grammatischen Struktur und kommunikativen Funktion von Metaphern. Stuttgart: Metzler.

Konrad, K. (1999): Mündliche und schriftliche Befragung: Forschung, Statistik und Methoden. Landau: Empirische Pädagogik e.V.

Korhonen, J. (2001): Some Suggestions for Regional Industrial Ecosystems - Extended Industrial Ecology. In: Eco-Management and Auditing, 8 (1), 57 - 69.

Kracauer, S. (1952): The Challenge of Qualitative Content Analysis. In: Public Opinion Quarterly (POQ), 16, 631-642.

Krause, A. (1986): Sprache als Medium und Verständigungsmittel zwischen Wissenschaft, Wirtschaft, Verwaltung und Öffentlichkeit. Bonn: Deutscher Beamtenverlag GmbH.

Krcal, H.-C. (2002): "Elfenbeinturm Wissenschaft": die Rolle von Metaphern in der betriebswirtschaftlichen Forschung und Praxis. Heidelberg: Discussion Paper Series, Department of Economics, Universität Heidelberg.

Kretzenbacher, H. (1998): Metaphern und ihr Kontext in der Wissenschaftssprache: Ein chemiegeschichtliches Beispiel. In: Dannenberg, L. & J., N. (Hrsg.): Darstellungsformen der Wissenschaften im Kontrast: Aspekte der Methodik, Theorie und Empirie. Tübingen: Narr, 277-297.

Krieger, D. J. (1998): Einführung in die allgemeine Systemtheorie. München: Fink.

Kroeber, A. L. & Kluckhohn, C. (1952): Culture: A critical review of concepts and definitions. New York: Random House and Knopf.

Kroeber-Riel, W. (1969): Wissenschaftstheoretische Sprachkritik in der Betriebswirtschaftslehre. Berlin: Duncker-Humblot.

Kügler, W. (1984): Zur Pragmatik der Metapher, Metaphernmodelle und hisstorische Paradigmen. Frankfurt a. M.: Lang.

Kuhn, T. (1967): Die Struktur wissenschaftlicher Revolutionen. Frankfurt a. M.: Suhrkamp.

Kuhn, T. S. (1993): Metaphor in Science. In: Ortony, A. (Ed.): Metaphor and Thought. Cambridge, 533-542.

Kurz, G. (1988): Metapher, Allegorie, Symbol. Göttingen: Vandenhoeck u. Ruprecht.

Kurz, G. & Pelster, T. (1976): Metapher: Theorie und Unterrichtsmodell. Düsseldorf: Schwann.

Küster, R. (1983): Politische Metaphorik. In: Sprache und Literatur in Wissenschaft und Unterricht, 51, 30 - 45.

Lagueux, M. (1999): Do Metaphors affect Economic Theory? In: Economics and Philosophy, 15, 1-22.

Lakoff, G. (1987): Woman, Fire, and Dangerous Things: What Categories Reveal about the Mind. Chicago: University of Chicago Press.

Lakoff, G. (1993): The contemporary theory of metaphor. In: Ortony, A. (Ed.): Metaphor and Thought. Cambridge: Cambridge University Press, 202-252.

Lakoff, G. & Johnson, M. (1980): Metaphors We Live By. Chicago: The University of Chicago Press.

Lakoff, G. & Johnson, M. (2000): Leben in Metaphern: Konstruktion und Gebrauch von Sprachbildern. Heidelberg: Carl-Auer.

Lakoff, G. & Turner, M. (1989): More than Cool Reason - A Field Guide to Poetic Metaphor. Chicago: University of Chicago Press.

Lamnek, S. (1989): Qualitative Sozialforschung. Bd. 2: Methoden und Techniken. München: Beltz.

Lamnek, S. (1995): Qualitative Sozialforschung - Band 1: Methodologie. Weinheim: Beltz.

Landsberger, H., A. (1958): Hawthorne Revisited. Ithace: Cornell University Press.

Langacker, R. W. (1987): Foundations of Cognitive Grammar. Standford: Stanford University Press.

Langer, S. K. (1942): Philosophy in a New Key. Cambridge: Havard University Press.

Laponce, J. (1981): Left and Right: The Topography of Political Perceptions. Toronto: University of Toronto Press.

Lasswell, H. D. (1938): A Provisional Classification of Symbol Data. Psychiatry. 1, 197-204.

Lasswell, H. D.; Casey, R. D. & Smith, B. L. (1935): Propaganda and Promotional Activities. Minneapolis: University of Minesota.

Lawler, J. M. (1983): Rezension von: Lakoff, George/Johnson, Mark: *Metaphors we live by*. In: Languae, 59 (1), 201-207.

Lawrence, P. R. & Lorsch, J. W. (1967): Organization and Environment: Managing Differentiation and Integration. Boston: Havard University Press.

Lazarsfeld, P. F.; Jahoda, M. & Zeisel, H. (1980): Die Arbeitslosen von Marienthal. Frankfurt a. M.: Suhrkamp.

Levinson, H. & Rosenthal, S. (1984): CEO: Corporate Leadership in Action. New York: Basic Books.

Lieb, H.-H. (1983): Was bezeichnet der herkömmliche Begriff „Metapher"? In: Haverkamp, A. (Hrsg.): Theorie der Metapher. Darmstadt: Wissenschaftliche Buchgesellschaft, 340-355.

Liebert, W.-A. (1990): Grundlagen: Zu einem Wörterbuch der festen Metaphern der deutschen Alltagssprache im Spannungsfeld zwischen kognitiver Linguistik und onomasiologischer lexikographischer Datenbank. In: Schaeder, B. & Rieger, B. (Hrsg.): Lexikon und Lexikographie. Hildesheim: Olms, 11-28.

Liebert, W.-A. (1992): Metaphernbereiche der deutschen Alltagssprache: Kognitive Linguistik und die Perspektiven einer Kognitiven Lexikographie. Frankfurt a. M.: Lang.

Liebert, W.-A. (1997): Interaktion und Kognition. Die Herausbildung metaphorischer Denkmodelle in Gesprächen zwischen Wissenschaftlern und Wissenschaftsjournalisten. In: Biere, B. U. & Liebert, W.-A. (Hrsg.): Metaphern, Medien, Wissenschaft. Opladen: Westdeutscher Verlag, 180-209.

Lisch, R. & Kriz, J. (1978): Grundlagen und Modelle der Inhaltsanalyse: Bestandsaufnahme und Kritik. Reinbeck: Rowohlt.

Lissmann, U. (1997): Inhaltsanalyse von Texten. Landau: Verlag Empirische Pädagogik.

Locke, J. (1959): An Essay Concerning Human Understanding. Ersterscheinung 1686. New York: Dover.

Low, G. (1999): Validating metaphor research projects. In: Cameron, L. & Low, G. (Ed.): Researching and Applying Metaphor. Cambridge: Cambridge University Press, 48-68.

Luhmann, N. (1981): Gesellschaftsstruktur und Semantik (Bd. III). Frankfurt a. M.: Suhrkamp.

Luhmann, N. (1996): Die Realität der Massenmedien. Opladen: Westdeutscher Verlag.

Luhmann, N. (2000): Rationalität von Vertrauen und Misstrauen. In: Stahl, H. K. & Hejl, P. M. (Hrsg.): Management und Wirklichkeit : das Konstruieren von Unternehmen, Märkten und Zukünften. Heidelberg: Carl-Auer, 206-217.

Lundberg, C. C. (1990): Towards mapping the communication targets of organiazional change. In: Journal of Organizational Change Management, 3, 6-13.

MacCormac, E. R. (1976): Metaphor und Myth in Science and Religion. Durham: Duke University Press.

MacCormac, E. R. (1985): A Cognitive Theory of Metaphor. Cambridge: MIT Press.

Macharzina, K. (1993): Unternehmensführung: das internationale Managementwissen: Konzepte, Methoden, Praxis. Wiesbaden Gabler.

MacKechnie, G. & Donnelly-Cox, G. (1996): Metaphor in the Development of Organization Theory. In: Grant, D. & Oswick, C. (Ed.): Metaphor and Organizations. London: Sage, 37-52.

Maclean, P. D. (1990): The triune brain in evolution. New York: Plenum Press.

Magee, B. (1986): Karl Popper. Tübingen: UTB.

Malinowski, B. (1939): The Group and the Individual in Functional Analysis. In: American Journal of Sociology, 44, 938-964.

Mangham, I. L. (1996): Some Consequences of Taking Gareth Morgan Seriously. In: Grant, D. & Oswick, C. (Ed.): Metaphor and Organizations. LondonSage, 21-36.

Mangham, I. L. & Overington, M. A. (1983): The theatrical perspective in organizational analysis: An introduction. In: Symbolic Interactions, 5 (2), 173-185.

Mangham, I. L. & Overington, M. A. (1983b): Performance and rehearsal: Social order and organizational life. In: Symbolic Interactions, 5 (2), 205-222.

Mangham, I. L. & Overington, M. A. (1987): Organizations as Theatre: A Sozial Psychology of Dramatic Appearances. Chichester: John Wiley and Sons.

March, J. G. & Olsen, J. P. (1976): Ambiguity and Choice in Organizations. Bergen: Universitetsvorlaget.

March, J. G. & Olsen, J. P. (1986): Garbage can models of decision making in organizations. In: March, J. G. & Weissinger-Baylon, R. (Ed.): Ambiguity and Command. Marshfield: Pitman, 11-35.

March, J. G. & Simon, H. A. (1958): Organizations. New York: John Wiley.

Marshak, R. J. (1993): Managing the metaphors of change. In: Organizational Dynamics, 22 (1), 44-56.

Marshak, R. J. (1996): Metaphors, Metaphoric Fields and Organizational Change. In: Grant, D. & Oswick, C. (Ed.): Metaphor and Organizations. London: Sage, 147-165.

Martin, E. (1993): Ei und Sperma - Eine wissenschaftliche Romanze aus dem Stoff, aud dem die Geschlechterstereotypien sind. In: Buchholz, M. B. (Hrsg.): Metaphernanalyse. Göttingen: Vandenhoeck & Ruprecht, 293-310.

Martin, J. (1982): Stories and scripts in organizational settings. In: Hastorf, A. & Isen, A. (Ed.): Cognitive Social Psychology. New York: North Holland, 255-305.

Marx, K. (1867): Das Kapital: Kritik d. politischen Oekonomie. Bd. 1. Hamburg: Meissner.

Matje, A. (1996): Unternehmensleitbilder als Führungsinstrument. Wiesbaden: Gabler.

Mauthner, F. (1901): Beiträge zu einer Kritik der Sprache. Bd. II: Zur Sprachwissenschaft. Stuttgart: Cotta.

Mayer, R. E. (1993): The instructive metaphor: Metaphoric aids to students' understanding of science. In: Ortony, A. (Ed.): Metaphor and Thought. Cambridge: Cambridge University Press, 561-578.

Mayo, E. (1945): Probleme industrieller Arbeitsbedingungen. Frankfurt: Verlag der Frankfurter Hefte.

Mayo, E. (1945): The Social Problems of an Industrial Civilization. Boston: Graduate School of Business Administration, Havard University.

Mayring, P. (1997): Qualitative Inhaltsanalyse: Grundlagen und Techniken. Weinheim: Deutscher Studien-Verlag.

Mazzolini, R. G. (1994): Mechanische Körpermodelle im 16. und 17. Jahrhundert. In: Maier, W. & Zoglauer, T. (Hrsg.): Technomorphe

Organismuskonzepte: Modellübertragung zwischen Biologie und Technik. Stuttgart: frommann-holzboog, 113-133.

McCloskey, D. N. (1985): The Rhetoric of Economics. Wisconsin: University of Wisconsin Press.

McCloskey, D. N. (1994): Knowledge and Persuasion in Economics. Cambridge: Cambridge University Press.

McGregor, D. (1960): The Human Side of Enterprise. New York: McGraw-Hill.

McKenna, D. D. & Wright, P. M. (1992): Alternative metaphors for organizational design. In: Dunnette, M. D. & Hough, L. M. (Ed.): Handbook of Industrial and Organizational Psychology. Palo Alto: Consulting Psychologists Press, 901-960.

Meffert, H. & Kirchgeorg, M. (1989): Umweltschutz als Unternehmensziel. Münster: Wissenschaftliche Gesellschaft für Marketing u. Unternehmensführung e.V.

Meichsner, I. (1983): Die Logik von Gemeinplätzen. Vorgeführt an Steuermannstopos und Schiffsmetapher. Bonn: Bouvier.

Meier, H. (1963): Die Metapher: Versuch einer zusammenfassenden Betrachtung ihrer linguistischen Merkmale. Winterthur: Keller.

Menzies, I. (1969): A Case Study in the Functioning of Social Systems as a Defence Against Anxiety. In: Human Relations, 13, 95-121.

Merill, H. F. (1960): Classics in Management. New York: AMA.

Merten, K. (1995): Inhaltsanalyse. Opladen: Westdeutscher Verlag.

Merten, K. & Teipen, P. (1991): Empirische Kommunikationsforschung: Darstellung, Kritik, Evaluation. München: Ölschläger.

Merton, R. K. (1957): Social Theory and Social Structure. Grencoe: Free Press.

Meyer-Krahmer, F. (1997): Umweltverträgliches Wirtschaften: neue industrielle Leitbilder, Grenzen und Konflikte. In: Blättel-Mink, B.; Renn, O. & (Hrsg.): Zwischen Akteur und System: Die Organisation von Innovation. Opladen: Westdeutscher Verlag, 209-233.

Michels, R. (1949): Political Parties. New York: Free Press.

Minsky, M. (1977): Frame-system theory. In: Johnson-Laird, P. N. & Wason, P. C. (Ed.): Thinking. Readings in cognitive science. Cambridge: Cambridge University Press, 355-376.

Mirowski, P. (1994): Natural Images in Economic Thought: „Market read in tooth and claw". Cambridge: Cambridge University Press.

Mirowski, P. (2002): Machine Dreams: Economics Becomes a Cyborg Science. Cambridge: Cambridge University Press.

Mittelstraß, J. (1984): Enzyklopädie Philosophie und Wissenschaftstheorie. Bd. 2. Stuttgart: Metzler.

Molinari, G. F. (1971): Das Tiefeninterview in der Absatzforschung. Winterthur: Hans Schellenberg.

Mollenhauer, K. & Rittelmeyer, C. (1977): Methoden der Erziehungswissenschaft. München: Juventa-Verlag.

Mooij, J. (1976): A Study of Metaphor: On the Nature of Metaphorical Expressions, with Special Reference to Their Reference. Amsterdam: North-Holland Publishing Company.

Morgan, G. (1980): Paradigms, metaphors, and puzzle solving in organization theory. In: Administrative Science Quarterly, 25 (4), 605-622.

Morgan, G. (1983): More on metaphor: Why we cannot control tropes in administrative science. In: Administrative Science Quarterly, 28 (4), 601-607.

Morgan, G. (1986): Images of Organization. Newbury Park: Sage.

Morgan, G. (1993): Imaginization: The Art of Creative Management. London: Sage.

Morgan, G. (1996): An Afterword: Is There Anything to be Said About Metaphor? In: Grant, D. & Oswick, C. (Ed.): Metaphor and Organizations. LondonSage, 227-240.

Morgan, G. (1997): Bilder der Organisation. Stuttgart: Klett-Cotta.

Moser, K. S. (2000a): Metaphern des Selbst. Wie Sprache, Umwelt und Selbstkognition zusammenhängen. Lengerich: Pabst Science Publishers.

Moser, K. S. (2000b): Metaphor Analysis in Psychology - Method, Theory and Fields of Application. In: Forum Qualitative Sozialforschung, 1 (2), (Online Journal), http://www.qualitative-research.net.

Möslein, K. M. (2000): Bilder in Organisationen: Wandel, Wissen und Visualisierung. Wiesbaden: Deutscher Universitäts-Verlag.

Mouzelis, N. (1979): Organization and Bureaucracy. London: Routledge & Kegan Paul.

Mühlfeld, C.; Windolf, P.; Lampert, N. & Krüger, H. (1981): Auswertungsprobleme offener Interviews. In: Soziale Welt, 325-352.

Müller-Christ, G. (2001): Umweltmanagement: Umweltschutz und nachhaltige Entwicklung. München: Vahlen.

Müller-Wenk, R. (1978): Die ökologische Buchhaltung. Ein Informations- und Steuerungsinstrument für umweltkonforme Unternehmenspolitik. Frankfurt a. M.: Campus-Verlag.

Musolff, A. (1991): Krieg oder Hochzeit? Metapherngebrauch in der Wirtschaftsberichterstattung. In: Sprachreport, 2, 1-3.

Neuberger, O. (1991): Personalentwicklung. Stuttgart: Enke.

Neuberger, O. & Kompa, A. (1987): Wir, die Firma: Der Kult um die Unternehmenskultur. Weinheim: Beltz.

Niederhauser, J. (1995): Metaphern in der Wissenschaftssprache als Thema der Linguistik. In: Dannenberg, L.; Graeser, A. & Petrus, K. (Hrsg.): Metapher und Innovation: Die Rolle der Metapher im Wandel von Sprache und Wissenschaft. Bern: Haupt, 290-298.

Niedermair, K. (2001): Metaphernanalyse. In: Hug, T. (Hrsg.): Wie kommt Wissenschaft zu Wissen? Bd. 2. Einführung in die Forschungsmethodik und Forschungspraxis. Baltmannsweiler: Schneider-Verlag Hohengehren, 144-165.

Nieraad, J. (1977): Bildgesegnet und bildverflucht: Forschungen zur sprachlichen Metaphorik. Darmstadt: Wissenschaftliche Buchgesellschaft.

Nietzsche, F. (1919): Über Lüge und Wahrheit im außermoralischen Sinne. Ersterscheinung 1873. Leipzig: Kröner.

Nietzsche, F. (1966): Thus spoke Zarathustra. New York: Viking Press.

Nisbet, R. A. (1969): Social Change and History. New York: Oxford University Press.

Noelle-Neumann, E. & Donsbach, W. (2000): Das Fischer-Lexikon Publizistik, Massenkommunikation. Frankfurt a. M.: Fischer.

O'Toole, J. (1986): Vanguard Management: Redesigning the Corporate Future. Princeton.: Doubleday.

Oevermann, U.; Allert, T.; Konau, E. & Krambeck, J. (1979): Die Methodologie einer „objektiven Hermeneutik" und ihre allgemeine forschungslogische Bedeutung in den Sozialwissenschaften. In: Soeffner, H.-G. (Hrsg.): Interpretative Verfahren in den Sozial- und Textwissenschaften. Stuttgart: Metzler, 352 - 434.

Opp de Hipt, M. (1987): Denkbilder in der Politik: der Staat in der Sprache von CDU und SPD. Opladen: Westdeutscher Verlag.

Ortony, A. (1975): Why metaphors are necessary and not just nice. In: Educational Theory, 25, 45-53.

Ortony, A. (1993): Metaphor and Thought. Cambridge: Cambridge University Press.

Oswick, C. & Grant, D. (1996a): Organisation Development: Metaphorical Explorations. London: Pitman Publishing.

Oswick, C. & Grant, D. (1996b): The Organization of Metaphors and the Metaphor of Organization: Where Are We and Where Do We Go From Here? In: Grant, D. & Oswick, C. (Ed.): Metaphor and Organizations. LondonSage, 213-226.

Otto, A. (2002): Management und Controlling von Supply Chains: Ein Modell auf der Basis der Netzwerktheorie. Wiesbaden: Deutscher Univesitäts-Verlag.

Paprotté, W. (1985): The ubiquity of metaphor : metaphor in language and thought. Amsterdam: Benjamins.

Parsons, T. (1951): The Social System. Glencoe: Free Press.

Parsons, T. (1956): Suggestions for a sociological approach to the theory of organizations. In: Administrative Science Quarterly, Part I: 63-85, Part II: 225-239.

Peil, D. (1983): Untersuchungen zur Staats- und Herrschaftsmetaphorik in literarischen Zeugnissen von der Antike bis zur Gegenwart. München: Fink.

Pepper, G. L. (1981): Communicating in Organizations: A Cultural Approach. New York: McGraw-Hill.

Pepper, S. C. (1948): World Hypotheses. Berkeley: University of California Press.

Perren, L. (1996): Small business development: explorations using biological metaphors. In: Oswick, C. & Grant, D. (Ed.): Organisation Development: Metaphorical Explorations. London: Pitman Publishing, 226-240.

Perrow, C. (1979): Complex Organization: A Critical Essay. Glenview: Scott, Foresman.

Peters, T. J. (1992): Liberation Management: Necessary Disorganization for the Nanosecond Nineties. New York: Macmillan.

Peters, T. J. & Watermann, R. H. (1982): In search of excellence. New York: Harper & Row.

Peters, T. J. & Watermann, R. H. (1983): Auf der Suche nach Spitzenleistungen. Landsberg: Moderne Industrie.

Petrie, H. G. (1979): Metaphor and learning. In: Ortony, A. (Ed.): Metaphor and Thought. Cambridge: Cambridge University Press, 438-461.

Petrie, H. G. & Oshlag, R. S. (1993): Metaphor and learning. In: Ortony, A. (Ed.): Metaphor and Thought. 2. Aufl., Cambridge Mass., 579-609.

Pfeffer, J. (1981): Power in Organizations. Boston: Pitman.

Pfeffer, J. & Salancik, G., R. (1978): The External Control of Organizations: The Resource Dependence Perspective. New York: Harper & Row.

Pfeifer, T. (2001): Praxisbuch Qualitätsmanagement. München: Hanser.

Pfeifer, W. H. (1997): Etymologisches Wörterbuch des Deutschen. München: Deutscher Taschenbuch Verlag.

Pfriem, R. (1999): Vom Umweltmanagement zur auch ökologischen Entwicklungsfähigkeit von Unternehmen. Oldenburg: Universität Oldenburg.

Picot, A.; Reichwald, R. & Wigand, R. T. (2001): Die grenzenlose Unternehmung : Information, Organisation und Management. Wiesbaden: Gabler.

Pielenz, M. (1993): Argumentation und Metapher. Tübingen: Narr.

Pinder, C. C. & Bourgeois, V. W. (1982): Controlling tropes in administrative science. In: Administrative Science Quarterly, 27 (4), 641-652.

Plato (1907): Politeia (Der Staat). Übers. von Schleiermacher, F. Leipzig: Dürr.

Poch, U. (1989): Metaphernvertrauen und Metaphernskepsis: Untersuchungen metaphorischer Strukturen in neuerer Lyrik. Frankfurt a. M.: Lang.

Pondy, L. R.; Frost, P. J.; Morgan, G. & Dandridge, T. C. (1983): Organizational Symbolism. Greenwich: JAI Press.

Pörksen, U. (1986): Deutsche Naturwissenschaftssprachen: Historische und kritische Studien. Tübingen.

Pörksen, U. (1989): Plastikwörter: die Sprache einer internationalen Diktatur. Stuttgart: Klett-Cotta.

Pörksen, U. (1994): Wissenschaftssprache und Sprachkritik: Untersuchungen zur Geschichte und Gegenwart. Tübingen: Narr.

Pörksen, U. (1997): Weltmarkt der Bilder: eine Philosophie der Visiotype. Stuttgart: Klett-Cotta.

Porter, T., M. (1993): Interpreting the Triumph of Mathematical Economics. In: DeMarchi, N. (Ed.): Non-natural social science : reflecting on the enterprise of More heat than light. Durham: Duke University Press, 54-68.

Prabitz, G. (1995): Schrift-Bild und Ökonomie - Die Bedeutung des Visuellen für den betriebswirtschaftlichen Text. In: Hofbauer, J.; Prabitz, G. & Wallmannsberger, J. (Hrsg.): Bilder - Symbole - Metaphern: Visualisierung und Informierung in der Moderne. Wien: Passagen Verlag, 83 - 124.

Presthus, R. (1978): The Organizational Society. New York: St. Martin´s.

Pribram, K. (1976): Problems Concerning the Structure of Consciousness. In: Globus, G. G.; Maxwell, G. & Savodnik, I. (Ed.): Consciousness and the Brain: A Scientific and Philosophical Inquiry. New York: Plenum, 295-314.

Pümpin, C. & Prange, J. (1991): Management der Unternehmensentwicklung: Phasengerechte Führung und der Umgang mit Krisen. Frankfurt a. M.: Campus-Verlag.

Pytelka, J. (1971): Die Metapher in der Sprache der englischen Börsenberichte. In: Lebende Sprachen, 16 (6), 161-164.

Quintilianus, M. F. (1975): Ausbildung des Redners. Darmstadt: Wissenschaftliche Buchgesellschaft.

Radcliffe-Brown, A. R. (1952): Structure and Function in Primitive Society. Glencoe: Free Press.

Raffée, H. & Abel, B. (1979): Wissenschaftstheoretische Grundfragen der Wirtschaftswissenschaften. München: Vahlen.

Raffée, H. & Fritz, W. (1991): Die Führungskonzeption erfolgreicher und weniger erfolgreicher Industrieunternehmen im Vergleich. In: Zeitschrift für Betriebswirtschaft, 11, 1211-1226.

Reber, G. (1980): Macht in Organisationen : Tagung, Wien, 1979. Stuttgart: Poeschel.

Reed, M. (1990): From pradigms to images: The paradigm warrior turns postmodernist guru. In: Personnel Review, 19, 35-40.

Reger, H. (1977): Die Metaphorik der konventionellen Tagespresse. In: Muttersprache, 87, (4), 259-279.

Reger, H. (1978): Die Metaphorik der Illustriertenpresse. In: Muttersprache, 88 (2), 106 - 131.

Richards, I. A. (1936): The Philosophy of Rhetoric. Oxford: Oxford University Press.

Richards, I. A. (1983): Die Metapher. In: Haverkamp, A. (Ed.): Theorie der Metapher. Ersterscheinung 1936. Darmstadt: Wissenschaftliche Buchgesellschaft, 31-52.

Richards, I. A. (1964): The Philosophy of Rhetoric. In: Johnson, M. (Ed.): Philosophical Perspectives on Metaphor. Minneapolis: University of Minnesota Press, 48-62.

Rickert, F. (2002): Metaphern in der Computer-Fachsprache: Zur Entstehung und Entwicklung von Fachausdrücken. Berlin: Tenea.

Ricoeur, P. (1975): La métaphore vive. Paris: Éditions du seuil.

Ricoeur, P. (1991): Die lebendige Metapher. München: Fink.

Rigotti, F. (1993): Metaphern aus dem Familienleben. In: Buchholz, M. B. (Hrsg.): Metaphernanalyse. Göttingen: Vandenhoeck & Ruprecht, 252 - 292.

Rigotti, F. (1994): Die Macht und ihre Metaphern: Über die sprachlichen Bilder der Politik. Frankfurt a. M.: Campus-Verlag.

Roethlisberger, F. J. & Dickson, W. J. (1939): Management and the Worker. Cambridge: Havard University Press.

Rosch, E. (1978): Principles of Categorization. In: Rosch, E. & Lloyd, B. (Ed.): Cognition and Categorization. Hillsdale: Erlbaum.

Rosen, R. (1993): Bionics Revisited. In: Haken, H.; Karlqvist, A. & Svedin, U. (Ed.): The Maschine as Metaphor and Tool. Berlin: Springer, 87-100.

Rosenstiel, L. v.; Falkenberg, T.; Hehn, W.; Henschel, E. & Warns, I. (1983): Betriebsklima heute. München: Bayerisches Staatsministerium für Arbeit und Sozialordnung.

Rühli, E. (1990): Visionen. In: Die Unternehmung, 44, 112 - 119.

Sachs, R. (1972): Stock exchange report. In: Lebende Sprachen, 17 (4), 101-103.

Sachs, S. & Rühli, E. (2000): Die dominierende Rolle der Meme im evolutionären strategischen Management unter der Verhaltensannahme begrenzter Rationalität der Manager. In: Stahl, H. K. & Hejl, P. M. (Hrsg.): Management und Wirklichkeit: das Konstruieren von Unternehmen, Märkten und Zukünften. Heidelberg: Carl-Auer, 183-205.

Sachs, W. (1993): Die vier E's. Merkposten für einen maßvollen Wirtschaftstil. In: Politische Ökologie; Special Issue "Lebensstil oder Stilleben", Sept./ Okt. 1993, 69-72.

Sackmann, S., A. (1983): Organisationskultur: Die unsichtbare Einflußgröße. In: Gruppendynamik, 14, 393-406.

Sackmann, S., A. (1989): The role of metaphors in organization transformation. In: Human Relations, 42 (6), 463-485.

Sackmann, S., A. (2000): Unternehmenskultur - Konstruktivistische Betrachtungen und deren Implikationen für die Unternehmenspraxis. In: Stahl, H. K. & Hejl, P. M. (Ed.): Management und Wirklichkeit : das Konstruieren von Unternehmen, Märkten und Zukünften. Heidelberg: Carl-Auer, 141-156.

Sapienza, A. M. (1985): Believing in seeing: How culture influences the decisions top managers make. In: Kilmann, R. H.; Saxton, J. J. & Serpa, R. (Ed.): Gaining Control of the Corporate Culture. San Francisco: Jossey-Bass, 66-83.

Sapienza, A. M. (1987): Imagery and strategy. In: Journal of Management, 13 (3), 543-555.

Sarasin, P. (2001): Über die populäre Wahrnehmung von Bakterien und Viren als „unsichtbare Feinde",: Tages-Anzeiger, Zürich.

Saussure, F. d. (1931): Grundfragen der Allgemeinen Sprachwissenschaft. Berlin: de Gruyter.

Schabas, M. (1993): What's So Wrong with Physics Envy? In: DeMarchi, N. (Ed.): Non-natural social science : reflecting on the enterprise of More heat than light. Durham: Duke University Press, 45-53.

Schachtner, C. (1999): Arztliche Praxis. Die gestaltende Kraft der Metapher. Hamburg: Suhrkamp.

Schäffner, C. (1993): Die europäische Architektur: Metaphern der Einigung Europas in der deutschen, britischen und amerikanischen Presse. In: Grewenig, A. & (Hrsg.): Inszenierte Information. Politik und strategische Kommunikation in den Medien. Darmstadt, 13-30.

Schäffner, C. (1995): Die multiSpolare Welt: eine konzeptuelle Herausforderung. In: Reiher, R. (Hrsg.): Sprache im Konflikt. Zur Rolle der Sprache in sozialen, politischen und militärischen Auseinandersetzungen. Berlin: de Gryter, 140 - 154.

Schaltegger, S. (Hrsg. 2000): Studium der Umweltwissenschaften. Wirtschafts-wissenschaften. In: Brandt, E. (Reihenhrsg.): Schriftenreihe „Umwelt-wissenschaften". Berlin: Springer.

Schaltegger, S. & Burritt, R. (2000): Contemporary Environmental Account-ing: Issues, Concept and Practice. Sheffield: Greenleaf.

Schaltegger, S.; Burritt, R. & Petersen, H. (2003): An Introduction to Corpo-rate Environmental Management: Striving for Sustainability. Sheffield: Greenleaf.

Schaltegger, S. & Dyllick, T. (2002): Nachhaltig managen mit der Balanced Scorecard: Konzepte und Fallstudien. Wiesbaden: Gabler.

Schaltegger, S.; Hahn, T. & Burritt, R. (2002): EMA - Links. Government, Ma-nagement & Stakeholders. Improving Governments' Role in Promoting Environmental Management Accounting (EMA), UN Workbook 2, Ex-pert Working Group on Improving Government's Role in Environmen-tal Management Accounting (EMA) of the United Nations Division of Sustainable Development (UNDSD). New York: UNDSD.

Schaltegger, S. & Sturm, A. (1992): Ökologieorientierte Entscheidungen in Unternehmen - Ökologisches Rechnungswesen statt Ökobilanzierung: Notwendigkeit, Kriterien, Konzepte. Bern: Haupt.

Schildknecht, C. (1996): Metaphorische Erkenntnis - Grenze des Propositio-nalen? In: Schneider, H. J. (Hrsg.): Metapher, Kognition, künstliche In-telligenz. München: Fink, 33-52.

Schirmer, F. & Smentek, M. (1994): Management contra „Neue Management-konzepte"? In: Industrielle Beziehungen, 1, 62-90.

Schlee, A. & Kieser, A. (2000): Die Konstruktion von Organisationen mithilfe von Metaphern. In: Stahl, H. K. & Hejl, P. M. (Hrsg.): Management und Wirklichkeit : das Konstruieren von Unternehmen, Märkten und Zu-künften. Heidelberg: Carl-Auer, 159-182.

Schmidt, S., J. & Zurstiege, G. (2000): Über die (Un-)Steuerbarkeit kognitiver Systeme: kognitive und soziokulturelle Aspekte der Werbewirkungs-forschung. In: Stahl, H. K. & Hejl, P. M. (Hrsg.): Management und Wirklichkeit : das Konstruieren von Unternehmen, Märkten und Zu-künften. Heidelberg: Carl-Auer, 297-331.

Schmidt-Bleek, F. B. (1993): Wieviel Umwelt braucht der Mensch? MIPS – Das Maß für ökologisches Wirtschaften. Berlin: Birkhäuser.

Schmitt, C. (1988): Gemeinsprache und Fachsprache im heutigen Französisch. Formen und Funktionen der Metaphorik in wirtschaftsfachsprachlichen Texten. In: Kalverkämpfer, H. (Hrsg.): Fachsprachen in der Romania. Tübingen: Narr, 113-129.

Schmitt, R. (1995): Metaphern des Helfens. Weinheim: Beltz.

Schmitt, R. (1996): Kollektive Metaphern des psychosozialen Helfens. In: Report Psychologie, 21 (5-6), 389 - 408.

Schmitt, R. (1997): Metaphernanalyse als sozialwissenschaftliche Methode. Mit einigen Bemerkungen zur theoretischen „Fundierung" psychosozialen Handelns. In: Psychologie & Gesellschaftskritik, 21 (1), 57 - 86.

Schmitt, R. (2001): Metaphern in der Psychologie - eine Skizze. In: Journal für Psychologie, 9 (4), 3-15.

Schmitt, R. (2003): Methode und Subjektivität in der Systematischen Metaphernanalyse.In: Forum Qualitative Sozialforschung, 4 (3), (Online-Journal), http://www.qualitative-research.net.

Schneider, H. J. (1996): Metapher, Kognition, künstliche Intelligenz. München: Fink.

Schöffel, G. (1987): Denken in Metaphern: Zur Logik sprachlicher Bilder. Opladen: Westdeutscher Verlag.

Scholl, A. (1993): Die Befragung als Kommunikationssituation. Opladen: Westdeutscher Verlag.

Schön, D. (1993): Generative metaphor: A perspective on problem-setting in social policy. In: Ortony, A. (Ed.): Metaphor and Thought. Cambridge: Cambridge University Press, 137-163.

Schreiner, M. (1993): Umweltmanagement in 22 Lektionen : ein ökonomischer Weg in eine ökologische Wirtschaft. Wiesbaden: Gabler.

Schreyögg, G. (1998): Organisation: Grundlagen moderner Organisationsgestaltung. Wiesbaden: Gabler.

Schulz, W. (2000): Inhaltsanalyse. In: Noelle-Neumann, E. & Donsbach, W. (Hrsg.): Das Fischer-Lexikon Publizistik, Massenkommunikation. Frankfurt a. M.: Fischer, 41-63.

Schumacher, E. F. (1974): Small is Beautiful. London: Blond & Briggs.

Schumacher, R. (1997): Metapher: Erfassen und Verstehen frischer Metaphern. Tübingen: Francke.

Scott, W. R. (1986): Grundlagen der Organisationstheorie. Frankfurt a. M.: Campus-Verlag.

Seidel, E. (1999): Betriebliches Umweltmanagement im 21. Jahrhundert; Aspekte, Aufgaben, Perspektiven. Berlin: Springer.

Seidel, E. & Pott, P. (1993): Ökologieorientierte Forschung in der Betriebswirtschaftslehre. Ludwigsburg: Verlag Wiss. & Praxis.

Selting, M. & Auer, P. (1998): Gesprächsanalytisches Transkriptionssystem (GAT). In: LB, 173, 91-122.

Selznick, P. (1948): Foundations of the Theory of Organization. In: American Sociological Review, 13, 25-35.

Selznick, P. (1957): Leadership in Administration. Evanston: Row, Peterson.

Seufert, A. (1999): Anforderungen und Gestaltungspotentiale der Informations- und Kommunikationstechnologie im Rahmen von Wissensnetzwerken. 3. Meistersingertreffen der Wirtschaftsinformatik, Bayreuth, 25./26.11.1999.

Shannon, C. E. & Weaver, W. (1949): The mathematical theory of communication. Urbana: University of Illinois Press.

Shibles, W. (1974): Die metaphorische Methode. In: Deutsche Zeitschrift für Literaturwissenschaft und Geistesgeschichte, 48, 1-9.

Shrivastava, P. & Mitroff, I. (1983): Frames of Reference Managers Use. A Study in Applied Sociology of Knowledge. In: Lamb, R. (Ed.): Advances in Strategic Management. Greenwich: JAI Press. I, 161-182.

Shrivastava, P. & Schneider, S. (1984): Organizational Frames of Reference. In: Human Relations, 37, 795-809.

Siegelman, E. (1990): Metaphor and Meaning in Psychotherapy. New York: Guilford Press.

Silverman, D. (1970): The Theory of Organizations. London: Heinemann.

Simon, H. A. (1947): Administrative Behavior. New York: MacMillan.

Sloan, A. P. (1965): My Years with General Motors. New York: McFadden Books.

Smircich, L. (1983a): Organizations as Shared Meanings. In: Pondy, L. R.; Frost, P.; Morgan, G. & Dandridge, T. (Ed.): Organizational Symbolism. Greenwich: JAI Press, 55-65.

Smircich, L. (1983b): Studying Organizations as Cultures. In: Morgan, G. (Ed.): Beyond Method: Strategies for Social Research. Beverly Hills: Sage, 160-172.

Smircich, L. (1983c): Concepts of Culture and Organizational Analysis. In: Administrative Science Quarterly, 28, 339-358.

Smith, N. L. (1981): Metaphors for Evaluation. Beverly Hills: Sage.

Socolow, R.; Andrews, C.; Berkhout, F. & Thomas, V. (1994): Industial Ecology and Global Change. Cambridge: Cambridge University Press.

Sontag, S. (1978): Krankheit als Metapher. München: Hanser.

Sontag, S. (1989): AIDS und seine Metaphern. München: Hanser.

Spencer, H. (1973): The Study of Sociology. London: Kegan Paul & Tench.

Srivastva, S. & Barrett, F. J. (1988): The transforming nature of metaphors in group development: A study in group theory. In: Human Relations, 41 (1), 31-64.

Stachowiak, H. (1973): Allgemeine Modelltheorie. Wien: Springer.

Stachowiak, H. (1980): Modelle und Modelldenken im Unterricht. Anwendungen der Allgemeinen Modelltheorie auf die Unterrichtspraxis. Bad Heilbrunn: Klinkhardt.

Stahl, H. K. & Hejl, P. M. (2000): Management und Wirklichkeit: das Konstruieren von Unternehmen, Märkten und Zukünften. Heidelberg: Carl-Auer.

Steen, G. (1991): Discourse aspects of metaphor. In: Dutch quarterly review of Anglo-American letters, 21, 82-102.

Steger, T. (2001): Was Metaphern über Gefühle sagen - Ein neuer Zugang zu Emotionen auf der Managementebene. In: Schreyögg, G. & Sydow, J. (Hrsg.): Managementforschung. Wiesbaden: Gabler, 75 - 109.

Steger, U. (1992): Handbuch des Umweltmanagements. München: Beck.

Steyrer, J. (2000): Die Archetypen der Führung - empirische Überprüfung eines Erklärungsmodells. In: Die Unternehmung(6/2000), 475-490.

Strannegård, L. (1998): Green ideas in business. Göteborg: Göteborgs universitet.

Straub, J. & Seitz, H. (1998): Metaphernanalyse in der kulturpsychologischen Biographieforschung - Theoretische Überlegungen und empirische Analysen am Beispiel des "Zusammenschlusses" von Staaten. In: Bohnsack, R. & Marotzki, W. (Hrsg.): Biographieforschung und Kulturanalyse: Transdisziplinäre Zugänge qualitativer Forschung. Opladen: Leske + Budrich, 243 - 259.

Strauss, A. & Corbin, J. (1996): Grounded Theory: Grundlagen qualitativer Sozialforschung. Weinheim: Beltz.

Strauss, A. (1998): Grundlagen der qualitativen Sozialforschung: Datenanalyse und Theoriebildung in der empirischen und soziologischen Forschung. München: Fink.

Stromberg, R. S. (1986): European Intellectual History Since 1789. Engelwood Cliffs: Prentice-Hall.

Stünzner, L. (2000): Sind das Gehirn und Betriebe miteinander vergleichbar?: Systemtheoretische Anmerkungen zum Beitrag „Prinzipien dynamischer Organisation, Netzwerke in Neurophysiologie und betriebswirtschaftslehre". In: Zeitschrift für Betriebswirtschaft, 70 (9), 983-995.

Sward, K. (1948): The Legend of Henry Ford. Toronto: Rinehart.

Swidler, A. (1986): Culture in action: Symbols and strategies. In: American Sociological Review, 51 (2), 273-286.

Taylor, F. W. (1911): The Principles of Scientific Management. New York: Harper.

Taylor, F. W. (1947): Scientific Management. New York: Harper.

Taylor, G. R. (1979): The Natural History of the Mind. New York: Dutton.

Taylor, J. R. & MacLaury, R. E. (1995): Language and the Cognitive Construal of the World. Berlin: Mouton de Gryter.

Thalken, M. (1999): Ein bewegliches Heer von Metaphern: Sprachkritisches Sprechen bei Friedrich Nietzsche, Gustav Gerber, Fritz Mauthner und Karl Kraus. Frankfurt a. M.: Lang.

Thiem, H. (2000): Umweltmanagement und Unternehmenserfolg. Wiesbaden: Deutscher Universitäts-Verlag.

Thomas, K. W. (1976): Conflict and Conflict Management. In: Dunnette, M. D. (Ed.): Handbook of Industrial and Organizational Psychology. Chicago: Rand McNally, 889-935.

Thomas, W. I. (1951): Social Behaviour and Personality. New York: Social Science Research Council.

Thommen, J.-P. (1991): Allgemeine Betriebswirtschaftslehre: umfassende Einführung aus managementorientierter Sicht. Wiesbaden: Gabler.

Thompson, J. D. (1967): Organizations in Action. New York: McGraw-Hill.

Tinker, T. (1986): Metaphor or reification: Are radical humanists really libertarian anarchists? In: Journal of Management Studies, 23, 363-384.

Toulmin, S. E. (1958): The uses of arguments. Cambridge: Cambridge University Press.

Trier, J. (1934): Deutsche Bedeutungsforschung. In: Götze, A.; Horn, W. & Maurer, F. (Hrsg.): Germanische Philologie: Ergebnisse und Aufgaben. Heidelberg: Winters, 173-200.

Trist, E. L. (1976): A Concept of organizational ecology. In: Bulletin of National Labour Institute (New Delhi), 12, 483-496.

Trist, E. L. (1976): A Concept of Organizational Ecology. In: Australian Journal of Management, 2, 161-175.

Trist, E. L. & Bamforth, K. W. (1951): Some social and psychological consequences of the longwall method of goal setting. In: Human Relations, 4, 3-38.

Tsoukas, H. (1991): The missing link: A transformational view of metaphors in organizational science. In: Academy of Management Review, 16 (3), 566-585.

Tsoukas, H. (1993): Analogical reasoning and knowledge generation in organization theory. In: Organization Studies, 14 (3), 323-346.

Turbayne, C. M.; Peckham, M. & Eberle, R. (1970): The myth of metaphor. Columbia: University of South Carolina Press.

Tylor, E. B. (1871): Primitive culture. London: J. Murray.

Ulrich, H. (1990): Unternehmungspolitik. Bern: Haupt.

Ulrich, P. & Fluri, E. (1992): Management. Bern: Haupt.

Ulrich, P. & Hill, W. (1979): Wissenschaftstheoretische Grundlagen der Betriebswirtschaftslehre. In: Raffée, H. & Abel, B. (Hrsg.): Wissenschaftstheoretische Grundfragen der Wirtschaftswissenschaften. München: Vahlen, 161-190.

Umweltbundesamt, H. (1998): Nachhaltiges Deutschland: Wege zu einer dauerhaft umweltgerechten Entwicklung. Berlin: Erich Schmidt.

Ungeheuer, G. (1980): Lamberts semantische Tektonik des Wortschatzes als universales Prinzip. In: Brettschneider, G. & Lehmann, C. (Hrsg.): Wege zur Universalienforschung : sprachwissenschaftliche Beiträge zum 60. Geburtstag von Hansjakob Seiler. Tübingen: Narr.

Ungeheuer, G. (1985): Prinzipien strukturaler Wortfeldanalyse bei Lambert. In: Ölberg, H., M. (Hrsg.): Sprachwissenschaftliche Forschungen. Festschrift für Johann Knobloch. Innsbruck: Verlag des Instituts für Sprachwissenschaft der Universität Innsbruck, 473-479.

Vanek, J. (1975): Self Management. Harmondsworth: Penguin.

Varela, F. J.; Thompson, E. & Rosch, E. (1991): The Embodied Mind: Cognitive Science and Human Experience. Cambridge: MIT-Press.

Vereinigung für Ökologische ÖkonOmie (1997): Arbeiten in einer nachhaltig wirtschaften Gesellschaft Dokumentation der 1. Arbeitstagung der Vereinigung für Ökologische Ökonomie (VÖÖ). Heidelberg: ökom Verlag.

Vester, F. (1982): Neuland des Denkens. Stuttgart: Deutscher Bücherbund.

Volmert, J. (1995): Grundkurs Sprachwissenschaft: eine Einführung in die Sprachwissenschaft für Lehramtsstudiengänge. München: Fink.

Walley, L. & Stubbs, M. (2000): Termites and Champions: Case Comparison by Metaphor. In: Greener Management International, 29, 41-54.

Walter-Busch, E. (1996): Organisationstheorien von Weber bis Weick. Amsterdam: G. u. B. Verlag Fakultas.

Warner-Burke, W. (1992): Metaphors to consult by. In: Group and Organization Management, 17 (3), 255-259.

Watzlawick, P.; Beavin, J. H. & Jackson, D. D. (1969): Menschliche Kommunikation. Bern: Huber.

Weber, J.; Grothe, M. & Schäffer, U. (2000): ZP-Stichwort: Mentale Modelle. In: Zeitschrift für Planung, 11, 239-244.

Weber, J. H. (1997): Umweltmanagement : Aspekte einer umweltbezogenen Unternehmensführung. Stuttgart: Schäffer-Poeschel.

Weber, M. (1946): From Max Weber: Essays in Sociology. New York: Oxford University Press.

Weber, M. (1947): The Theory of Social and Economic Organization. London: Oxford University Press.

Weber, S. (2000): Power to the People? Selbstorganisation, Systemlernen und Strategiebildung mit großen Gruppen. In: Literaturwissenschaftliche Rundschau, 2, 63-88.

Wedgwood, J. (1965): Selected Letters. New York: Cory, Adams and Mackay.

Wegener, P. (1979): Untersuchungen über die Grundfragen des Sprachlebens. Neudruck. Halle: Niemeyer.

Weick, K., E. (1969): The Social Psychology of Organizing. Reading: Addison-Wesley.

Weick, K. E. (1979): The Social Psychology of Organizing. 2. Aufl., Reading: Addison-Wesley.

Weick, K. E. (1995): Der Prozeß des Organisierens. Frankfurt a. M.: Suhrkamp.

Weimer, W. B. (1977): Science as a rhetorical transaction: Toward a nonjustificational conception of rhetoric. In: Philosophy and Rhetoric, 10, 1-29.

Weindling, P. (1999): A virulent strain. German bacteriology as scientific racism, 1890-1920. In: Harris, B. & Waltraud, E. H. (Ed.): Race, Science and Medicine, 1700-1960. London, New York: Routledge, 218-234.

Weindling, P. (2000): Epidemics and genocide in Eastern Europe, 1890-1945. Oxford: Oxford University Press.

Weingarten, M. (1994): Konstruktion und Verhalten von Maschinen. Zur Modellgrundlage von Morphologie und Evolutionstheorie. In: Maier, W. & Zoglauer, T. (Hrsg.): Technomorphe Organismuskonzepte: Modellübertragung zwischen Biologie und Technik. Stuttgart: frommann-holzboog, 162-173.

Weinrich, H. (1958): Münze und Wort. Untersuchungen an einem Bildfeld. In: Lausberg, H. (Hrsg.): Romanica. Festschrift für Gerhard Rohlfs. Halle, 508 - 521.

Weinrich, H. (1963a): Semantik der kühnen Metapher. In: Deutsche Vierteljahresschrift für Literaturwissenschaften und Geistesgeschichte, 37, 324-344.

Weinrich, H. (1963b): Semantik der kühnen Metapher. In: Weinrich, H. (Hrsg.): Sprache in Texten. Stuttgart: Klett, 295-316.

Weinrich, H. (1976): Sprache in Texten. Stuttgart: Klett.

Weinrich, H.; Heckhausen, H. & Suerbaum, U. (1968): Die Metapher. (Bochumer Diskussion) (Ed.): Poetica 2, 100-130.

Weintraub, R. E. (1993): After Mirowski, What? In: DeMarchi, N. (Ed.): Non-natural social science: reflecting on the enterprise of More heat than light. DurhamDuke University Press, 300-302.

Westwood, R. & Linstead, S. (2001): The Language of Organization. London: Sage.

Whyte, W. F. (1948): Human Relations in the Restaurant Industry. New York: McGraw-Hill.

Wiedemann, P. M. (1986): Erzählte Wirklichkeit. Zur Theorie und Auswertung narrativer Interviews. Weinheim: Psychologie-Verlags-Union.

Wiener, N. (1948): Cybernetics or Control and Communication in the Animal and the Machine. Paris: Hermann .

Winkler, J. K. (1931): Incredible Carnegie. New York: Vanguard Press.

Winnicott, D. W. (1958): Transitional Objects and Transitional Phenomena. London: Tavistock.

Winnicott, D. W. (1964): The Child, the Family and the Outside World. Harmondsworth: Penguin.

Winnicott, D. W. (1971): Playing and Reality. London: Tavistock.

Winter, G. (1987): Das umweltbewußte Unternehmen: ein Handbuch der Betriebsökologie mit 22 Check-Listen für die Praxis. München: Beck.

Winter, G. (1998): Das umweltbewusste Unternehmen: die Zukunft beginnt heute. München: Vahlen.

Wittgenstein, L. (1953): Philosophical Investigations. Oxford: Blackwell.

Wittgenstein, L. (1984): Tractatus logico-philosophicus: Werksausgabe. Band 1. Frankfurt a. M.: Suhrkamp.

Wittkowski, J. (1994): Das Interview in der Psychologie: Interviewtechnik und Codierung von Interviewmaterial. Opladen: Westdeutscher Verlag.

Wolf, S. (1996): Metapher und Kognition. Computermodelle des menschlichen Geistes. In: Schneider, H. J. (Hrsg.): Metapher, Kognition, künstliche Intelligenz. München: Fink, 199-234.

Wolff, G. (1976): Masche oder Manipulation? Zur Metaphernbildung in Wirtschaftstexten. In: Praxis Deutsch, 16, 51-54.

Wolin, S., S. (1960): Politics and Vision: Continuity and Innovation in Western Political Thought. Boston: Little, Brown.

Woodworth, W.; Meek, C. & Whyte, W. F. (1985): Industrial Democracy. Beverley Hills: Sage.

Wruk, H.-P. (2000): Normenorientiertes Umweltmanagement - EMAS als Instrument der Umweltpolitik. In: Schaltegger, S. (Hrsg.): Studium der Umweltwissenschaften. Berlin: Springer, 135-148.

Würtele, G. (1996): Agenda für das 21. Jahrhundert. Politik und Wirtschaft auf dem Weg in eine neue Zeit. Frankfurt a. M.: Frankfurter Allgemeine Zeitung 1996.

Zavestovski, S. (2001): Environmental concern and anticonsumerism in the self-concept: do they share the same basis? In: Cohen, M. & Murphy, J. H. (Ed.): Exploring Sustainable Consumption. Amsterdam: Pergamon, 173-190.

Anhang A

Fragebogen:
Aufbau und Etablierung des Umweltmanagements im Unternehmen

Block 1: Fragen zur Person

Nr.	Frage
1	Welche Stellung haben Sie im Unternehmen?
2	Wie groß ist die Umweltabteilung?
3	Seit wann wurden Sie mit der Aufgabe des Umweltmanagements betraut?
4	War Ihre Position schon vorher besetzt? nein: / (weiter mit Frage 6)
5	ja: Seit wann ist diese Position besetzt?
6	Haben Sie noch andere Aufgabenbereiche im Unternehmen zu bearbeiten? nein: / (weiter mit Frage 8)
7	ja: In welchen anderen Bereichen arbeiten Sie noch und wieviel Zeitaufwand entfällt im Durchschnitt auf das Umweltmanagement (in %)?

Block 2: Fragen zur Motivation und zur Gestaltung des Umweltmanagements

Nr.	Frage
8	Seit wann befasst sich das Unternehmen mit dem Umweltmanagement?
9	Woher kam die Motivation des Unternehmens, sich mit dem Umweltmanagement zu befassen?
10	Aus welchen Gründen wird Ihrer Ansicht nach das Umweltmanagement von der Unternehmensführung als wichtig erachtet?
11	Welche Rolle haben die Führungskräfte im Umweltmanagementprozess?
12	Welche Rolle haben die Mitarbeiter im Umweltmanagementprozess?
13	Existiert im Unternehmen ein Vorbild bzw. hat das Unternehmen ein Leitbild, nach dem das Umweltmanagement gestaltet wird?

Block 3: Fragen zur Organisation des Umweltmanagements

Nr.	Frage
14	Wie ist das Umweltmanagement im Unternehmen organisiert?
15	Könnten Sie mir das Organigramm aufzeichnen oder eine Darstellung geben?
16	Wie würden Sie die Beziehung des Umweltmanagements zu anderen Unternehmensbereichen und -zielen beschreiben?
17	Wo sehen Sie Verbesserungsmöglichkeiten bei der Umsetzung des Umweltmanagements?
18	Bei der Einführung des Umweltmanagements nach DIN ISO 14 001 bzw. EMAS haben Sie eine Umweltpolitik mit zentralen Handlungsleitsätzen formuliert. Haben sich die Handlungsleitsätze im Laufe der Zeit verändert? nein: / (weiter mit Frage 20)
19	ja: Welches sind Ihrer Ansicht nach vom heutigen Standpunkt aus die zentralen Handlungsleitsätze für das Umweltmanagement im Unternehmen?

Block 4: Fragen zur Kommunikation

Nr.	Frage
20	Wie würden Sie einem Laien erklären was das Umweltmanagement ist?
21	Welches sind Ihrer Ansicht nach die wichtigsten Zielgruppen für die Umwelt-kommunikation?
22	Verfügt das Unternehmen über einen Umweltbericht (bzw. im Falle von EMAS auch über eine Umwelterklärung)?
23a	nein: Wie visualisieren und kommunizieren Sie umweltrelevante Aktivitäten gegenüber den Zielgruppen?
23b	ja: Welche Inhalte werden dabei vor allem dargestellt?
24	Welche weiteren Möglichkeiten sehen Sie, um mit den relevanten Gruppen zu kommunizieren?
25	Eine Zertifizierung nach DIN ISO 14001 / EMAS bedeutet nicht gleichzeitig, als umweltfreundliches Unternehmen zu gelten und nicht in der öffentlichen Kritik zu stehen. Standen Sie bisher schon einmal in der öffentlichen Kritik? nein: / (weiter mit Frage 28)
26	ja: Über welche Thematik wurde damals berichtet?
27	Wie beurteilen Sie die damalige Diskussion?

Block 5: Ausblick

Nr.	Frage
28	Warum haben Sie sich entschlossen, sich mit Umweltmanagement zu befassen?
29	Waren Sie als Umweltverantwortlicher bereits in einem anderen Unternehmen tätig?
30	Welchen Bezug hat Ihre Ausbildung zu Ihrer Tätigkeit?
31	Wie beurteilen Sie die Möglichkeiten zur Umsetzung Ihrer persönlichen Ziele in Ihrer Position als Umweltmanagementbeauftragter?
32	In was für einer Rolle sehen Sie sich im Unternehmen?
33	Sie haben sich vorhin als ... (Bezugnahme auf Frage 32) im Unternehmen beschrieben. Mit was für einem Bild würden Sie das Umweltmanagement beschreiben?
34	Was ist Ihre Zukunftsvision für das Umweltmanagement im Unternehmen?

Block 6

35) Bitte beurteilen Sie, inwieweit die nachstehenden Aussagen auf Ihr
    Unternehmen zutreffen bzw. nicht zutreffen.

Das Unternehmen ...	trifft voll zu ....trifft gar nicht zu				
	1	2	3	4	5
... funktioniert wie eine Maschine					
... entwickelt sich wie ein Organismus					
... arbeitet wie ein Gehirn					
... handelt wie ein Ordnungshüter					
... hat eine ausgeprägte Kultur					
... befindet sich andauernd im Fluss und Wandel					
... ist ein Machtinstrument					

36) Zum Abschluss des Interviews möchte ich Sie nun bitten, nochmals eine
    Beurteilung nach dem gleichen Schema vorzunehmen. In diesem Fall geht
    es darum, inwieweit Sie die Aussagen in Bezug auf das Umweltmanage-
    ment als zutreffend bzw. nicht zutreffend beurteilen.

Das Umweltmanagement ...	trifft voll zu ....trifft gar nicht zu				
	1	2	3	4	5
... funktioniert wie eine Maschine					
... entwickelt sich wie ein Organismus					
... arbeitet wie ein Gehirn					
... handelt wie ein Ordnungshüter					
... hat eine ausgeprägte Kultur					
... befindet sich andauernd im Fluss und Wandel					
... ist ein Machtinstrument					

Anhang B

Ausgewertete Literaturquellen für die Metaphernanalyse

Literaturquelle	Ausschnitt, (Seitenanzahl)	Seiten
Baumast, A. & Pape, J. (Hrsg. 2001): Betriebliches Umwelt-management: theoretische Grundlagen; Praxisbeispiele. Stuttgart (Hohenheim).	Kapitel 3: Zertifizierbare Umweltmanagement-systeme (Müller, M.), (39-50)	12
	Kapitel 12: Die Methodik der Ökobilanzierung (Pick, E.; Faßbender-Wynands, E. & Seuring, S. A.), (166–177)	12
	Kapitel 13: Umweltkennzahlen und -systeme zur Umweltleistungsbewertung (Pape, J.; Pick, E. & Goebels, T.), (178-192)	15
Gesamt		39
DIN EN ISO 14001 (1996): Umweltmanagementsysteme: Spezifikation mit Anleitung zur Anwendung. Deutsches Institut für Normung. Berlin.	Gesamtes Dokument	26
Gesamt		26
Hopfenbeck, W. (1991): Umweltorientiertes Mana-gement und Marketing: Kon-zepte – Instrumente – Praxis-beispiele. 2. Aufl., Lands-berg/Lech.	Vorwort, (13 – 15)	3
	Teil 2: Der ökologieorientierte Manager als ganz-heitlicher Denkender, (45–66)	22
	Teil 3: Die Forderung nach einem offensiven Öko-Management, (67–74)	8
	Teil 8: Der materialwirtschaftliche Weg zu einer Kreislaufökonomie, (151–163)	13
	Teil 10: Aufbau eines integrierten Logistik-Mana-gements, (235–298)	64
	Teil 12: Institutionelle Verankerung des ökologi-schen Denkens, (381–396)	16
	Teil 13: Personalpolitische Maßnahmen, (397–413)	17
	Teil 17: Notwendigkeit eines Umwelt-Controlling, (479–518)	40
	Teil 18: Ökologische Ethik als Management-Gimmick?, (519–528)	10
Gesamt		193
Hopfenbeck, W.; Jasch, C. & Jasch, A. (1995): Öko-Audit: der Weg zum Zertifikat. Landsberg/Lech.	Teil 3-2: Ist-Analyse durch eine Umweltprüfung (Bestandsaufnahme), (73–84)	12
	Teil 3-4: Aufbau eines Umweltmanagementsys-tems, (115-138)	24
Gesamt		36

Meffert, H. & Kirchgeorg, M. (1998): Marktorientiertes Umweltmanagement: Konzeption – Strategie – Implementierung mit Praxisfällen. 3. Aufl., Stuttgart.	Vorwort (V-VII)	3
	Teil A: Grundlagen des marktorientierten Umweltmanagement	
	Kapitel I: Unternehmen im Spannungsfeld zwischen Ökologie und Ökonomie, (3–28)	26
	Kapitel II: Umweltschutz in der betriebswirtschaftlichen Forschung, (29–79)	51
	Abschnitte aus Kapitel III: Informationsgrundlagen des Umweltmanagement; 4. Planungsinstrumente des Umweltmanagement, (145–179)	35
	Abschnitte aus Kapitel IV: Strategische Ausrichtung des Umweltmanagement; 1. Umweltschutz als Unternehmensziel, (181–195)	15
	2. Strategische Optionen im Umweltschutz, (195–221)	26
	Kapitel VI: Implementierung des Umweltmanagement als geplanter Organisatorischer Wandel, (395 – 440)	46
Gesamt		**202**
Müller-Christ, G. (2001): Umweltmanagement: Umweltschutz und nachhaltige Entwicklung. München.	Vorwort, (V-VI)	2
	Kap. 1. Umweltmanagement, (1–10)	10
	Abschnitte aus Kap. 2: Strategisches Umweltmanagement 2.1. Umweltschutzziele des Unternehmens, (11–15)	5
	2.2 Strategisches Umweltmanagement und Umweltschutz, (16-21)	6
	Kap 3: Organisation des Umweltmanagements, (123 209)	87
	Kap. 4: Umweltorientiertes Personalwesen, (211–248)	38
	Abschnitte aus Kap. 5: Öko-Controlling und EG-Öko-Audit-Verordnung 5.1 Öko-Controlling als Schlüsselinstrument eines betrieblichen Umweltmanagements, (249–287)	39
	Abschnitte aus Kapitel 6: Betriebliches Umweltinformations- und Umweltkommunikationsmanagement 6.1 Betriebliches Umweltinformationssysteme, (339–415)	77
	Kapitel 8: Umweltmanagement und Nachhaltigkeit, (523–584)	62
Gesamt		**326**

Schaltegger, S. & Sturm, A. (1992): Ökologieorientierte Entscheidungen in Unternehmen: ökologisches Rechnungswesen statt Ökobilanzierung: Notwendigkeit, Kriterien, Konzepte. 2. Aufl., Bern.	Teil I: Grundlagen, (1–46)	46
	Abschnitte aus Teil III: Ökologisches Rechnungswesen, Kapitel 1 bis 4, (138 – 218) 1. Überblick und Abgrenzung, (138) 2. Differenzierung des Rechnungswesen, (138–144) 3. Ökologisches Rechnungswesen, (144–200) 4. Ökonomisch-ökologisch Integration des Rechnungswesens, (201 – 218)	81
Gesamt		**127**
Verordnung (EWG) Nr. 1836/93 des Rates vom 29. Juni 1993 über die freiwillige Beteiligung gewerblicher Unternehmen an einem Gemeinschaftssystem für das Umweltmanagement und die Umweltbetriebsprüfung. Amtsblatt der Europäischen Gemeinschaften.	Gesamtes Dokument:	18
Gesamt		**18**
Winter, G. (1998). Das umweltbewußte Unternehmen.6. Aufl., München.	Vorwort, (V-VII)	3
	Benutzerführung, (XI-XIII)	3
	Teil A: Umweltorientierte Unternehmensführung als gesellschaftliche Notwendigkeit, (3–63)	61
	Abschnitte aus Teil B: Umweltorientierte Unternehmensführung als betriebliche Notwendigkeit 1. Bekenntnis zur umweltorientierten Unternehmensführung, (65–73)	9
	2. Umfassendes Management als Lösungsansatz – Das Berliner Modell, (75–84)	10
	Kapitel 3: Notwendige Voraussetzungen umweltbewußter Unternehmensführung, (85 – 118)	34
Gesamt		**120**
Gesamt ausgewertete Literaturseiten		**1087**

www.ingramcontent.com/pod-product-compliance
Lightning Source LLC
Chambersburg PA
CBHW021524210326
41599CB00012B/1373